Lothar Böhnisch, Wolfgang Schröer
Pädagogik und Arbeitsgesellschaft

Lothar Böhnisch, Wolfgang Schröer

Pädagogik und Arbeitsgesellschaft

Historische Grundlagen und theoretische Ansätze
für eine sozialpolitisch reflexive Pädagogik

Juventa Verlag Weinheim und München 2001

Die Autoren

Lothar Böhnisch, Jg. 1944, Dr. rer. soc. habil., ist Professor für Sozialpädagogik und Sozialisation der Lebensalter an der Technischen Universität Dresden.

Wolfgang Schröer, Jg. 1967, Dr. phil., ist wissenschaftlicher Assistent am Institut für Sozialpädagogik und Sozialarbeit der Technischen Universität Dresden. Seine Arbeitsschwerpunkte sind Theorie und Geschichte der Sozialpädagogik und Sozialpolitik, Interkulturelle Pädagogik und soziokulturelle Erziehung und Bildung.

Die Deutsche Bibliothek - CIP-Einheitsaufnahme

Ein Titeldatensatz für diese Publikation ist bei
Der Deutschen Bibliothek erhältlich.

Das Werk einschließlich aller seiner Teile ist urheberrechtlich geschützt. Jede Verwertung außerhalb der engen Grenzen des Urheberrechtsgesetzes ist ohne Zustimmung des Verlags unzulässig und strafbar. Das gilt insbesondere für Vervielfältigungen, Übersetzungen, Mikroverfilmungen und die Einspeicherung und Verarbeitung in elektronischen Systemen.

© 2001 Juventa Verlag Weinheim und München
Umschlaggestaltung: Atelier Warminski, 63654 Büdingen
Umschlagabbildung: A.R. Penck, Standard West K, 1982-1985
Printed in Germany

ISBN 3-7799-1072-1

„Es gibt ein Leben diesseits der digitalen Welt:
das Einzige, was wir haben."
(H. M. Enzensberger)

Inhalt

Der arbeitsgesellschaftliche Blick auf die Pädagogik ... 9

I Entfremdung und Desintegration - Historische Bezugnahmen ... 15

Die sozialpädagogische Verlegenheit
der Industriekapitalistischen Moderne ... 17

Pädagogik zwischen ständischer Sicherung und gesellschaftlicher Dynamik:
Peter Petersen, Carl Mennicke und Siegfried Bernfeld ... 21

Integration und Desintegration als Grundthema des Verhältnisses
von Pädagogik und Arbeitsgesellschaft: Emile Durkheim ... 27

Entfremdung und Gestaltung als Grundthema des Verhältnisses von
Pädagogik und Arbeitsgesellschaft: Werner Sombart und Paul Natorp ... 31

Freigesetzt wozu - der bildungstheoretische Rahmen und die
sozialpolitische Einordnung: Eduard Heimann ... 36

Reisen in die neue Arbeitswelt - der Geist der Selbstbehauptung oder:
Jugend ohne Entwicklungsmoratorium ... 39

Jugend in der neuen Konsumgesellschaft der zwanziger Jahre ... 46

Die Arbeitsgesellschaft hat die Jugend erreicht:
Elisabeth Franzen-Hellersberg, Günther Dehn und Trude Bez-Mennicke ... 49

Generation als soziale Raum- und Zeitkategorie der Pädagogik:
Karl Mannheim ... 56

Kindheit in gesellschaftlichem Ausgesetztsein und sozialer Selbstbehauptung:
Otto Rühle und Hildegard Hetzer ... 59

Die spätfamiliale Krise des Kapitalismus:
Siegfried Kawerau ... 65

„Die moderne Frau" im Konsumkapitalismus:
Lily Braun und Ada Schmidt-Beil ... 69

Die Krise des Mannseins im fortschreitenden Kapitalismus:
Ludwig Gurlitt und Hans Blüher ... 77

Gesellschaftliche Dynamik und menschliche Leblosigkeit ... 84

II Entbettung und Spaltung - Pädagogische Verlegenheit im Zeitalter des digitalen Kapitalismus ... 89

Die neue Verlegenheit der Pädagogik ... 91
    Externalisierung und Hilflosigkeit ... 99
    Flexibilisierung und Isolierung ... 101

Erfolgskultur und Verantwortungslosigkeit 102
„Abstract worker" und überflüssiger Mensch 104
Die Pädagogik der Segmentierten? 105
Die gesellschaftliche Entzauberung der Jugend und die neue
Generationenkonkurrenz 108
Der Verlust der Mitte - Zur Erosion des Erwachsenenstatus 118
Das neue Alter 123
Die zweischneidige Wiederkehr der Familie 127
Die exemplarische Bündelung: Entstrukturierung, Entbettung und
Spaltung am Beispiel der Geschlechterverhältnisse 130
Pädagogik im gespaltenen Geschlechterdiskurs 137
Ratlose Integrationspädagogik 143
Der Blick vom Menschen her: Entfremdung und Gestaltung -
eine brüchig gewordene Dialektik 149
Digitale Anomie als pädagogische Herausforderung 154

III Freisetzung und Bewältigung: Kristallisationspunkte einer sozialpolitisch reflexiven Pädagogik 163

Pädagogik als Produktivkraft 164
Pädagogik als Auslaufmodell? - Das genökonomische Menetekel 168
Schule im Sog des ökonomisch-gesellschaftlichen Konfliktes 174
Die europäische Perspektive: Unterschiedliche Bildungs- und
Übergangsregimes im Vergleich 182
Das Tabu des ‚wilden Lernens' 185
Pädagogische Phantasie und neue Arbeit 189
Der rollenlose Mann - Die neue Seite des Geschlechterdiskurses 192
Zum pädagogischen Gehalt der Bürgergesellschaft 197
Zugehörigkeit und Lebensbewältigung 206
Die lokale Perspektive: Zur sozialräumlichen Reflexivität der Pädagogik 210
Die Pädagogisierung der Sorge 214
Erziehung, Bildung und Bewältigung 218
Politik der Bewältigung 226
Zur Notwendigkeit einer sozialpolitischen Reflexivität der Pädagogik 230

Literatur 235

Der arbeitsgesellschaftliche Blick auf die Pädagogik

Bildung und Erziehung haben in der industriekapitalistischen Moderne ihre heutige gesellschaftliche Bedeutung vor allem dadurch erlangt, dass sie zu principia media des Modernisierungsprozesses werden und sich entsprechend gesellschaftlich verankern konnten. Sie waren auf der einen Seite notwendig für die stetige Ausschöpfung und Formung des Humankapitals, gleichzeitig aber auch unverzichtbar für den sozialen Zusammenhalt, die Integration der Gesellschaft.

Indem Erziehung und Bildung sich in ständiger Progression und Ausdifferenzierung zu großen gesellschaftlichen Subsystemen entwickelten, waren sie als solche mit der Zeit auch in der Lage, eine relative Autonomie gegenüber einseitigen gesellschaftlich-ökonomischen Funktionszumutungen zu erlangen und eine zunehmend intern gesteuerte Balance zum gesellschaftlichen Gesamtsystem zu entwickeln. Das erste Drittel des zwanzigsten Jahrhunderts war in diesem Sinne dadurch gekennzeichnet, dass sich Erziehung und Bildung - vor allem in den Bereichen Schule und Jugendhilfe - *pädagogisch* profilieren konnten und damit die Herausforderung, die sich aus der Spannung zwischen der Selbstwerdung des Menschen und seiner arbeitsgesellschaftlichen Zurichtung ergab, angenommen werden konnte. Diese *pädagogische Reflexivität* wurde im letzten Drittel des zwanzigsten Jahrhunderts um eine *sozialisatorische Reflexivität* erweitert. Bildung und Erziehung waren so zu gestalten, dass die sozialen und kulturellen Bedingungen, unter denen Kinder und Jugendliche aufwachsen und die ihre Entwicklungs- und Teilhabechancen bestimmen, in den Erziehungsprozessen und deren Organisation maßgeblich berücksichtigt werden.

Die wissenschaftliche Pädagogik (später dann: Erziehungswissenschaft), die sich mit den wissenschaftlichen Grundlagen der Organisation von Lernprozessen und der helfenden Begleitung biographischer Entwicklungsverläufe beschäftigt, hat diese pädagogische und sozialisatorische Reflexivität vorangetrieben und die entsprechenden Gesetzmäßigkeiten disziplingemäß aufgeschlossen. Sowohl die wachsende gesellschaftliche Bedeutung in der Moderne als auch die Verwissenschaftlichung bzw. Professionalisierung in systemischer Eigenständigkeit haben diese Reflexivität ‚selbstreferentiell' werden lassen, d.h. die Pädagogik spiegelte sich in ihrer Sphäre und versuchte, den gesellschaftlichen Herausforderungen und Funktionszumutungen mit ihrer systemischen Eigenlogik zu begegnen. Geschah das früher eher durch Abschottung und Rückzug in die ‚Pädagogische Provinz', so war später mit der Entwicklung einer sozialisatorischen Reflexivität die Möglichkeit gegeben, mit Hilfe der Sozialisationsforschung und -theorie die gesellschaftlichen Bedingungen von Bildung und Erziehung zu mediatisieren. In diesem Medium konnte sich die Pädagogik bis heute zu einer gesellschaftlich verpflichteten wie gesellschaftskritischen Disziplin entwickeln.

Die selbstreferentielle Distanz - vor allem der Schulpädagogik - konnte sich bislang deswegen halten, weil die ökonomisch-gesellschaftlichen Rahmenbedingungen nicht nur Bildungsexpansion, sondern auch eine gewisse Balance von Ökonomischem und Sozialem in der Organisation von Lehren und Lernen garantierten. In den 1970er Jahren erreichte in Westdeutschland dieses Zusammenspiel seine gelungenste Ausprägung: Das ökonomisch-qualifikatorische Interesse der optimalen Ausschöpfung der Bildungsreserven sowie der Bildungsmobilisierung und der Diskurs um die sozialemanzipatorische Ausrichtung der Bildung konnten ineinander übergehen.

Modernisierungstheoretisch betrachtet waren diese 1970er Jahre (bis in die 1980er Jahre hinein) eine spezifische Phase in jenem epochalen Modernisierungsprozess der industriekapitalistischen Gesellschaften, der bis heute durch die Spannung und den Konflikt zwischen ökonomisch-technischer und sozialer Modernisierung strukturiert ist. Dabei war bisher immer das Muster vorherrschend, dass das Soziale dem Ökonomischen hinterherhinkte. In diesem sozialen und kulturellen ‚lag' entwickelten sich die sozialen Bewegungen und Konflikte der letzten beiden Jahrhunderte, in denen dadurch auch jene pädagogische Kulturkritik entstand, die die Maschine den Menschen überwinden und damit entmenschlichen sah.

Eduard Heimann hat in seiner „Soziale(n) Theorie des Kapitalismus" (1929) beschrieben, warum der Modernisierungsprozess bisher auf eine soziale Zähmung des Kapitalismus durch die sozialen Bewegungen angewiesen war: Solange der Kapitalismus zu seiner eigenen Erhaltung und Erfüllung (Profitmaximierung) an die optimale Ausschöpfung und Zurichtung der Arbeitskraft gebunden ist, werden sich die Lebensbedingungen der Arbeitenden allseitig entwickeln müssen: nicht nur einseitig auf ökonomische Verfügbarkeit, sondern auch auf soziale und kulturelle Entwicklung hin. Dies kann nicht qua ökonomischer Modernisierungsautomatik geschehen, denn das kapitalistische Interesse zielte (und zielt auch weiterhin) auf Ausbeutung und nicht auf die soziale Emanzipation des Menschen ab. Erst die soziale Idee, wie sie sich in den sozialrevolutionären und -reformerischen Bewegungen materialisierte, hat durch den gesellschaftlichen Druck das kompromißhafte Zusammenspiel von Ökonomischem und Sozialem immer wieder erzeugt. Auch die pädagogische Kulturkritik kann in diesen Kontext eingeordnet werden. Das historische Resultat dieses konfligierenden Prozesses war die Sozialpolitik als Lebenslagenpolitik, in der Bildung und soziale Sicherung bis heute verschränkt sind. So könnte man zusammenfassend sagen: Diese dialektische Entwicklungslogik des industriekapitalistischen Modernisierungsprozesses setzt eine *ökonomisch und sozial* gleichermaßen gerichtete Bildungsaufforderung frei. Die Balance von Ökonomischem und Sozialem ist also eine zentrale strukturelle Herausforderung industriekapitalistischer Modernisierung.

Diese Balance ist heute in dem Maße gefährdet, in dem diese soziale Modernisierungslogik dadurch brüchig geworden ist, dass der digitale Kapitalismus aufgrund seiner zunehmend globalisierten Struktur und neuer technologischer Rationalisierungsmöglichkeiten entbettet und nicht mehr so stark wie früher auf Massenarbeit angewiesen ist: Menschen werden in anomische Bewältigungssituationen freigesetzt, Massen von Menschen zu ‚Nichtproduktiven', ‚Überflüssigen' abgestempelt. Darüber hinaus ist dieser ‚neue' Kapitalismus in seiner Funktions- und Wachstumslogik durch typische Mechanismen der Abstrahierung (durch Digitalisierung) bestimmt, über die erst die heutige Besonderheit der Freisetzungsproblematik des Menschen erschlossen werden kann. Deshalb erscheint uns der Begriff des ‚digitalen Kapitalismus' zutreffender als das Globalisierungsattribut. Die ökonomische Modernisierung droht der sozialen so zu enteilen, dass sie nicht mehr einzuholen ist; die ökonomische und soziale Entwicklung drohen sich zu entkoppeln. Damit entsteht sowohl das Problem, dass die in der industriekapitalistischen Modernisierung liegende Bildungsaufforderung nicht mehr sozial (sondern nur noch ökonomisch) gerichtet ist und dass sie - aufgrund dieser nunmehr selektiven Angewiesenheit des Kapitals auf die Arbeit - individualisiert und privatisiert wird. Der ökonomisch-soziale Hintergrund, vor dem die Pädagogik und die Bildungs- und Erziehungsinstitutionen bislang agierten, und die bisherige Selbstverständlichkeit, mit der man sich auf diese Hintergrundsicherheit verlassen hat, wäre dann verschwunden.

Dies ist vor allem auch deswegen bedrohlich, weil die Pädagogik im selbstverständlichen und meist wenig reflektierten Verlass auf diese Hintergrundsicherheit umso unbekümmerter ihre Selbstreferentialität (als scheinbar immer gesichertes und legitimiertes gesellschaftliches System) entwickelt und zementiert hat. Indem nun diese modernisierungslogische Verlässlichkeit auf den ökonomisch-sozialen Ausgleich nicht mehr gegeben ist, sieht sich die Pädagogik - das lässt sich an neueren Materialien zeigen - den ökonomischen Funktionszumutungen genauso ausgesetzt, wie sie mit den sozialen Problemen konfrontiert ist, die nun immer weniger sozialpolitisch und bildungsorganisatorisch mediatisiert sind. In ihrer traditionellen Selbstreferentialität versucht sie nun, die ökonomisch-soziale Balance von sich aus zu beschwören - und verbleibt notgedrungen im Programmatischen - oder sich einfach gegenüber dieser Heimsuchung abzuschotten (‚Nur noch Schule und nichts als Schule machen.'). Ihre moderne sozialisatorische Reflexivität führt ihr zudem nur noch stärker vor Augen, welche Folgen die neue Dominanz des Ökonomischen - im Gewande der neuen Vergesellschaftungsformen von Flexibilisierung und sozialer Entbettung - für die Sozialisationsbedingungen und Chancen der Kinder und Jugendlichen haben kann. Da hilft ihr auch der Entwurf einer Reflexiven Pädagogik nicht weiter, der affirmativ die ‚verstreute' Pädagogik (vgl. Lüders 1994) und die Pädagogikfolgen in ihre eigene diskursive Selbstverwiesenheit einzubinden versucht (vgl. Winkler 1999).

Der neue gesellschaftliche Druck, dem die Pädagogik ausgesetzt ist, scheint also ihren Hang zur Selbstreferentialität weiter zu verstärken. Auch das Konstrukt der Entstrukturierung, das in der Pädagogik heute als Hilfskonstruktion für die Bestimmung der gesellschaftlichen Rahmenbedingungen bemüht wird, ist an seine Erklärungsgrenzen geraten. Dem Paradigma der ‚zweiten Moderne' entlehnt, nach dem sich die institutionellen und sozialstrukturellen Selbstverständlichkeiten tendenziell auflösen und so selbst zur Disposition stehen, ist dieses Konzept aber immer noch an eine soziale Modernisierungslogik gebunden, die der digitale Kapitalismus mit seiner Logik der sozialen Entbettung und Globalisierung (s.u.) außer Kraft zu setzen scheint. So wie der Übergang zur industriekapitalistischen Moderne nicht mit einem gesellschafts-historisch ‚vorgängigen' abgeleiteten Konzept zu begreifen war, fordert auch der Übergang zum digitalen Kapitalismus einen theoretischen Zugang heraus, der die zur Struktur *gegenläufige* Dynamik der Freisetzung in den Vordergrund rückt. Mit dem Freisetzungparadigma, wie es schon Carl Mennicke für den Übergang zur industriekapitalistischen Moderne formuliert hat, glauben wir deshalb auch einen Ansatz zu haben, mit dem sich die soziale und subjektive Betroffenheit der Menschen in einer so radikal veränderten Gesellschaft beschreiben lässt. Die *Spannung zwischen Freisetzung und Bewältigung* ist damit für uns auch das Schlüsselkonzept einer arbeitsgesellschaftlich und sozialpolitisch reflexiven Pädagogik.

Daran anknüpfend können wir entsprechend aufzeigen, dass mit den zunehmenden Tendenzen der sozialen Spaltung und Entbettung der Arbeitsgesellschaft, die sich im ökonomischen Druck auf den Bildungsbereich widerspiegeln, erst die soziale Handlungsfähigkeit der Lehrenden und Lernenden aus der Perspektive der *Lebensbewältigung* aufgeschlossen werden muss.

Das Bewältigungsparadigma wiederum ist so strukturiert, dass es die überkommene Selbstreferentialität des Bildungs- und Erziehungswesens durchbrechen und die gesellschaftliche Reflexivität der Pädagogik an die pädagogische Praxis anders rückbinden kann, als dies in ihrer heute gängigen an den Strukturierungs- und Entstrukturierungsdiskurs gebundenen, sozialisatorischen Reflexivität möglich ist. Da das Bewältigungskonzept dem sozialen Diskurs um die Freisetzung des Menschen in einer in sich widersprüchlichen industriekapitalistischen Gesellschaft entstammt, gleichzeitig aber auch an die Subjektdimension des ausgesetzten Menschen heranreicht, kann es zu einem sozialen Zugangskonzept einer gleichermaßen gesellschaftlich wie lebensweltlich sensiblen Pädagogik in einer zunehmend gespaltenen Gesellschaft werden. Pädagogisch-praktische Reflexivität in der Bewältigungsperspektive und arbeitsgesellschaftlich-sozialpolitische Reflexivität der Pädagogik sind dadurch aufeinander beziehbar. In dieser doppelten Reflexivität kann die Pädagogik sich gesellschaftlich und empirisch so verorten, dass sie ihre soziale Programmatik auch praktisch-empirisch rückbinden und sozialpolitisch transformieren kann.

In dem Begriff der Arbeitsgesellschaft geht die ökonomische Modernisierungsperspektive des konfligierenden Zusammenspiels von Kapital und Arbeit genauso auf wie die umfassende sozialstrukturelle Prägekraft und sozialintegrative Bedeutung der Arbeit in unserer Gesellschaft. Der Begriff der Arbeitsgesellschaft steht in diesem Zusammenhang für die typische und zentrale Vergesellschaftungsform der industriekapitalistischen Moderne, die in dieser Form mit dem Übergang zum digitalen Kapitalismus in eine Krise geraten ist und die Tendenz auslöst, Menschen so freizusetzen, dass sie immer wieder in anomische Bewältigungskonstellationen gedrängt werden. Aus dieser Warte kann auch gezeigt werden, dass die Arbeitsgesellschaft in ihrer arbeitsteiligen Logik und Dynamik dauernd ‚pädagogische Vorgaben' macht, mit denen die Pädagogik konfrontiert ist und denen sie in einer entsprechenden (arbeitsgesellschaftlichen) Reflexivität begegnen muss, will sie sich nicht der gesellschaftlichen Realität entziehen bzw. ihre Handlungsspielräume ideologisieren. Doch für eine derartige Reflexivität fehlen der Pädagogik bisher immer noch systematische Grundlagen. Die mangelnde arbeitsgesellschaftliche und sozialpolitische Reflexivität der Pädagogik spiegelt sich auch darin wider, dass im neueren sozialwissenschaftlichen Diskurs zur Zukunft der Arbeit trotz des hohen Stellenwerts den die Bildungsprogrammatik dort einnimmt, Bildungstheorie und Pädagogik nur randständig vertreten sind (vgl. z.B. Kocka/Offe 1999).

Der Anspruch, eine in diesem Zusammenhang weiterführende „soziale Theorie der Pädagogik" vorzulegen, ist wohl zu hoch gegriffen. Wir möchten unsere Argumentation aber doch als Anstoß für die Entwicklung eines zukünftigen Diskurses verstanden wissen. Um diesen nicht „aus der Luft zu greifen", gilt es als erstes, Traditionslinien für diesen Diskurs aufzuspüren. Entsprechend stellen wir im ersten Teil Pädagoginnen/Pädagogen und pädagogisch orientierte Sozialwissenschaftlerinnen und Sozialwissenschaftler vor, die gerade ob ihrer arbeitsgesellschaftlich-sozialpolitischen Orientierung von einer systemisch verengten Pädagogik übersehen oder ausgegrenzt wurden. Wir können dabei sehen, dass sich aus diesem Bezugsrahmen ein verblüffend dichter geistiger Verbindungszusammenhang - auch wenn die Betreffenden meist nicht zusammengearbeitet haben - knüpfen lässt. Im zweiten Kapitel werden die aktuellen pädagogisch relevanten Vergesellschaftungs- und Bewältigungsmuster aufbereitet, um schließlich im dritten Teil zu einem thematisch differenzierten Diskursvorschlag für eine arbeitsgesellschaftlich reflexive Pädagogik zu gelangen.

I Entfremdung und Desintegration - Historische Bezugnahmen

Für die Gesellschaft des ausgehenden 19. und des 20. Jahrhunderts bis zum Anfang des 21. Jahrhunderts kann man - idealtypisch - zwei Formen des pädagogischen Zugangs zum Menschen in der industriekapitalistischen Moderne unterscheiden: Anknüpfend an die aufklärerische Tradition der Pädagogik wird einerseits - im ersten Zugang - auf die autonome Entwicklungsfähigkeit des Menschen und der darauf gründenden Gesellschaftsfähigkeit und -kritik insistiert; andererseits - im zweiten Zugang -, ausgehend von der Gesellschaft und der industriekapitalistischen Modernisierungslogik, werden entsprechend die Prozesse der gesellschaftlichen Freisetzung des Menschen und die damit verbundenen Lebens- und Bewältigungsformen in den Mittelpunkt gerückt und von da aus die Möglichkeiten pädagogischer Aufklärung ausgelotet. Natürlich lassen sich die Entwicklungs- und die Freisetzungsthematik in der Pädagogik nicht so einfach paradigmatisch gegenüberstellen, denn es sind zwei Seiten eines miteinander verwobenen Prozesses der personalen und sozialen Entwicklung des modernen Menschen. Unsere These ist vielmehr, dass sich die disziplinäre Ausformung der Pädagogik vor allem über die Entwicklungsthematik vollzogen hat und von dieser aus das Verhältnis des Menschen zur Gesellschaft bestimmt und der entsprechende Prozess der Vergesellschaftung bewertet wurde. Damit blieben die pädagogischen Vorgaben und Bezüge, die aus dem jeweiligen Vergesellschaftungsprozess selbst resultieren, oft entweder implizit oder selektiv. Die Ausdifferenzierung der Pädagogik zur modernen erziehungswissenschaftlichen Disziplin brachte zudem jene - in solchen systemischen Vorgängen erwartbare - Selbstreferentialität, welche das Blickfeld auf den entwicklungszugewandten „typischen Kern" des Faches verlegte, so dass vergesellschaftungsorientierte Ansätze entweder nur soweit angenommen wurden, als sie ins eigene Konzept passten; oder sie wurden übergangen und die damit verbundenen Autoren außerhalb der pädagogischen Scientific Community gesehen. So konnte sich weder eine systematische arbeitsgesellschaftliche Reflexivität - gleichsam als soziale Theorie der Pädagogik - institutionalisieren, noch wurden die Werke und Namen derer, die sich früher daran versuchten, in dieser Richtung interpretiert.

Wir wollen in unserem ersten Teil nur an einige Ansätze erinnern. Gleichzeitig tauchen in dieser etwas anderen erziehungswissenschaftlichen Ahnenreihe auch (inzwischen) etablierte Klassiker auf - Siegfried Bernfeld und Paul Natorp etwa -, was nicht von ungefähr kommt, da nun in deren Werken die (verdeckten) wechselseitigen Bezüge sichtbar werden und manches in neuem Licht erscheinen lassen. Natürlich ist zu berücksichtigen, dass wir die „andere Traditionslinie", die einer arbeitsgesellschaftlich reflexiver Pädagogik „im nachhinein" gezogen haben. Die von uns hier vorgestellten Autoren waren in den seltensten Fällen persönlich oder professionell miteinander verbunden, sie waren aber „vom selben Geiste", von der Erkenntnis der pädagogischen Herausforderung der industriekapitalistischen Moderne - aus deren Struktur und Logik heraus - getrieben. Deshalb lässt sich ein roter Faden über typische Knotenpunkte aufziehen: über die allen gemeinsame Freisetzungs-, Integrations- und Bewältigungsthematik und über die Erkenntnis der pädagogischen Spannungen und Herausforderungen, die diese gesellschaftlichen Formungen des „Menschseins in der industriekapitalistischen Moderne" erzeugen. Mit dieser Erkenntnis wird wiederum sehr unterschiedlich umgegangen: Der Bogen reicht von einer selbstbewusst politisch-pädagogischer Programmatik über erziehungstheoretische Bedingungssätze bis hin zur ausgesprochenen Verlegenheit der Pädagogen gegenüber dem „unverstandenen Gesellschaftlichen", dass einem über das „unfassbare" Verhalten z.B. der jeweils neuen Jugend gegenübertritt.

Vielleicht ist es zu kühn, zu behaupten, dass es bereits zur Zeit des Übergangs vom 19. zum 20. Jahrhundert eine Tendenz zur sozialwissenschaftlichen Wende in der Pädagogik gab, die sich aber disziplinär nicht durchsetzen konnte. Allerdings wird erst nach der eben vollzogenen Jahrhundertwende, zu der wir auf das 20. Jahrhundert zurückblicken und fragen, was denn noch ‚herüberschwappt' und weiterwirkt aus dieser Zeit, richtig der Blick dafür geöffnet, welche Bedeutung ein pädagogisches Denken aus der Vergesellschaftungsperspektive haben kann, und es fügt sich vieles von damals heute neu zusammen, was in den vergangenen Jahrzehnten scheinbar übergangen werden konnte, weil sich die Pädagogik im sicheren Bett einer auf Bildung angewiesenen industriekapitalistischen Moderne wähnte.

Heute ist diese Sicherheit und Selbstverständlichkeit des Angewiesenseins im (globalisierten) digitalen Kapitalismus brüchig geworden, und die Pädagogik kann ihre nun prekäre, weil ambivalente gesellschaftliche Lage nicht mehr aus sich selbst heraus deuten. Sie braucht pädagogisch bezugsfähige Modelle, welche ihre Stellung, Möglichkeiten und Grenzen in einer sich im radikalen Umbruch befindlichen Arbeitsgesellschaft aufschließen können. In einer paradoxen gesellschaftlichen Konstellation, in der das industriekapitalistische System nicht mehr massenhaft auf Humankapital angewiesen ist, die Einzelnen aber Bildung mehr denn je brauchen, um anschlussfähig an die Gesellschaft bleiben zu können, treten unvorgesehene Freisetzungs- und Bewältigungsprobleme in den Vordergrund und verlangen nach darauf bezogenen pädagogischen Antworten. Gerade deshalb ist es notwendig, den historischen Fundus an Versuchen, die in dieser Richtung im Umkreis der Pädagogik schon gemacht worden sind, zu sichten und in der Dimension einer arbeitsgesellschaftlichen Reflexion der Pädagogik zu ordnen.

Die sozialpädagogische Verlegenheit der Industriekapitalischen Moderne

1930 schreibt der Wickersdorfer Pädagoge und spätere Verleger Peter Suhrkamp zum Stichwort: *Der Lehrer - Schule und Schüler* in der *Deutschen Berufskunde* von Ottoheinz von der Gablentz und Carl Mennicke:

„Kapitalismus und Industrialismus gefährdeten jedoch alle natürlichen, organisch gewordenen Lebenskreise und die alte soziale Ordnung. Die Handhabung von Maschinen und das Geldgeschäft setzen weder Bildung noch Kultur voraus. Die rasche Kapitalisierung und Industrialisierung verwandelte mit einem Schlage das Lebensfeld. Es schien für alle ohne Ausnahme zum Wettkampf freigegeben. Zunftgedanken, Standesbegriffe, Gesellschaftskonventionen und Berufsethos verloren an Geltung. Eine riesige Menge heterogener Volkselemente kam herauf. Die alten Kulturkreise drohten im Kampf mit der vordringenden, zunächst rein materialistischen Demokratie zu unterliegen, ihre großen erzieherischen Werte konnten als Werte im Lebenskampf die Konkurrenz der materialistischen Anschauungen nicht aushalten. Als die Demokratisierungsidee der Zeit selbst in die Familie eindrang, auch hier die Lebenskultur und die geistige Atmosphäre lädierte, war damit das alte, natürliche Korrelat zur Schule in der Erziehung der Jugend so gut wie ganz fortgefallen. Die Schule, die ihre Eigenart auf dies Korrelat gegründet hatte, verlor damit bei der Jugend an Position, aber ihre Bedeutung für die Gesellschaft stieg ungeheuer. (...) In der allgemeinen Unsicherheit wurde die Schulbildung als Wertmesser aufgestellt. Die Bildung wurde kontrollierbar gemacht. Und die Summe von Wissen, die Summe der durch die Schule in Examen und Diplomen bestätigten Kenntnisse wurde der Ausweis an gewissen Stationen auf dem Wege nach oben. ‚Bildung‘ wurde der Wimpel im Mast des demokratischen Kapitalismus. Seitdem geht der Weg nach oben in der Regel nur über die Schulen. Die Ansprüche an die Schulen wuchsen rapid. Die Konkurrenz unter den Schülern tat ein übriges, die „Leistungen" und „Forderungen" ins Absurde zu steigern. Unter diesen Umständen bestand natürlich keine Möglichkeit, dass die Schule die weitere Aufgabe an der Jugend, ihre Erziehung für das Leben, die ihr nach Ausfall der Standes-, Berufs- und Familienkultur in der Erziehung auf wesentlich breiterer Basis zufiel, übernahm." (Suhrkamp 1930, S. 335-336)

Suhrkamp erkannte in dieser Situation das soziale Gepräge der Übergangszeit und sah die Schule in einem doppelten Dilemma. Herausgelöst aus ihrem traditionellen sozialen Rahmen, in dem sie die Erziehung und Bildung der Jugend zusammen mit der Familie, den Zünften und Ständen sowie der gegliederten Ordnung überhaupt bestimmte, komme ihr im industriellen Kapitalismus allein die Aufgabe zu, die gesellschaftlichen Ansprüche gegenüber der Jugend und die Ansprüche der Jugend an die Gesellschaft zu regulieren. Ihre soziale Verankerung sei entsprechend schwach, ihre pädagogische Aufgabe ‚stieg‘ gleichzeitig ‚ungeheuer‘.

Zudem sei die Bildung in der Unsicherheit der Zeit zum einzig kalkulierbaren Faktor im Auf- und Abstiegskampf geworden. Indem man ein Bildungszertifikat erlangte, war der soziale Aufstieg gesichert. In der Schule wurde damit der Konkurrenzkampf ausgetragen, der die Gesellschaft in der industriekapitalistischen Moderne beherrsche. Doch diese - wie wir heute sagen würden - Selektionsfunktion für die kapitalistische Arbeitsgesellschaft überdecke die pädagogischen Aufgaben, die der Schule ebenfalls durch die sozialstrukturellen und soziokulturellen Veränderungen im Familienleben und in der gesellschaftlichen Ordnung übertragen wurden.

Suhrkamp spitzte seine Beschreibung auf die Institution Schule zu. „Die Situation der Schule als Institution der Gesellschaft ist so überspannt wie die gegenwärtige Situation dieser Gesellschaft." (Suhrkamp 1930, S. 338) Das kapitalistisch-industrielle System sei soweit fortgeschritten, dass es sich selbst und vor allem die Menschen gefährde. Die Menschen würden aus ihrem Gleichgewicht geworfen. Er plädierte nun dafür, dass sich die Schule den Menschen zuzuwenden habe, ein Gegengewicht zu bilden habe, indem der Mensch zu sich kommen, zu sich selbst finden und lernen könnte, gemeinschaftlich zu arbeiten. Jenseits des konkurrenten Erwerbslebens müsse die Schule ein Lebensraum sein. Die Schule habe nicht eine „Arena" der Lehrer zu sein, sondern eine „Arena" der Jugendemanzipation zu werden, in der politische und soziale Belange der Jugend thematisiert werden sollten (Suhrkamp 1930, S. 342). Suhrkamp versuchte, die Schule zu einem Ort zu machen, in dem die Schüler lernen könnten, selbstbewusste Akteure in der alltäglichen sozialen Praxis zu werden. Schließlich war er trotz aller Hoffnungen, die er mit den Schulreformprojekten verband, skeptisch, ob die Schule in diesem Sinn zu einem Gegengewicht in der Gesellschaft werden könne.

Wir wollen im folgenden die Perspektive, die Suhrkamp hier für die Schule entwickelt hat, öffnen und die soziale Herausforderung der Pädagogik, wie sie von einigen Pädagogen der Zeit wahrgenommen wurde, grundsätzlich diskutieren. 1908 stellte Heinrich Wolgast in einer Preisschrift nüchtern fest: Der moderne Mensch sei ein Arbeiter. Entfernt von seinem Heim arbeitet er eingegliedert in die Maschinerie der Technik und Arbeitsteilung, die ihm eigentlich Entlastung bringen soll. Es werde ihm „ein Stückchen Arbeit zugewiesen", wobei er „weder Zweck noch endgültige Gestaltung" kennt. Kurzum: Die Dinge beherrschen den Menschen, „nicht er die Dinge" (Wolgast 1913, S. 15). Wolgast drängte sich der Eindruck auf, dass die „Errungenschaften unserer Zeit" so organisiert sind, den „Menschen klein zu machen". Schon fast bereit, auf „sein Menschenrecht eigenen Daseins" zu verzichten, trotte der Mensch „in der Herde" mit. Wolgast wollte die Pädagogik ebenfalls - wie auch Suhrkamp - verpflichten, den mechanisch wirkenden Kräften des Wirtschaftslebens und der Politik die menschliche Gesellschaft nicht zu überlassen und den „menschlichen Faktor" wieder in das „kalte Spiel der Kräfte" zu bringen. Er sorgte sich vor allem um den „ganzen Menschen" (Wolgast 1913, S. 18-20). Die kapitalistische Industriegesellschaft reduziere den Menschen auf eine ökonomisch verwertbare Teilfunktion, der ganze Mensch werde heimatlos.

Die Rede von der Heimatlosigkeit des Menschen durchzog die pädagogischen Debatten der Zeit. Das Ende der geschlossenen Familienwirtschaft, so der zum Bund der entschiedenen Schulreformer zählende Paul Oestreich, und die nunmehr herrschende kapitalistische, entpersönlichende Arbeitsteilung lasse die Familie schwanken und die Familienmitglieder unsicher und heimatlos werden. In dieser Gesellschaft seien die Menschen nun ausgeliefert an „ehrlich sich selbst täuschende oder unehrlich im Solde stehende - soziale Poeten des Vergangenen", die den Menschen von der Wiedererweckung der „wirtschaftlich und erzieherisch autonomen Familie" erzählen (Oestreich 1921 zit. n. Kawerau 1922, S. 53). Und auch in konservativeren Kreisen wurde die Diagnose von der Heimatlosigkeit des ‚ganzen Menschen' oder der sog. ganzen Persönlichkeit in unterschiedlichen Varianten aufgenommen. Der Katholik Otto Willmann warnte 1897 davor, dass die Verbindung der tradierten „Mittelglieder" - Gemeinde und soziale Verbände - zu der gesellschaftlichen Gesamtentwicklung zerstört werde und die Kapitalisierung der Gesellschaft „das Stammkapital des Volkslebens" aufbrauche. Die Stützen und der Rückhalt des „sittlichen Daseins" und des Fortschritts würden durch die „friedlose Arbeit" weggespült (Willmann 1897, S. 716). Der Mensch werde auf eine Nadelspitze gestellt, die ihn verführe, ihm unwürdige Gebundenheiten einzugehen. Und ungefähr zur gleichen Zeit (1894) sprach der Herbartianer Ernst Barth davon, dass in den modernen Großstädte die notwendige sozialpädagogische Gliederung fehle und der Geist der Isolierung zunehmend Einzug halte. Schließlich wurde deutlich, dass das überlieferte pädagogische Menschenbild sozial ausgehöhlt und freigesetzt wurde. Es wurden widersprüchliche und voneinander differierende Perspektiven und Analysen notwendig, um den Menschen in der industriekapitalistischen Moderne begrifflich fassbar zu machen und einen pädagogischen Zugang zum Menschen wieder zu erschließen. Die nun vorgeschlagenen Persönlichkeits- und Subjektbegriffe verbargen hinter den Fassaden politische, weltanschauliche und wissenschaftliche Grundpositionen, die um die ideologische Begriffsmacht stritten.

Systematisch und mit Blick auf die sozialstrukturellen Veränderungen hat 1926 Carl Mennicke das Problem auf einen Begriff gebracht. Seit der Wende vom 19. zum 20. Jahrhundert hätten demnach die sozialen Veränderungen ein Ausmaß erreicht, dass man von einer *sozialpädagogischen Verlegenheit* der industriekapitalistischen Moderne sprechen könne. Das soziale Leben, so Mennicke, habe durch die Durchsetzung des industriellen Kapitalismus in allen Lebensbereichen an „bildkräftigen Formen des gesellschaftlichen Lebens" verloren (Mennicke 1926, S. 332). So werde der moderne Familienhaushalt „zur reinen Konsumgemeinschaft" degradiert und das „Tempo des Wirtschaftslebens" lasse dem Mann immer „weniger Raum zur wirklichen Pflege des Familienlebens". Ohnehin könne die moderne Familie nicht mehr als eine zuverlässige Erziehungsgemeinschaft angesehen werden. Der industrielle Kapitalismus habe zudem den Arbeitsverhältnissen jegliche „pädagogische Qualität" geraubt (ebd.,

S. 323-324). Schließlich finde der moderne großstädtische Mensch insgesamt nur wenig Gelegenheit, „innere Anforderungen des gemeinschaftlichen Lebens zu erfahren". Der Mensch wird unsicherer und williger, „dem Zug der Reklame zu folgen". „Kein Zweifel", so Mennickes Schlussfolgerung, „dass auf diesem Wege viele Einzelleben überhaupt jede Richtung und Bestimmtheit verlieren" (Mennicke 1928, S. 293).

> „In der Kompliziertheit des modernen gesellschaftlichen Lebens ist dieses Gefühl von Unsicherheit schließlich bei allen vorhanden. Verstärkt natürlich in Krisenzeiten, wo vor allem die Jugend unter dem Druck der Unsicherheit der Zukunft steht. Aus dieser Unsicherheit wird der Mensch durch das Erleben von Massenverzückung, die Sicherheit bedeutet, befreit." (Mennicke 1999, S. 73)

Mennicke war zudem weit davon entfernt, die alten Strukturen idealisieren zu wollen. Die alte Gesellschaft setzte „den Bewegungsrahmen des Einzelnen fest" und der Einzelne hatte sich dem zu fügen (Mennicke 1926, S. 318). Die moderne Gesellschaft tat nun - so Mennickes Analyse - genau das Gegenteil. Durch die Auflösung der traditionellen Lebensformen, durch das Zurücktreten des Gemeinschaftlichen, im Gegensatz zum Gesellschaftlichen, durch die modernen industriekapitalistischen Arbeitsverhältnisse setze sie den Einzelnen frei und sie entlasse ihn aus den alten autoritären und patriarchalen Strukturen. Wurde der Mensch in der alten vormodernen Gesellschaft festgesetzt und ihm selbst kaum Spielraum gelassen, aus den übermächtigen Sicherheiten auszubrechen, so wird er nun, so ist Mennicke zu verstehen, einerseits immer wieder freigesetzt und andererseits durch neue ‚Massenverzückungen' - wie den Konsum - wieder festgesetzt.

Die sozialpädagogische Verlegenheit der modernen Gesellschaft besteht nun darin, dass die modernen industriekapitalistischen Gesellschaften den Einzelnen einerseits freisetzen und andererseits keine sozialen Bedingungen bieten, in denen sie ihre subjektive Handlungsfähigkeit ausbilden und leben können. Der Mensch wird einerseits durch die strukturellen Bedingungen in der industriekapitalistischen Moderne freigesetzt, andererseits schafft diese ihm keine Lebenskonstellationen, um Selbstwert als Mensch verwirklichen und sozialen Lebenssinn entwickeln zu können.

Das Leben, schrieb Mennicke, stehe in den modernen kapitalistischen Gesellschaften „viel zu ausdrücklich unter dem Zeichen der gemeinsamen Bewältigung der Lebenslast" (Mennicke 1928, S. 283). Die freigesetzten Bedürfnisse sowie die implizite gesellschaftliche Aufforderung, subjektive Handlungsfähigkeit auszubilden, würden durch die Gesellschaft nicht beantwortet. Stattdessen regieren Arbeitsverhältnisse im industriellen Kapitalismus, die sich gegen alle sozialpädagogischen und menschlichen Problemstellungen gleichgültig verhalten, in denen nur der ökonomisch verwertbare Teilmensch, wie Wolgast es sagte, einen Platz hat.

Wie gestaltet sich in Zukunft die Aufgabe, fragte Mennicke, die früher Sache der „Religionsgemeinschaften" war, den Sinn des Lebens zu bestimmen und „Anweisungen (...) bis in alle Einzelheiten des täglichen Lebens hinein" zu geben, „wie dieser Sinn erfüllt werden könnte" (Mennicke 1921a, S. 6)? Mennicke berichtete über das Leiden der Menschen an der „(bürgerlich-kapitalistischen) Lebensgestalt, in der wir uns gefesselt finden" (Mennicke 1921b, S. 40). Dieses Leiden sei der Ausgangspunkt für die Suche nach einer neuen Lebensgestalt. Für Mennicke war die eigene soziale Betroffenheit der Ausgangspunkt, sich selbst als soziales Wesen zu begreifen und zu erkennen, dass der industrielle Kapitalismus der menschlichen Selbstentfaltung gleichgültig gegenüber steht:

> „Es bleibt keine andere Möglichkeit, als das Kind von frühauf erlebnismäßig an den Schwierigkeiten unserer gesellschaftlichen Lage zu beteiligen und sein Verantwortungsbewusstsein darauf zu richten, an der Überwindung dieser Schwierigkeiten durch Teilnahme an der neuen Gestaltung mitzuarbeiten. Diese Notwendigkeit tritt noch einmal mit allem Nachdruck vor Augen, wenn wir uns klar machen, dass auch das Kind und der Jugendliche von sich aus sich von der Bindung an die natürliche Erziehungsgemeinschaft in der Familie immer mehr lösen." (Mennicke 1928, S. 286)

Entsprechend sah Mennicke die Pädagogik als alltägliche sozialpolitische Praxis herausgefordert. In den unmittelbaren Lebensverhältnissen galt es, ausgehend von der Lebenslast, die der Mensch zu bewältigen hat, den Menschen zum Akteur und alltagspolitischen Mitgestalter seiner Lebensumstände zu machen. Die Suche nach neuen sozialen Erziehungs- und Bildungsformen sollte ja gerade nicht, wie dies in den überkommenen Verbänden der Fall gewesen war, die Menschen erneut festsetzen, sondern die mit der Auflösung der Verbände gewonnene Autonomie im sozialen Leben verwirklichen: „Wie Nietzsche es ausdrückt: ‚Ich will nicht wissen, welchem Joche du entlaufen bist, sondern wozu du frei wurdest.'" (Mennicke 1920, S. 4)

Pädagogik zwischen ständischer Sicherung und gesellschaftlicher Dynamik: Peter Petersen, Carl Mennicke und Siegfried Bernfeld

„Der kindliche Arbeiter ist ein Wachsender!", schrieb 1930 der Schulreformer Peter Petersen (1930, S. 10). Er begriff die Schule als eine Vergesellschaftungsform kindlicher Arbeit. Für ihn war die Schule kein Instrument, über das die Gesellschaft reformiert oder gar revolutioniert werden könnte. In der Schule werde der Mensch „hineingelebt" in die Volkswerdung (vgl. Petersen 1924). Sie bereite den Menschen auf den Lebenskampf vor. Petersen war davon überzeugt, dass der Mensch besser für den Lebenskampf präpariert sei, wenn das ‚Hineingelebtwerden' sich nicht nach den industriekapitalistischen Gesetzen der Arbeitsteilung vollzieht. Denn die natürliche Differenzierung der menschlichen Kräfte und Aufgaben finde in der Gemeinschaft statt, in der Gesellschaft dagegen herrsche die moderne Arbeitsteilung: „Sie hat kein gemeinsames Ziel, das dem einzelnen Arbeiter warm ans Herz greifen kann." (Petersen 1924, S. 122)

Petersen fand in den sozialbiologischen Untersuchungen seiner Zeit die Bestätigung dafür, dass sich die Entwicklung des Kindes und des Jugendlichen an Gesellungsformen der Arbeit zu orientieren habe, wie sie in den gemeinschaftlichen Tätigkeiten der Familie, der Gemeinde, in den ursprünglich gewachsenen Sozialformen gelebt wurden. In dem antiken Polisbegriff (vgl. Retter 1996) fand er entsprechend den bürgergesellschaftlichen Rahmen für diese korporatistisch orientierte Gesellungsstruktur des naturgemäßen ‚Hineingelebtwerdens'.

„Wenn demgegenüber die neue Pädagogik den sog. ‚naturgemäßen' Weg als den richtigen, ja den einzig richtigen hinstellt, so deswegen, weil sie an ungezählten Tausenden von Kindern aller Länder hinreichend gesehen hat, wie die in den einzelnen Kindern angelegten körperlichen und seelischen Kräfte ein eigenes Gesetz der Reifung in sich tragen, gegen das durch ein Hineinwirken von außen leicht gesündigt wird, ohne dass es wiedergutzumachen ist. Und gerade bei allen, also natürlich in den Vollbesitz ihrer seelisch-geistigen und körperlichen Kräfte gelangenden, ungebrochen hineinwachsenden jungen Menschen stellen wir allerorten fest, dass sie am leichtesten auch mit den Kulturobjekten und -zuständen sich auseinandersetzen, die verarbeitet werden müssen, mit denen man sich auseinandersetzen muss, um sich selbst zu leben, weil man nun einmal in diese Zeit hineingeboren ist." (Petersen 1925, S. 127)

Petersen entdeckte gerade angesichts der Vergesellschaftungsformen im industriellen Kapitalismus und der damit verbundenen Organisation der Arbeit die Notwendigkeit, die überkommenen Strukturen als sozialethisches Fundament in den pädagogischen Institutionen und Lebensformen - wie der Familie - zu bewahren, da sie die generative Erneuerung des Volkes sichern und der Mensch sich nur in einer verbindlichen Struktur einer gleichberechtigten und freien Arbeitsgemeinschaft entwickeln kann. Gerade die Ökonomisierung und Politisierung der Pädagogik sei darum von Übel, da sie kein Interesse an den Entwicklungsbedürfnissen zeige, sondern die Jugendlichen allein als vermeintliche Zeugen des Zukünftigen für ihre Zwecke gebrauche.

Wir haben einen kurzen Einblick in die Pädagogik Petersens hier vorangestellt, da er wohl zu den ersten Pädagogen gehörte, die ihre Lehre auf eine Theorie der Gesellungsformen aufbauten (vgl. Lassahn 1992). Wie Mennicke suchte er eine Antwort auf die sozialpädagogische Verlegenheit. Der Unterschied zwischen Mennicke und Petersen besteht nun darin, dass Mennicke seine Pädagogik aus dem *Leiden* unter den Entfremdungs- und Desintegrationsprozessen im industriellen Kapitalismus entwickelte, darum eine gesellschaftstheoretische sowie sozialpolitische Verortung der Pädagogik einforderte und gerade in den sozialen Bewegungen wie der Arbeiter- oder Frauenbewegung die sozialen Kräfte sah, über die neue Lebensformen etabliert werden könnten. Das Bedürfnis nach Gemeinschaft und individueller Sinnstiftung, die 'Dialektik von Freiheit und Gebundenheit', die Notwendigkeit, nun aus der Pädagogik heraus Vergesellschaftungsformen zu bilden, beschrieb Mennicke in der Spannung von Desintegration und Integration sowie Entfremdung und sozialer Gestaltung in der sich durchsetzenden industriekapitalistischen Moderne (vgl. Mennicke 1999). Mennicke entwickelte seine Pädagogik in ständiger Reflexion der sozialen Widersprüche und in einer Auseinandersetzung mit der Sozialpolitik als Gesellschaftspolitik. Er band die pädagogische Konstruktion von Arbeitsgemeinschaften in eine gesellschaftstheoretische Dynamik ein.

Petersen hielt dagegen an der Idee gewachsener Gemeinschaften fest. Analog dazu bestimmte er den sozialen Reflexionsrahmen: Er wollte auch die sozialen Bewegungen auf die Erneuerung aus dem Geist der Gemeinschaftspädagogik verpflichten. Diese stehe für ein nicht entfremdendes Hineinleben in die Volkswerdung. Darum habe der Staat Freiräume für die Gemeinschaftspädagogik zu schaffen, die allein vom Menschen aus und unter pädagogischer Federführung zu gestalten seien.

Mennicke erkannte nach dem Ersten Weltkrieg die Aufgabe, die Bedeutung des Sozialismus für das unmittelbare praktische Leben zu diskutieren. Ungeachtet der selbstverständlichen Solidarität zu den sozialistischen Parteien, die auch weiterhin „der Herd der eigentlichen sozialistischen Bewegung" (Mennicke 1921a, S. 5) seien, werde in den Industriegebieten ganz unterschiedlicher Städte die Aufgabe einer *sozialistischen Lebensgestaltung* gegenwärtig nachdrücklich wahrgenommen.

> „Aber die Auseinandersetzung mit den offiziellen Anschauungen wird hier immer nebensächlich bleiben. Wir setzen da ein, wo sie Lücken ließen. Und sie ließen eben vor allem die eine große Lücke, dass sie das unmittelbare praktische Leben, das jeder leben muss in Haus und Fabrik, vernachlässigten. Dass diese Lücke blieb, ist sehr verständlich. Es waren kaum genügend Kräfte da, die großen Scharen, die zur sozialistischen Bewegung hindrängten, notdürftig zu organisieren und für den wirtschaftlichen und politischen Kampf zu schulen. Da war es klar, dass die Führung seines Lebens jedem Einzelnen überlassen bleiben musste. Es lag umso näher, als ja die meisten zunächst in den alten überkommenen Formen der kirchlichen und kommuna-

len Gemeindelebens befangen blieben. Jetzt aber, nachdem eine immer völligere Loslösung der großen Scharen der Arbeiterschaft von diesen überkommenen Formen stattgefunden hat, nachdem deutlich geworden ist, dass die politische und wirtschaftliche Verwirklichung des Sozialismus ganz bestimmte lebendige Voraussetzungen erfordert, ohne die sie nie gelingen kann, jetzt wird es ganz eigentlich zur Existenzfrage des Sozialismus, dass er unmittelbar praktisch wird, das Leben ergreift, dass die Menschen durch ihre ganze Lebensführung, durch die Form ihres Gemeinschaftslebens zeigen, was es heißt, Sozialist zu sein." (Mennicke 1921a, S. 5)

Mennicke ging es darum, die Dialektik von Freiheit und Gebundenheit herauszuarbeiten und diese in seine Perspektive der sozialistischer Lebensgestaltung zu integrieren. Die Suche nach neuen Gemeinschaftsformen sollte nicht, wie dies in den überkommen Verbänden der Fall gewesen war, die Menschen erneut festsetzen, sondern die mit der Auflösung der Verbände gewonnene Autonomie in Arbeits- und Lebensgemeinschaften verwirklichen. Diese Suche schloss für Mennicke auch immer die Verwirklichung der ökonomischen Selbstbestimmung mit ein. So schrieb Mennicke in den *Blättern für religiösen Sozialismus*, die er ab 1920 redigierte:

„Und dann der Autonomiegedanke, der, wie schon gesagt, aufs engste mit diesem menschheitlichen Gemeinschaftsbewusstsein zusammenhängt. Wie der moderne Mensch sich geistig immer mehr aus autoritärer Bestimmung befreit hat, wie gerade auch der heutige Arbeiter seinem Bewusstsein nach die absolute Freiheit hat, sich geistig zu bewegen, der Herrschaft der Dogmen zu entziehen und frei zu denken, was er will, so ist das Bedürfnis in ihm unwiderstehlich, auch als wirtschaftlicher Faktor frei zu sein, d.h. im Sinne verantwortlicher Selbstbestimmung zu arbeiten." (Mennicke 1920, S. 3)

Entsprechend verstand Mennicke seine sozialen Arbeitsgemeinschaften als einen Beitrag zur Gestaltung einer sozialistischen Gesellschaft. Er erkannte angesichts der gemeinschaftszerstörenden Kraft des industriellen Kapitalismus und der alltäglichen Not sowie angesichts der Lücken, die die sozialpolitischen und ökonomischen Positionen ließen, die Notwendigkeit, die sozialistische Lebensgestaltung als pädagogische Kernaufgabe zu betrachten, damit die Menschen in diesen Gemeinschaften zu ihrem Selbstwert fänden. „Denn Gemeinschaft (das innerste sich-ernstnehmen, ‚sich-lieben' der Menschen untereinander) kann nur in der Atmosphäre der Selbstwerte sich bilden und leben." (Mennicke 1922, S. 8) Seine Arbeitsgemeinschaften sollten - in aktuelle Worte gefasst - sozialpädagogische Gegenwelten im Kapitalismus sein. Mennicke beschwor eine antibürgerliche Haltung, die sich gerade von der Willkür des bürgerlichen Freiheitsbegriffs, in dem Lebensgestaltung durch „das beliebige Interesse des Einzelnen" (Mennicke 1921c, S. 30) bestimmt werde, losgesagt hatte. In der sozialistischer Perspektive werde die Freiheit im Verhältnis zur menschlichen Arbeit, zum ganzen Leben und zum Selbstwert des Menschen begriffen. Mennickes Pädagogik war eine - im heutigen Sinne - akzeptierende Pädagogik. Er ging von der Wirklichkeit der industriekapitalistischen Vergesellschaftung aus, wenn er die Pädagogik ins Spiel brachte und sah dann entsprechend die Pädagogik nicht außerhalb oder neben der industriekapitalistischen Welt, sondern in unumgänglicher Spannung zu ihr.

Letztlich implizieren die Antworten von Petersen und Mennicke auf die sozialpädagogische Verlegenheit der industriekapitalischen Moderne unterschiedliche soziale Zugänge zum sog. Erziehungs- und Bildungsmoratorium. In einem Beitrag über die Kindheitskonzepte in der DDR hat Sabine Andresen gezeigt, dass „die diskursive Vereinbarung über das Ausmaß des Schützens und Schonens ebenso wie die praktische Umsetzung in einer generationalen Ordnung (...) generell im ‚Jahrhundert des Kindes' wiederholt zur Disposition" standen (Andresen 2000, S. 125). Wir haben die Perspektiven von Petersen und Mennicke hier gegenübergestellt, um die gesellschaftspolitische Spannbreite der Antworten auf die sozialpädagogische Verlegenheit und die grundsätzlich unterschiedlichen sozialen Zugänge aus der Entwicklungs- und Freisetzungsperspektive anzudeuten.

Mennicke brach nämlich die enge Orientierung an überkommenen Erziehungs- und Bildungsbegriffen sowie Entwicklungsvorstellungen auf. Er entwickelte seinen Zugang aus dem Leiden der Menschen unter der Lebensgestalt in der industriekapitalistischen Moderne und der Frage, wie diese den Lebensalltag bewältigen, um Selbstwert als Menschen finden zu können. Aus diesem Leiden erkannte er das Bedürfnis nach einer Lebensgestalt, die dem Menschen eine Handlungsfähigkeit in Arbeitsgemeinschaften ermöglichte. Mennicke suchte seinerzeit nicht nur in den Arbeitervierteln, sondern auch in der pädagogischen Praxis selbst nach Vergesellschaftungsformen und Reformprojekten, die seine sozialistische Lebensgestaltung unterstützten und zeigten, dass ein Aufbrechen der bürgerlichen Lebensgestalt ein Bedürfnis der Menschen selbst war. Fündig wurde er bei Siegfried Bernfeld. Dessen Kinderheim, Baumgarten, war ihm ein ausgezeichnetes Beispiel für eine sozialistische Erziehung und das „Ringen um eine eigene Form kindlichen Gemeinschaftslebens" (Mennicke 1921d, S. 44).

Bernfelds Ansatz (vgl. Bernfeld 1991ff.) kann hier als weiterführende Perspektive angesehen werden, da er den sozialhistorischen Bedingungszusammenhang von Psycho- und Sozialdynamik erkannte, wodurch Mennickes Ansatz ausdifferenziert werden kann. Mennickes Kernpunkt, das Leiden an der bürgerlichen Lebensgestalt, führte ihn letztlich zu seinem religiösen Fundament. Bernfeld schließt nun - so können wir interpretieren - die sozialen Orte des Leidens psychodynamisch und sozialhistorisch auf und zeigt, dass die Pädagogik so lange eine Sisyphosarbeit bleiben muss, solange sie die Entwicklungspotenziale von Mensch und Gesellschaft nicht in ihrer Tiefendimension und sozialhistorischen Dialektik begreift. Erst wenn die Pädagogik die innere Konfliktstruktur, die sich hinter dem Leiden verbirgt, im Zusammenspiel mit der gesellschaftlichen Konfliktstruktur analysiert (vgl. Niemeyer 1998) und nicht über sozialidealistische und anthropologische Legitimationsformen aus der sozialen und menschlichen Lebensrealität flüchtet, wird sie erkennen, dass die sozialen Orte des Leidens die Chance zu einem pädagogischen Anfang (vgl. Hörster 1995) bieten, in dem das individuelle und soziale Leiden zu einem selbstbestimmten sozialen Handlungs- und Gestaltungsbedürfnis werden kann.

„Die Erziehung ist demnach die Summe der Reaktionen einer Gesellschaft auf die Entwicklungstatsache. Der Begriff der Erziehung erfährt durch diese Definition gewiss eine ungewohnte Erweiterung, die aber nicht unerwartet sein kann, denn betrachtet man die Erziehung als gesellschaftlichen Prozess und nicht wie die Pädagogik als System von Normen und Anweisungen, so wird der Umfang der zu betrachtenden und in einem Begriff zu vereinenden Erscheinungen natürlicherweise größer." (Bernfeld 1925, S. 51)

Diese berühmt gewordene Definition Bernfelds lenkt den Blick der Pädagogik damit zunächst nicht auf das Bildungs- und Erziehungsziel, sondern auf die Frage, ob in der sozialen pädagogischen Realität selbstbestimmte Entwicklung überhaupt stattfinden kann. Zu diesem Zweck reflektiert er die Pädagogik vor dem Hintergrund der emanzipatorischen Entwicklungstheorien von Psychoanalyse und Sozialismus, die beide das Aufbrechen des alltäglichen Leidens als Ausgangspunkt für den Drang nach neuer Handlungsfähigkeit beschreiben. Eine doppelte Quintessenz können wir aus Bernfeld herauslesen: Pädagogik muss einerseits alltäglich scheitern, soweit sie die Konfliktstrukturen hinter dem alltäglichen Leid und den Drang nach Handlungsfähigkeit in der sozialhistorischen Lage und Dynamik nicht erkennt und die Entwicklungstatsache von außen durch feste Persönlichkeits- und Sozialbilder kanalisieren will. Sie kann dagegen andererseits dazu beitragen, das alltägliche Leid zu mildern, indem sie anfängt, ihre sozialen Orte als Verwirklichungsräume menschlicher Entwicklungsbedürfnisse zu öffnen und so die gesellschaftliche Reaktion auf die Entwicklungstatsache zu einer vom Menschen ausgehenden selbstbestimmten gesellschaftlichen Entwicklungsaktion werden lässt. Der Mensch, so können wir resümieren, muss die Konfliktstruktur, die sein alltägliches Leid bestimmt, als soziale Konfliktstruktur begreifen können; dies kann nur in sozialen Orten geschehen, in denen ihm diese Bewusstwerdung nicht verwehrt wird (vgl. Jaletzke 1997).

Bernfeld verlängert damit die gesellschaftsdynamische Reflexivität der Pädagogik, wie wir sie bei Mennicke kennen gelernt haben, über die Psychoanalyse in die Tiefenstruktur des Menschen. Dabei implizieren seine entwicklungstheoretischen Vorstellungen letztlich aber wieder ein Bild von Emanzipation und Konfliktregelung, das der Pädagogik ihre autonome Hoffnung als Erlösungshelfer belässt. Der Pädagoge wird zum sozialistisch-psychoanalytisch reflexiven Mäeutiker. Aus dem Menschen in seiner sozialhistorischen Eingebundenheit, seiner inneren Entwicklungsunumgänglichkeit wird der Auftrag der Pädagogik hergeleitet. Der Mensch und die Gesellschaft werden dabei in ihrer Widersprüchlichkeit und Konflikthaftigkeit wahrgenommen, wobei die Widersprüchlichkeit als soziale Normalität angesehen wird, in der der Mensch in einem Kampf um Handlungsfähigkeit steht.

Von diesem Punkt ausgehend werden wir nun versuchen, aus historischen Zeitdiagnosen heraus die beschriebene pädagogische Verlegenheit gesellschaftstheoretisch weiterführend zu erfassen.

Integration und Desintegration als Grundthema des Verhältnisses von Pädagogik und Arbeitsgesellschaft - Emile Durkheim

Der große Soziologe war auch Pädagoge und schrieb auch Pädagogisches (vgl. 1922; 1925). Emile Durkheim hatte in seiner Pariser Professur die Pädagogik mit zu vertreten. Die späteren pädagogischen Diskurse im 20. Jahrhundert in Deutschland hat dieser Umstand wenig berührt. Das mag sicher auch damit zusammenhängen, dass selbst die Soziologie ihn lange Zeit ins ‚Museum' verbannte und seine Hauptwerke zur „Arbeitsteilung" und zum „Selbstmord" nicht als epochale Werke erkannte. Seine Art, pädagogisch zu denken, war natürlich seinen „Regeln der soziologischen Methode" geschuldet: Soziales darf nur durch Soziales erklärt werden. Erziehung war für ihn dementsprechend ein soziales Geschehen, das in seiner sozialen Bedingtheit und Tragweite zu untersuchen war, und Lernen ein Prozess des interaktiven Austausches von Mensch und Gesellschaft. Liest man seine Werke quer - wie es uns vor allem René König (vgl. 1976; 1978) jenseits aller disziplinären Borniertheit vorgemacht hat -, dann finden wir Hinweise auf die pädagogischen Herausforderungen der industriellen Arbeitsgesellschaft.

Durkheim sprach von Pädagogik und nicht von Erziehung, wenn er die wissenschaftliche Befassung mit dem Erziehungsgeschehen meinte: „Erziehung ist die durch die Eltern und Lehrer auf das Kind ausgeübte Tätigkeit. Sie macht sich immerfort bemerkbar und ist allgemein." Eltern und Lehrer können dabei nur das Erziehungsgeschehen sehen, das sie bewusst aus ihren Rollen heraus kommunizieren. Aber: „Es gibt eine unbewusste Erziehung, die niemals aufhört". (Durkheim, zit. n. König 1976, S. 330) Diese manifesten und strukturellen Formen der Erziehung zu *begreifen*, ist die Aufgabe der theoretischen Pädagogik. Das Generationenverhältnis ist dabei für Durkheim ein zentraler Bezugspunkt dieser Pädagogik, nicht nur weil es den Begriff der Erziehung und des Erziehens sozial manifestiert, sondern weil es auch auf eine die einzelnen Generationen überdauernde soziale Instanz verweist, welche die Generationen miteinander verbindet. Dies ist die Gesellschaft.

Wenn man Gesellschaft als allgemeinsten pädagogischen Sozialzusammenhang sieht, so kommt man auf eine doppelte pädagogische Struktur. Gesellschaft ist *in sich,* so Durkheims Diagnose, nach den Prinzipien der Arbeitsteilung *gestaltet*. Sie wirkt also auf die Menschen ein, nicht rein deterministisch, sondern in sozialen und symbolischen Kommunikations- und Interaktionsprozessen. Das „Soziale" - so die Interpretation René Königs - „übersteigt in gleicher Weise unsere persönliche Existenz, wie es sich einzig durch die persönliche Existenz hindurch verwirklichen kann" (König 1978, S. 129-130). In dieser gesellschaftlich aufeinander bezogenen menschlichen Praxis entwickelt sich das „Kollektivbewusstsein", jenes Ensemble kollektiver Vorstellungen, das die pädagogische Qualität einer Gesellschaft ausmacht. Wird diese kollektive Moral geschwächt und brüchig, dann sieht der einzelne Mensch auch die Bindung zu anderen und zu sich selbst geschwächt. „Tatsächlich hängt einerseits jeder um so enger von der Gesellschaft ab, je geteilter die Arbeit ist", schrieb Durkheim 1893, „und andererseits ist die Tätigkeit eines jeden um so persönlicher, je spezieller sie ist" (Durkheim 1988, S. 133). Der Mensch, so können wir ergänzen, wird abhängiger von der Gesellschaft. Der Einzelne muss sich auf die Gesellschaft verlassen können und, noch mehr, er muss sich einer neuen Form der menschlichen Solidarität sicher sein. Ist diese nicht gegeben, dann können - unter bestimmten biographischen Bedingungen - sogar die Bande zum eigenen Leben zerreißen, weil mit dem Verlust des sozialen Sinns auch der Lebenssinn verloren gehen kann.

Die kollektive Moral der Gesellschaft wird dann erschüttert und geschwächt, wenn ihre ontologische Balance, ihr inneres Gestaltungsgleichgewicht gestört ist, d.h., wenn die ökonomische und soziale Arbeitsteilung in Krisenzeiten, aber auch in Zeiten überraschender und überhitzter Prosperität so aus den Fugen gerät, dass sie die Bindung zum Menschen verliert, der Mensch sozial nicht mehr mitkommt bzw. sich in diesen Schüben sozialer Desintegration und Individualisierung nicht mehr zurechtfinden kann. Er wird aus der sozial-moralischen Bahn ‚geschleudert', *freigesetzt* würden wir heute sagen: Sozialbindungen und damit auch der personale Selbstwert sind gefährdet. Durkheim ging davon aus, dass die ökonomische und soziale Arbeitsteilung in sich die Tendenz zum Gleichgewicht auf jeweils höherer Ebene hat und dass desintegrative Freisetzungen eher pathologischer Natur seien. Später hat er dann erkannt, dass der krisenhafte Prozess sozialer Desintegration und damit die Krise kollektiver Sozialmoral ein „anomisches" Strukturmerkmal moderner Gesellschaften ist.

Wenn wir Durkheims implizite Pädagogik in dieser Hinsicht in Richtung der Freisetzungsthese integrieren, dann dürfen wir nicht unterschlagen, dass seine veröffentlichte Pädagogik sich vornehmlich mit den institutionalisierten Erziehungsprozessen beschäftigte. Als Professor für Pädagogik sah er - so René König - die selbstverständliche Aufgabe, die Erziehungsinstitutionen und -formen unter dem Aspekt zu thematisieren, wie sie dem Fortschritt der arbeitsteiligen Gesellschaft gerecht werden und wie sie Erziehung als eine Praxis der Organisation von Lernen begreifen können, das sozial und weniger normativ gesteuert werden muss. Aus der Erkenntnis heraus, dass der Mensch in Wechselwirkung mit der inneren Gestaltungslogik der Gesellschaft sich zur sozialen Person entfaltet, entwickelte er Ansätze einer Sozialisationstheorie und einer Theorie sozialen Lernens, die später von der Soziologie auf die Bezüge von Internalisierung sozialer Normen und Rollenübernahme eng geführt und auch von der Pädagogik nicht entsprechend aufgegriffen wurden. In diesem Zusammenhang dachte er auch und vor allem in der Kategorie der Differenz, die er aber nicht pädagogisch-normativ, sondern sozialhistorisch als „Distanz" begriff: Zwischen den unentschiedenen Virtualitäten, die den Menschen im Moment seiner Geburt ausmachen, und der sehr bestimmten Person, die er werden muss, um in der Gesellschaft eine „sinnvolle" Position einnehmen zu können, gibt es eine erhebliche Distanz. Diese Distanz muss das Kind im Erziehungsprozess durchlaufen (vgl. König 1976, S. 330). Hier nimmt er schon das moderne - nicht mehr normzentrierte - Denken der Pädagogik vorweg, die ihren Differenzbegriff sozialisatorisch fasst.

Der Begriff der „Freisetzung", wie wir ihn aus seiner Theorie der Arbeitsteilung und des anomischen Selbstmords aufgeschlossen und bei Carl Mennicke als pädagogisch-soziologischer Begriff in den Mittelpunkt gerückt haben, ist von Durkheim so nicht gebraucht, sondern von uns hineininterpretiert worden. Wir nehmen dabei den interpretatorischen Aufforderungscharakter, den Durkheims Werk hat, „die Durchlässigkeit seiner Ideen für weiterführende neue Varianten" (König 1976, S. 328), für unsere Perspektive in Anspruch. Wie die soziale Arbeitsteilung sich immer wieder neu bewegt und weiterentwickelt, werden die Menschen in der Spannung von Integration und Desintegration immer wieder neu freigesetzt. Mennickes Frage nach dem „Freigesetzt wozu?" scheint auf.

Den Begriff der *Entfremdung* im Marxschen Sinne sucht man bei Durkheim vergebens. Er war aus seiner Analyse der Arbeitsteilung heraus überzeugt, dass diese zur Integration fähig und die der Arbeitsteilung inhärente Spannung von Integration und Desintegration politisch - z.B. durch den Staat - mediatisiert werden kann. So verwundert es nicht, dass von der Seite der sozialistisch denkenden Sozialreformer der damaligen Zeit eine herbe bis vernichtende Kritik an

Durkheims Werk geübt wurde. Man warf ihm biologistisches Gleichgewichtsdenken vor und Ignoranz hinsichtlich der kapitalistischen Verfasstheit der arbeitsteiligen Industriegesellschaft. Die Gestaltung der Gesellschaft durch den Menschen - so wurde damals argumentiert - orientiere sich nicht an den von der herrschenden Gesellschaft vorgegebenen Lebensperspektiven, sondern an der sozial ungleichen und somit für viele entfremdeten Lage der Menschen in der industriekapitalistischen Gesellschaft (vgl. dazu Sombart 1903).

Zwar hat Durkheim nicht das Zusammenspiel von Kapitalismus und industrieller Arbeitsteilung in diesem Sinne erfasst, er hat aber doch gezeigt, dass im Prinzip der industriellen Arbeitsteilung die Chance der Integration liegt, die vom Menschen her aufgegriffen werden kann, genauso wie das Scheitern in diese Gesellschaft strukturell eingelassen ist. Gesellschaft muss deshalb *bewältigt* werden, wobei die Chancen der Bewältigung wiederum im Sozialen liegen. Strukturelle Erziehung, Bewältigung und arbeitsteilig induzierte Gestaltung wären die pädagogisch relevanten Begriffe, die man aus dem Durkheimschen Werk ziehen kann. Durkheims Erziehungsbegriff kann dabei nicht losgelöst werden vom Gesellschaftlichen: „Der Mensch wird in der Tat zum Menschen, einzig weil er in Gesellschaft lebt." (Durkheim, zit. n. König 1976, S. 329) Für Durkheim gibt es in diesem Sinn keinen Gegensatz von anthropologischer und soziologischer Natur des Menschen und seiner Erziehung; das entsprechende Dualitätsdenken, das der Pädagogik häufig zugrunde liegt, ist ihm fremd.

Durkheims implizite Grundlegung einer soziologischen Pädagogik weist uns darauf hin, dass wir die jeweils historische Form der arbeitsteiligen Gesellschaft nicht nur als äußeres System von Erwartungen an den sich sozial entwickelnden Menschen betrachten, sondern von ihrer inneren Logik der Arbeitsteilung her begreifen. Dieser der Arbeitsteilung innewohnenden Spannung der Integration und Desintegration ist der Mensch ausgesetzt, sie bildet sich in der menschlichen Praxis als Frei- und Ausgesetztsein *gleichermaßen* ab. Damit ist die zentrale These verbunden, dass aus diesem Ausgesetztsein heraus der Einzelne seine Lage als gesellschaftliche nicht nur leibseelisch empfinden, sondern auch soziologisch erfahren kann. Leib-seelische Betroffenheit und soziologische Freisetzung gehen ineinander über. Diese Betroffenheit - so das implizite Ergebnis der Analysen in Durkheims Buch *Der Selbstmord (1973)* - ist ein unbewusster Zustand. Es ist - so unsere weiterführende Annahme - unter anderem auch ein Problem der Pädagogik, wie sie aus Betroffenheit sozial bewusste Erfahrung machen kann. Gleichzeitig fordert dieser Ansatz der Pädagogik erhebliche Selbstreflexivität ab, stehen doch die pädagogischen Figuren - Grundmuster und Formen der Erziehung - in Spannung zur Entwicklung der arbeitsteiligen Gesellschaft.

Entfremdung und Gestaltung als Grundthema des Verhältnisses von Pädagogik und Arbeitsgesellschaft: Werner Sombart und Paul Natorp

Noch weniger als Durkheim wird Werner Sombart als Pädagoge wahrgenommen. Er war auch kein Pädagoge. Dennoch kann unter Bezug auf seine theoretischen Überlegungen zur Sozialpolitik das zweite Grundthema *Entfremdung und Gestaltung* in die Diskussion um Pädagogik und Arbeitsgesellschaft aufgenommen werden. Wir haben bereits darauf hingewiesen, dass man den Begriff der Entfremdung im Marxschen Sinne bei Durkheim nicht findet. Der junge Sombart hatte es sich dagegen zur Aufgabe gemacht, die Bedeutung der Marxschen Theorie für die Sozialpolitik herauszuarbeiten. Durkheims Lehre, dass es angesichts der zunehmenden Arbeitsteilung und der Zentralstellung der Erwerbsarbeit in der Industriegesellschaft möglich sei, den Staat über Berufsgenossenschaften intermediär neu zu strukturieren, hielt Sombart entsprechend für den „dümmsten Gedanken einer an dummen Gedanken reichen Zeit" (Sombart 1903, S. 5). Durkheims soziologische Pädagogik stand im deutlichen Kontrast zur deutschen Kultur- und Bildungstradition, in der davon ausgegangen wurde, dass Bildung sich auf die anthropologische Grundkonstante Mensch und nicht auf sein soziales Wesen zu beziehen habe.

Sombart warf der älteren Generation der deutschen Sozialreform vor, das Marxsche System vorschnell als widerlegt abgetan zu haben. Im Gegensatz zu den bürgerlichen Sozialreformern habe Marx nicht eine Theorie der wirtschaftlichen Erscheinungen geboten, sondern er habe die „innere Gesetzmäßigkeit der kapitalistischen Wirtschaftsordnung" aufzeigen wollen. Sombart wollte das dem „Kapitalismus Eigentümliche" (Sombart 1893, S. 178) erfassen.

1899 bot Sombart eine systematische Darstellung der gewerblichen Arbeit, damit der „Staatsmann ordnend in ihr Dasein eingreifen" könne. Er unterschied dabei die sozialwissenschaftliche und naturwissenschaftliche Betrachtungsweise: In der Naturwissenschaft stehe die Technologie der gewerblichen Produktion, in der Sozialwissenschaft der Mensch im Mittelpunkt: „Der Mensch als Erzeuger, der Mensch als Persönlichkeit mit einem fest umschriebenen Können und Wollen." (Sombart 1899, S. 4) Er untersuchte - darin wieder mit Durkheim vergleichbar - die Vergesellschaftungsformen des Arbeitsteilungsprinzips, dem er den zentralen Stellenwert in der „Prinzipienlehre der ökonomischen Technik" zumaß, wie es Adam Smith schon getan habe.

Die in diesem Zusammenhang entscheidende Zäsur in der Entwicklung der Technik, die Anwendung der Wissenschaft und das Zurücktreten des Kunstverfahrens gegenüber dem rationellen Verfahren, datierte er in die zweite Hälfte des 18. Jahrhunderts. Wissenschaft und Kunstverfahren verhielten sich demnach zueinander wie Gesetz und Regel. Die Regelanwendung hänge an der Persönlichkeit mit ihrem Können, das Gesetz drücke ein für alle und beliebig einsetzbares Wissen aus. Das Kunstverfahren habe eine stark subjektive Note, während das rationelle Verfahren selbständig und objektiviert und ohne unkalkulierbare Faktoren auskomme:

„Die Produktion wird jetzt eine Synthese beliebiger Stoffe und Kräfte, wie sie für menschliche Zwecke geeignet sich darbieten. Die eigentliche Neuerschaffung der Erde nimmt erst ihren Anfang: Und dieselbe Wissenschaft, die uns von dem lange innegehabten Herrschaftsthrone herabgestoßen und in unserer ganzen Nichtigkeit geoffenbart hat, sie hat uns gleichzeitig die Wege gewiesen, wie wir von neuem die Welt erobern und die Natur zu unserer gefügigen Dienerin machen können; wie wir eingebildete und verlorene Herrenschaft verschmelzen können dadurch, dass wir uns eine wirkliche Herrschaft erringen." (Sombart 1899, S. 51-52)

Für Sombart war damit die Hauptleistung des ökonomischen Rationalismus beschrieben. In der Betriebsorganisation drücke sich dieser Einschnitt mit der Vorherrschaft des kooperativen Produzierens gegenüber dem Können in individuellen organischen Schranken aus. Der Organismus des Gesamtarbeiters und nicht mehr die schöpferische Tätigkeit der Individualität präge das durch Differenzierung bei gleichzeitiger Integration entstandene neue Gebilde des gesellschaftlichen Betriebes. Da die Steigerung der Produktivkräfte und eine fortschreitende Spezialisierung korrelierten, könne die ökonomische Differenzierung als Gradmesser der Entwicklung der Produktivkräfte dienen.

„Die Zusammenfügung einzelner Spezialthätigkeiten zu einem Gesamtprodukt können wir nun zwar nicht schön, aber treffend Vergesellschaftung nennen. Alsdann erhalten wir den Satz: Der Grad der Spezialisierung wirtschaftlicher Thätigkeit entscheidet über den Grad der Vergesellschaftung des Wirtschaftslebens." (Sombart 1899, S. 391)

Der Grad der Vergesellschaftung stehe dabei dem Menschen wie eine objektive Tatsache gegenüber. Sombart entdeckte die entsubjektivierte Erschaffung der Welt. Er trat der Auffassung entgegen, dass aufgrund der Spezialisierung der Beruf eine größere Bedeutung gewonnen habe:

„Da ist gleich die neue Technik, die das Aufkommen eines Berufsgefühls in den meisten Fällen schlechterdings ausschließt. Die Thätigkeit erscheint ja gar nicht mehr als Emanation einer Persönlichkeit, sondern als Abwickelung eines Prozesses: Sie ist versachlicht." (Sombart 1903, S. 7)

Mit der Verbesserung und Veränderung des Produktionsverfahrens entwickele sich das Tätigkeitsprofil unabhängig von der organischen Persönlichkeit des Ausübenden. Marx habe diese Verschiebung von Real- und Personalkapital für den Kapitalismus ausführlich dargestellt. Deshalb verliere auch die Ausübung eines Berufs „unausgesetzt an gesellschaftsbildender Kraft" (Sombart 1903, S. 5). Die Entwicklung der sozialen Schichtung war nach Sombart durch die Kategorien Beruf und Besitz nur unzureichend zu beschreiben: Die Zusammensetzung jeder sozialen Klasse unterliege einem fortwährenden Wandel, neue Klassen entstünden, die sozialen Schichtungsverhältnisse erschienen „in täglich neuer Gestaltung". Dies habe Theodor Fontane ausdrücken wollen, als er sagte: „Früher war man dreihundert Jahre lang ein Schlossherr oder ein Leineweber; jetzt kann jeder Leineweber eines Tages Schlossherr sein." (Sombart 1903, S. 1) Die traditionelle Linearität einer Berufskarriere schien durchbrochen.

Für Sombart lag in der Produktion von Widersprüchen die ‚Bewegungsformel' des modernen kapitalistischen Wirtschaftslebens. Sie als Systemfehler zu deuten, bezeichnete er schlicht als falsch. „Der Kapitalismus erzeugt also selbst wieder mit Hilfe höchster Rationalisierung der Technik das für ihn schlechthin Irrationelle." (Sombart 1902, S. 3) Sombart übertrug dieses Prinzip der wirtschaftlichen Entwicklung auf „den gesamten Zuschnitt der modernen Kultur, auf den ‚Stil des Lebens'" (ebd., S. 16). Es sei der Zeit mit Recht oft vorgehalten worden, dass eine vorwiegend sachliche Kultur vorherrsche und die Persönlichkeit zunehmend zurücktrete: Die Menschen erhielten eine Flut von Anregungen. Sie würden mit Erfindungen und Kultur aus der ganzen Welt überhäuft: Telegraphen, Telephone, Photographie seien Erfindungen, die dem Sieg über Zeit und Raum Ausdruck verliehen. „Diese objektive Beherrschung der Zeit hat nun aber zu einer völligen Neugestaltung des individuellen Zeitbewusstseins geführt, an der die Einwirkung der kapitalistischen Interessen noch unmittelbarer, handgreiflicher zu Tage tritt." (ebd., S. 18) Die Entwicklung habe nivellierend auf Lebensgewohnheiten und Geschmack gewirkt. Sombart entdeckte eine Tendenz zur beschleunigten Lebensführung: „Häufung der Eindrücke und dadurch bewirkte vermehrte Ausschaltung von Lebensenergie ist unser tiefstes und nachhaltigstes Bedürfnis geworden." (ebd., S. 19) Menschliches Leben, so das Ergebnis, werde durch die „Herrschaft der vorgethanen über die lebendige Arbeit" in einer Welt von Antinomien und Konflikten gehalten.

Die pädagogische Aufgabe, die sich mit dieser Entwicklung ergab, entwickelte Sombart nicht systematisch. Er sprach zwar von einer „sozialpädagogischen Mission" (Sombart 1895, S. 561) der Arbeitskammern in Italien, machte die Pädagogik aber damit nur darauf aufmerksam, ihr Handeln nicht gegenüber den neuen sozialpolitischen Errungenschaften und den Emanzipationsbestrebungen in der Arbeiterbewegung zu verschließen. Sie habe sich den Einrichtungen zu öffnen, die den Arbeiter zu einer Arbeiteridentität führen, damit er im Verhandlungsstil seine Interesse erstreiten könne.

Deutlicher hat in diesem Zusammenhang der Sozialpädagoge Paul Natorp die Aufgabe der Pädagogik um die Jahrhundertwende zum 20. Jahrhundert bestimmt (vgl. Schröer 1999). Natorp wurde zwar von den zeitgenössischen Sozialwissenschaftlern dafür kritisiert, dass er seine sozialidealistische Position für allumfassend hielt. Dennoch war er es, der die Pädagogik vor allem darauf verwies, die „Sehkraft" der Arbeiterbewegung, d.h. die sozialintegrativen Visionen und ihren Gestaltungswillen, ihre Idee von Gemeinschaft und Gerechtigkeit ernst zu nehmen. In den Arbeiterbildungsvereinen, so ist Natorp zu verstehen, seien die Arbeiter zu sich selbst gekommen, hätten sich ihrer Selbstbildungskraft vergewissert, die ihnen ihre Entfaltung und soziale Mitgestaltung ermöglichte, die ihnen durch die entfremdende Dynamik des Kapitalismus verwehrt würde. In erster Linie forderte Natorp - in Anlehnung an Pestalozzi -, Arbeits- und Bildungsbedingungen zu schaffen, von denen man sagen könnte, „die Seelen taglöhnern nicht" (1905, S. 94; vgl. zudem: Niemeyer 1989; Henseler 2000).

Die Pädagogen sollten entsprechend die Arbeits- und Lebensbedingungen der Menschen im industriellen Kapitalismus hinsichtlich ihrer Bildungsqualitäten hinterfragen. Natorp wollte den sozial emanzipierenden, den schöpferischen, den zur Selbsttätigkeit auffordernden, den bildnerischen Kern der Arbeit herausstreichen. Für ihn war Arbeit eine unbedingte Grundstufe in der Bildung der Menschen, die zur Emanzipation und Mitgestaltung in der Gesellschaft führte. Im industriellen Kapitalismus war diese Grundstufe aber aus dem Bildungs- und Gestaltungskontext herausgelöst und diente nicht dem Weg der Emanzipation, sondern dem Kapitalismus, der Unterdrückung, der Profitgier und der Entfremdung. Die Arbeit müsste dagegen von dieser Zweckentfremdung befreit werden und der Emanzipation der Menschen dienen. Für Natorp konnte diese Befreiung wiederum nur von den Menschen selbst geleistet werden. Der Pädagoge habe darum aufmerksam wahrzunehmen, wo der Mensch aus dem emanzipatorischen Bedürfnis heraus, selbstbewusst am Gestaltungsprozess von Gesellschaft teilzunehmen, neue Arbeits- und Bildungsbedingungen schaffe (vgl. Natorp 1894; 1899). Er knüpfte dabei an die Lehre Friedrich Albert Langes an. Lange hatte bereits in den siebziger Jahren des 19. Jahrhunderts in seinem Werk *Die Arbeitsfrage* grundlegend darauf hingewiesen, dass eine Voraussetzung für die Integration und Bildung der Arbeiter deren demokratische Gleichberechtigung sei (vgl. Böhnisch/Arnold/Schröer 1999; Jegelka 1992). Entsprechend forderte Natorp, dass die sozialen Bedingungen der Bildung und die Bildungsbedingungen des sozialen Lebens von den Pädagogen thematisiert werden müssten. Christian Niemeyer hat nun in diesem Zusammenhang gezeigt, dass bei Natorp schon die Perspektive einer reflexiven Pädagogik angelegt ist:

> „Denn Natorps Modell reagiert im Kern nicht nur auf Defizite der Vorgängerepoche, die sich der gänzlichen Vernachlässigung der sozialen Erziehung schuldig gemacht habe, etwa durch Beförderung des Individualismus. Natorps Modell muss man vielmehr auch als Exempel für die Lehren lesen, die der Mensch aus der Antizipation der weiteren Verwissenschaftlichung und professionellen Handhabung der Erziehungstatsache zu ziehen hat. Dies ist letztlich auch der Grund dafür, warum Natorp nach dem Ersten Weltkrieg mit dem Gedanken spielte, die Erziehung selbst, gleichsam im Rahmen einer globalen Krisenvermeidung, außer Anwendung zu setzen und statt dessen die Politik als Erziehungsinstrument zu institutionalisieren, etwa indem er von der ‚unerzogenen Wirtschaft und Politik' redete." (Niemeyer 1999, S. 64)

Bildung, schrieb der Historiker Reinhart Koselleck, verbindet das „Wissen um die Selbstentfremdung" und „den Weg, ihr zu entkommen" (Koselleck 1990, S. 26). Natorps Pädagogik ist ein charakteristisches Beispiel dafür, wie die Pädagogen diese Doppelstruktur von Erkenntnis und Erlösung angesichts der Herausforderungen im industriellen Kapitalismus in die Perspektive von Entfremdung und Gestaltung übersetzten. Im Gegensatz zu dem eher sozialstrukturell argumentierenden Ansatz Durkheims erkennt man dabei bereits die Geisteshaltung eines lebensweltlichen Ansatzes. Es wird gefragt: In welcher Situation befindet sich der Mensch im Kapitalismus, wo und wie kann er noch Sinn finden? Deshalb wurde es zur Aufgabe der Pädagogik, die pädagogische Vorstellung vom Subjekt als potenziell mögliche Bildungsperspektive aus den sozialen Bedingungen heraus zu beschreiben.

Für Natorp konnte die Bildungsperspektive in der industriekapitalistischen Moderne nicht mehr über den Begriff der Erziehung gefasst werden, sondern er setzte stattdessen den Begriff oder die Idee der Gemeinschaft als Grundkategorie der Pädagogik ein. Er glaubte, in der Arbeiterbewegung einen Willen zur Gemeinschaft ausmachen zu können, der die soziale Gestaltung von Gesellschaft tragen könnte. Im Gegensatz zur sozialen Welt der industriekapitalistischen Moderne, in der entfremdende Arbeits- und Lebensbedingungen das menschliche Leben bestimmen, charakterisiere der Wille zur Gemeinschaft einen integrativen, gestaltenden, bildenden, schaffenden, letztlich einen schöpferischen Bildungsanspruch. Die Gegensätze konnten kaum deutlicher gezeigt werden. Hier die entfremdende vergesellschaftete gewerbliche Arbeit, die entsubjektivierte Erschaffung der Welt, der „Cyklopenhammer" (Sombart) der industriekapitalistischen Moderne, der den einzelnen Menschen zerdrückt, dort die Idee der Gemeinschaft, die in den Arbeiterbildungsvereinen entsteht und eine Erschaffung der Welt durch die Subjekte selbst möglich werden lässt.

Spätestens an diesem Punkt wird die Skepsis verständlich, mit der Sozialwissenschaftler wie Ferdinand Tönnies anmerkten, dass Pädagogen wie Natorp ihre idealistische Bildungsperspektive wohl zu umfassend entwickelt hätten. Er gab zu bedenken, dass diese letztlich doch nicht die Arbeit im industriellen Kapitalismus zum Ausgangsposition ihrer pädagogischen Überlegungen machten, sondern die Bildungsperspektive zum idealisierten Maßstab der Arbeit erhoben. So seien Tatsachen der Arbeit und der Arbeitsteilung Realitäten erster Ordnung, sie seien von „dem Willen der einzelnen sehr wenig abhängig" (Tönnies 1899, S. 452).

Freigesetzt wozu - der bildungstheoretische Rahmen und die sozialpolitische Einordnung: Eduard Heimann

In der Sozialen Frage steckt seit ihrer Manifestation in den sozialreformerischen Bewegungen des mittleren und späten 19. Jahrhunderts immer ein typisch pädagogisches Grundproblem: Wie können Menschen - über die aktionistische Schubkraft sozialer Bewegungen hinaus - befähigt werden, Gesellschaft mitzugestalten? Dieser Aspekt der Gestaltung von Gesellschaft erhält seine Qualität und Eigenart aber erst in der Spannung zur Entfremdungsthematik, auf die er bezogen ist. In der Sozialpolitik der damaligen Zeit wurde diese soziale Gestaltungsperspektive aktiviert.

Der Marxsche Entfremdungsbegriff wurde dadurch in einen historisch neuen Bezugsrahmen gestellt, ging in einem dialektischen Prozess sozialer Vergesellschaftung des Kapitalismus auf. Dieses neben dem ökonomischen nun soziale Vergesellschaftungsprinzip hatte zuerst eine sozialpolitische und dann - an diese rückgebunden - eine pädagogische Dimension. Die sozialpolitische Dimension wurde in den zwanziger Jahren von Eduard Heimann in seiner „sozialen Theorie des Kapitalismus" (1929) auf den Begriff gebracht. Der Kapitalismus braucht, um sich zu modernisieren, die soziale Idee, die ihm eigentlich wesensfremd ist. Denn erst die Systeme sozialer Sicherung, die Bildung und Qualifikation der Arbeiter und Angestellten und die soziale Befriedung der Gesellschaft schafften die Bedingungen, unter denen der Kapitalismus sich modernisieren und weiter rationalisieren konnte. Dadurch wurde der Kapitalismus aber auch sozial gebunden, in gewisser Hinsicht gezähmt und musste soziale Zugeständnisse machen (vgl. Böhnisch/Arnold/Schröer 1999). Das aus dieser Gegensätzlichkeit von Kapitalismus und sozialer Idee dialektisch hervorgegangene Ergebnis ist das sozialpolitische Vergesellschaftungsprinzip, das sich in Deutschland im Sozialstaat formiert, damals aber auch in anderen Bezügen - so vor allem im genossenschaftlichen Denken - seine Heimat gesucht hat.

Der Marxsche Entfremdungsbegriff steckt im Heimannschen Modell der kapitalistischen Definition des Menschen als *Ware*, die sich als menschliche Arbeitskraft zum Tausch anbietet. Die Dimension der Gestaltung wiederum bezieht sich auf die soziale Idee, wie sie sich in den antikapitalistischen sozialen Bewegungen, die den Menschen und seine Würde zum Leitprinzip von Wirtschaft und Gesellschaft machen wollten, formiert hat. In dieser Spannung entwickelte sich das epochale Prinzip des *Sozialpolitischen*: Der Kapitalismus muss seine soziale Beschränkung und Bindung zulassen, die sozialen Gestaltungschancen sind durch diesen gesellschaftlichen Kompromiss erhöht, aber auch entsprechend institutionalisiert (das kapitalistische System als Ganzes wird nicht in Frage gestellt).

Wie diese Gestaltungsmöglichkeiten im Rahmen des Sozialpolitischen von den Menschen selbst genutzt werden können, hängt aber nicht nur von diesen allgemeinen Bedingungen sozialpolitischer Vergesellschaftung, sondern auch davon ab, wie die Subjekte in der Lage sind, von sich aus sozial aktiv zu werden. Die sozialpolitischen Institutionen und die in ihnen eingelassenen Garantien sozialer Sicherung geben den Menschen zwar den Rückhalt, jene „Hintergrundsicherheit", die soziales Handeln bedarf, um mehr als nur auf die Sicherung der eigenen Existenz gerichtet zu sein. Was aber sozialgestalterisches Handeln darüber hinaus braucht, ist der soziale Surplus, der nötig ist, um gesellschaftlich zu handeln. Dazu ist nicht nur soziale Sicherheit, sondern auch soziale Orientierung und Empowerment (vgl. Stark 1996), die Aktivierung des Selbst, notwendig. Dies sind die pädagogisch relevanten Dimensionen sozialer Gestaltung und Infrastruktur. Sie sind allerdings nicht mehr mit dem Heimannschen Modell, das sich nur auf das gesellschaftliche Bedingungsgefüge des Sozialpolitischen bezieht, erfassbar. Hierzu braucht es ein Paradigma, dass den sozialen Ort aufschließen kann, von dem aus die Individuen gestaltend aktiv werden können.

In diesem Punkt kann auf das Durkheimsche Modell der Arbeitsteilung Bezug genommen werden: Der sozialpolitisch ermöglichte Gestaltungsraum ist die eine, die Art und Richtung der Freisetzung und Integration des Menschen in der anomischen Dynamik der industriellen Arbeitsteilung die andere Seite, von der aus gestaltungsorientiertes Handeln und mithin auch seine pädagogische Begleitung möglich ist.

Diesen Zusammenhang hat schließlich Carl Mennicke für die Pädagogik aufgeschlossen. Die Frage „Freisetzung wozu?", mit der er die pädagogische Verlegenheit der industriekapitalistischen Moderne zusammenfasste, beschreibt das pädagogische Grundproblem in der arbeitsteiligen industriekapitalistischen Moderne. Die Dynamik der Arbeitsteilung in ihrer potenziellen Anomie setzte immer wieder typische pädagogische Aufforderungen frei, denen sich die Pädagogik auf ihre Weise - im selbstreferenziellen Rückzug auf die pädagogischen Institutionen, insbesondere die Schule - gleichzeitig zu stellen und zu entziehen versuchte. Was aber bleibt ist die empirisch-historische Tatsache, dass die Pädagogik der Entwicklung der Arbeitsgesellschaft niemals ausweichen kann.

Festzuhalten ist hier ausdrücklich, dass in dieser doppelten Kontextualisierung - sozialpolitisches Vergesellschaftungsprinzip und Freisetzungs- sowie Integrationsproblematik der Arbeitsteilung - der Entfremdungsbegriff nicht mehr der „alte" - im Marxschen Sinne - geblieben ist. Marx hatte seinen Entfremdungsbegriff sozialstrukturell - jenseits der subjektiven Dimension - angelegt. Dass der Einzelne, aus seiner Entfremdungserfahrung heraus sozial aktiv werden kann, ist in dem Marxschen Paradigma nicht vorgesehen. Deshalb ergibt es auch keinen Sinn, mit diesem Entfremdungskonzept in pädagogischer Ableitung zu arbeiten. Man braucht die historisch-soziologischen Vermittlungsschritte sowohl nach dem Heimannschen Modell als auch nach dem strukturellen pädagogischen Ansatz Mennickes, um die soziale Spannung von Entfremdung und Gestaltung pädagogisch aufschließen zu können.

Entfremdung erscheint jetzt in einem Bezugssystem der Subjekthaftigkeit des gesellschaftlichen Erlebens, indem gefragt wird, wie der einzelne Entfremdung bewältigen und handlungsfähig bleiben kann. Damit hat der Entfremdungsbegriff zwei Seiten erhalten: Einerseits verweist er nun auf die anomische Erfahrung des Subjekts, andererseits bleibt er rückgebunden an den gesellschaftlichen Umgang mit den Menschen im warenfixierten Kapitalismus. Beide Seiten haben ihren je eigenen begrifflichen Gehalt, sind aber nicht auseinander zu dividieren. Die Probleme der Pädagogen haben oft darin bestanden, dass sie nur die eine Seite der Subjekthaftigkeit von Entfremdung erfassten, die ökonomische und sozialpolitische Rückbindung des Entfremdungsparadigmas aber außer Acht gelassen haben. Dass der sozialpolitische und pädagogische Diskurs einander aber bedingen, kann man in der Entwicklung der Arbeiterbildung von der Mitte des 19. bis hin zum 20. Jahrhundert darstellen.

Die Arbeiterbildung diente dem Zweck, die entfremdende Situation sozial zu begreifen, als Mensch Selbstwert zu erlangen und als Arbeiter Handlungsfähigkeit zugesprochen zu bekommen. Erst mit diesem kollektiven Arbeiterbildungsdiskurs war es möglich geworden, die Soziale Frage nicht nur von wenigen Intellektuellen, sondern öffentlich in die Richtung einer demokratischen (Wieder-) Entdeckung der Gestaltbarkeit von Gesellschaft (vgl. Evers/Nowotny 1987) zu thematisieren. Gleichzeitig war der sozialpolitische Diskurs notwendig, um die Arbeiterbildung überhaupt strukturell zu ermöglichen. Hier sieht man, wie sich Sozialpolitik und Pädagogik gegenseitig bedingen, wie die Spannung von Entfremdung und Gestaltung historisch entstanden und wie das Problem der Handlungsfähigkeit des Subjekts in diese Spannung eingelassen ist.

Heimann verschafft uns den pädagogisch anschlussfähigen Zugang zum Sozialpolitischen, Mennicke argumentiert - ebenfalls in der sozialpolitischen Dimension, aber vom Menschen her - in der Perspektive der Handlungsfähigkeit und Sinnstiftung. Wo der eine die sozialpolitischen Bedingungen für die Gestaltungs- und Gemeinschaftsfähigkeit des Menschen entwickelt, fragt der andere, wie die Handlungsfähigkeit des Menschen gebildet werden kann, um diese Bedingungen auch gestalterisch nutzen zu können. Darin besteht die Spannung zwischen beiden.

Damit haben wir über den historischen ‚Doppelpass' Heimann-Mennicke, den wir konstruiert haben, den bildungstheoretischen Rahmen abgesteckt, in dem wir unsere Fragestellung bearbeiten wollen. In einem nächsten Schritt wollen wir das Innenleben der Arbeitsgesellschaft und Segmente des industriekapitalistischen Sozialisationsmodells auf dem Weg zur Dienstleistungsgesellschaft beschreiben.

Reisen in die neue Arbeitswelt - der Geist der Selbstbehauptung oder: Jugend ohne Entwicklungsmoratorium

Analysen über die Entwicklung der industriekapitalistischen Moderne in anderen Ländern waren um die vorletzte Jahrhundertwende sehr beliebt. Die Menschen suchten Entwürfe einer möglichen Zukunft, einer besseren Gegenwart oder Ideen einer vergessenen Vergangenheit: Viele richteten ihre Blicke nach England, zur sog. alten Werkstatt der Welt, wo der industrielle Kapitalismus aus der Perspektive liberaler Sozialreformer durch eine kulturell überlieferte, liberale Sozialpolitik reguliert wurde und der Arbeiterschaft dadurch - im Gegensatz zu Deutschland - Selbstregulierungsformen zugestanden wurden. Gleichzeitig erschien Italien in einigen Berichten als ein vorkapitalistisches Gegenbild, wo der Mensch sich noch als ganzer Mensch begriff und die fragmentierenden Umbrüche der kapitalistischen Arbeitsorganisation den Menschen noch nicht zum Teilmenschen hatten werden lassen. Über die Darstellungen der italienischen Lebensweise, einschließlich der traditionellen Bindungen der Italiener, schien das menschliche Bedürfnis nach Strukturen, die den ganzen Menschen leben ließen, konkret zu werden. In den Diskussionen um die soziale Frage auf dem Land wurde auf die belgischen oder dänischen Eier- und Buttergenossenschaften verwiesen, sie waren die ‚Paradepferde' der revisionistischen Agrarpolitik, weil sie offensichtlich den Landarbeitern eine ökonomische Selbständigkeit in ihrer Heimat ermöglichten. In all diesem wird deutlich, wie die sozialen Umbrüche der Jahrhundertwende über diese Ländervergleiche begriffen werden sollten.

Vor diesem Hintergrund richtete sich ein besonders intensiver Blick auch auf die Vereinigten Staaten von Amerika. Diesen Blick nach Amerika möchten wir nun als *Entdeckung der Jugend ohne Entwicklungsmoratorium* beschreiben.

„,Hier, oder nirgends ist Amerika', sagt Lothario in ‚Wilhelm Meisters Lehrjahre' zu seinen Freunden nach seiner Rückkehr aus Amerika, wo er als freier und selbstbewusster Mensch tätig gewesen war, nun wünscht er sich, als solcher auch in seiner Heimat wirken zu können. Gut achtzig Jahre nach Goethes Lothario wird Wilhelm Liebknecht seinen zur Auswanderung entschlossenen Landsleuten zurufen, sie sollen ‚die neue Welt in der alten herstellen. Keine Auswanderung mehr! In Deutschland liegt unser Amerika.'" (Kremp 1993, S. 683)

Amerika, so fasst Werner Kremp das sozialdemokratische Bild zusammen, war für viele Menschen des 19. Jahrhunderts die Alternative; wer in Deutschland eine neue Perspektive aufzeigen wollte, der musste sich an den Versprechungen abarbeiten, die in den Bildern von Amerika kursierten. Amerika, das war die neue Welt, die es in der alten Welt zu verwirklichen galt. Denn in Amerika, so die Vorstellung, waren die Menschen gleich, und jeder selbstbewusste Mensch konnte die eigene Arbeitskraft für den eigenen Wohlstand und, fern der entfremdenden Arbeitswelt in Europa, für den Aufbau einer eigenen Welt einsetzen. Dieses Bild von Amerika als neue Welt differenzierte sich seit der Jahrhundertwende aus.

Seit ungefähr 1890 konnte ein deutlicher Anstieg der touristischen Überfahrten nach Amerika ausgemacht werden. Zu dieser Zeit erleichterten sich auch die Reisebedingungen erheblich. Die HAPAG in Hamburg und die Norddeutsche Lloyd in Bremen wurden zu den führenden Reedereien der Welt, und die Dauer der Überfahrt verkürzte sich auf fünf bis acht Tage (vgl. Schmidt 1997, S. 68). Amerikareisen gehörten im gehobenen Bürgertum der Jahrhundertwende zu einem prestigeträchtigen Luxus. Entsprechend dokumentierte man die Reise in die Vereinigten Staaten in Reiseberichten, die in einer Vielzahl veröffentlicht wurden (vgl. Ott 1991). Suchte man in England eine traditionell gefestigte, europäische Einbindung des Kapitalismus, so galt Amerika als reine Ausdrucksform der industriekapitalistischen Moderne und vor allem der neuen Arbeitswelt. Selbst Max Weber belebte seine Erklärungen zur protestantischen Ethik und dem Geist des Kapitalismus mit autobiographischen Aufzeichnungen Benjamin Franklins, und Werner Sombart ernannte die Vereinigten Staaten von Amerika zum „Kanaan", zum „Land der Verheißung" (Sombart 1905, S. 210) für den Kapitalismus: Wer die soziokulturelle Vollendung der neuen Arbeitswelt im Kapitalismus erleben wollte, müsse also in die Vereinigten Staaten reisen:

> „Kein zweites Land der Erde gibt es, in dem die großen Massen so sehr in das Getriebe der Spekulation hineingezogen sind, wie die Vereinigten Staaten, kein Land, in dem die Bevölkerung so durchgängig von der kapitalistischen Frucht genossen hätte." (Sombart 1905, S. 224)

Alexander Schmidt hat jüngst den Amerika-Diskurs des deutschen Bürgertums analysiert. Demnach imponierte den Deutschen bei ihren Reisen in die Vereinigten Staaten unter anderem, dass hier allein „die Arbeit adelt" (vgl. Schmidt 1997, S. 123ff). Anders als in Deutschland, wo im Bürgertum Arbeit als Grundlage von Reichtum nicht nur positive Empfindungen auslöste, fanden die Reisenden in Amerika Menschen, die ihren Reichtum allein auf Arbeit zurückführten und stolz darauf waren. Gleichzeitig erstaunte sie ein zweites zentrales Moment der Arbeit in Amerika: Die Menschen waren mit ihrem Beruf nicht so verwachsen und, was noch wichtiger erscheint, ein Wechsel des Berufes und der Arbeit wurde weniger als Problem angesehen. Hugo Münsterberg, der bereits 1904 eine zweibändige Studie über die ‚Amerikaner' vorlegte, stellte fest:

> „So wie jede Arbeit, die nicht Preisgabe des freien Willens erheischt, für jeden passend ist, so ist nun auch der einzelne mit der besonderen Form der Arbeit weniger identifiziert als etwa in Deutschland. Wechsel des Berufs er-

folgt in den Staaten sehr viel häufiger.(...) Der Glaube an die soziale Gleichwertigkeit drückt die Bedeutung eines Berufswechsels auf das geringste Maß herunter; es fragt sich, ob die vielgerühmte Beweglichkeit und Anstelligkeit des Amerikaners nicht gerade hierin ihr Haupthilfsmittel findet; er ist sich deutlicher als irgendein Europäer bewusst, dass der Wechsel der Umstände an seiner Persönlichkeit nichts ändert, es also keiner wirklich neuen inneren Anpassung bedarf, die stets schwierig ist, sondern nur äußerlichen technischen Umlernens. Am überraschendsten zeigt sich das, wenn der Wechsel der Umstände durch einen plötzlichen Herabsturz erfolgt ist: die Sicherheit und die Ruhe, mit der der Amerikaner solche Wandlung hinnimmt, wäre geradezu unmöglich, wenn nicht der Geist der Selbstbehauptung ihn sein Leben lang gelehrt hätte, dass die äußeren Umstände nicht den eigentlichen Menschen darstellen." (zit. n. Schmidt 1997, S. 126)

Diese Beschreibung stellte sich für die Zeitgenossen wie eine Bestätigung, andererseits aber auch wie eine Provokation der kultur- und gesellschaftstheoretischen Analysen in Deutschland dar. So hatte z.B. Sombart auf den kulturellen Verlust hingewiesen, den das Ende der personenbezogenen Berufserfüllung mit sich brachte und darauf verwiesen, dass es in der neuen Arbeitswelt nicht mehr möglich sei, mit einem Beruf zu verwachsen. Münsterbergs Bericht verdeutlichte nun: Wer den Menschen in der neuen Arbeitswelt wirklich verstehen wolle, könne nicht in den Kategorien einer sich im Laufe eines Bildungs- und Berufslebens herausbildenden ganzheitlichen Persönlichkeitsform denken, sondern der habe die Persönlichkeit des Menschen ins Verhältnis zu dem *Geist der Selbstbehauptung* zu setzen, der in immer neuen Arbeitsverhältnissen ständig neu herausgefordert werde. Provokativ war letztlich, dass in derartigen Beschreibungen die gesellschaftstheoretischen und politischen Erklärungen verschwanden. Der Mensch war in dieser neuen Arbeitswelt nicht desintegriert und wurde nicht entfremdet, die äußeren kapitalistischen Umstände, die in Deutschland zum inneren Leid wurden, berührten hier den nach dem Naturrecht ‚freien' und ‚gleichen' Amerikaner nicht. Das *Leiden* an den Vergesellschaftungsformen individueller Lebensführung, das Mennicke zum Ausgangspunkt genommen hatte, war dem *Geist der Selbstbehauptung* gewichen.

Selbstverständlich konnte eine derartige Perspektive in den deutschen Diskussionen nicht akzeptiert werden. So lobte Sombart zwar auch die größere Chancengleichheit und die weniger vorhandenen Standesgrenzen, sah aber eine Tendenz in der Entwicklung der amerikanischen Gesellschaft, die konsequent dahin führen müsse, dass der Sozialismus im nächsten Menschenalter in den Vereinigten Staaten, „aller Voraussicht nach zu vollster Blüte gelangen wird" (Sombart 1905, S. 611). Sombarts Frage war nämlich, warum es eigentlich in dem Land, in dem die kapitalistische Wirtschaft und das kapitalistische Wesen zu höchster Entwicklung gelangt sei, bisher kaum Tendenzen und Bewegungen zum Sozialismus gebe: „Hatten wir Unrecht", fragte er, „die wir die Entstehung des Sozialismus als notwendige Folgeerscheinung des Kapitalismus angesehen haben" oder mussten nur, fragte er weiter, „das Einzigartige der Persönlichkeit"

(Sombart 1905, S. 235) gegen eine Einschätzung der Menschen auf der Basis von Geldbesitz und Geldeinkommen und ein ganzheitliches kulturelles Leben vollends gegen Wettbewerb und Spiel eingetauscht werden, um den sozialen Bewegungen zum Sozialismus ein Ende zu bereiten?

Wir sehen hier deutlich, dass Sombart die Identität des einzelnen Menschen durch die Rechtsverhältnisse jenseits der Erwerbsarbeit nicht gesichert sah, wie Münsterberg es beschrieben hatte. Sombart verwies dagegen auf die soziokulturelle Entleerung des Menschen, auf die Vorherrschaft von Geldbesitz und Geldeinkommen, soweit in einem Land der Kapitalismus nicht reguliert werde und deshalb zur vollen Entfaltung kommen könne. Er sah in der amerikanischen Gesellschaft der Jahrhundertwende jene extreme Ausprägung des modernen Kapitalismus, der sich in großen Konzernen formiert und den Menschen nur als Teil der Maschine kennt.

So verwundert es kaum, dass der amerikanische Lebensstil weniger als differenzierte Herausforderung der neuen Arbeitswelt denn als Ergebnis mangelnder kulturtheoretischer Durchdringung der sozialen und kulturellen Fragen im industriellen Kapitalismus wahrgenommen wurde. In den Vereinigten Staaten hatte sich zwar die neue Arbeitswelt des industriellen Kapitalismus in voller Blüte entfalten können - folgt man den zeitgenössischen Auffassungen -, die sozialen und kulturellen Verstehenshorizonte aber waren noch nicht so ausgebildet, dass sie für das Begreifen der Arbeiterfrage - so wie in Deutschland - maßgeblich sein konnten. Hier hatte ‚Amerika' zu lernen und den Weg zu einer kritischen und reifen Gesellschaftslehre erst noch zu finden. Amerika war aus dieser Perspektive das Land der unreifen Jugend, der jugendlichen Kämpfe um Selbstbehauptung.

Darum verwundert es ebenfalls kaum, dass in den zwanziger Jahren, in denen, wie damals oft festgestellt wurde, der Amerikanismus in Deutschland Einzug hielt, dieser auf die Jugend projiziert wurde. Die junge Generation lebte demnach ‚Amerika' im eigenen Land. Jugend war einerseits in der schnelllebigen Zeit zum Seismographen der gesellschaftlichen Entwicklung geworden, und Jugend verkörperte all das, was man so gerne mit Amerika verband und was man in der Weimarer Republik angesichts der gesellschaftlichen Umbrüche befürchtete: den Bruch mit den Traditionen, die stete Offenheit für das Neue, den Geist der Selbstbehauptung und einen einfachen Sinn für ethische Fragen. In der Jugend-Generation der Weimarer Republik sahen viele Pädagogen, Literaten und Sozialpolitiker die erste Generation, die die amerikanische Gesellschaft in Deutschland verkörperte und in diese hineinwuchs, und so waren auch die Reaktionen und Beschreibungen überlagert von der Bedeutungsschwere dieser angenommenen Übergangsphase.

Ein zentrales Zeugnis, das diesen Umbruch differenziert verdeutlicht, ist der Roman *Amerika* oder *Der Heizer* von Franz Kafka. Kafka verarbeitete die unterschiedlichen Leitbilder der Erwerbsarbeit, die in dieser gesellschaftlichen

Umbruchphase nebeneinander und in Konkurrenz miteinander herrschten, und deutete bereits den Übergang zur Dienstleistungsgesellschaft an.

Kafka lässt einen jungen Sechzehnjährigen, Karl Roßmann, seinen Weg in der amerikanischen Erwerbsarbeitsgesellschaft finden. Der junge Roßmann, und auch dies ist typisch, wird von seinen Eltern nach Amerika geschickt, „weil ihn ein Dienstmädchen verführt und ein Kind von ihm bekommen hatte". Roßmann wird somit aus der alten Welt entlassen, weil er dem überkommenen Ehr- und Standesdenken zuwider gehandelt hat, und er wird nach Amerika geschickt, um dort, so der Glaube, frei von Standesdenken und ohne die Last der Verfehlung eine berufliche Karriere einschlagen zu können, da hier im Bild der Zeitgenossen, wie wir bereits beschrieben haben, nur die Arbeit adelt. Der junge Roßmann wird also aus der alten Welt mit seinen ständischen und familiären Sozialisationsinstanzen und Initiationsriten in die neue Welt entlassen, wo er nunmehr, ganz entsprechend den Gesetzen der modernen Welt, seine Entwicklung selbst in die Hand nehmen soll und wo das Aufwachsen nicht mehr in überkommenen Bahnen gehalten wird, sondern wo eigentlich nur die Integration in die Erwerbsarbeitswelt zählt, wo die berufliche Sozialisation allein entscheidend ist. Der junge Roßmann glaubt am Anfang des Romans, wie der moderne mittelständische Mensch, sein Leben unter Kontrolle zu haben und sich selbst im bürgerlichen Sinn entwickeln zu können: die Gegenwart für eine bessere Zukunft opfern zu müssen.

Interessant ist nun, dass Kafka am Anfang seines Romans die klassischen Leitbilder der Erwerbsarbeit, die konsequente, zweckrationale protestantische Arbeitsethik und die entfremdende Lage eines Arbeiters hinter sich lässt und als Bilder einer überkommenen regulierbaren Arbeitswelt beschreibt, in der die subjektive Entwicklung noch überschaubar und der Erfolg zumindest kalkulierbar war. Der junge Roßmann wird auf seinem Weg nach Amerika auch aus dieser Welt geschleudert. Er trifft nur kurz - noch auf dem Schiff nach Amerika - mit einem klassischen Arbeiter, einem Heizer zusammen, dessen Lage seinen Gerechtigkeitssinn herausfordert. Auch die opferheischende Strenge der protestantischen Arbeitsethik erlebt er nur kurz in dem Haus eines verwandten Unternehmers am Anfang des Romans, wo er noch die Muße bürgerlicher Bildung und Kultur finden kann. Doch diese Episoden gehören der Vergangenheit an und Roßmanns eigentlicher Weg führt in die moderne amerikanische Dienstleistungsgesellschaft. Kafka skizziert bereits in den zwanziger Jahre das Ende der industriellen Arbeitswelt und führt uns vor, was das Leben in der Dienstleistungswelt ausmacht.

Er beschreibt nun sehr dicht, wie die Vorstellung, eine zusammenhängende biographische Entwicklung erleben zu dürfen, in der Welt der Selbstbehauptung durchkreuzt wird. Das Leben von Roßmann wird zu einem Leben voller spannungsreicher Episoden, aber ohne sich durchziehender Entwicklung. Roßmann arbeitet als Hotelpage oder auch als Hausdiener bei einer Künstlerin. Sein Leben ist einerseits sehr erlebnisreich und voller kleiner Geschichten, andererseits empfindet er immer wieder Brüche, Freundschaften erscheinen als nicht mehr verlässlich und variabel. Sicherheit findet der junge Roßmann, auch dies ist bemerkenswert für die Zeit, nur in der Gleichaltrigengruppe, in seiner peer group, wo erfahrene Gleichaltrige, deren Erfahrung darauf beruht, dass sie bereits eine Episode mehr erlebt haben, den Ton angeben. Gleichzeitig wird dem Leser vorgeführt, dass zwischenmenschliche Bindungen, die Roßmann versucht als dauerhaft anzusehen, nicht die Notwendigkeit der immerwährender Selbstbehauptung verhindern, aber aus einer erlebnisreichen Episode einen schweren Alltag machen können, der kaum mehr bewältigbar ist.

Zudem, und dies macht diesen Roman weiterhin für die Analyse der Arbeitsgesellschaft interessant, findet das Leben Roßmanns ganz in der Peripherie der Erwerbsarbeitsgesellschaft statt. Roßmann blickt im Hotel als Fahrstuhljunge nur auf die reichen Gäste, die im Zentrum der Gesellschaft leben. Seine Tätigkeiten finden immer am Rande statt, wo man den Menschen aus dem Zentrum der Erwerbsgesellschaft zu dienen hat. Eine Verbindung zwischen den Welten oder gar ein Aufstieg, wie der Tellerwäschermythos es versprach, verschwindet zusehends in dem Roman.

Immer weniger hat man beim Lesen den Eindruck, Roßmann könne sich entwickeln, sein Leben in einer zusammenhängenden Geschichte fassen, Zusammenhänge zu einer Laufbahn verbinden, eine eigene Identität in der Erwerbsgesellschaft herausbilden - diese Perspektive der Jugend als Entwicklungsmoratorium vergisst man während der Lektüre. Der junge Mensch hat sich ohne Entwicklungsmoratorium in die Welt der Selbstbehauptung zu begeben, ob er es will oder nicht. Eine Entwicklung kann nur planen, wer noch in der alten bürgerlichen Welt der Stände, der protestantischen Arbeitsethik oder der Bildungsbürgerlichkeit lebt, die aber nicht nur auf Reichtum basiert, sondern sich auch aus traditionellen, nicht ökonomisierten Lebenszusammenhängen speist.

Der Abschied von den bürgerlichen Bildungsidealen wird ganz am Ende des Buches manifest. Denn schließlich landet Roßmann im Naturtheater von Oklahoma. Hier wird belohnt, wer selbst als Künstler sein Leben leben will und seine Identität auszubilden versucht. Der junge Roßmann wird in diesem Schlusskapitel urplötzlich aus der Realität am Rande der Dienstleistungsgesellschaft in die pädagogische Provinz gestellt. Hier wird aber auch der einzelne Mensch mit seinem Bedürfnis, selbst eine zusammenhängende Lebensgeschichte entwerfen zu können, angenommen. Hier wird die bildungsbürgerliche Gegenwelt, an der die Sozialpolitiker und Kulturkritiker die amerikanische Welt bemaßen, karikiert und dem Leser als Welt des Scheins vorgeführt. Und bis heute fragt man sich, was diese Welt der harmonischen Entwicklung einer Persönlichkeit noch mit einem Leben zu tun hat, wie es Kafkas Roßmann durchlebte. Ebenso kann gefragt werden, ob nicht die zeitgenössische pädagogische Idee von der Ausbildung einer zusammenhängenden Lebensgeschichte und einer Erfüllung im Beruf, eine Idee der pädagogischen Provinz dargestellt und mit dem Erwerbsarbeitsleben und dem Leitbild der neuen Arbeitswelt unvereinbar ist. Roßmanns Versuche, eine Karriere oder nur eine Laufbahn einzuschlagen, scheitern auf jeden Fall. Die Entwürfe seines Lebens enden immer in neuen kleinen Jobs. Roßmann bewegt sich von einem Job zum nächsten, sein Gerechtigkeitssinn, sein Bedürfnis nach Freundschaft und Liebe stehen in einem spannungsreichen Verhältnis zu seinem episodenreichen Leben.

Der folgende Dialog im Naturtheater von Oklahoma fasst die Geschichte und die bisher vorgetragene Interpretation noch einmal zusammen:

„Karl sagte: ‚Ich wollte Ingenieur werden'. Diese Antwort widerstrebte ihm zwar, es war lächerlich, im vollen Bewusstsein seiner bisherigen Laufbahn in Amerika die alte Erinnerung, dass er einmal habe Ingenieur werden wollen, hier aufzufrischen - wäre er es denn selbst in Europa jemals geworden? -, aber er wusste gerade keine andere Antwort und sagte deshalb diese.

Aber der Herr nahm es ernst, wie er alles ernst nahm. ‚Nun, Ingenieur', sagte er, ‚können Sie wohl nicht gleich werden, vielleicht würde es Ihnen aber vorläufig entsprechen, irgendwelche niedrigere technische Arbeiten auszuführen'.

‚Gewiss', sagte Karl, er war zufrieden, er wurde zwar, wenn er das Angebot annahm, aus dem Schauspielerstand unter die technischen Arbeiter geschoben, aber er glaubte tatsächlich, sich bei dieser Arbeit besser bewähren zu können. Übrigens, dies wiederholte er sich immer wieder, es kam nicht so sehr auf die Art der Arbeit an, als vielmehr darauf, sich überhaupt irgendwo dauernd festzuhalten."

Roßmann, der das Leben in der neuen Arbeitswelt erlebt hatte, hatte gelernt, dass es in dieser Gesellschaft das Erstrebenswerteste ist, wenn man irgendwo einen Platz findet, an dem man sich dauerhaft festhalten kann. Der alte Traum, einmal Ingenieur zu werden, die Aufstiegschance für den mittelständischen Menschen der industriellen Welt der Jahrhundertwende, war zur Illusion geworden. Auch niedrige technische Arbeiten war er bereit anzunehmen, soweit sie einen einigermaßen festen Platz versprachen.

Letztlich differenziert Kafka die Diagnose von der Heimatlosigkeit des Menschen und der sozialpädagogischen Verlegenheit aus. Der Mensch wird nicht in eine Leere hinein freigesetzt und auch nicht in ein kontinuierliches Produktionsverhältnis, gegen das er seine Persönlichkeit zu verteidigen hat, sondern er wird in einen ständigen Kampf um Selbstbehauptung gedrängt, der ihn als Menschen ganz und gar fordert. Seine Biographie findet in episodischen Raum-Zeit-Bezügen statt, sie wird dadurch individuell und teilweise unvergleichbar durchzeichnet. Der eigentliche Mensch steht nicht jenseits der Standesgrenzen gleichberechtigt über den äußeren Umständen, wie Münsterberg es beschrieb. Soziale Ungleichheiten manifestieren sich in den Biographien, die äußeren Umstände sind nicht mehr kalkulierbar. Sie sind episodenhafte Versatzstücke der Biographien und dadurch nur biographisch bewältigbar.

Jugend in der neuen Konsumgesellschaft der zwanziger Jahre

Von diesem Punkt aus möchten wir noch einen Schritt weiter in die Sozialökonomie der zwanziger Jahre des 20. Jahrhunderts hineingehen. Kafka deutete die Grundzüge der Dienstleistungsgesellschaft zwar an, doch er betrachtete kaum die zentrale Integrations- und Identitätsstiftungsinstanz, die in der Sozialökonomie der Dienstleistungswelt die Schlüsselrolle einnimmt: den Konsum.

Kafkas dichte phänomenologische Beschreibung der neuen Arbeitswelt als biographisierte Jugenderlebniswelt findet nun in Henrys Fords Lehre eine sozioökonomische Antwort und Rahmung. Ford pries den ‚Geist der Dienstleistung', der die Organisation von Wirtschaft und Gesellschaft bestimmen sollte. Nicht der *Geist der Selbstbehauptung* sollte die neue Arbeitswelt beherrschen, sondern die Möglichkeit, *Produzent seines eigenen Glücks* zu werden. Ford hat dabei die Ökonomie ausdrücklich auf die Lebensgestaltung hin sozialmoralisch definiert (vgl. Ford 1926). Aktive Teilnahme an der (Selbst-)Produktion sollte mit der aktiven, integrierenden Teilnahme am Konsum korrelieren, Wirtschaft und Gesellschaft sollten eine über die Dienstleistungen vermittelte Chancengleichheit im Konsum garantieren. Man kann - des ‚Autokönigs' Ford Logik pointiert zugespitzt - sagen, dass sich die soziale Effektivität und Moralität der Dienstleistungsgesellschaft daran bemisst, ob sie auch den benachteiligten Menschen Möglichkeiten bietet, dass sie produzieren können, was sie verdienen wollen. Entsprechend lebte Kafkas Roßmann - aus diesem Blickwinkel betrachtet - noch nicht in einer sozial effektiven Dienstleistungsgesellschaft, denn seine Biographie muss im Ergebnis als Abfolge von erlebnisreichen Selbstbehauptungskämpfen verstanden werden, und nicht als wohlverdiente Konsumeinheit eines arbeitsreichen Lebens.

Wir wollen nicht genauer auf die in diesem Kontext kritisch beäugte fortschreitende Technisierung in der Arbeitswelt und die Fabrikationsmethoden eingehen, sondern es geht uns um den Konsum als neuen zweiten Grundpfeiler der Identitätsbildung: um das gleichberechtigte Recht aller, konsumieren zu können. Nicht allein aus dem selbsttätigen Schaffen eines Produktes sollte der Einzelne seine Identität beziehen können - dies war in der technisierten Dienstleistungswelt kaum denkbar -, sondern daraus, dass er in seiner Freizeit die Produkte, die er mitgeschaffen hatte, kaufen und konsumieren kann. Neben die Arbeiteridentität trat so die Konsumentenidentität als zentrales Sinnstiftungsangebot der industriekapitalistischen Moderne. Um es noch einmal zu verdeutlichen: Die Sozialreformer und Sozialpolitiker der Jahrhundertwende hatten vornehmlich geglaubt, die Identität des im entfremdenden Arbeitsprozess eingebundenen Menschen durch politische Rechte, Kultur und Bildung, Genossenschaften oder traditionelle Identitätsstiftungsformen, wie das Familienleben, die Betriebsorganisationen oder die Kirche, stabilisieren zu können. In der Weimarer Zeit deutete sich dagegen an, dass der Kapitalismus selbst eine Sinnstiftungsform hervorbringt, die nun gesellschaftsgestaltend neben die anderen trat: eben den Konsum.

1929 schrieb Günther Dehn in seiner Abhandlung über die proletarische Jugend zum Stichwort Amerikanisierung - Rationalisierung:

„Verdienen und Vergnügen, das sind die beiden Angelpunkte des Daseins, wobei unter Vergnügen beides, das Edle und das Unedle, von primitiver Sexualität und Jazzmusik an bis zu neuproletarischer, künstlerisch einwandfreier Wohnkultur und rational durchgeführter Körperpflege, zu verstehen ist. Eins steht jedenfalls fest: Diese Jugend hat durchaus die Absicht, 'mit festen markigen Knochen auf der wohlgegründeten dauernden Erde zu stehen'. Aus dieser Welt und aus ihr allein sucht man sich für sich herauszuholen, was man nur herausholen kann. Dieses Volk ist wirklich amerikanisiert, rationalisiert bis in die Wurzeln seines Denkens, bewusst selbstverständlich oberflächenhaft. Immer wieder muss man, wenn man mit ihm in Berührung kommt, denken: Nicht etwa der Sozialismus, sondern der Amerikanismus wird das Ende aller Dinge sein." (Dehn 1929, S. 39)

Die Ideale von nicht entfremdender Arbeit, von schaffender Arbeit und Kultur, die noch die bürgerliche Sozialreform bestimmten und auch die sozialistische Kritik beherrschten, wurden aus der Perspektive der Zeitgenossen durch das hedonistische Begriffspaar von ‚Verdienen und Vergnügen' verdrängt. Die Jugend war demnach bereit, hart zu arbeiten, doch sie strebte nicht nach einem lebenserfüllenden Beruf, sondern danach, Geld zu verdienen, um sich in der Freizeit vergnügen zu können, amerikanische Musik zu hören, sich eine moderne Wohnung einzurichten und die Gegenwart zu genießen.

Natürlich waren diese Bilder vom ‚Verdienen und Vergnügen' stark moralisierend und stellten eher die Befürchtungen des ‚sozialen Wertkollektivs' Bildungsbürgertum dar als die Realität der Jugend in der Weimarer Republik. Doch richtet man umgekehrt die Blickrichtung nicht auf die Einstellungen der Jugend, sondern auf die dahinterstehende Sozialisationsproblematik, dann stehen wir wieder mitten in der Biographie des jungen Karl Roßmann, der eine berufliche Identität anstrebte und soziale Zugehörigkeit in den Freundeskreisen, in seiner peer group suchte, aber letztlich die Arbeit nur als Mittel zum Verdienen des Lebensunterhaltes ansehen konnte, und dessen Leben vor allem durch kurzfristige Vergnügungen und Erlebnisse erzählenswert oder zur einer Geschichte wurde.

Parallel zu diesen moralisierenden Diskussionen versuchten Sozialwissenschaftler wie Paul Lazarsfeld in der Weimarer Republik das Problem von Jugend und Beruf umfassend zu diskutieren, um die Sozialisationsproblematik sozialwissenschaftlich zu fassen. Lazarsfeld stellte in seinen Untersuchungen im Jahr 1931 fest, dass auch die Berufswünsche der großstädtischen Jugend in ihrer statistischen Verteilung den ökonomischen Aufbau der Städte und seine Konjunkturschwankungen deutlich widerspiegeln. Soweit in einer Stadt die

Bekleidungsindustrie sehr stark und erfolgreich vertreten war, wünschten sich die Jugendlichen auch mehrheitlich, in diesem Bereich zu arbeiten. Er konnte nachweisen, dass die jungen Menschen ihre Berufswahl ganz den Erfordernissen des Arbeitsmarktes anpassten. Zudem machte er eine deutliche geschlechtspezifische Differenzierung bei den Berufswünschen aus. Die Anzahl von Berufen, an denen sich die jungen Frauen orientierten, war wesentlich geringer als die bei den jungen Männern, die gerne in der Metallverarbeitung tätig sein oder mit Maschinen und Elektrizität zu tun haben wollten (vgl. Lazarsfeld 1931).
Doch was, fragte Lazarsfeld nun, haben diese Berufswünsche mit den Jugendlichen zu tun, welcher Logik folgen sie: den Konjunkturen einer Stadt und der geschlechterdifferenzierenden Arbeitsteilung? Er resümierte: Es werden in der modernen Gesellschaft biographische Entscheidungen verlangt, die von den Individuen gar nicht entschieden werden, und dies wiederum in einer Gesellschaft, in der letztlich das individuelle Erlebnis des Konsums die tragende Stütze der Selbstfindung ist.

Die Lebensphase Jugend wurde zur eigenen Phase von besonderer Bedeutung, wenn man in die Gesellschaft blickte und feststellte, wie es schon der Soziologe Georg Simmel zur Jahrhundertwende ausdrückte, dass „die Dissoziierung (...) in Wirklichkeit nur eine (...) elementare() Sozialisierungsform" in der Arbeitsgesellschaft der industriekapitalistischen Moderne ist (Simmel 1903, S. 198). Von den Menschen wird einerseits verlangt, dass sie jenseits der Überlieferungen und der Autoritäten sich selbst um einen Sinn ihres Lebens bemühen müssen. Andererseits lebt der Mensch aber in einer Gesellschaft, die kein Interesse an Sinnsuche hat, die sich nicht für die subjektive Handlungsfähigkeit des Menschen interessiert, sondern allein für eine nützliche Leistung von ihm, für die er verfügbar zu sein hat, aber die ihm kaum Raum lässt, über sich zu verfügen.

Simmel verdeutlicht dies z.B. am Phänomen der Mode (vgl. Simmel 1907). Die schnell aufeinanderfolgenden Moden seien, so Simmel, einerseits eine Grundvoraussetzung des modernen Wirtschaftens und des modernen Konsums. Gleichzeitig beantwortet das Phänomen Mode die sozialpädagogische Verlegenheit dieser Gesellschaft, die Gleichzeitigkeit von Heimatlosigkeit und Freiheit, wie man in Anschluss an Max Weber formulieren kann, immer wieder neu (vgl. Weber 1894). So nehmen die Vertreter einer neuen Mode für sich in Anspruch, sich von etwas abzusetzen, frei zu sein, z.B. von den alten Kleidungsordnungen. Sie sind etwas besonderes und geben sich einen eigenen Stil. Hier drückt sich das Bedürfnis nach Freiheit und Selbstfindung in der Mode aus. Andererseits gibt eine Mode auch immer wieder eine neue Sicherheit. Die Menschen finden in der Zugehörigkeit zu einer bestimmten Mode die vermeintliche Sicherheit, die sie gleichzeitig brauchen. Sie können sich über die Mode mit einer sozialen Gruppen identifizieren. Simmel sagt also: Die sozialpädagogische Verlegenheit gibt immer wieder den Anlas nach neuen Moden zu suchen, Moden zu wollen, die einerseits neu sind, die andererseits vermeintliche Sicherheit bieten, was wiederum auch ein Antrieb für größeren Konsum ist.

Zygmunt Baumann wird ca. hundert Jahre später davon sprechen, dass die Verführungskraft des Konsums (s.u.) zur zentralen Regulierungsinstanz der Gesellschaft worden ist (vgl. Baumann 1999).

Die Arbeitsgesellschaft hat die Jugend erreicht: Lisbeth Franzen-Hellersberg, Günther Dehn und Trude Bez-Mennicke

Als 1875 der gerade erst gegründete Verein für Sozialpolitik sechzehn Gutachten darüber einholte, wie das Lehrlingswesen in Deutschland reformiert werden könnte, um auf einer seiner ersten Versammlungen in Eisenach über das Problem der beruflichen und moralischen Ausbildung der Jugend verhandeln zu können, waren die Fragen um eine sozialpädagogische Regulierung der jugendlichen Arbeiter schon in vielen Vereinen, Städten und Verbänden ernsthaft debattiert worden und hatten sich in unterschiedlichen Projekten niedergeschlagen (vgl. z.B. Gedrath 2000; Uhlendorff 2000). Gustav Schmoller hielt besorgt fest:

„Die weitgehende Arbeitsteilung, der große Maschinenbetrieb hat oder duldet keine Lehrlinge mehr im alten Sinne des Wortes; (...) für diese jugendlichen Arbeiter in den größeren Etablissements reicht der Erlas eines Lehrlingsgesetzes nicht aus; zu Lehrlingen im alten Sinne des Wortes kann sie ein Gesetz nicht machen, das alte Lehrlingswesen setzt die alte einfache Werkstatt und den Mangel an Arbeitsteilung voraus." (Schmoller 1878, S. 191)

Die Situation wurde mit der in anderen Ländern verglichen, und es wurde diskutiert, inwieweit z.B. Fortbildungsschulen, gewerbliche Schulen oder Lehrwerkstätten eingerichtet werden könnten. Der jugendliche Arbeiter war in erster Linie ein Arbeiter, er war von jeglicher pädagogischer Regulation freigesetzt. Gesucht wurden institutionelle Möglichkeiten, auf diese pädagogische Regulationslücke zu reagieren, denn der jugendliche Arbeiter wurde nicht nur als Ordnungsproblem wahrgenommen. Das Problem war grundsätzlicher. Im jugendlichen Arbeiter fand die Industrie die unabhängigen Arbeitskräfte, die sie brauchte. Der jugendliche Arbeiter war der Prototyp des modernen industriekapitalistischen Arbeiters. Der ungebundene Mensch, der sein Leben jenseits der tradierten, ganzheitlichen Ordnungsformen von Werkstatt, Handwerkerhaushalt und städtischer Zunftordnung lebte. Jugend war aus dieser Perspektive nicht mehr eine biographische Entwicklungsstufe, sondern war im Unterschied zur Kindheit in erster Linie bestimmt durch *Arbeit*. Pädagogische Regulierungsformen wurden aus der Jugendzeit verdrängt. Treffend hat dies Michelle Perrot ausgedrückt:

„Ohne Zweifel war es der Bezug zur Arbeit, der im 20. Jahrhundert den Unterschied zwischen Kindheit und Jugend bestimmte. Die Kindheit wurde von Arbeit mehr und mehr befreit; die Jugend war ihr gewidmet. In bezug auf die

Jugend trat die Schule in Konkurrenz zur Fabrik. (...) Waren sie einmal dreizehn, wurde für sie (...) die Arbeit zur Norm. Mit dem 18. Lebensjahr waren sie Erwachsene, die nur Pflichten, aber keine Rechte hatten. Die Werkstatt, die Fabrik, die Baustelle wurden so zu Räumen der Jugend, wenigstens zu Stätten der Arbeiterjugend. Der ‚Feierabend in der Fabrik', zu Beginn unseres Jahrhunderts ein beliebtes Ansichtskartenmotiv, zeigt vor den Toren der Textilfabriken, an der Seite von Frauen, sowie vor Glashütten oder Hochöfen, unter lauter Männern, diese Gruppen von eigentlich sehr jungen Jugendlichen." (Perrot 1997, S. 121)

Die Pädagogik konnte sich nur schwer auf diese Situation einstellen. Sie empfand die Fabrik als Konkurrenz zu ihren eigenen Sozialisationsinstanzen und Regulierungsformen. Sie analysierte vornehmlich nicht die alltäglichen Probleme dieser jungen Menschen, sondern beschrieb die sozialen Phänomene des Jugendalters, die sich in ihren Augen einstellten, so wie die überkommenen pädagogischen Regulationsformen zurücktraten: Kriminalität, Degeneration, Prostitution und Verwahrlosung. Spätestens seit der Jahrhundertwende wurde dieses Bild auf die moderne großstädtische Gesellschaft generell übertragen. Nicht nur die Fabrik bedrohte die Pädagogik, sondern ein ganzes Setting von *Miterziehern* in der Großstadtwelt schickte demnach die jungen Menschen ins Verderben. Skandalisiert wurde also erst der sogenannte verwahrloste jugendliche Arbeiter. Und es gab nur wenige kritische Geister, wie beispielsweise Ferdinand Tönnies, der 1900 den angeblich so großen Kriminalitätsanstieg in Frage stellte und bemängelte, dass es wohl das alleinige Interesse von Sittenpredigern und entrüsteten Staatsbürgern sei, „die kapitalistisch zersetzte Gesellschaft (...) von gewissen auffallenden Flecken zu befreien" (Tönnies 1900, S. 485).

Soweit sich die Pädagogen nicht in die fest institutionalisierten Gemäuer der Schulen zurückzogen, blickten sie durch die Brille ihres Idealbildes auf den industriellen Kapitalismus. Sie sahen durch die Brille einer einheitlichen, harmonischen Kultur- und Bildungsnation, in deren Mitte immer der idealisierte ganze Mensch stand. Und so erkannten sie die Widersprüche der modernen Kultur, und dass, ganz im Gegensatz zu ihrem Idealbild, der ganze Mensch an sich und eine harmonische Gesellschaft überhaupt nicht mehr gefragt waren. Die deutsche Kultur- und Bildungsnation war in ihren Augen von innen ausgehöhlt, in dem Inneren arbeitete, so dass Urteil, nur noch eine rationalisierende Maschinerie, die sich an Bildung und die Bildungsfunktionen des sozialen Lebens kaum interessiert zeigte.

Vor diesem Hintergrund wird verständlich, warum die Jugendbewegung spätestens in der Weimarer Republik zum sozialen Rettungsanker der Pädagogik wurde. Wie die jungen Wandervögel aus dem Steglitzer Gymnasium am Anfang des Jahrhunderts sind die Pädagogen selbst aus der widersprüchlichen Arbeitsgesellschaft ausgezogen, um wieder Goethe und Schiller zu lesen. Es schien, als ob die Pädagogen ihr soziales Übergangsbedürfnis, also das Bedürfnis, den industriellen Kapitalismus nicht als soziale Grundlage ihrer pädagogischen Überlegungen akzeptieren zu müssen, zu einem biographischen und generativen Übergangsmodell umdefinieren konnten. Jeder Jugendliche sollte eine biographische Experimentier- und Auszeit im industriellen Kapitalismus haben, dafür setzten sich die Pädagogen ein. Sie wurden zu Hütern des jugendlichen Bildungsmoratoriums, in dem sich die Jugendlichen in die Bildungswelt der Selbstbefreiung zurückziehen und zu sich selbst kommen sollten.

Die Pädagogen übersahen dabei aber, dass die Jugendeuphorie der Jahrhundertwende zum 20. Jahrhundert in der Weimarer Republik eine Metapher war, in der sich die anomische Krise der industriekapitalistischen Gesellschaft ausdrückte, die zudem durch den demographischen Wandel, die Verjüngung der Gesellschaft, zugespitzt wurde. Nichts passte mehr zusammen, die industriekapitalistische Entwicklung hatte in ungeheurer Beschleunigung zu Brüchen innerhalb der patriarchalisch-starren gesellschaftlichen und familialen Herrschafts- und Ordnungssysteme geführt, der Fortschritt der Arbeitsteilung brachte neue Berufe und soziale Schichtungen und Differenzierungen, welche nicht mehr in die alte Ordnung von Adel, Bürgertum und Proletariat hineinpassten, die Arbeiterschaft spaltete sich, Ansätze einer Dienstleistungsgesellschaft waren zu erkennen und schließlich wurde die Jugend als neue Generationsgruppe freigesetzt. Diese gesellschaftliche Freisetzung der Jugend war es, aus welcher die Pädagogik die Illusion gewann, sie könne mit Hilfe der Jugend die konkurrierenden Miterzieher Kino, Konsum, Fabrik aus dem Lebensalltag verbannen und sich selbst zum generativen Kern der sozialen und kulturellen Erneuerung ernennen. Zugespitzt formuliert: Die Jugendfrage löste die Arbeiterbildungsfrage ab, und die Pädagogik wanderte aus den Fabriken ins Jugendmoratorium.

Dabei erkannten viele Pädagogen diese neue soziologische Jugend nicht, dachten immer noch, dass es *ihre* bürgerliche Jugend sei, die aus dem Schonraum des bildungsbürgerlichen Moratoriums heraus ins Licht der Gesellschaft rückte. Man hing am Bild einer nach innen gerichteten, sich autonom entwickelnden Jugend, die in ihrer Idealität und Zukunftsfähigkeit in die Gesellschaft hinausstrahlte, und war ratlos und fassungslos, als man eine Jugend erlebte, die gegenwartsbezogen und außengerichtet war. Das gesuchte Bild der „Kulturpubertät" (Spranger 1924), mit dem die normative Autonomie der Jugend umschrieben wurde, hielt nicht mehr angesichts einer Wirklichkeit, in der sich die Jugend an Konsum und Freizeit orientierte und nach allem griff, was sie erreichen konnte. Schnell war - wie beschrieben - das Etikett von der „amerikanischen Jugend" (Diesel 1929) geboren, bevor überhaupt darüber nachgedacht wurde, ob dieses Such- und Bewältigungsverhalten der Jugend nicht in den neuen gesellschaftlichen Verhältnissen seinen Grund hatte.

Auf diesen Zusammenhang machte z.B. 1932 Lisbeth Franzen-Hellersberg in ihrer Studie *Die jugendliche Arbeiterin. Ihre Arbeitsweise und Lebensform* die Pädagogen aufmerksam. Sie begriff die jugendlichen Verhaltensweisen als „Reaktionsformen" der Jugendlichen „auf den äußeren und inneren Druck ihres

Lebens" und setzte sich kritisch mit dem Bild der „Kulturpubertät" aus der Perspektive der Lebensverhältnisse jugendlicher Arbeiterinnen auseinander:

> „Hilft die Kulturpubertät einem Jugendlichen dazu, sein Ich zu finden, sich individuelle Aufgaben zu stellen, die Welt als einen Bereich zu erfassen, der mit individuellen Kräften erobert werden muss, so erkennt sich die Arbeiterin im Gegensatz dazu als Gattungswesen, nicht als Individuum. Sie sieht die Welt nicht als Aufgabe für sich, sondern höchstens als Mittel, um sich in ihr auszuprobieren und sich darin als lebendig zu erfahren. Sie glaubt nicht, sie hofft nicht für die Zukunft, - sie hat und sie besitzt sich selbst als Weib, ohne Anspruch auf ein individuelles Schicksal. Der Kulturpubeszent lebt in der Zukunft, es werden in ihm ‚Idealkräfte erzeugt', die proletarische Arbeiterin aber lebt in der Gegenwart, nur in der Gegenwart. Sie löst ihre latenten Spannungen in Wirklichkeitserlebnissen und hat dadurch eine unmittelbare Einsicht in Tatsachen allerprimitivster Art. Sie verzichtet auf Illusionen, wo sie sie nicht brauchen kann, kurz sie ist realistisch. Wirklichkeit haben für sie nur ihre eigenen Vitalkräfte und alles, was diesen Nahrung gibt." (Franzen-Hellersberg 1932, S. 65-66)

Franzen-Hellersberg kontrastiert in ihrer Untersuchung stark. Immer wieder konfrontiert sie die Annahmen der ‚bürgerlichen' Jugendtheorie und Jugendpsychologie mit der Lebenswirklichkeit der jugendlichen Arbeiterinnen. Sie will die Wechselwirkung der proletarischen Lebensumstände mit den kapitalistischen Arbeitsmethoden aufzeigen. Entscheidend für die jugendlichen Arbeiterinnen ist nun, dass sie ihre Freisetzung als Jugendliche gar nicht erfahren können, dass diese nicht erlebt werden kann. Die jugendliche Arbeiterin erscheint doppelt festgesetzt:

Auf der einen Seite wird ihr kein Platz im Arbeitsprozess zugestanden, obwohl sie aufgrund der Not von Beginn an in den Fabriken mitzuarbeiten hat, und auf der anderen Seite ist ihr die „Haltung der proletarischen Familie" ebenfalls aufgebürdet. Sie ist das „Lasttier" der Familie. Während die Knaben sich nach außen zumindest ausagieren können, ist das Mädchen ebenfalls nach innen festgesetzt. Franzen-Hellersberg stellt nüchtern fest, dass es für das proletarische Mädchen gar keine Zukunftsplanung gibt, ebenso ist die von Hildegard Hetzer beschriebene „Freude am Sichgehenlassen" ihr fremd (Franzen-Hellersberg 1932, S. 46). Die ihr zugewiesene Hoffnung ist die, in einen besseren Lebensstand hineinzuheiraten. Die zentrale Zukunftsangst, die über ihrem Haushalt schwebt, ist die der Arbeitslosigkeit und die damit verbundene Furcht, in die absolute Bedürfnislosigkeit und Kritiklosigkeit abzurutschen. Es wirkt aus dieser Perspektive absurd, dass sich die Jugend Gegenwartsorientierung ‚vorwerfen' lassen muss, wo es für sie doch überhaupt „schwer" ist, „an die Illusion eines sinnvollen Lebens zu glauben" (ebd., S. 85-86). Die jugendliche Arbeiterin scheint zurückverwiesen auf sich selbst, auf den Moment, ohne dies erfahren zu können; auch ihr geschlechtlicher Reifungsprozess hat dabei, im Sinne der „verkürzten Pubertät" (Lazarsfeld, Hetzer), in nuce zu geschehen.

„Im Gegensatz zu dem kultivierten hat das proletarische Mädchen durch seine Lebensform weit weniger Gelegenheit, Nahrung für solche Stimmungen von Melancholie und für ihre Einsamkeitsbedürfnisse zu finden. Gründe, bedrückt und bekümmert zu sein, haben die proletarischen Mädchen weit mehr als kultivierte. Es werden Leistungsansprüche an sie gestellt, denen sie selten entsprechen können. Ihre Einnahme ist gering. Selten erhalten sie von ihrer Familie den verdienten Dank, noch seltener Anerkennung und Lob bei der Arbeit. Aber zum Aufschwingen pessimistischer Gefühle gehört Zeit, eine Ecke, wo man allein sein kann und über sich nachdenkt, Freundinnen, mit denen man zusammen ist und denen man sich offenbaren kann. Erlebt das proletarische Mädchen das Vorstadium der Pubertät, so spürt es zwar die Unruhe und innere Spannung. Da es jedoch keine Zeit hat, darüber nachzudenken, kommt es selten zu dem Schluss, dass die Ursache dieser Störungen in ihm selbst liegt. Es reagiert vielmehr die inneren Spannungen nach außen ab, weil es sie als von außen kommend auffasst. Es wird dreist und unverträglich, verbockt und verärgert. Manchmal wird es auch von einem besonderen Aufopferungsdrang befallen, der später wieder akut abblasst." (Franzen-Hellersberg 1932, S. 61)

Letztlich bleibt das proletarische Mädchen im Vergleich zum marxistischen Arbeiter ein „gestaltloses" Objekt (ebd., S. 7) im Wirtschaftkampf, und ihre Vitalkräfte „müssen dazu dienen, ihr das Leben lebenswert erscheinen zu lassen" (ebd., S. 86), sich selbst zu behaupten. „Gestaltlosigkeit" ist hier nicht als Gegenbild eines idealisierten Persönlichkeitskonzeptes gemeint, sondern es geht um die strukturellen Bedingungen des Aufwachsens und darum, dass die jugendlichen Arbeiterinnen bisher nicht einmal die Zeit und den sozialen Raum hatten, um selbstorganisiert - wie die marxistischen Arbeiter - ihre Vitalkräfte in einer eigenen Gesellungsform zu bündeln, wodurch eine anerkannte jugendgemäße Vergesellschaftungsform individueller Lebensführung entstehen könnte. Den jugendlichen Arbeiterinnen fehlt ganz und gar „eine gewisse Reserve" und damit die „Mittel zur Gründung einer andern wirtschaftlichen Existenz oder zur Fortbildung" (Franzen-Hellersberg 1932, S. 8). Was Franzen-Hellersberg hier andeutet, kennen wir auch aus der aktuellen sozialpolitischen Diskussion (s.u.), denn es geht um die soziale Hintergrundsicherheit, die erst das ‚Gefühl', einer Lage gewachsen zu sein, sozial stabilisiert und die Menschen nicht in ein Angstmilieu abdrängt.

Die Pädagogik kann darum - folgert Franzen-Hellersberg - in ihrer Arbeit auch nicht von einem festen Persönlichkeitsbild ausgehen, sondern hat gerade die eigenen Reaktionsformen dadurch zu würdigen, indem sie die inhärente Bewältigungsleistung anerkennt:

> „Diese Erkenntnis zwingt zu der Konsequenz, dass die ‚Vitalform' eine andere Art von Würdigung, wissenschaftlicher Beachtung, aber auch von moralischer Anerkennung verdient hätte. Sie bedeutet zwar mit ihrer Fülle von Abwechselungsbedürfnissen und einfacher Genussfähigkeit für die jungen Mädchen oft nur eine Phase, ein Stück Jugendzeit, vielleicht auch nur eine besondere Entwicklungsform. Ganz gleich, wie man diese Phase oder diesen ‚Typus' auffasst, ein positives Erwachsensein kann sich auf einer solchen Jugendzeit nur aufbauen, wenn die Jugendzeit im ganzen nicht als Irrtum, nicht als Fehler gebrandmarkt wird, sondern nur, wenn die Jugenderlebnisse als Werte mit in das spätere Alter hineingenommen werden, sei es als bloße Lebenserfahrung, sei es als Impulsbereicherung. Ist die Vitalform eine natürliche und echte Reaktion auf die Lebensarmut der proletarischen Schicht, so handelt es sich bei der sozialpädagogischen Führung an erster Stelle darum, den vitalen Typ nicht abzubiegen, ihn nicht durch Kulturmittel, Bildungseinflüsse und artfremde Kunstgenüsse zu verdrängen. Durch ständige Kritik wird jedenfalls die Anzahl der Unsicheren, der Problematischen, der Empfindsamen vermehrt und deren Gefährdung eher besiegelt als verhindert." (Franzen-Hellersberg 1932, S. 88-89)

Weiterhin habe die Pädagogik die innerfamiliären Erziehungsverhältnisse zu thematisieren, sie habe zu beachten, dass in dem Alter, in dem die jugendliche Arbeiterin ihre Mutter besonders braucht, diese aufgrund der Lebenslast schon der Resignation anheim gefallen ist. Von dem Gedanken der Koedukation im Haushalt sei man ohnehin in der Pädagogik noch weit entfernt. Letztlich könne die Pädagogik auch nicht moralisierend zwischen sog. ‚Aufsteigern' und ‚Versagern' trennen, denn gerade hier werden bei genauerer Analyse die unterschiedlichen strukturellen Bedingungen deutlich, wie sie sich in den Lebensläufen abzeichnen. So seien die Gruppen der Jugendbewegung und die Klubs in den sozialen Arbeitsgemeinschaften häufig vor allem Aufstiegsagenturen (mitunter in pädagogische Berufe), und die sog. Versagerinnen haben in den Familien ihre eigene Entwicklung in den meisten Fällen hinter der der Brüder zurückzustellen.

Überträgt man die Ansätze und die implizite Kritik Franzen-Hellersbergs an der Pädagogik auf die Jugendtheorie der Zeit überhaupt, so werden auch Günther Dehns Anmerkungen zu Ludwig Heitmanns dreibändiger Analyse des Großstadtlebens verständlich. Heitmann war damals einer der zentralen Protagonisten in der Debatte um die städtische Jugendarbeit. Dehn verwunderte, dass Heitmann - nach einer glänzenden Darstellung des Großstadtlebens - die Jugend als die erneuernde Kraft der Gesellschaft beschrieb. Sie sollte demnach die Familie wieder zum Kern des sozialen und erzieherischen Lebens machen, sie sollte - so können wir folgern - den überkommenen pädagogischen Frieden wieder herstellen. Dehn hielt Heitmann vor, dass

„nun auf einmal zunächst ein Rezept kommt, das auch alle Sonntagsblätter ausgeben, und das man von allen Pastoren der inneren Mission hören kann. ‚Die Familie soll es machen!' Das sagt derselbe Mann, der den völligen Ruin alles lebendigen Lebens, also auch der Familie, durch die hereingebrochenen materiellen Gewalten so deutlich gesehen hat. Sollte man nicht denken, dass es für ihn nur eine religiöse Forderung hätte geben dürfen: ‚In Gottes Namen zerbrecht diese Mächte!' Gewiss, Heitmann ist nicht naiv familiengläubig. Er weiß wohl, dass die normale bürgerliche Familie nichts weiter ist als der Ausdruck eines ebenso normalen egoistischen Individualismus. (...) Aber er fordert nicht auf, die Mauern zu zerstören, sondern will es nun doch mit einem Neubau innerhalb dieser Wälle versuchen. Ist das Familienleben auch heute zerstört, Heitmann ist dessen gewiss: Die Jugend wird ein neues schaffen. Hier kommt auf einmal, und ich habe den Eindruck mit einer gewissen Unvermitteltheit, der Jugendführer zu Wort, der, wenn auch unter Anerkennung dieser oder jener Bedenken, sich schließlich rückhaltlos zum Glauben der Jugendbewegung bekennt, dass eben die Jugend, rein aus ihrem Jungsein heraus, das Neue bringen werde." (Dehn 1922, S. 12)

In ganz ähnlichem Duktus reflektierte auch Trude Bez-Mennicke (vgl. zur Person Feidel-Mertz 1997) die soziale Idee der Jugendbewegten, die sich nun in den sozialen Berufen engagierten. Die sozialen Berufe seien nicht, argumentierte sie, der Kern einer sozialen Erneuerung der Gesellschaft, die auf menschliche Gegenseitigkeit und Unterstützung aufbaue. Durch die sozialen Berufe würden nicht Verhältnisse geschaffen, in denen die Menschen zu sich selbst kommen könnten, sondern erst einmal stellten die sozialen Tätigkeiten die letzte Instanz der kapitalistischen Gesellschaft dar. Durch die soziale Hilfe werde das letzte subjektive Moment, das dem Menschen bleibe - die Bedürftigkeit -, in einen Objektstatus übersetzt, um es zu bearbeiten. Diese Entsubjektivierung der Bedürftigkeit müsse überwunden werden, damit die Menschen wieder zu ihrer Bedürftigkeit finden könnten, die ihnen verwehrt wird. Dieser Aufgabe hätten sich die sozialen Berufe zu verschreiben.

„So haben die sozialen Berufe den Nimbus erhalten, als ob sie in unserem rücksichtslos egoistischen, aus Macht und Gegenmacht resultierenden Wirtschaftsgetriebe das Prinzip der Ethik retteten, - als ob sie die Verantwortung von Mensch zu Mensch erfüllten, ja mehr noch, als ob sie ein Stück Verwirklichung des Christentums wären (...). Eine gut gemeinte Lüge, die sich bitter rächt. (...) Weil er (der soziale Beruf, d. Verf.) die Stelle ist, an der die kapitalistische Welt-Vergewaltigung ihre letzte Konsequenz erreicht. Dies: dass Menschen total Objekt werden. In ihren elementarsten und eigensten Lebensinhalten: in Essen, Trinken, Schlafen, Wohnen, in ihrem Mutter- und Vatersein, in ihrem Kranksein und Sterben, in ihrem Schuldigwerden und Sühnen. Wenn irgendwo, dann ist hier eine Stelle, wo der glatte Boden unserer Gesellschaft dünn und brüchig wird, - wo das Subjekt:Objekt-Verhältnis von Mensch zu Mensch für beide Seiten so offenbar unmöglich und sinnlos wird, dass gerade der, der von Berufs wegen hier Subjekt sein sollte, der sogen. Helfer, Pfleger, Fürsorger, es nicht mehr aushält, dass er mit beiden Händen zugreifen und den Riss aufreißen muss, den er zukleben sollte." (Bez-Mennicke 1925, S. 7)

Letztlich argumentierten Dehn sowie Bez-Mennicke und auch Franzen-Hellersberg aus der Perspektive einer sozialpädagogischen Gegenwelt. Bez-Mennicke ging von dem Bild einer organischen sozialökonomischen Gemeinschaftswelt aus, die es zu verwirklichen galt. Dehn hingegen war dem Ideal einer sozialistisch-protestantischen Lebensgestaltung verschrieben, so dass er die proletarische Jugend nur als gestaltlos, amerikanisiert, kleinbürgerlich oder vom Kapitalismus infiziert wahrnehmen konnte, und Franzen-Hellersberg sah in den Vitalkräften den Ansatzpunkt, Räume für eine pädagogische Lebensgestaltung zu eröffnen.

Generation als soziale Raum- und Zeitkategorie der Pädagogik: Karl Mannheim

War die junge Generation traditionell in einen Überlieferungsmechanismus eingebunden - das von den Vätern Ererbte soll bewahrt, aber auch weiter und neu entwickelt werden -, wird dieses Modell durch die Freisetzungsthematik der industriekapitalistischen Moderne durchbrochen. Jugend - so Karl Mannheim in den zwanziger Jahren - ist nicht mehr in den traditionellen Lebenskreisen gebunden, sondern tritt sozial und kulturell nach der Ablösung aus dem Elternhaus gleichsam neu in die Gesellschaft ein.

Der soziologische Generationenbegriff der Weimarer Epoche reflektiert, dass die moderne Jugend in einem bestimmten Entwicklungsprozess der gesellschaftlichen Arbeitsteilung freigesetzt und strukturiert wird. Phänomenologisch beinhaltet Generation - so Mannheim - einen gemeinsamen Erfahrungshorizont von Altersgruppen, ein ähnliches Zeitgefühl und Zeitverständnis, das darauf beruht, dass man nicht nur altersmäßig ähnlich in der Gesellschaft und ihrer aktuellen Geschichte, sondern vor allem auch über die gemeinsame Stellung in der modernen Arbeitsteilung - über Klassen und Schichten hinweg - miteinander verbunden bzw. ähnlich sozial ‚gelagert' ist. Darum spricht Mannheim von der Generationenlagerung (vgl. Mannheim 1970). Das Prinzip des arbeitsteiligen linearen Fortschritts lässt die jeweils junge Generation immer wieder dem Neuen näher und rücksichtsloser gegenüber dem Alten erscheinen. Der junge Mensch wird zum Symbol des Fortschritts. Dieses Gefühl der ‚jungen Generation' schlägt in entsprechende Haltungen um, die gesellschaftliche Generationenkonflikte erzeugen, die Arbeitsteilung aber weiter vorantreiben: Die jungen Menschen sind die Protagonisten des Neuen, so wie sie sich gegen das Alte richten: seien es neue Ideen, seien es neue Konsumformen oder einfach nur andere, vom Alten abweichende Verhaltensformen.

Diese Rücksichtslosigkeit ist nicht intentional, von den Jugendlichen nicht gewollt, sondern strukturell durch die Freisetzungsthematik bedingt. Denn die gesellschaftliche Dynamik, in die die Jugendlichen hineingeraten, nimmt selbst keine Rücksicht auf das Alte, sondern sucht in seiner Wachstumsorientierung das jeweils Neue und stößt das Alte als Verbrauchtes ab. In diesem Zusammenhang ist aber auch noch eine zweite Erkenntnis von Karl Mannheim wichtig: Die Jugend - so argumentierte er - tritt nicht nur neu (über die gesellschaftliche Freisetzung) in die Kultur ein, sondern sie ist auch zu Neuem bereit. In welcher Richtung sie aber agiert, ist abhängig von den gesellschaftlichen Bedingungen, die die Jugend antrifft. Ob Jugendliche sozial verträglich, innovativ oder sozial desintegrativ bis destruktiv agieren, ist also abhängig von den gesellschaftlichen Bedingungen, die sie umgeben: Ob sie ihnen Sicherheit, Optimismus und Experimentierlust vermitteln oder Unsicherheit, Hilflosigkeit und daraus resultierende Bewältigungsnot.

Mit anderen Worten: Der moderne Kapitalismus macht die Frage der gesellschaftlichen Integration auch zu einer Generationenfrage. Jenseits der Erfahrungen der älteren Generationen und gesellschaftlicher Institutionen wie Familie und Schule wird die Jugend dazu gezwungen, sich herauszustellen, auf sich selbst zu bauen und die eigene Selbständigkeit schon früh wahrzunehmen. Sie wird jeweils mit ganz neuen Anforderungen und Herausforderungen konfrontiert, die in dieser Form ihren Eltern oder der Vorgänger-Generation nicht bekannt waren. Dabei sorgt sich der moderne Kapitalismus aber nur so weit um die Selbständigkeit der Jugend, wie sie in Form von Arbeitskraft oder als neuer Pool von Konsumenteninteressen genutzt werden kann.

Gleichzeitig geben die gesellschaftlichen Bedingungen auch vor, ob Schule und Familie sowie Freizeit der Jugendlichen voneinander trennbar, gegeneinander abschottbar sind oder ob sie immer diffundieren. Je fragiler und unsicherer die Arbeitsgesellschaft ist, umso mehr werden sich die sozialen Schatten über die Schule legen und soziale Probleme in die Schule hineindiffundieren, auch wenn sie aufgrund der Qualifikationsfunktion immer noch relativ sozial abgeschirmt ist.

Die Qualifikationsfunktion stabilisiert die Schule - dies hat Suhrkamp im Jahr 1930 bereits deutlich beschrieben (s.o) - aber nur in ihrer instrumentellen Struktur. Das Pädagogische, das sich nicht nur über die funktionalen Beziehungen, sondern auch über den Sozialraum Schule und die sozialen Beziehungen zwischen Lehrern und Schülern untereinander entwickelt, wird aber nun maßgeblich vom gesellschaftlichen Umfeld beeinflusst. Deshalb kann sich die Schulpädagogik nicht mehr darauf beschränken, nur Didaktik zu sein, sondern muss das Pädagogische auch im Sozialen entfalten können. Schon damals zeichnete sich ab, was heute unübersehbar ist: Das Modell des Moratoriums spaltet sich: Es wirkt über die Qualifikationsanforderungen weiter (Bildungszertifikate stellen auch weiterhin den Zugang zum Berufsleben dar, Schlüsselqualifikationen gilt es für später zu erwerben), während es im sozialen Bereich nicht mehr greift: Schüler und Schülerinnen sind soziokulturell selbständig, müssen soziale Probleme früh bewältigen und trennen nicht mehr zwischen außerschulischer und schulischer Welt, wenn es um Bewältigungsnotstände geht. Das Differenzmodell - Leben im heute als Vorbereitung auf das spätere Leben - zieht nicht mehr, es wird durch die soziale Praxis der Schüler selbst ausgehebelt.

In der Diagnostik der Freisetzung der Jugend sind also Karl Mannheim und Carl Mennicke durchaus miteinander vergleichbar, wobei Mennicke die pädagogischen Herausforderungen diskutiert. In einem soziologisch aufgeklärten Generationenverhältnis ist entsprechend zu fragen: Wie geht die Jugend aus diesen Freisetzungsprozessen hervor, und in welche Richtung wird ihr Wollen durch die sozialen Verhältnisse gelenkt? Dann können nicht nur ihre manifesten Äußerungen, sondern auch ihre latente Bedürftigkeit erkannt werden.

In dieser Generationenperspektive wird zudem das Problem deutlich, dass nicht nur die Zukunft, die sich in der Differenzperspektive der Pädagogik vermittelt, unsicher und unübersichtlich geworden ist, sondern dass auch die Vergangenheit fragil und damit die Kontinuität gefährdet ist. Die Pädagogik kann also nicht mehr mit der Selbstverständlichkeit einer generationenübergreifenden Verständigung rechnen. „Das war vor meiner Zeit", hört man Jugendliche damals wie heute sagen, wenn sie ihre Gegenwartsorientierung ausdrücken wollen.

Das so gerissene Generationenband wird nun - das konnte Mannheim noch nicht so übersehen - über den Konsum neu geknüpft. Wir sehen, dass es gemeinsame Konsumkulturen zwischen Eltern und Kindern in den Familien gibt, dass Konsumwünsche intergenerativ ausgehandelt werden. Der Konsum ist längst vom „heimlichen Miterzieher" - wie ihn die Pädagogik früher abtat - zu einer sozialen Erziehungsstruktur geworden. Vielleicht sind darin die Gründe für den Neid der Pädagogik auf den Konsum zu suchen. Denn längst werden in der Konsumwerbung nicht mehr die Produkte in ihrem funktionalen Gebrauchswert angepriesen, sondern es werden ihre psychischen und sozialen Anschlussqualitäten herausgestellt. Produkte vermitteln heute Lebensstile, Bewältigungsformen und Statuschancen. Ihre parasoziale Qualität setzt Lernanreize frei, die nachahmendes Lernen jenseits der Mühen der sozialen Wirklichkeit offerieren. Indem sich die Pädagogik vom Konsum und seinen Wirkungen absetzen will, merkt sie doch gleichzeitig, dass dies nicht möglich ist, da der Konsum die Jugendlichen anzieht, Konsumstile in die Schule hineingebracht werden und die wachsende Konsumsouveränität der Kinder und Jugendlichen innerschulische Beziehungs- und Statusprobleme schafft. Promotion und Werbung der Konsumindustrie setzen direkt am Freisetzungserlebnis der Jugendlichen (s.o.) an. Sie aktivieren Bedürftigkeit, aber nicht als gesellschaftliche Erfahrung, sondern als Möglichkeit, die Bedürftigkeit, die aus der sozialen Wirklichkeit der Jugendlichen stammt, mit der emotionalen Unwirklichkeit zu verbinden, in der sich Jugendliche in der pubertären und nachpubertären Phase befinden. Das Parasoziale des Konsums und die parasoziale Zwischenwelt der Jugendphase verschmelzen ineinander. Der Konsum wird somit nicht zum Fremden oder Entfremdenden, wie ihn die Pädagogik gerne sehen würde, sondern zum subjektiv Eigenen der Jugendlichen. Sicher löst der Konsum die sozialen Probleme nicht, die Jugendliche bedrängen, er birgt sogar in sich das Risiko, dass nur noch er als Bewältigungsmittel in Anspruch genommen wird und die Jugendlichen so von ihm abhängig, „süchtig" nach konsumtiven Bewältigungsmitteln werden. Insofern bedarf es einer konsumkritischen Pädagogik. Diese aber muss wissen, dass sie den Konsum als Teil der Jugendkultur nicht pädagogisch ausheben kann, sondern seine Wirklichkeit akzeptieren muss.

Kindheit in gesellschaftlichem Ausgesetztsein und sozialer Selbstbehauptung: Otto Rühle und Hildegard Hetzer

Die soziale Unbelassenheit und Unbefangenheit der kindlichen Seele galt um die Wende zum 20. Jahrhundert als Ausgangspunkt eines pädagogischen Entwicklungsmodells, in dem sich das Kind in einem eigenen Kindheitsraum, die in ihm angelegte Persönlichkeit zu einem neuen Menschen entwickeln sollte. Das Bild des autonomen Kinderraumes und die gesellschaftliche Autonomievorstellung der Pädagogik gingen ineinander über. Sabine Andresen und Meike Sophia Baader haben am Beispiel Ellen Keys gezeigt, wie deren Schrift zum

,Jahrhundert des Kindes' (vgl. 1908) in eine modernisierungstheoretische Perspektive eingebunden werden könne, die gleichzeitig der Pädagogik eine zentrale Rolle bei der Neugestaltung von Gesellschaft zuspricht.

„Jene neue, harmonische und andere Gesellschaft, die sie (Ellen Key, d. Verf.) im ‚Jahrhundert des Kindes' verheißt, ist wesentlich via educationis, das heißt auf dem Weg über Erziehung, zu erreichen. Auch damit steht Key in einer langen abendländischen Tradition, denn die enge Verbindung von politischer Konstruktion und pädagogischem Bildungsdenken hat das utopische Denken vor allem seit dem ausgehenden 17. Jahrhundert bis in die jüngste Zeit begleitet. Gerade in denjenigen Utopien, die auf Realisierung abzielten, haben Erziehungs- und Bildungsgedanken häufig eine entscheidende Rolle gespielt." (Andresen/Baader 1998, S. 15)

Vor diesem Hintergrund mag es nicht verwundern, dass Definitionen und darauf bezogene Konzepte von Kindheit, die das soziale Ausgesetztsein des Kindes in der kapitalistischen Gesellschaft und die frühe sozial belastete Vergesellschaftung zum Bezugspunkt ihrer Pädagogik machten, wenig Anerkennung in der disziplinären Pädagogik erfuhren und vornehmlich innerhalb der Arbeiterbewegung diskutiert wurden (vgl. z.B. zur Auseinandersetzung zwischen Hoernle und Löwenstein; Andresen 2000). So ist auch bis heute Otto Rühle (vgl. zu den Schriften Schille/Stecklina 1998) jener übergangene Pionier einer Kinderpädagogik geblieben, der die Bewältigungsprobleme von Kindern in der Arbeitsgesellschaft empirisch beschrieb und pädagogisch entsprechend umzusetzen versuchte.

Während er 1922 noch in seinem ersten Kindheitsbuch *Das proletarische Kind* eher allgemein und kursorisch beschreibend auf die Beziehungen zwischen kapitalistischer Industriegesellschaft, sozialer Lage der Arbeiterklasse und Erziehung einging, legt er im zweiten Werk 1925 zur Kindheit *Die Seele des proletarischen Kindes* einen relativ systematischen Versuch zur Aufschließung der Bewältigungsprobleme von Arbeiterkindern vor.

Rühle sah die proletarischen Kinder der damaligen Zeit einem doppelten Freisetzungs- und Individualisierungsdruck ausgesetzt. Zum einen waren für ihn nicht nur die bürgerlichen Familien in der Krise (s.u.), sondern gerade auch die proletarischen, indem mit zunehmender Intensivierung und Differenzierung der Arbeitsteilung auch die proletarischen Familienmilieus gegenseitiger Hilfe in Auflösung begriffen waren, zum anderen, weil durch die existentiell notwendige Einbindung beider Elternteile in die Lohnarbeit die Kinder früh auf sich gestellt, hauptsächlich ‚über die Straße erzogen' wurden.

Rühle setzte den Idealtypus des proletarischen Kindes von dem des bürgerlichen ab, mit dem sich vor allem die bürgerliche (Reform-)Pädagogik beschäftigte. Im Kontrast zur Kindheit im materiellen und kulturellen Schonraum der bürgerlichen Familie, in dem sich Schutzrechte für das Kind entwickeln konnten (Schutz vor Arbeit und Ausbeutung), war das proletarische Kind sozial weitgehend schutzlos und der Ausbeutung ausgesetzt. Kinder aus diesen Milieus standen daher früh unter dem Druck des Ausgesetztseins und mussten sich selbst zu behaupten versuchen. Selbstbeherrschung, Willensbildung und Selbstbehauptung sind deshalb auch die Schlüsselkategorien der Rühleschen Kinderpädagogik. In Anschluss an Alfred Adlers Individualpsychologie (vgl. Schille 1997), in der die Selbstbehauptung des Kindes gegenüber der durch die Eltern vermittelte Erwachsenenwelt Ausgangspunkt der Betrachtung der Kindheitsentwicklung ist, entfaltet er - implizit - das Modell der doppelten Minderwertigkeit und des entsprechend doppelten Zwangs zur Selbstbehauptung des proletarischen Kindes. Es habe sich nicht nur gegenüber der familialen Übermacht der Eltern zu behaupten, sondern auch gegen das Stigma der gesellschaftlichen Minderwertigkeit zu wehren, dem Proletarier ausgesetzt sind, und mit dem die Kinder gerade auch in den bürgerlichen Erziehungsinstitutionen konfrontiert würden.

So bleibe ihnen nur die Straße, die sie sich selbst aneignen und sich gegenseitig erziehen konnten, wo sie aber weder in neue Stigmata hineinliefen und Risiken ausgesetzt seien. Selbstbehauptung wird hier erst recht zum Kinderalltag, die Kinderwelt in der industriekapitalistischen Moderne ist für viele Kinder kein Schon-, sondern ein riskanter Bewältigungsraum.

Was Rühle über die - so würden wir heute sagen - ‚Straßenkinder' schrieb, ist auch jetzt noch von großem diagnostischem und pädagogischem Wert. Er zeigte auf, dass die Kinder und Jugendlichen nicht aufgrund fehlender Moral auf die Straße gingen, wie dies die damalige bürgerliche Gefährdetenpädagogik immer wieder unterstellte, sondern dass sie ihre gesellschaftliche Lage auf die Straße trieb und dass ihre Gefährdung nicht von ihnen, sondern von jener gesellschaftlichen Erwachsenenwelt ausging, die ihnen einen kindgerechten Entwicklungsraum verwehrte. Die Kinder liefen gleichsam ins Messer einer Ausbeutungsgesellschaft, die ihre Pathologien an ihnen ausließ. Das brisante Gemisch aus Schutzlosigkeit, kindlich-jugendlicher Unbefangenheit, Ausnutzung und schließlich sozial-aggressiv zugespitzter Selbstbehauptung ließ die proletarischen Kinder zu Außenseitern der Gesellschaft werden.

Rühle hat über die Befunde zum proletarischen Kind hinaus seine Erkenntnisse pädagogisch verallgemeinert. Sie sind uns heute, angesichts des neuen ökonomischen Drucks auf die Familien und steigender Individualisierung der Kindheit, entsprechend aufschlussreich. In seinen späteren Ausführungen zum ‚Kriminellen Kind' (1929) („das kriminelle Kind ist das vernachlässigte Kind") analysiert er die für das Kind unübersichtlichen und deshalb bedrohlichen Familienkonstellationen, denen es ausgesetzt ist, und interpretiert - schon ganz im Sinne der modernen Kriminologie - Abweichendes Verhalten als Form der Selbstbehauptung, mithin als Bewältigungsverhalten (vgl. Böhnisch 1999).

Entsprechend interessant ist für uns sein bewältigungsorientierter pädagogischer Ansatz, in dem er die kindliche Selbstbehauptung in den Mittelpunkt stellt und in ein sozial verträgliches und sozial produktives Magnetfeld bringen will. Gerade das pädagogische Spiel solle der individuellen Stärkung und sozialen Gegenseitigkeit (Respekt vor der persönlichen Integrität der anderen) und nicht nur der Anpassung an vorgegebene Rollen und dem ziellosem Ausleben kindlicher Unbefangenheit dienen. Ältere Kinder sollten früh eine Sexualaufklärung erfahren, die nicht gefährdungspädagogisch, sondern auf Selbstschutz und Respekt vor der körperlichen Unverletzbarkeit des Mitmenschen ausgerichtet sein sollte. In einer emotional entleerten digitalisierten Arbeitsgesellschaft wie der heutigen, mit ihren Teufelskreisen von emotionaler Bedürftigkeit und sexueller Gewalt, ist der bewältigungspädagogische Ansatz Otto Rühles neu zu entdecken.

Auch Hildegard Hetzer, deren zahlreiche empirische und pädagogisch-praktische Arbeiten sich in den Feldern der Entwicklungspsychologie und pädagogischen Jugendkunde bewegten, stellte das Wissen um die sozialstrukturell bedingten - entwicklungstypisch vermittelten - leibseelischen Prozesse der Selbstbehauptung und Bewältigung vor die normative Frage pädagogisch abgeleiteter Erziehungsziele und Erziehungsverfahren. In ihrer empirischen Studie *Kindheit und Armut* (1929), in der sie Kinder und Jugendliche aus dem proletarischen Armutsmilieu und aus bürgerlichen Familien im Hinblick auf die alltägliche Lebensführung, das Sozial- und Erziehungsverhalten und die Entwicklung von Lebenssinn miteinander verglich, arbeitete sie die Grundzüge jenes Bewältigungsmodells heraus, wie wir es heute in der sozial- und erziehungswissenschaftlichen Diskussion verhandeln: Das Streben nach subjektiver Handlungsfähigkeit (auch um den Preis der Abweichung von der sozialen Normalität) strukturiert die individuelle Befindlichkeit und soziale Orientierung der Kinder und Jugendlichen. Entsprechend spürt man durch das ganze Buch hindurch die implizite pädagogische Botschaft: Objektiv eingeschätzte Lebenslage und subjektiv erlebte Armutsbefindlichkeit dürfen nicht gleich gesetzt werden. In pädagogischen und sozialen Beziehungen sei deshalb immer auch das Bewältigungserlebnis aufzuschließen. Erst so werde es möglich, die Haltung der Kinder und Jugendlichen gegenüber den Erziehern, die Einstellung gegenüber Erziehungsangeboten und Hilfe und die Motivation, sich am Erziehungs- und Hilfeprozess zu beteiligen, einzuschätzen und eine erzieherische Balance zu finden:

„Das Erlebnis der Armut ist [...] kein spezifisches. Jeder Mangel, der einen Menschen trifft, den der Betroffene auszugleichen sich bemüht, wird prinzipiell auf dieselbe Weise erlebt, wie der Mangel, der dadurch entsteht, dass die unumgänglich gewordenen Lebensbedürfnisse infolge materieller Notlage unbefriedigt bleiben [...] Der Umstand, dass das Armutserlebnis kein spezifisches ist, zeitigt in vielen Fällen praktisch recht unerquickliche Folgen. Der Arme beurteilt beispielsweise die ihm gebotene Hilfe, die objektiv betrachtet völlig ausreichend zu sein scheint, als eine ganz und gar unzureichende." (Hetzer 1929, S. 157)

Hetzer zeigt auf, dass das Armutserlebnis sich nicht auf das Erleiden der materiellen Not beschränkt, sondern das *Bewältigungserlebnis* dieser Notlage mit einbeziehт, in dem sich ganz unterschiedliche leibseelische und soziale Mängelgefühle - als gefühlte Selbstwerteinbußen und erfahrender Mangel an sozialer Anerkennung - entfalten. Auf diese Bewältigungsdimension gilt es pädagogisch genauso einzugehen wie auf die unmittelbaren Bezüge, um die materiellen Notlagen zu beheben. Es muss dort geholfen werden, „wo Mangel anderer Art erlebt wird", so Hetzer, dies kann „den Erfolg der gebotenen Hilfe um ein Vielfaches erhöhen" (Hetzer 1929, S. 157).

Beispielhaft zeigt Hetzer auf, dass arme Kinder und Jugendliche vergleichbare Konsum- und Erlebnisbedürfnisse entwickeln, wie die Kinder und Jugendlichen aus bürgerlichen Familien. Sie wehrte sich damit vehement gegen die damals immer noch in Erziehung und Fürsorge verbreitete Ansicht, dass mit der eingeschränkten materiellen Lage der Armen zwangsläufig verengte und beschränkte Bedürfnisse einhergehen müssen. Obwohl sie keine gesellschaftliche Kontextanalyse liefert, findet man in *Kindheit und Armut* eine Reihe von Indikatoren dafür, dass sie die Bedürfnisse und Lebenseinstellungen der Kinder und Jugendlichen als gesellschaftlich freigesetzte erkannt hat. Diese konsumgesellschaftliche Freisetzung in den 1920er Jahren, hatte die Kinder und Jugendlichen in allen sozialen Schichten erfasst. Deshalb waren die konsumtiven Wünsche ebenfalls bei armen Kindern und Jugendlichen ausgeprägt, auch wenn sie nicht erreicht werden konnten. Das vom Kindes- zum Jugendalter hin zunehmende Bewusstsein von diesem anomischen Zustand steigert, so Hetzer, vielmehr noch das Gefühl der „Unterbefriedigung", denn die Kinder und Jugendlichen setzen sich aktiv und bewusst mit ihrer Armutslage auseinandersetzen.

Hetzer erkannte die mit der Modernisierung einhergehende Entstrukturierung der Familie und die wachsende Bedeutung des sozialen Eigenlebens der Kinder, dem das traditionelle Erziehungswesen hilflos gegenüberstand. Hetzers empirisches Material stammte aus den Wiener Erziehungsberatungsstellen, die damals - wie in Deutschland auch - als institutionelle Antwort auf diesen Strukturwandel gegründet wurden. Die Erziehungsberatungsstellen der Stadt Wien hatten den Vorteil, dass sie im Rahmen einer umfassenden städtischen Reform des Erziehungs- und Schulwesens eingerichtet wurden und somit die Verbindung zwischen Beratung, Schule und Sozialer Arbeit hergestellt worden war. So war es für Hildegard Hetzer naheliegend, typische Bezüge zwischen dem psychosozialen Bewältigungsverhalten der Kinder im Alltag und ihrem schulischen Leistungsverhalten aufzuzeigen:

> „Wir wollen hier nicht noch einmal alle Einzelheiten anführen, in denen (das arme Kind, d.Verf.) im Nachteil mit den Schwierigkeiten des praktischen Lebens fertig wird. (Es) übt sich von klein auf im Überwinden derartiger Schwierigkeiten (...) Alles muss das Kind zu einem Zeitpunkt tun, zu dem es die Lage, in der es sich befindet, nach allem vorher Gesagten noch gar nicht richtig zu überblicken vermag. Es versteht oft durchaus nicht, warum überhaupt und gerade auf diese Weise eingegriffen werden muss. Es lernt ganz ohne jegliches Verständnis für die Zusammenhänge in einer bestimmten Situation handeln und wiederholt geradezu mechanisch einmal eingeübte Verhaltensweisen so, wie sie ihm auszuüben vorgeschrieben wurden, wenn bestimmte Bedingungen sich einstellen. (...) Diese Gedankenlosigkeit dem eigenen Tun gegenüber, deren Wurzeln wir schon allenthalben aufdeckten, wird bestimmend für seine ganze Einstellung zu den Aufgaben, die das Leben ihm stellt. Allerdings konnten wir auch nachweisen, dass das Kind sich auch gedanklich mit seinem Armutszustand auseinandersetzt, nach dessen Ursachen fragt, Möglichkeiten der Abhilfe ausfindig zu machen sich bemüht, dass also die Armut unter Umständen einen Anreiz zum Denken vorstellt." (Hetzer 1929, S. 167-168)

Die pädagogischen Hinweise sind deutlich: ‚Gedankenlosigkeit' als Grundmuster vieler - so schulisch etikettierter - Lernschwächen und Unterrichtsstörungen verweisen nicht auf ein Unvermögen, das aus dem Kind kommt, sondern auf die durch seine Lage verursachten Ritualisierungen und Habitualisierungen. Die Frage würde hier lauten: Wie kann die Schule sozialen Raum schaffen, in dem solche Kinder sich ihre soziale Umwelt *selbstbestimmt* und *anerkennungsfördernd* aneignen können? Wo können eigentlich die sozialen Kompetenzen zum Zuge kommen, die über das alltägliche Bewältigungsverhalten der Kinder akkumuliert werden, und als solche von ihnen selbst und anderen erkannt werden könnten, wenn sie in nichtritualisierten und sozial anerkannten Handlungssituationen (z.B. schulische Projekte) hervortreten? Hetzer eröffnete uns schon den Zugang zu jenem pädagogischen Konzept, das wir heute mit dem Begriff des „Reframings" umschreiben: Nicht die Schwächen, sondern die Stärken suchen, nicht nur die Defizite sehen, sondern gerade auch die Kompetenzen anerkennen, die sich in der Alltagsbewältigung entwickelt haben und in einem neuen sozialen Kontext aufgeschlossen werden müssen.

Aus dieser Bewältigungsperspektive lässt sich auch das Verhältnis zu Erwachsenen, zu den Lehrern und Erziehern aufschließen und gewichten:

> „Der Jugendliche kann zur Not auch ohne den Erwachsenen sein Auslangen finden und kann daher den Erwachsenen, dessen Hilfe er in Anspruch nimmt, auswählen. Gewählt werden nur die Menschen, deren Hilfe der Jugendliche innerlich bedarf. Äußere Hilfeleistungen nimmt er von zahllosen Menschen an, die ihm völlig gleichgültig sind, die er als Menschen geradezu ablehnt." (Hetzer 1929, S. 215)

Hier kommt uns natürlich die begriffliche Figur des „Pädagogischen Bezugs" in den Sinn, wie sie Herman Nohl entwickelt hat und in der zwischen dem äußeren Sachbezug und der inneren sinnlichen Gegenseitigkeit von Jugendlichen und dem sich ihm öffnenden Erzieher unterschieden wird. Dieser innere Bezug wächst aus der pädagogischen Anerkennung des sonst übergangenen sozialen Bewältigungsverhaltens und nicht aus der äußeren, der personalen Befindlichkeit gegenüber indifferenten, Leistungsdefinition. Nohl forderte entsprechend die Pädagogen auf, nicht danach zu fragen, welche Probleme das Kind macht, sondern danach, welche es hat (vgl. Niemeyer 1999).

Die spätfamiliale Krise des Kapitalismus: Siegfried Kawerau

Die Überforderung der Familie durch die fortschreitende kapitalistische Vergesellschaftung war nicht nur ein kultur- und erziehungskritisches Thema der vorletzten Jahrhundertwende, es wurde auch politökonomisch analysiert, und es wurden von da aus Folgen für die Pädagogik abgeleitet. Die Krise der Familie und die Entwicklung der industriekapitalistischen Moderne sah man als interdependent. Bezugspunkt dieses Diskurses war Friedrich Engels Buch *Herrn Eugen Dührings Umwälzung der Wissenschaft* (1894), in dem er die Abhängigkeit der modernen bürgerlichen Familie von der ökonomischen Gesellschaftsform herausarbeitet und damit der These von der übergesellschaftlichen Gestalt der Familie widersprach. Er verwies dabei auch auf die sozialistischen Utopisten, für die die ‚freie Vergesellschaftung' der Menschen vor allem darin bestand, dass die Hierarchie von öffentlicher Produktions- und privater Reproduktionsarbeit aufgehoben und sich die ‚häusliche Privatarbeit' in eine öffentliche Industrie verwandeln würde. Dies führe zu einer „Vergesellschaftung der Jugenderziehung" und schaffe „ein wirklich freies gegenseitiges Verhältnis der Familienmitglieder" (Engels, zit. n. Kawerau 1921).

Engels politökonomische Analyse wurde von dem Kultursoziologen Friedrich Müller-Lyer (1911) aufgegriffen und weiterentwickelt und die entsprechende sozialistische Erziehungsutopie von dem sozialistischen Reformpädagogen Siegfried Kawerau auf die damalige Wirklichkeit von Bildung und Erziehung herunter dekliniert.

Müller-Lyer, der heute weithin vergessene Kultursoziologe, den damals die American Sociologicial Review als deutschen Herbert Spencer feierte, war - wie Durkheim - an der Pädagogik als gesellschaftsgestaltende Kraft, welche die familiale Erziehung historisch notwendig ablösen müsste, interessiert. Er sah zum Ende des 19. Jahrhunderts eine deutliche „Rückbildung" der Familie, die man - in unserer heutigen sozialwissenschaftlichen Sprache - als strukturell bedingten, d.h. nicht aufhebbaren Modernisierungsrückstand kennzeichnen könnte. Dabei argumentierte er damals schon, dass die Familie nicht einfach Funktionen verliere, „umlagere", sondern sich in ihr eine wichtige emotionale Funktion („Entwicklung der Charaktere") erhalte, vielleicht sogar erweitere. Mit dieser emotionalen Erziehungsfunktion dürfe die Familie aber nicht allein gelassen werden, sondern es müsse eine Vermittlung von privater und öffentlicher Erziehung stattfinden: „In der Verbindung der Elternfürsorge mit der Kunst des Pädagogen liegt die richtige Mitte" (Müller-Lyer, zit. n. Kawerau 1921, S. 111). Diese Verbindung sei aber nicht über die bürgerliche Kleinfamilie zu erreichen, sondern über „Großhaushalte", die in die gesellschaftliche Öffentlichkeit hineinreichen.

Müller-Lyer stellte letztlich den pädagogischen Erfolg öffentlicher Erziehung bei verwahrlosten Kindern über die Erziehungsleistungen und Erziehungsresultate familialer Erziehung. Er führte damals Argumente an, die uns heute sehr vertraut erscheinen: Die Familien seien nicht mehr in der Lage, ihre Kinder auf dem Niveau, das die Qualifikation für moderne Berufe verlange, zu begleiten; der Individualisierungsprozess bei beruflich orientierten Eltern sei soweit fortgeschritten, dass keine Erziehungszeit für die Kinder übrig bleibe, und schließlich greife das „Zweikinder-System" (heute: Einkindfamilie) so um sich, dass die Kinder in der Familie isoliert würden und damit keine oder wenige Gelegenheiten zur (für die Entwicklung notwendige) Gleichaltrigengeselligkeit erhalten könnten.

Siegfried Kawerau, der den entschiedenen Schulreformern um Paul Oestreich angehörte und u.a. Herausgeber des damals verbreiteten *Weißbuch(s) der Schulreform* (1920) war, nahm Müller-Lyers Thesen als soziologische Grundlegung seiner „neue(n) Erziehung aus der Struktur der werdenden Gesellschaft" (Kawerau 1921, S. 103 ff.) auf. Die Einheits- und Produktionsschule als Institutionalisierung öffentlicher Pädagogik war für ihn das ökologische Zentrum, auf das sich Familien, regionale Arbeits- und Produktionsstätten, aber auch politische Organisationen gleichermaßen beziehen sollten. Die *Schulgemeinde* sollte so zur Lebensgemeinschaft werden, in der Erfahrungen gemacht und Rollen eingeübt werden könnten, die sonst von vornherein durch die ökonomische Funktionalisierung ausgeschlossen seien.

Dies aber sei nur in einer Gesellschaft möglich, in der die Widersprüchlichkeit von Pädagogik und Ökonomie aufgehoben ist. Deshalb brauche es die Autonomie der freien Schulgemeinden, um die allseitige Persönlichkeitsbildung und Sozialerziehung der Kinder und Jugendlichen gewährleisten zu können. Die Schule dürfe nicht dem Sog des Kapitalismus unterworfen werden, der sie immer nur einseitig instrumentalisiere:

> „Was galt ihm (dem Kapitalismus, d. V.) die Entwicklung aller Fähigkeiten im Jugendlichen, die Heranreifung zum Vollmenschen - das konnte er gar nicht gebrauchen, ihm lag nur an der entwickelten Spezialität zur Nutzbarmachung in irgend einem Betrieb. (...) Hier in der Welt des Kapitalismus hat ja nichts seinen Eigenwert. (...) Ob Natur, ob Tier, ob Mensch - überall nur die eine Frage: Wie nütze ich's am besten, wie verwandliche ich alles in Kapital." (Kawerau 1921, S. 95)

Kawerau propagierte die Abkehr von der kapitalistischen Produktions- und Profitperspektive hin zur reproduktiven Grundlegung gesellschaftlicher Arbeit. Der Kapitalismus treibe die traditionelle patriarchalische Familie in die Krise, überfordere sie und setze gleichzeitig - im Prozess der Individualisierung - neue Träger reproduktiver gesellschaftlicher Verantwortung und Phantasie frei. Er beschwor das folgende Bild:

„Wie die Frauen und die Jugend gemeinsam mit dem Siegeslauf des Proletariats zu neuen Kräften, zu neuem Leben gelangen, befreit von der Zwecksetzung und Profitnutzung der kapitalistischen Gesellschaft, so muss die neue Schule ein neues Recht des Körpers, ein neues Recht der Frau und der Gemeinschaft der beiden Geschlechter, so muss sie ein neues Recht der Jugend zur Darstellung bringen. Sie sei eine Erziehung zur Gemeinschaft durch die Gemeinschaft. Sie ersetze die Leistung der Familie durch höhere Leistung der Schulgemeinde, ohne doch die Tätigkeit der Familie auszuschalten: man mute der Familie nur das zu, was sie wirklich noch zu vollbringen imstande ist." (Kawerau 1921, S. 115)

Es sind Themen, die auch heute wieder bildungs- und schulpolitisch aktuell sind (s.u.): der Konflikt zwischen Pädagogik und Ökonomie in der schulischen Bildung, das Bestreben, Schule als sozialen Kristallisationspunkt der lokalen Umgebung zu begreifen, als Teil eines sozialen Netzwerkes, das von ihr gespeist wird und auf sie zurückwirkt. In diesem Netzwerk hätten auch die Familien ihren Ort und könnten Verständnis für einen arbeitsteiligen Erziehungsraum entwickeln, der ohne unüberwindbare Brüche in den gesellschaftlichen Raum übergehen könne. In diesem lokalen Sozialraum könne auch die Produktionsschule gedeihen.

„Mit musterhaften Betrieben und tüchtigen Meistern in nächster Nähe werden sich Vereinbarungen treffen lassen, dass Schülergruppen auch bei Ihnen an einzelnen Nachmittagen in den Elementen des Berufs ausgebildet und probeweise beschäftigt werden." (Kawerau 1921, S. 134)

Diese Ausbildungselemente sollten aber immer sozial rückgebundene Teile des Netzwerks bleiben und gemeinschaftsfördernd sein. Kawerau ging davon aus, „dass die neue Arbeitsschule eben zugleich diese neue Gemeinschaft pflanzen werde", sonst bleibe es, „wenn man es lediglich wirtschaftlich begründet (...), nur ein totes Programm" (Kawerau 1921, S. 137). Hier könnten die gegenwärtigen Diskussionen um regionale Sozialökonomien wieder anknüpfen, die ihre eigenen lokalen Märkte suchen, auf denen soziale Güter adäquat bewertet werden können.

Müller-Lyers und Kaweraus Analyse der Reproduktionskrise des Kapitalismus hatten in einigen Punkten epochalen Charakter. Ihre Zukunftsprognose von der „gesellschaftlichen Differenzierung der Frau", die neben die traditionell dominante männliche Differenzierung der Gesellschaft treten werde, hat sich heute weitgehend erfüllt. Doch ihre antikapitalistische Analyse ging noch nicht so weit, dass sie - im Sinne des Heimannschen Erklärungsmodells - den Kapitalismus selbst in seinem immanenten Modernisierungsdruck als Mitverursacher dieses Differenzierungsprozesses erkannte. Dazu waren sie - vor allem Kawerau - zu sehr einem sozialistischen Idealismus verfallen.

„Die moderne Frau" im Konsumkapitalismus: Lily Braun und Ada Schmidt-Beil

Lily Braun wehrte sich dagegen, die Reproduktions- und Familienfrage zur Frauenfrage zu retuschieren. Die Auflösung der Familie wie die Reproduktionsfrage überhaupt war für Braun eine sozioökonomische Frage. Die alleinige Sorge der Frau für die Familie ließ sich folglich als eine durch wirtschaftliche Abhängigkeit erkaufte Sorge begreifen. Sobald die Abhängigkeit der Frau sich lockere, werde auch der letzte Halt der patriarchalisch geordneten Familie gelöst. Umgekehrt erkannte Braun die Chance, nunmehr gemeinsam (Mann, Weib, Kind) an einer neuen Gemeinschaft als Teil der sozialistischen Gesellschaft zu bauen. Die Suche nach einer neuen Gesellschaftsform implizierte für sie die Neudefinition der Geschlechtervorstellungen, losgelöst von der Macht des Geldes der Patriarchen.

Braun wollte letztlich nicht zulassen, dass, indem sich die Familie zu einer reinen privaten Reproduktionsform entwickelte, - weg vom ganzen Haushalt, der seinen festen Platz im öffentlichen Leben und in der Gestaltung des sozialen Lebens hatte - die Frau im gleichen Schritt aus dem öffentlichen Leben in die wirtschaftliche Abhängigkeit und öffentliche Unmündigkeit verdrängt wurde. Das Engagement der Frauen in den Wohltätigkeitsbestrebungen hatte vor diesem Hintergrund für die Frauen eine doppelte Bedeutung. Einerseits hatten für Braun die Frauen damit bewiesen, dass sie einen bedeutenden Anteil an der Sozialreform leisteten, andererseits hatten sie sich dadurch einen eigenen Zugang zu „den jüngsten Wissenschaften, den Sozialwissenschaften" verschafft (Braun 1901, S. 139).

Doch an diesem Punkt konnte die Frauenbewegung aus ihrer Perspektive nicht stehen bleiben. Darum kritisierte sie entschieden die bürgerliche Frauenbewegung. Denn bisher stritt diese aus ihrer Perspektive für Religion, Sitte und Ordnung und erkannte dabei nicht, „dass die Beschränkung lediglich auf das Gebiet der Wohlthätigkeit im Grunde einen Verzicht auf die Lösung der eigentlichen Schwierigkeiten des sozialen Problems" (Gizycki 1895, S. 586) bedeutete.

> „Aber während weiter die bürgerlichen Frauen um die Abschaffung der staatlich regulierten Prostitution Bittschriften einreichen und verschiedene Mittel empfehlen, von deren Anwendung sie die Heilung des Volkskörpers von dieser fressenden Krankheit erwarten, sehen die Arbeiterinnen und ihre Vertreter im Reichstag einzelne dieser Mittel lediglich als momentan nützliche Palliative an, erwarten aber die Heilung allein von der radikalen Umgestaltung der wirtschaftlichen Zustände." (Gizycki 1895, S. 596)

Braun forderte die Frauen auf: Wie sie einst die „Oekonomie des Hauses" begriffen haben, sollten sie nun die „Oekonomie der Welt" fassen (Braun 1901, S. 140). Herz und Geist, die Gestaltungsprinzipien der Frauen, könnten nicht in den privaten Reproduktionsbereich verdrängt werden. Auch in der Ökonomie des industriellen Kapitalismus würde sich zeigen, dass die bloße Kraft nicht das Gestaltungsprinzip einer Gesellschaft sein könne:

> „Erst die Erkenntnis, dass das ganze Wesen des Weibes ein vom Manne verschiedenes ist, dass es ein neues belebendes Prinzip im Menschheitsleben bedeuten wird, macht die Frauenbewegung zu dem, was sie trotz missgünstiger Feinde und lauer Freunde ist: einer sozialen Revolution." (Braun 1901, S. 140)

Die Frauen sollten darum ihre soziale „Genialität" wahrnehmen und die Pionieraufgabe annehmen, auf der Grundlage einer antikapitalistischen Sozialwissenschaft neue Sozialstrukturen jenseits des Patriarchats zu entwerfen. Dann könne das Zeitalter des Feminismus sozialen Fortschritt und eine Lösung des Geschlechterkampfes auf der Grundlage der Überwindung der Klassengegensätze bedeuten und keinesfalls, wie einige Gegner meinten, eine kulturelle Rückbildung.

Im Jahr 1931 erschien dann in Deutschland das damals wohl thematisch umfangreichste Handbuch zur Lebenslage der Frau *Die Kultur der Frau - eine Lebenssymphonie der Frau des 20. Jahrhunderts*, herausgegeben von der Psychologin und Publizistin Ada Schmidt-Beil. In ihrem Buch versammelte sie die Crème der arrivierten Frauen der Weimarer Zeit, die in Wissenschaft, Kultur und Politik, Bildungs- und Sozialwesen, Verwaltung und Wirtschaft reüssiert und sich einen entsprechenden Namen gemacht hatten. Das Werk war von dem Gedanken getragen, die Frau, nicht nur wie sie sich in der modernen Gesellschaft ihren eigenen Platz erkämpft hatte, darzustellen, sondern vor allem auch zu zeigen, wie Frauen die Gesellschaft privat *und* öffentlich durchwirkten und mit einer eigenen Sinnhaftigkeit mitgestalteten:

„Das vorliegende Werk will einen Aufriss geben von der Form, in welcher die heutige Frauenwelt auf diesem neuen Wege zu schreiten versucht, auch wird zugleich versucht, die kulturelle Bedeutung des Frauenschaffens für die Allgemeinheit zum Ausdruck zu bringen. Klar hebt sich bei diesen Ausführungen heraus, dass die frühere Kampfesfront der Frau gegen den Mann nicht mehr aufrechterhalten zu werden braucht. Das bedeutet allerdings nicht, dass die Frau in ihren Bestrebungen nachlassen darf. (...) Sie wird durch eine erweiterte Entfaltung ihrer Bewusstseinsinhalte auch im Manne einen Entwicklungsprozess anregen, welcher beiden Geschlechtern zu einer neuen Lebensgestaltung in Richtung einer schöpferischen Synthese verhelfen wird. Das bedeutet für die Praxis des täglichen Lebens eine Befreiung, einen Wegfall von überflüssig gewordenen Grenzen, die im Sinne einer Lebenserfüllung immer eine Behinderung darstellen." (A. Schmidt-Beil 1931, S. VII/VIII)

Die Lebenslage der modernen Frau, so wie sie in Partnerschaft, Familie, Beruf und Öffentlichkeit in vielen Beiträgen des Handbuchs fast durchgängig beschrieben wird, war demnach nicht nur auf den Erfolg der Frauenbewegung, sondern genauso auf die zunehmende Integration der Frau in den ökonomisch-politischen Modernisierungsprozess zurückzuführen. Die fordistische Konsumgesellschaft mit ihrem zunehmend arbeitsteilig verfeinerten Verfahren der Massenproduktion hatte zwei Entwicklungen ausgelöst, die sich direkt auf die Frau und ihre ökonomisch-gesellschaftliche Stellung auswirkten: die breite konsumwirtschaftliche Erfassung und Umstrukturierung des familialen Haushalts und die Ausschöpfung des weiblichen Humankapitals für die neuen Wissens- und Dienstleistungsberufe, welche die alte Industriestruktur zunehmend überlagerten. Die Stellung der modernen Frau war demnach das Resultat des Zusammenspiels von politischer Frauenbewegung und konsumkapitalistischer Modernisierung. Die Heimannsche Modernisierungsformel des Kapitalismus, nach dem das dialektische Zusammenspiel von sozialen Ideen und ökonomischem Modernisierungsdruck nicht nur sozialemanzipative Prozese im Kapitalismus für einzelne Gruppen möglich werden ließ, sondern diese auch in seiner gesellschaftlichen Struktur sozialreformerisch durchsetzte, hat auch hier seine Gültigkeit. Während die erste Welle der industriellen Modernisierung in den letzten zwanzig Jahren des 19. Jahrhunderts die sozialpolitische wirksame Freisetzung und sozialstaatliche Absicherung der Arbeiterschaft hervorgebracht hat, beförderte nun die zweite - fordistische - Modernisierungswelle der zwanziger Jahre die gesellschaftliche Freisetzung der Frau:

„Die sachliche Leistung, welche die Frau in der heutigen Kultur erfüllen muss, hat sie (...) in ihren persönlichen Beziehungen freier von sentimentalen Regungen gemacht. Während die Frau früher vorwiegend aus Gefühl bestand, ist dieses Gefühl nunmehr einer gestaltenden Formung durch eigenerlebte Leistung unterworfen worden." (ebd. 1931, S. 627)

Dieser Zusammenhang von Sachlichkeit und Gefühl verbleibt nicht mehr länger im Privaten, sondern wird öffentlich und damit als gesellschaftliches Prinzip von den Frauen eingefordert. Das, was auch heute noch im sozialpolitischen

Frauendiskurs thematisiert wird, die Durchdringung der rationalitätszentrierten Verfahrenspolitik des ‚männlichen Staates', der sich schnell den ökonomischen Sachzwängen unterordnet, durch eine Ethik der Fürsorge (Care), die sich aus der Privatheit heraushebt und so gesellschaftlich wirksam wird, war damals erklärtes Ziel der politisch-gesellschaftlich integrierten und verantwortungsbewussten Frauen:

> „Der Aufbau unserer Großstädte, die Gestaltung der Mittel- und Kleinstädte und die Neubelebung der ländlichen Gemeinden in Deutschland sind ohne die soziale Arbeit der Frauen nicht mehr zu erreichen. Nicht nur in Deutschland, sondern auch in anderen Ländern Europas wird es sich zeigen, ob der Mensch höher gewertet wird als die Wirtschaft, und ob die Frau, die im Hause ihre Arbeit nicht mehr findet, im Dienste des Volkes ihre besten Kräfte geben kann." (H. Weber 1931, S. 308)

Alice Salomon sah in diesem Sinne die besondere gesellschaftliche Begabung und Bestimmung der Frau in der sozialen Arbeit und Sozialerziehung erfüllt (vgl. Kuhlmann 1998). Sie begriff soziale Arbeit von dieser Seite her durchaus politisch und wollte sie deshalb auch in ihrer Autonomie gegenüber der staatlichen Administration anerkannt und gestaltet sehen. Ohne eine gesellschaftlich ausgerichtete soziale Arbeit sei die Balance von ökonomischen und sozialen Prinzipien in der Gesellschaft nicht durchzusetzen:

> „Es war unter den Begründerinnen der ersten sozialen Schulen das Bewusstsein verbreitet, dass in dem öffentlichen Leben, wie es vom Mann seine Formung erhalten hat, eine einseitige Rangordnung der Werte gilt, die Frauen nicht zu der ihren machen können. Eine der Frauen, die den Unterschied von Mann und Frau am tiefsten begriffen hat, formulierte das Wesen der weiblichen Eigenart einmal dahin, dass ‚die Frauen das Menschenleben hoch anschlagen', dass ihnen Menschen wichtiger als Sachgüter sind, das Leben heiliger als der Apparat ist, der ihm dient. Durch die sozialen Berufe wollten die Frauen in all die Aufgaben eintreten, in denen der Mensch in des Menschen Hand gegeben ist, in denen es um Hilfe und Sorge für Schwache geht, in denen der Mensch als Oberwert erfasst worden ist. Die Bedeutung der Frau für diese Aufgabe ist heute im öffentlichen Leben, auch vom Staat, durchweg anerkannt, wenn heute auch Männer in die sozialen Berufe einrücken, auch soziale Schulen für Männer entstehen, so treten sie in einen von Frauen geformten Beruf. Damit ist aber die Bewegung keineswegs am Ziel. Die moderne Zeit und die von uns angestrebte und durch die Verfassung grundsätzlich anerkannte Gleichberechtigung der Geschlechter birgt die Gefahr in sich, dass die Frau im Streben nach Einordnung in das öffentliche Leben und das Berufsleben die Maßstäbe und Methoden des Mannes zu sehr zu den ihren macht. Die sozialen Berufe geben aber den Frauen nicht ohne weiteres die Möglichkeit, in eigenartiger Weise ihren weiblichen Einfluss auszuüben, und der Kultur neue und eigene Werte hinzuzufügen. Die Eingliederung der sozialen Arbeit in den Behördenapparat ist dafür nicht günstig." (Salomon 1931, S. 312)

Der moderne Kapitalismus der Massenproduktion und des Massenkonsums hatte aber nicht nur die Frau in aller Öffentlichkeit und Gesellschaftlichkeit freigesetzt, sondern auch den Haushalt modernisiert und damit die Familiensphäre strukturell verändert. Die Durchkapitalisierung des Haushalts, die Einführung moderner Formen der Arbeitsteilung und Haushaltsführung ließen viele Frauen auch in diesem bisher der Arbeit des Mannes gegenüber nachgeordneten und auf die Reproduktion seiner Arbeitskraft zugeschnittenen Bereich eigenständig werden. Die moderne Haushaltsführung verlangte Fähigkeiten, die nicht mehr wie bisher den Frauen über Tradition und Erziehung weitergegeben, sondern - vor allem im städtischen Bereich - an unterschiedlichen Bildungseinrichtungen und in Kursangeboten den nun modernen Frauen als Kompetenzen vermittelt wurden. Nicht nur, weil die technische Modernisierung durch die Haushaltsgeräte und die Haushaltsplanung entsprechende Kompetenzen verlangte, sondern weil der Haushalt im Konsumkapitalismus zu einer wichtigen ökonomischen Einheit geworden war, welche Familie und Gesellschaft verband:

> „Heute ist der Haushalt keine abgeschnürte Zelle mehr. Hineingebaut in die große Volkswirtschaft, ist er ein kleines, aber wichtiges Glied des großen Ganzen. Deshalb steht auch die Hausfrau selbst nicht mehr abseits vom Rhythmus der Zeit. Denn sie erlebt die Verbindung von realen und ideellen Gütern, das Hineinspielen des volks- und weltwirtschaftlichen Geschehens in ihren kleinen Einzelbereich, aber auch den Einfluss wirtschaftlichen Auf- und Niedergangs, der den Lebensstandard der Familie weitgehend beeinflusst." (Jecker 1931, S. 568)

Der moderne Haushalt - so einige Autorinnen - war nicht länger das Gefängnis der Frau, sondern im Gegenteil eine ihrer Möglichkeiten, in ihrem Sinne kulturell gestaltend tätig zu sein und von da aus am modernen Leben zu partizipieren. So ist das umfangreiche Kapitel über den Haushalt auch dementsprechend programmatisch mit *Die moderne Lebenshaltung der Frau* überschrieben. Er galt nun als gesellschaftlicher Mikrokosmos, in dem sich vielfältigste Funktionen abbilden und von den Frauen gestaltet werden könnten. Die neu entstandene Hauswirtschafts- und Ernährungswissenschaft sah die Frau als Unternehmerin, deren Arbeit nicht mehr entfremdet und untergeordnet war. Die Arbeitswissenschaftlerin Irene Witte fasste dies entsprechend zusammen:

> „Will sie Herrscherin über ihre Arbeit, Vollmensch mit vielseitigen Interessen und nicht Nur-Hausfrau sein, so muss sie dem Problem Arbeit ganz anders als bisher gegenüber stehen. Denn die Führung eines Haushaltes verlangt weit mehr als die routinemäßige Erledigung der täglichen Arbeit. Das Heim erfordert mehr als das. Es ist, genau betrachtet, ein Restaurant, eine Schlafstätte, eine Schule, ein Krankenhaus, eine Turnanstalt, ein Spielplatz und eine Fabrik." (Witte 1931, S. 64)

Die doppelte Selbständigkeit der Frau, so wie sie sich im fordistischen Konsumkapitalismus zu entwickeln begann, wurde auch als sozialpolitisches Ziel formuliert. Was heute von Wissenschaftlerinnen wie Ilona Ostner im Anschluss an

Nancy Frazer als sozialpolitisches Programm für die Selbständigkeit der Frau in der Partner- und Familienbeziehung gefordert wird (vgl. Ostner 1995), nämlich so selbständig und frei zu sein, dass sie jederzeit die Beziehung verlassen und die Bindung an den Haushalt aufgeben könnte, ohne in ihrer materiellen und sozialen Existenz gefährdet zu sein (exit-option), das forderte damals schon die „open-door-Bewegung". Dabei ging es damals wie heute schon um die Begründung, dass angesichts der modernen Entstrukturierung der Familie mit der Tendenz zum Aushandlungshaushalt dieser nur gut funktionieren könne, wenn der Frau ihre Selbstständigkeit und Freiheit gesetzlich garantiert sei und der Mann somit in eine partnerschaftliche Haltung gezwungen werde. Die „open-door-Bewegung" war damit die entsprechende sozialpolitische Konsequenz aus der ökonomischen Vergesellschaftung und öffentlichen Selbständigkeit der Frau. Ihr musste auch eine als soziales Recht garantierte private Selbständigkeit entsprechen.

„Jede Frau soll unabhängig von Ehe- oder Wochenbett das Recht haben, zu allem selbst zu entscheiden, ob sie bezahlte Arbeit übernehmen will oder nicht und es soll sichergestellt werden, dass keine Gesetzgebung oder Regelung sie dieses Rechts berauben darf." (zit. n. Lüders 1931, S. 377)

So hieß es in dem Aufruf, der zur Vorbereitung des internationalen Zusammenschlusses der „open-door-Bewegung" im Frühling 1929 verbreitet wurde. Sicher waren die Forderungen der damaligen Bewegung noch vor allem bezogen auf die Bekämpfung der Arbeitsbeschränkungen für Frauen und auf die Gleichberechtigung in der Berufs- und Arbeitsplatzwahl. Dennoch war der Aspekt der selbständigen Entscheidung der Frau immer mitgedacht.

Die Freisetzung eines neuen Frauentypus im Zuge der konsumkapitalistischen Modernisierung hatte damals aber vor allem das Erziehungs- und Bildungswesen in Verlegenheit gebracht. Die traditionelle Mädchenerziehung war immer noch geschlechtstypisch auf die Familien- und Geschlechtsgebundenheit der Frau ausgerichtet, auf eine eigene weibliche Moral ohne echte Anerkennung geschlechtsübergreifender, öffentlicher weiblicher Lebensformen. So nahm sich auch das pädagogische Bild der jungen Frau aus, wie es im deutschen Schulwesen verbreitet war. In dem Maße, in dem die Mädchen und jungen Frauen in ihrer jugendlichen Gegenwartsorientierung die Aufforderung der modernen Zeit annahmen, wurden sie für die Pädagoginnen „gestaltlos", damit erzieherisch schwer erreichbar und galten nicht selten als gefährdet. Dieses Unverständnis und diese Verlegenheit von Lehrerinnen und Erzieherinnen gegenüber den Mädchen, die ohne Rücksicht auf traditionelle Rollenvorgaben mit neuen Lebensformen experimentierten, hat Elisabeth Busse-Willson als „moralische(s) Dilemma in der modernen Mädchenerziehung" beschrieben:

„Auch die konservativsten Vertreterinnen des Erzieher- und Lehrerstandes sind sich heute darüber einig, dass die Benutzung einer Literatur und Kunst für das ‚junge Mädchen aus guter Familie' zurechtgemacht, ein schwerer Fehler der früheren weiblichen Jugenderziehung war. Der Kernpunkt im Emanzipationskampf des weiblichen Geschlechts war die Eroberung des

‚ungeteilten' Geistes. Die liberalen wie die konservativen Vertreter der modernen Mädchenbildung haben bei der Durchbrechung des männlichen Bildungsmonopols etwas sehr Entscheidendes indessen nicht bemerkt, nämlich, dass sie mit der Freiheit des Geistes auch die Freiheit des Lebens verteidigten. (...) Die alte Mädchenerziehung war in Dingen der Natur feige und unsicher, die moderne aber ist eine Ungeheuerlichkeit. Auf der einen Seite entkleidet sie durch die Erziehung zur objektiven Wissenschaftlichkeit unwillkürlich die ‚Welt des Geschlechtlichen' von dem Schreckhaften und Furchterregenden, das sie auf der anderen Seite aber gleichzeitig wieder nährt. Sie schlägt das ganze Buch des Lebens vor der weiblichen Jugend auf und ist nachher erschrocken, wenn ihre Zöglinge aus diesem Buch lernen. (...) Denn die Jugend hat auch gleichzeitig einen unbeirrbaren Sinn für das Tatsächliche. Sie merkte bald, dass diejenigen, welche Führung und Geltung beanspruchen, sich in Wahrheit als höchst unkompetent erwiesen, und so musste diese Jugend immer mehr der bestehenden moralischen Leitung entgleiten. Diese Jugend sezessionierte nicht aus Anarchismus und Leichtsinn, sondern weil sie Sachkenntnis erwartete und Gesetze verlangte, die nicht aus der Konvention kommen, sondern aus dem Wesen der Geschlechtlichkeit selbst. Statt dessen aber nahm sie wahr, dass die Diskussion der älteren Frauengeneration (z.B. in den an die Frauenbewegung angeschlossenen Vereinen) über Eheprobleme und verwandte Gebiete etwas rührend Hilfloses haben und stark an die Vorstellungen des kleinen Moritz vom außerehelichen Leben der Menschen erinnern." (Busse-Wilson 1931, S. 589-591)

Die Frauenbewegung habe zwar, so Busse-Wilson, um die geschlechtliche Emanzipation der Frau in der Familie, für die kameradschaftliche Partnerschaft gekämpft und die Prostitution verdammt, sie sei aber nie so weit gekommen, die freie Bestimmung der Frau über ihr Geschlecht als Vollendung und Vervollkommnung weiblicher Selbständigkeit zu fordern. Diese Forderung habe nun aber der Vergesellschaftungsprozess selbst freigesetzt. Indem sich die Bildungszeit der Mädchen angesichts der gesellschaftlichen und beruflichen Erwartungen an die moderne Frau verlängert hätten und Berufsausbildung, Studium und berufliche Einmündungszeit das Lebensalter vieler Frauen zwischen zwanzig und dreißig bestimmten, habe sich das Heiratsalter weit über die Grenzen der Jugend hinausgeschoben. Ob und wie Mädchen nun sexuelle Erfahrungen machten, sei nicht mehr an frühe Ehe und Partnerschaft gebunden, sondern werde von vielen modernen jungen Frauen in eigene Regie übernommen und mit dem Streben nach beruflicher Selbständigkeit und ungebundener Lebensweise abgestimmt. Dadurch erst erlangten sie die eigentliche Selbständigkeit, die Unabhängigkeit vom Mann.

Diese Lebensform der modernen jungen Frau sei nicht amoralisch, sondern im Gegenteil „voll produktiver Moralität. Die andere Seite gerade jener Erfahrung ist, dass sie als erste Frauengeneration ein Verhältnis zum männlichen Geschlecht gewann, eines, das abgesehen von persönlichen Liebesbindungen durch sachliche Interessengemeinschaft begründet ist. Dass in der

Berufsausbildung begriffene studierende oder berufstätige Mädchen fühlt sich dabei nicht mehr in die Rolle des Nur-Geschlechtswesens gedrängt. Es hat so den Mann, der für die Generationen vorher immer nur ein Bräutigam und Gatte, Vater oder ‚Onkel' war, überhaupt erst als ‚Mensch' entdeckt. Das ist ein ungeheurer menschheitlicher Gewinn. Denn auf dem Umwege über dieses übergeschlechtliche Erleben des Mannes hat die Frau nun auch ein anderes Verhältnis zu ihrem eigenen Geschlecht gewonnen." (Busse-Wilson 1931, S. 595)

Busse-Wilson beschrieb verschiedene Bewältigungstypen und damit die unterschiedliche weibliche Praxis, die sich in der Auseinandersetzung mit den Bildungs- und Berufsanforderungen, der Herauslösung aus traditionellen Mileus, dem Verhältnis zum Mann und im Umgang mit der von ihren Müttern nicht gekannten Selbständigkeit herausbildeten. Der Aufsatz enthält die Aufforderung an die Pädagogik, sich in eine produktive Spannung zu dieser neuen weiblichen Praxis der Lebensformen zu begeben und von da aus Fragen der Lebensgestaltung und der Moral zu thematisieren:

„Infolge der affektlosen Sachlichkeit, zu der Schule und Beruf sie erzogen, sehen sie jetzt, dass die moralischen Maßstäbe, die man ihnen mitgegeben hatte, nicht mehr standhalten, dass zwischen gelebtem Leben und gelehrter Sittlichkeit eine große Kluft besteht. Sie wären, wie alle unverbogene Jugend, wirklichen moralischen Ansprüchen zugänglich und würden sich gerne den Geboten zweckfreier Sittlichkeit beugen. (...) Die Jugend spürt bei all jenen Formulierungen über das, was als moralisch oder unmoralisch zu gelten hat: Hier wird Legalität und Moralität verwechselt." (Busse-Wilson 1931, S. 591)

Dass diese neue weibliche Praxis auch eine eigene Form der Koedukation des Lebens jenseits der sachlichen Koedukation durch die Schule erzeugt, wird in dem Handbuch immer wieder an der Art und Weise beschrieben, wie sich auch die Männer in diesem Modernisierungsprozess verändern und auf die neuen Frauen eingehen müssen:

„Das Eigen- und Neuartige unserer Zeit bleibt jedenfalls, dass der moderne Mann, wenn er erst einmal den Gegensatz der Typen erlebt und begriffen hat, die Frau alten Stils nicht mehr will. (...) In dem Maße, wie die Frauen eine veränderte Stellung zum Manne gewannen und aus allzu idealen Mädchenträumen in die Wirklichkeit des Lebens stiegen, in eben dem selben Maße hat der Mann eine andere Vorstellung vom Wesen der Weiblichkeit gewonnen. Er sucht die bewusstere Frau auch deshalb schon, weil er der bewusstere Mann geworden ist, wenn anders die Entwicklung nicht über ihn hinwegschreiten soll." (A. Schmidt-Beil 1931, S. 692)

Hier schließt sich der Kreis und bestärkt sich der Tenor dieses außergewöhnlichen Handbuches: Die Frau verkörpert für die Autorinnen jenes „bewusstere Menschentum" (A. Schmidt-Beil 1931, S. 629), das der ökonomistischen Gesellschaft entgegengehalten werden müsse und das der Mann brauche, um aus der ökonomistischen Vereinnahmung, in der er lebt, heraus und zu sich zu kommen.

Die Krise des Mannseins im fortschreitenden Kapitalismus: Ludwig Gurlitt und Hans Blüher

Mit der Wende zum 20. Jahrhundert schien das Bündnis zwischen Ökonomie und Patriarchat, die Konkurrenz zwischen patriarchaler Staats- und Familienverfassung und industrieller Wirtschaftsverfassung auseinanderzubrechen. Mit dem öffentlichen Auftreten der Frau (vgl. Maurer 1998) im Gefolge der bürgerlichen Frauenbewegung deutete sich - neben dem alten männlichen - ein neues Vergesellschaftungsprinzip am Horizont an. Das alte, männliche hatte in diesem Szenario abgewirtschaftet, hatte die Gesellschaft versäult und verkrustet. Der Industriekapitalismus hatte sich - so könnte man die Anzeichen pointiert interpretieren - lange genug des Patriarchats bedient: Die Bindung der Frau an das Haus, die Unterwerfung unter den Mann, der ökonomisch und gesellschaftlich aus dem Haus ‚gezogen' wurde, stützte das industrielle Prinzip der Trennung von Arbeit und Wohnen, öffentlich und privat, gesellschaftlicher Produktion und privater Reproduktion seit dem Beginn der Industrialisierung. Vormodernes häusliches Patriarchat, industriemodernes Prinzip der Herrschaft gegen und über die Natur und die Irrationalität der Gefühle gingen ineinander über und bündelten sich in der Perspektive des rationalen, externalisierten Fortschritts. Das Patriarchat hatte sich von einer Beziehungsstruktur in eine Sachstruktur verwandelt, in der der erwerbstätige Mann aufzugehen hatte.

Der so in der industriellen Zurichtungsform aufgegangene Mann war für die Kultur- und Kapitalismuskritik der Jahrhundertwende kein Gestalter mehr, sondern ein der Maschine Unterworfener, von ihr Entseelter. Viele Intellektuelle - vor allem die Pädagogen - setzten in ihrer Hoffnung auf eine neue, die Seelenlosigkeit des Industriekapitalismus überwindende Gesellschaft nicht mehr auf den Arbeiter, sondern auf die Jugend (s.o.). In der Jugend hoffte man auch, die (von der industriellen Vereinnahmung) gereinigten Formen von Männlichkeit und Mannsein zu entdecken, jene neue „Mannhaftigkeit", welche das korrumpierte Männerbild des alten Patriarchats ablösen sollte. Die literarisch und publizistisch beschwörte Krise des Menschen, und vor allem des Mannes in der Maschinenwelt erhielt ihre lebensweltliche Ausprägung durch den soziokulturellen Durchbruch der industriekapitalistischen Moderne (vgl. Peukert 1987). Die patriarchalischen Familienmilieus - vor allem in den bürgerlichen Kreisen und aufkommenden Mittelschichten - begannen zu erodieren, Frauen traten als eigenständige Persönlichkeiten hervor und Teile der bürgerlichen Jugend begannen, sich als eigene soziale Gruppe zu begreifen, die sich - um ihre Gleichaltrigenkultur aufbauen zu können - aus der patriarchalen Fremdbestimmung durch ihre Väter lösen mussten.

So kam es nicht von ungefähr, dass gerade in der Jugendbewegung - neben dem Ausleben von Jugendkultur - auch die Suche nach einem Junge- und Mannsein um sich griff. In der Ablehnung der Väter symbolisierte sich die Ablehung der alten patriarchalen Autoritäten; der von der Jugendbewegung angeprangerte „äußerliche" Rationalismus und Materialismus der Gesellschaft machte sich an der Erfahrung mit den Vätern fest, die sich im Äußeren zu genügen und zu erschöpfen schienen. Diesem seelenlosen Außen, dem „falschen Schein", wurde die „innere Form" entgegengesetzt. Entsprechend wurde auch innere Männlichkeit und Mannhaftigkeit gesucht. In Beziehungswünschen und Verkehrsformen der jugendbewegten Gruppen äußerte sich dies als Suche nach einer anderen Väterlichkeit und nach einem Weg zum eigenen Geschlecht in der inneren Verbindung mit anderen. Beides war eine Suche nach dem „Innen", aus dem sich das neue Mannsein entwickeln sollte:

> „Gesunde Männlichkeit ist Väterlichkeit: Väterlichkeit, die sich wahrhaftig nicht nur in der Art zeigt, wie der Mann, dem es vergönnt ist, eigene Kinder zu zeugen, diese seine Kinder betreut, sondern Väterlichkeit als eine aus dem tiefsten Wesen des Mannes geborene und all seine Lebensbeziehungen durchdringende Art: Die Art der Menschen (...), die nicht durch Gewalt herrschen, sondern durch Stärke helfen wollen." (Stählin 1923, S. 50)

Hier ist bereits das Motto einer gesellschaftlichen Väterlichkeit geprägt, das Walter Hollstein siebzig Jahre später seinem Männerbuch (1991) geben wird: „Nicht Herrscher aber kräftig".

Die Suche nach dem *eigenen Geschlecht* durchzog die Jugendbewegung, auch wenn sie es immer wieder zu verdrängen versuchte; das Homosexualitätstabu saß tief in der Gesellschaft, und wer dagegen verstieß, hatte Strafe und Ächtung zu befürchten. Die zeitgenössischen Denunziationen der Jugendbewegung als Schwulenbund und die verqueren Versuche aus der Jugendbewegung, sich dagegen zu wehren (vgl. dazu Geuter 1994) sprechen in diesem Zusammenhang eine beredte Sprache: Dieses Rechtfertigungssyndrom verdeckte schließlich auch immer wieder den entwicklungspsychologischen Kern und Antrieb in der Zuwendung der Jungen zum gleichen Geschlecht, „die Sehnsucht nach dem Freund", die in „körperlichen Vorgänge(n) der Bewegung und Berührung" erlebt und symbolisiert werden könne (Geuter 1994, S. 121). Das, was Jungen bis heute in ihrem Aufwachsen schwerer gemacht wird als den Mädchen, die Entdeckung ihrer eigenen Körperlichkeit, konnte in den Jugendbünden stattfinden: Die eigene körperliche Geschlechtlichkeit durch „Spiegelung am Freund" (Geuter) erfahren zu können.

Diese männliche Suche nach dem Innen brauchte das innengerichtete, gemeinsame Band: die Gemeinschaft. Die Gemeinschaft war das Medium der Jugendbewegung, um das innere Selbst miteinander ausleben und in sozialer Empathie teilen zu können. Der „Hunger nach Gemeinschaft" - der Sattheit der materialistischen Gemeinschaft entgegengesetzt - durchzog die Gefühlswelt der Wandervögel und der späteren Freien Deutschen Jugend. Diese Gemeinschaft wurde von der industriekapitalistisch vereinnahmten Gesellschaft abgesetzt, in der man sich in äußerer Geschäftigkeit „zerquält" (Stählin 1923).

Die Jugendbewegung hat die Männergesellschaft nicht direkt erschüttert, sie hat aber Intellektuelle - zu ihrer Zeit und später - dazu inspiriert, eine Kritik der überkommenen patriarchalen Industriegesellschaft zu formulieren und nach einer Pädagogik des neuen Mannes zu suchen. Die Jugendbewegung war nicht unbedingt eine Jungmännerbewegung. Ihre Mitglieder verstanden sich als Jugend und orientierten sich an ihrer Jugendlichkeit, die sie aber immer wieder der gesellschaftlich herrschenden Männlichkeit und Väterlichkeit entgegensetzten. Es war also ein impliziter Männlichkeitsdiskurs, der sich in der Jugendbewegung entwickelte, und der - zeitgenössisch und später - den Männerdiskurs inspirierte.

Karl Blüher, der erste Chronist der Jugendbewegung, stellte diesen Zusammenhang von jugendbewegter Jungenkultur und gesellschaftlichem Männerdiskurs her. In seinem Werk *Die Rolle der Erotik in der männlichen Gesellschaft* (1919) versuchte er vor allem, das Homosexualitätstabu, das die jugendbewegten Gruppen so sehr unter Druck gesetzt hatte, gesellschaftlich aufzuklären und damit implizit eine antikapitalistische Theorie des Mannseins zu entwickeln, indem er das Homosexualitätstabu nicht nur als kulturelles, sondern vor allem auch als gesellschaftliches Prinzip erkannte.

Blüher versuchte zu zeigen, dass die Entwicklung und Ausdifferenzierung der Gesellschaft in der Geschichte zwar ein Werk des Mannes war, gleichzeitig aber auch zu Lasten des Mannes vor sich ging. Denn dieser Prozess der gesellschaftlichen Externalisierung und Arbeitsteilung verlangte vom Mann die Herausbildung eines ebenso externalisierten, nach außen gedrängten und nach innen verschlossenen Charakters. Eine innere männliche Gefühlswelt konnte sich so nicht entfalten, männliche Gefühle von Bindung und Zuneigung - bei Blüher vor allem im Sinne der erotischen Zuneigung zum eigenen Geschlecht - durften sich nicht ausbilden, denn sie hatten in dieser externalisierten Männergesellschaft nichts zu suchen, mussten unterdrückt und sublimiert werden. Die industriekapitalistische Moderne hatte sich mit der geschlechtshierarchischen Arbeitsteilung auf die Heterosexualität eingespielt, sie war konstituent für seine soziale Reproduktion. Nicht nur Verkehrsformen gleichgeschlechtlichen Umgangs miteinander, sondern Empathie für den anderen überhaupt mussten damit zwangsläufig die den Kapitalismus tragende Kultur der Konkurrenz und gegenseitigen Verdrängung stören.

Aus den von innen heraus tatkräftigen Männern der Stammesgesellschaften und der Antike, die Gestaltungs- und Verantwortungssinn auch aus der gleichgeschlechtlichen Empathie heraus erwarben, waren degenerierte Männer deutscher Gemütlichkeit geworden. In seiner bis heute bemerkenswerten „Theorie der männlichen Gesellschaft" ging Blüher von der damals schon entwickelten soziologischen Theorie der frühen funktionalen Differenzierung der Stammesgesellschaften durch Männerbünde aus. Dabei interpretierte er diese Ausdifferenzierung aus den Familiengemeinschaften heraus hin zur Gesellschaft nicht nur soziologisch (als funktionale Differenzierung) und geschlechtshierarchisch (als männliche Gegenmacht zur naturmythischen Macht der Frau), sondern sah auch eine homoerotische Beziehungskraft der Männer untereinander wirken, aus der heraus sich eine spezifische Kultur des sozialen Zusammenhalts trotz Externalisierung und Ausdifferenzierung entwickeln konnte. Männerbünde, so argumentierte er, seien nachweisbar bis heute mehr als nur funktionale Interessens- und Zweckgemeinschaften, in ihnen wirkten Anziehungskräfte, die mehr von Gefühlen als nur von rationalen Überlegungen gesteuert seien. Mit steigender Differenzierung und späterer Modernisierung der Gesellschaften sei aber diese emotionale - bei ihm homoerotische - Komponente verdrängt worden, als ihre Bindungskraft weiteren Ausdifferenzierungen entgegenstand. So sei in der neueren Geschichte eine Spirale der zunehmenden Austrocknung der Homoerotik und damit der männlichen Gefühlswelt überhaupt entstanden: Homoerotik werde gesellschaftlich tabuisiert, um den industriellen Entwicklungsformen der Externalisierung und Konkurrenz freien Lauf zu geben, diese wiederum verhinderten die Entwicklung homoerotischer Gesellungsformen. Männerbünde würden zwar weiterhin gebraucht, da die externalisierte Gesellschaftsentwicklung im außengerichteten „Gesellungstrieb" des Mannes inkorporiert und so kulturell reproduziert werden muss, die innere, homoerotische Komponente des Mannseins muss aber abgespalten und negativ projiziert (Ächtung der Homosexuellen gerade durch Männer) oder sublimiert werden.

Blühers Analyse stützt sich auf das damals bekannte ethnologische Material zur Entstehung von Männerhäusern und Männerbünden, das er mit seinem psychoanalytisch-soziologischen Ansatz neu interpretierte. Er verweist auf das verbreitete gleichgeschlechtliche Liebesleben bei Naturvölkern bis hin zu den hochangesehenen homoerotischen Gesellungsformen in der Antike und versucht nachzuzeichnen, wie im Verlauf der Geschichte die Männerbünde funktionalisiert, rationalisiert und damit de-erotisiert worden seien. Sublime Reste finden sich in der Moderne in den mystifizierten Heldenfiguren und anderen männlichen Idolen, aber auch in den emotionalen Sublimationen von männerbündlerischen Zusammenkünften:

> „Der materielle Gehalt der ursprünglichen Gesellung aber, dass heißt das sexuelle Interesse am Mann, ist verdrängt, jedoch nicht vernichtet. Nur der bewusstseinsfähige Rest bleibt als lusterregend übrig und dies ist eben jene Neigung der Männer zur ‚Gemütlichkeit', die (...) durch Rauschmittel eine erhebliche Triebverstärkung erfahren kann." (Blüher 1919, S. 107-108)

An diesem abfälligen Bild der Gemütlichkeit des deutschen Mannes setzt auch Ludwig Gurlitt in seiner „Erziehung zur Mannhaftigkeit" (1906) an, wenn er den von ihm diagnostizierten Verfall dieser Mannhaftigkeit in Deutschland karikiert:

> „Der um die Betätigung seiner mannhaften Triebe betrogene Deutsche wurde immer wieder auf sein Gemütsleben hingewiesen. Man machte ihm weis und er glaubte es schließlich selbst, dass er von Natur mit einem besonderen Beruf nur für diese Seite des Lebens ausgestattet sei. [...] Die stille, behaglich erwärmte, enge Stube des Kleinstädtchens wurde seine Welt, in der ihm tatsächlich das Herz aufging." (Gurlitt 1906, S. 97)

Auch Gurlitt wollte das „Innen" des Mannes wieder aufschließen und daraus - nicht im falschen äußerlichen Schein - männliche Tatkraft erwachsen sehen. Im Gegensatz zu Hans Blüher, der mit einem dekonstruktivistischen Modell der männlichen Gesellschaft arbeitete, bezog sich Gurlitt im zeitgenössischen kulturkritischen Pathos auf die Männerkultur des deutschen Kaiserreichs. Sein Begriff der „Mannhaftigkeit" war ein Suchbegriff, mit dem er der Pädagogik - vor allem der in der Schule - zeigen wollte, dass eine Reform von Schule und Gesellschaft nur über die Erneuerung des Mannes gelingen könne. Die gesellschaftliche Entwicklung der damaligen Jahrhundertwende habe den Mann gleichsam in die ‚Zange genommen' und doppelt korrumpiert, entmannt: Auf der einen Seite wirke noch unvermindert das starre hierarchische Autoritäts- und Unterwerfungsprinzip einer undemokratischen und entsprechend bürokratischen Gesellschaft fort, gleichzeitig habe sich aber schon die kapitalistische Wirtschaftsdynamik dieses verfüg- und ausbeutbaren Mannes bemächtigt. Die damalige Schule war für ihn dabei der zentrale gesellschaftliche Ort der Domestizierung des Mannes und der Aushöhlung seines in ihm angelegten - hier ganz im Sinne Blühers - besonderen männlichen Gestaltungswillens:

> „Wir Deutschen sind stets gegängelt und irregeführt, und wirklich groß sind nur die geworden, die ihre Schule überwanden. Den wenigsten gelang es und gelingt es heute. Es ist ein harter Kampf, wie eine Neugeburt. Wem es aber gelingt, der ist - gerettet." (Gurlitt 1906, S. 101)

Bei Gurlitt zeigt sich aber auch die ganze Verstrickung (bis heute), in die man(n) auf der Suche nach „echter" Männlichkeit und Mannhaftigkeit geraten kann, wenn man das „Innere" des Mannes, das durch die äußeren Mächte verwehrt ist, suchen will. Dieses Innen ist, folgt man der seit Blüher bis heute weiterentwickelten geschlechtsspezifischen Differenzierungstheorie der Gesellschaft, aber nicht so ohne weiteres historisch bestimmbar, da der Mann in seiner Geschichte gesellschaftlich immer nach außen gerichtet und getrieben war. Auch Dekonstruktivisten wie David Gilmore, der in seinem Buch „Mythos Mann" den innengeleiteten, empathischen Mann in den frühen Stammeskulturen aufzuspüren versuchte (1991), sind in ihrer Erkenntnis letztlich nicht über Blüher hinausgekommen. Für Gurlitt hingegen war es das „Deutsche", das er als das kulturgenetisch „Natürliche" im Mann voraussetzte, das „wahre Germanentum", das sich aus sich heraus - also aus der Natur des Mannes - selbst behauptete, aus sich selbst frei und damit jeder fremden Zurichtung entgegengesetzt war. Bürokratie, aufgezwungene Autoritäten und kapitalistische Verwertungslogik seien dementsprechend „widernatürlich", wider die deutsche Natur des „freien Mannes" gerichtet.

Gurlitt versuchte aus dieser Begründung heraus, eine besondere deutsche Pädagogik in der waghalsigen Kombination der Idee von echter deutscher Mannhaftigkeit, demokratischer Orientierung im Sinne John Deweys und der Persönlichkeitsbildung in Anlehnung an Berthold Otto zu begründen: „Das Selbstbewusstsein hat seine Wurzeln in der Kraft" (Gurlitt 1906, S. 208), der demokratische Wille in der Tat. Die Schule habe dies nicht einzuüben, sondern müsse - nach dem Prinzip der Arbeits- und Projektschule - Erfahrungsraum für die Jungen sein, in dem sie zu sich finden und aus sich selbst heraus ihre in ihnen angelegte Mannhaftigkeit frei und in innerer Gemeinsamkeit entfalten könnten. Der Inbegriff von allem, was eine solche Öffnung des Lernens nach innen hin zu Selbstbewusstsein und Selbstverwirklichung verhinderte, war für ihn dabei die deutsche Institution der Pflicht, als äußerer Gegensatz zur inneren Haltung der männlichen Verantwortung:

> „Erster Fundamentalsatz war: Der Junge muss seine Pflicht tun. Was seine Pflicht sei, das bestimmten ihm der gedruckte Lehrplan und seine Lehrer. Wir Modernen fordern, dass die Pflicht den Kindern nicht mechanisch aufgezwungen, sondern ihren persönlichen Anlagen, Fähigkeiten, Neigungen und Kräften

angepasst werde. Wir bekämpfen eine Erziehung, die ihrer kindlichen Natur nicht gemäß ist und ihnen die Arbeit verleidet. Mit der ‚verdammten Pflicht und Schuldigkeit' allein ist es nicht getan. Auf so rohe Rezepte reagiert das feinere Leben ablehnend und feindlich. Eine Freude zu sehen, dass die Natur selbst darauf mit Misserfolgen antwortet. Es ist nicht wahr, dass in der Zeit strengster väterlicher Autorität besonders edle Früchte gezeitigt habe, im Gegenteil: Familienkonflikte und als Folge davon gescheiterte Existenzen waren damals eine allgemeine Erscheinung." (Gurlitt 1906, S. 181)

Wie aber kann man diese „Mannhaftigkeit" als positives Erziehungsziel definieren, nicht nur als unbestimmtes Gegenbild belassen - welche pädagogischen Vorbilder gibt es dafür? Gerade Gurlitts Versuch, sich an „bedeutenden Männern" zu orientieren, drückt das innere Dilemma dieser Fragestellung aus:

„Fassen wir das Gemeinsame in den Lebensäußerungen all jener bedeutenden Männer zusammen, so ergibt sich als Merkmal ihrer Mannhaftigkeit das Einsetzen ihrer ganzen Kraft für das, was ihnen als edel und erstrebenswert erschien. Aber nein, auch das befriedigt mich noch nicht! Wir müssen noch eine Stufe höher steigen. Das Tun dessen, was edel erscheint." (Gurlitt 1906, S. 17)

Gurlitts Buch ist eine diffuse und verstrickte Suche nach dem Innen, eine Kritik an der äußeren gesellschaftlichen Zurichtung und Verfügbarkeit des Mannes, der doch „von Natur aus" zur Tat und nicht zur Unterordnung, zur Gestaltung und nicht zur Selbstverleugnung bestimmt sei. Es ist nicht mehr der Mann des patriarchalischen Milieus, der wie selbstverständlich überlieferte Macht demonstriert, sondern der den gesellschaftlichen Mächten ausgelieferte Mann, dem die Pädagogik - über die Jungenerziehung - zu Selbstbewusstsein verhelfen muss. An diesem Punkt schlägt Gurlitt auch die Brücke zur demokratischen Schule, die aus dieser Mannhaftigkeit heraus gestaltet werden soll.

In Gurlitts Buch kommen Frauen so gut wie nicht vor. Das heißt aber nicht, dass er als demokratisch orientierter Schulreformer Mädchen und Frauen von der gesellschaftlichen Entwicklung ausschließen wollte: „Auch Mädchen sollen zu Persönlichkeiten herangezogen werden in ihren jungen Jahren, am besten gemeinsam mit den Knaben. Zu Männern aber und ‚mannhaft' wünscht man sie doch nicht." (Gurlitt 1906, S. 229) Im Gegensatz zu Kawerau, der ja die männliche Gesellschaft im Niedergang und die weiblich beeinflusste Gesellschaft aufziehen sah, hielt Gurlitt an der Männergesellschaft fest, die eben nur einer Erneuerung von innen bedurfte. Quer durch seine Schrift wird die Herrschaft der älteren Männer über die Jungen angeprangert, die früh domestiziert werden und sich nicht aus sich selbst heraus entwickeln und behaupten können. So sehr Gurlitt den Verfall der Mannhaftigkeit an gesellschaftliche Bedingungen knüpfte, so ideologisch losgelöst von der gesellschaftlichen Wirklichkeit war er wieder im Glauben an die Jugend.

Was aber die männertheoretische und -pädagogische Kulturkritik der vorletzten Jahrhundertwende angestoßen hat, ist die Erkenntnis, dass Männer in einer ambivalenten Weise mit der industriekapitalistischen Gesellschaft verstrickt und im Verlauf des gesellschaftlichen Wandels besonderen Bewältigungsproblemen ausgesetzt sind. Dafür wurde zum ersten Mal auch der pädagogische Blick geöffnet. Diese Suche - so werden wir an späterer Stelle sehen - bricht auch gegen Ende des 20. Jahrhunderts wieder auf - mit ähnlichen problematisch Figuren des Innen und der Tat, wie sie damals kursierten: dem inneren Ritter, dem inneren Krieger.

Gesellschaftliche Dynamik und menschliche Leblosigkeit

Im Jahre 1914, kurz vor Ausbruch des Ersten Weltkrieges, erschien der erste Band des Neuen Merkur, einer „Monatszeitschrift für geistiges Leben", in der vor allem auch die geistige Lage der Zeit bilanziert wurde. Der Publizist Bruno Altmann machte damals schon ein Paradox im Verhältnis von Mensch und ökonomisch-technisch geprägter Gesellschaft aus, das in seiner scheinbaren Widersinnigkeit der Pädagogik heute noch zu schaffen macht: Die zunehmende Leblosigkeit des Menschen in einer zunehmend dynamisch und lebendiger werdenden technischen Welt:

> „Wir haben einen schlimmeren Pakt geschlossen, als die Menschen des Mittelalters mit dem Teufel. Sie verpfändeten ihm ihre Seele, aber dafür ließ selbst der Satan sie eine Weile noch gut leben. Wir haben uns zu einem Teil an unsere Maschinen verschrieben und von Stunde an unsere Vitalität verloren. Wir kommen rasend schnell vorwärts, aber wir bewegen uns nicht; wir kriegen unendliche Quantitäten von Stoffobjekten heraus, aber wir schaffen sie nicht zutage. Für diese Einbuße an Lebendigkeit, Freiheit, Unmittelbarkeit des Wirkens am gewollten Gegenstand, wofür wir noch nicht einmal Arbeit loswurden, für dieses ganze wertvolle Stück Leben profitierten wir an Tempo und Zahl. Weil das auch Zugehörigkeiten des Komplexes sind, unter denen das Leben uns zu Bewusstsein kommt - dessen allgemeinste Formen -, darum konnte der fatale Wahn entstehen, dieses Maschinenzeitalter habe den Menschen mit allen Energien des Lebens geradezu beladen. Und nun machen wir mit gutem Gewissen so weiter. Wir glauben wunder was zu gewinnen, wenn wir an der Überbietung dieser Art von Leistungsdurchschnitt und Leistungsmaximum arbeiten, wir denken, das letzte an Lebensqualität herausdrücken zu können, wenn wir den Menschen dieses Typs in alle Lüfte ausbreiten. Fragt einen, fragt alle nach den Repräsentanten des modernen Elan vital und sie werden euch ohne weitere Besinnung an die berühmten Namen der Aviatik weisen. Also gut! Hier mache man die Probe. Gibt es etwas Passiveres, etwas von den Bekundungen des Lebens Abgerückteres von Menschentum als einen Flugtechniker in seinem Fahrzeug? Da sitzt er fünf Stunden, zehn Stunden, einen Tag lang; er ist ganz Funktion, ganz eingestellt auf *einen* Ehrgeiz und Gedanken: Das und das muss mein Apparat leisten. Die Rückbeziehung auf menschliche Zwecke, an denen immerhin Maschinenleiter sonst arbeiten, ist hier ausgeschaltet. Für eine Aufgabe, ei-

nen Triumph des Fahrzeuges sitzt er den Tag lang da, zur Mumie erstarrt, angeschnallt, wenn es sein muss, wie der Zeitgötze Pégoud. Das Verhältnis hat sich verschoben. Das Mittel ist Zweck geworden. Die Maschine lebt, der Mensch ist Mechanismus geworden. Das ist seine Welt, das ist eine Welt, das heißt Leben!" (Altmann 1914, S. 441-472)

An der „Modephilosophie" Henry Bergsons, die er „aus den Gegenwartstendenzen erwachsen" sieht, versucht er zu zeigen, wie den Menschen diese eigentlich lähmende Paradoxie lebbar und geistig plausibel gemacht wird:

„Das Große an Bergsons System ist seine Metaphysik. Das Zeitgemäße, das in die Signatur der Zeit so notwendig Hineinpassende sein Biologismus. (...) Der Sinn des Lebens - so lautet seine biologische Auskunft - ist das Leben selbst. (...) Nur ein Leben, das der Elan vital durchpulst, hat seinen Wert, seine Selbstlegitimierung. In der höchsten Intensivierung der Reize, in der äußersten Expansivierung der Aktionen suche man den Sinn des Lebens. Wer es in einem unüberbietbaren Superlativ von Lebendigkeit in sich einströmen lässt, Lebendigkeit von diesem Grade dann nach außen hin entfaltet, der bringt den Sinn des Daseins zur Geltung. Und der steht am allerhöchsten, der das Leben mit allen Widerwärtigkeiten und Menschenfeindlichkeiten und der Auskostung der Spannungsenergien hinnimmt, und Ja ohne Vorbehalt zum Leben sagen wird, könnte man ihn vor die Alternative Nirwana oder ewige Wiederkehr des Gleichen stellen.

Keine Zeit hat so gute Gründe, sich das sagen zu lassen, wie die Gegenwart. Nicht etwa, weil sie mit einem Übermaß von Vitalität begnadet wäre und nun ihre philosophische Rechtfertigung hören könnte, sondern weil sie im Gegenteil erbarmungswürdig leblos ist. Der Bergsonismus allein ist dafür ausreichender Beweis. Ethische Postulate, wie sie dieser Biologismus aufstellt, werden nie dem vorhandenen Bestand einer Epoche entnommen, sondern deren Bestrebungen und Ideale. Der Elan vital konnte zum Kernwert des Lebens nur von einer Zeit erhoben und akzeptiert werden, die ihn als Sehnsucht fühlt. Das ist immer so gewesen: Je dekadenter ein Volk, eine Gesamtheit, eine Kultur war, desto überzeugter feierten ihre Theoretiker das Leben, desto begieriger lauschten ihre Angehörigen dem Hymnus auf den Elan vital. Bergson redet der Gegenwart ins Gewissen: Lebe! Und er ist ihr repräsentativer Philosoph, weil sie ahnt und fühlt, mehr als sie es weiß, dass dieser Imperativ ein charakteristisches Manko trifft." (Altmann 1914, S. 440-441)

Die Assoziationsmöglichkeiten zu heute sind unübersehbar. Der Flieger hat sich weiterentwickelt zum Raumfahrer, das Gerät, dass er bedient, ist nun grenzenlos, aber der Mensch ist in der Schwerelosigkeit noch starrer, ausgesetzter und hinsichtlich seiner materiellen-technologischen Umgebung determinierter als der Flieger. Zudem die Lebensphilosophie: In der Zeit, in der Mensch leblos wird, wird Lebensphilosophie Mode. Dem stehen die Vitalitätskampagnen im Werbefernsehen, der Körper- und Fitnesskult und die Verjüngungshysterie der heutigen Zeit in nichts nach. Die Pädagogik hat sich damals an diese Lebensphilosophie gehängt, sah darin die Möglichkeit, ein Setting aufzubauen, in dem der Mensch auch Mensch werden kann. Die Verlegenheit, welche der Widerspruch zwischen dynamischer Systementwicklung und leblosen Menschen hervorbringt, wurde durch diese Philosophie überformt. So verwundert es nicht, dass Bergson gerade in der Pädagogik einen großen Anklang fand, Soziologen wie Durkheim aber keinen Widerhall fanden. Die Pädagogen griffen nach dem Symbol der Lebendigkeit und sahen dabei nicht, dass es die ‚Lebendigkeit' des Systemischen war, die den Menschen anhaftete. In dieser Lebendigkeit der Flexibilisierung - so würden wir heute sagen - können die Menschen sich aber kaum verwirklichen; sie erzeugt und verstärkt nur selbst die Bedürftigkeit sich verwirklichen zu wollen. Man kann es in Alltagssituationen erkennen, in denen den Menschen Chancen und Möglichkeiten immer wieder vorgespielt werden, sie aber keine eigenen Beziehungen zu diesen Verführungen finden und deshalb in der systemischen Dynamik selbst aufgehen müssen. So entsteht ein Widerspruch zwischen den unbegrenzten Chancen, die den Menschen angeboten werden, und der Leblosigkeit, mit der die Menschen ihnen gegenüberstehen.

Dieses damals von Altmann entworfene Bild hat sich gegenwärtig wesentlich ausdifferenziert. Zum einen hat sich - in Folge der Entkoppelung von Systemintegration und Sozialintegration (vgl. Habermas 1973) - das Systemische verselbständigt. In dieser Trennung von sozialer Welt und systemischer Welt haben die Menschen immer weniger Einfluss auf das Systemische. Die systemische Welt aber wirkt als strukturelle Gewalt zurück, man ist von ihr immer wieder gebannt, man muss mithalten können und hat wenig Zeit zum Innehalten und Bei-sich-sein. Dazu kommt, dass das Systemische heute selbst die Lebensphilosophie liefert, in der es den Menschen braucht. Der Mensch wird als *Einziger* angesprochen, die Individualisierung und Biographisierung genutzt, um ihn aus dem Sozialen herauszulösen und ihm die soziale Entbettung, die das ökonomisch-technologische System fortwährend inszeniert, lebbar zu machen. Der Konsum ist dabei der Erfüllungsgehilfe, der dieses „systemische Lebensgefühl" in die sozialen Alltagswelten vermittelt. Konsum suggeriert Leben, die Konsumwerbung tendiert immer mehr dazu, dem Menschen einzureden, dass er leben solle und sich nicht darum zu kümmern brauche, wohin die gesellschaftliche Reise geht. Denn diese hat inzwischen ihre eigene Logik, in der immer wieder neue Lösungen gefunden und neuer Fortschritt produziert wird, der dem Einzelnen dann zum Verbrauch angeboten wird.

In dem Maße, in dem das System heute selbst Lebensphilosophie produziert und anbietet, gerät die Pädagogik in eine neue Verlegenheit, wird zunehmend ausmanövriert. Denn vor hundert Jahren konnte sie sich z.B. noch die Bergsonsche Lebensphilosophie - Modephilosophie hin oder her - aneignen, ihrem Zugang zum Menschen im gewohnten anthropozentrischen Entwicklungsmodell anpassen, das sie traditionell für sich beanspruchte. Aber: Sie konnte sich zwar auf diese Lebensphilosophie beziehen, übersah jedoch dabei, dass es nicht mehr die ihre war, sondern eine Philosophie, die sich aus dem Systemischen ableitete. Die Pädagogik nahm diese Lebensphilosophie wiederum zum Anlas, die ihr eigene Orientierung an der Spannung des Menschen zur Natur wieder aufleben zu lassen, die Möglichkeiten des Menschen in vormodernen Konstruktionen zu suchen, eine Tendenz, der auch heute die Pädagogik und die Sozialwissenschaften erliegen, wenn sie einem popularisierten Dekonstruktivismus nachfolgen. Sie rutschen damit in eine Lebensphilosophie - was sie aus ihrem rationalen Verständnis von Wissenschaft heraus bestreiten würden -, die nicht mehr als Gegenphilosophie trägt, weil sie nicht mehr in der Spannung zum Systemischen steht. Die Verlegenheit steigert sich dadurch, dass die Menschen selbst ihre eigenen alltäglichen Lebensphilosophien entwickeln und ausleben: Extremistische Gewalt und Rassismus, nationalistische und ökonomistische Orientierungsmuster sind aus dem Ausgesetztsein und der Hilflosigkeit der Menschen abgespaltene Lebensproteste gegen die ihnen unheimliche systemische Entwicklung, Proteste, die aber als solche nicht von der Pädagogik aufgenommen werden können, da sie ja in ihren Inhalten dem pädagogischen Modell vom mündigen und gerechten Menschen zuwiderlaufen. Sie kann nichts Exemplarisches in diesen abgespaltenen Protesten finden, an dem sie ihre humanistische Bildungsperspektive ansetzen und verwirklichen könnte. Dass sich Menschen über desintegratives Verhalten bis hin zur destruktiven Gewalt sozial bemerkbar machen wollen, dabei kein Unrechtsbewusstsein zeigen, sondern dieses Verhalten als Mittel empfinden, um irgendwie noch sozialen Anschluss zu finden, läuft dem Integrationsverständnis der Pädagogik drastisch zuwider. Ganz zu schweigen davon, dass Konsum und Medien solche Signale Abweichenden Verhaltens aufnehmen und in Vitalitätsassoziationen veredeln.

Hier sind wir mitten in dem Konflikt zwischen Ethik und Glück, wie ihn uns Altmann schon damals aufzeichnete. Das individuelle Glück im Konsum - so sagen wir heute - hat nur noch wenig oder keinen Bezug zu den Vorstellungen einer pädagogischen Ethik. Im Konsum geht es um die Befriedigung von zugerichteten Bedürfnissen, um das Verbrauchen von Glück. Die Pädagogik ist damit in ihrem ethischen Grundverständnis und Menschenbild herausgefordert. Es trifft sie z.B. schwer, dass viele Menschen ihren Ausweg aus der gesellschaftlich gemachten Hilflosigkeit nicht in der ethischen Norm, in der exemplarischen Auseinandersetzung mit sich selbst und damit mit der Welt, sondern in der abgespaltenen Gewalt suchen. Hier wird aber auch den Pädagogen bewusst, dass sie eine neue Reflexivität brauchen, die nicht mehr ihrer gedachten und bewahrten Autonomie entwachsen kann, sondern die ihr die Grenzen und Relativität ihrer Möglichkeiten deutlich machen kann. Sie muss nun selbst lernen, Fragen an sich zu stellen, bevor sie den Menschen das Lernen verordnet. Denn viele Menschen sind so geworden, wie sie nach dem pädagogischen Verständnis nicht sein dürfen, und sie sind ungeachtet der Pädagogik so geworden. Dies verlangt aber von der Pädagogik, dass sie die neuen Mittel, mit denen sie die Menschen verstehen und in ihrer Subjekthaftigkeit begreifen will, erst einmal nicht nur in ihrem vertrauten Fundus suchen kann.

II Entbettung und Spaltung - Pädagogische Verlegenheit im Zeitalter des digitalen Kapitalismus

Die Logik der industriekapitalistischen Modernisierung, wie sie Heimann in seiner ‚sozialen Theorie des Kapitalismus' (s.o.) aufschließen konnte, hat im Verlauf des zwanzigsten Jahrhunderts zu einer gesellschaftlich-ökonomischen Konstellation geführt, die dem Wachstum der industriekapitalistischen Wirtschaft ebenso förderlich war, wie sie der Pädagogik - trotz aller widerkehrender sozialer Konflikte - immer wieder Möglichkeiten eröffnete, Räume für die soziale Emanzipation des Menschen einzuklagen. Mit der pädagogischen Rezeption der Sozialisationstheorie war der Pädagogik in den letzten vierzig Jahren zudem ein analytisches Mittel gegeben, den modernen Menschen nun auch in seiner Gesellschaftlichkeit für die Pädagogik aufzubereiten, ohne ihre autonomiebestrebten pädagogischen Grundprinzipien aufgeben zu müssen.

Der aufziehende digitale Kapitalismus mit seinen Tendenzen der sozialen Globalisierung und Entbettung hat der trügerischen gesellschaftlichen Ruhe um die Pädagogik ein Ende bereitet. Seine Folgen lassen sich längst nicht mehr auf Ökonomie und Sozialpolitik begrenzen, denn er hat die Arbeitsgesellschaft und mit ihr die Sozialstruktur in einer bisher nicht gekannten Weise nicht nur erodieren lassen, sondern sie auch gespalten. Er hat ein Sozialklima erzeugt, in dem sich diese Spaltung abbildet und das bis in den Alltag des kommunalen Zusammenlebens und der Schulen hineinreicht.

Die Pädagogik sieht sich nun mit ihren sozialen Voraussetzungen, um die sie sich nie so richtig kümmern musste, konfrontiert und wird gewahr, dass es nicht mehr die Voraussetzungen sind, von denen sie bisher ausgegangen war. Die aktuellen Diskussionen um Themen wie ‚Schule und Gewalt', ‚Schulklima', ‚ökonomischer Druck auf die Schule' signalisieren, dass die Schule nicht mehr Herr im eigenen Hause ist, dass sie Reformthemen wie ‚Öffnung der Schule' oder ‚Schule als Sozialraum' nicht mehr von sich aus steuern kann, sondern in ambivalentes Fahrwasser gerät. Die neuen gesellschaftlichen Zustände werden in den Präambeln neuerer pädagogischer Publikationen entsprechend dringlich beschrieben, die Vereinbarkeit von menschengerechter Pädagogik und instrumenteller ökonomischer Qualifikation genauso beschworen wie die schwindende Autonomie der Schule beklagt wird. Betrachtet man solche Analysen näher, wird aber oft deutlich, dass Lösungen weiter selbstreferenziell gesucht werden: in der Variation der Erziehungsziele, der schulischen Lern- und Lehrerausbildung und -fortbildung. Helfen diese Lösungen nicht weiter oder wird es sozialpolitisch unübersichtlich, dann wird nicht selten die soziale Verlegenheit auf den Schüler und seine Familie projiziert. Dennoch wundern sich Schulpädagogen noch immer, wenn ihnen vorgehalten wird, dass nicht die Schüler der Schule, sondern die Schulen den Schülern Probleme machen, dass Schule sozial bewältigt werden muss und dass ‚Scheitern an der Schule' oft nicht auf die Schulunfähigkeit der Jugendlichen, sondern auf die Folgen eben jener sozialen Verlegenheit der Schule rückführbar ist.

Der Glaube der Bildungspolitik, sie habe ihre sozialpolitische Option (Chancengleichheit, Koedukation, soziale Aufstiegs- und Integrationsperspektive), dass sie in den 1960er und 70er Jahren entwickelt hatte, gut angelegt (obwohl sie sich letztlich nie sozialpolitisch verstanden hat), erweist sich jetzt nicht nur als trügerisch, sondern als hinderlich. Denn er war vielerorts mit der Illusion verbunden, die Pädagogik hätte von sich aus das gesellschaftliche Projekt Bildung befördert. Mit den Erfolgen von Bildungsreform und Bildungsmobilisierung ging unversehens der Blick auch dafür verloren, dass die ökonomischgesellschaftliche Modernisierung diesen Bildungsbedarf hervorgebracht hatte und die entsprechend freigesetzten Menschen neue Bildungsangebote brauchten. Der damals noch ungebrochenen Logik der industriekapitalistischen Entwicklung entsprechend hatte sich auch ein typischer Gleichklang von ökonomischer Modernisierung, Individualisierung, aufstiegsorientierter Bildungsnachfrage und gesellschaftlicher Integration eingestellt. Mit der daraus abgeleiteten Aufstiegs- und Integrationslogik konnte das Bildungs- und Erziehungssystem auch die Integration von ausländischen Kindern und Jugendlichen leidlich fördern.

Indem dieser Gleichklang nachhaltig gestört ist, zerbricht nicht nur die strukturelle Balance zwischen Pädagogik und Ökonomie, sondern es fehlt auch der gesellschaftliche Spielraum für emanzipatorische Perspektiven im Bildungssystem. Die demographische Entwicklung tut ein übriges. Konnte die Pädagogik der zwanziger und auch der siebziger Jahre in ihrer Jugendeuphorie ihre Bedeutung für die industriekapitalistische Modernisierung u.a. aus der Verjüngung der Gesellschaft beziehen, so steht die Pädagogik nun vor einem umgekehrten Bild. Es gilt, Junge und Alte zu versorgen, wobei die Jungen in der Relation immer weniger werden und die Zahl der Alten steigt.

Es ist kein Wunder, dass es in den gegenwärtigen pädagogischen Diskursen kaum noch emanzipatorische Entwürfe gibt und sich das Modell vom „flexiblen Lerner" festsetzt. Der Begriff der ‚Sorge' scheint, in ganz unterschiedlichen Ansätzen, den der Emanzipation abgelöst zu haben. Mit dem Schwinden der gesellschaftlichen Balance sieht sich die Pädagogik gleichsam „über Nacht" mit sozialen Zuständen konfrontiert, die nicht in das Gesellschaftsbild passen, auf dem sie bisher aufgebaut und auf das sie sich verlassen hat. Mit der Segmentierung der Arbeitsgesellschaft schwindet die soziale Durchlässigkeit, Spaltungen prägen zunehmend die Sozialstruktur. Die Idee von Bildung als Vehikel des sozialen Aufstiegs und Bedingung von sozialer Teilhabe greift nicht mehr selbstverständlich. Bildung wird zwar weiter und dringend gebraucht, aber sie ist nur noch für einen Teil der Bevölkerung positiv - als Aufstiegshypothese - gepolt. Für viele ist sie vor allem zur Abwehr des sozialen Abstiegs sozial wichtig geworden. Neben der gesellschaftlichen Spaltung sind es die von einem sozial entbetteten und digitalisierten Kapitalismus freigesetzten Strömungen der Ambivalenz, welche Gleichgültigkeit und Beliebigkeit - die alten Feinde der Pädagogik - neu, aber nun außerhalb der pädagogischen Kontrolle, freisetzen und gesellschaftlich hoffähig machen. Widersprüche und Konflikte werden gesellschaftlich nivelliert, verschwinden von der sozialen Oberfläche, setzen sich im Inneren der Menschen fest und brechen unvorhergesehen und sozial riskant an anderer Stelle - z.B. in neuen Phänomen von Gewalt - wieder aus. Die Menschen sollen dauernd umlernen und müssen diese Aufforderungen erst biographisch bewältigen, für sich ordnen, wenn sie beim „lebenslangen Lernen" mithalten und erfolgreich sein wollen. Auf derartige Fragen nach sozialen Bewältigungskompetenzen ist die Schulpädagogik traditionell nicht vorbereitet. Der Druck, ökonomisch geforderte Flexibilität entsprechend curricular umzusetzen, scheint immer weniger ausbalancierbar. Dies alles wird im Folgenden zu thematisieren sein. Dabei soll die Geschlechterthematik in der von uns gefassten Ausführlichkeit exemplarisch dafür stehen und verdeutlichen, wie gesellschaftliche Vorgaben und menschliche Befindlichkeiten immer schwerer aufeinander beziehbar sind.

Die neue Verlegenheit der Pädagogik

Max Weber sprach um die Wende zum 20. Jahrhundert von dem „stahlharten Gehäuse des Kapitalismus". Weber wollte damit ausdrücken, dass im ausgestalteten Kapitalismus dieses „stahlharte Gehäuse" den dünnen Mantel einer individuellen Sinnsuche und -stiftung verdrängt habe (Weber 1905, S. 108). Der Einzelne brauche im Produktionsprozess sein Handeln nicht mehr individuell auszudeuten. Das Wirtschaftsleben erziehe und schaffe sich mittels der „ökonomischen Auslese" die Wirtschaftssubjekte - Unternehmer und Arbeiter -, derer es bedarf. Weber ging es vor allem darum, die Entleerung der Welt, die Entzauberung individueller Sinnstiftungs- und Lebensführungslogiken durch den Kapitalismus aufzuzeigen. Er sprach von einer „mächtigen Tendenz zur Uniformierung des Lebensstils", welcher dem Interesse an der Standardisierung der Produktion zur Seite stehe (Weber 1905, S. 96).

> „Der Fabrikant, welcher diesen Normen dauernd entgegenhandelt, wird ökonomisch ebenso unfehlbar eliminiert, wie der Arbeiter, der sich ihnen nicht anpassen kann oder will, als Arbeitsloser auf die Straße gesetzt wird." (Weber 1905, S. 18)

Heute - einhundert Jahre später - sind die Ausführungen zur Uniformierung des Lebensstils zwar immer noch aktuell, doch wir müssen den Ausspruch vom „stahlharten Gehäuse des Kapitalismus" etwas verändern. Mit dem Begriff ‚stahlhartes Gehäuse' meinte Weber die typische eisenschwere Fabrik des industriellen Kapitalismus, die Schornsteine, die vor hundert Jahren die Bilder der wachsenden Großstädte bestimmten, denen sich niemand entziehen konnte. Er meinte den neuen Rhythmus der Zeit und die Rationalität der großen Maschinen und der kapitalistischen Massenproduktion. Wenn wir dies mit der gegenwärtigen Situation vergleichen, so ist das Gehäuse, durch das wir gegenwärtig erzogen werden oder das uns gegenwärtig zugemutet wird, entbettet. Es bestimmt nicht augenscheinlich Raum und Zeit, wie einst die Fabriken und Großstadtkultur, sondern manifestiert sich im digitalisierten Weltmarkt. Es ist ein digitales, offenes Gehäuse des globalisierten Kapitalismus geworden. Dazu kommt, dass das „stahlharte Gehäuse" Max Webers, indem es durch die Fabrik an den Raum und die Zeit der Stadt gebunden war, auch auf die Menschen angewiesen war, die dort lebten. Die Industriegesellschaft brauchte die Menschen vor Ort zur Modernisierung der Betriebe. Dagegen ist das digitalisierte Gehäuse auf die Orte und die Menschen scheinbar nicht mehr angewiesen. Die derzeitige digitale Rationalisierung und Automatisierung braucht immer weniger Menschen, sie macht Menschen überflüssig.

Anthony Giddens sieht den Zusammenhang zwischen der „Globalisierung und der Aushöhlung traditionaler Handlungszusammenhänge" darin, „dass abstrakte Systeme die lokalen Traditionen zerstören" (Giddens 1996, S. 175). Das „stahlharte Gehäuse des Kapitalismus" der Industriegesellschaft erzog die Menschen durch die Präsenz in Raum und Zeit und die allgegenwärtige Anwesenheit. Zwar erzieht der digitale Kapitalismus die Menschen auch durch eine ständige Präsens, aber nicht als fassbares Gegenüber, sondern als ständig Abwesender, als Druck, dem man nie gewachsen ist. Der Mensch wird in eine ständige Bewerbungssituation gedrängt, er soll selbst prüfen, ob er den neuen Anforderungen gewachsen ist, ansonsten muss er lernen. Der Mensch muss ständig beweisen, dass er flexibel genug ist, um bestehen zu können. Wir müssen ständig lernen, damit wir - wie es heißt - mithalten können. Der flexible Lerner ist die Vergesellschaftungsform individueller Lebensführung im digitalen Kapitalismus.

Wer aufmerksam die politischen Diskussionen der letzten Jahre verfolgt hat, wird festgestellt haben, dass in diesem Kontext eine neue Defizitperspektive die Zielsetzungen bestimmt. Unsere Betriebe, die Schulen, der Staat, jeder Einzelne soll seine Handlungsfähigkeit wiedererlangen. Das geht nur - so die Flexibilisierungslogik -, wenn der einzelne Mensch und die einzelnen Einrichtungen selbst die ‚Steuerung' übernehmen. Grundlegend ist nun, und entscheidend für unsere pädagogische Perspektive, dass die Handlungsfähigkeit nicht am subjektiven Leben des einzelnen Menschen gemessen wird, sondern dass der abstrakte Vergesellschaftungsmodus individueller Lebensführung der Maßstab der Handlungsfähigkeit ist. Handlungsfähig ist, wer im digitalen Kapitalismus Erfolg hat, die anderen Menschen müssen flexibler werden und lernen. Sie müssen den stetigen Wandel stärker in ihr Lern- und Schulprogramm integrieren. Abgehoben von den Raum- und Zeitstrukturen fordert die digitalisierte

Welt darum auch die Schule auf, zum flexiblen Unternehmen zu werden. Die Schule wird zur lernenden Bodenstation.

„In dieser Welt ist der Wandel ein Ausdruck des Lebens selbst, das von einigen Menschen besser gemeistert wird als von anderen, weil sie wissen, wie man Veränderungen erkennt, bewältigt und initiiert, auch wenn es für niemanden ein vollkommenes Glück oder ungetrübte Harmonie gibt. In dieser Welt darf man sich nicht auf professionelle Veränderungsexperten verlassen oder davon ausgehen, dass andere, insbesondere Führungskräfte wissen, was sie tun - nicht weil Experten oder Führungskräfte ein falsches Spiel treiben oder inkompetent sind, sondern weil der Veränderungsprozess so komplex ist und so voller Unwägbarkeiten steckt, dass wir alle wachsam sein und die Probleme selbst erforschen und lösen müssen. In dieser Welt sind wir dringend auf kreative Konzepte und Kräfte angewiesen. Wir brauchen das forschende und lernende Individuum; das Streben nach Meisterschaft und Know-how als zentrale Strategien; die Führungskraft, die Wertvorstellungen ausdrückt, aber auch erweitert und andere Menschen in die Lage versetzt, das gleiche zu tun; ferner Teamwork und eine gemeinsame Zielsetzung, die von der Erkenntnis getragen wird, dass sowohl Individualität als auch Kollektivität entscheidend für das institutionelle Lernen sind, und die Organisation, die dynamisch mit ihrer Außenwelt verbunden ist, weil sie anders in einer sich stetig wandelnden Welt nicht überleben kann." (Fullan 1999, S. 10-11)

Bemerkenswert ist die Sprache, die in diesem Kontext verwendet wird. Wir müssen wachsam sein, heißt es, und die Probleme selbst erforschen, damit wir in einer Welt des Wandels überleben können. Lernen ist demnach ein Konzept, das das Streben nach Meisterschaft ermöglicht, damit die Institution, in diesem Fall das Unternehmen Schule, im digitalen Wettbewerb überlebt. Die Menschen werden geteilt in diejenigen, die schneller den sozialen Wandel begreifen können, und diejenigen, die zurückbleiben.

Derzeit ist die Handlungsfähigkeit zu einer Chimäre geworden, der die lernenden Unternehmen - wie die Schule - hinterher jagen. In den Vordergrund tritt die Teilnahme im lernenden Team. Die Handlungsfähigkeit der Beteiligten wird dabei nur in der Mithaltefunktion anerkannt. So ist ein Mithaltekampf entstanden, der nicht mehr darauf abzielt, die subjektive Handlungsfähigkeit möglichst vieler Menschen anzuerkennen und zu integrieren, sie als Mitgestalter von Gesellschaft zu würdigen, sondern es werden Privilegien formuliert, um die die Menschen konkurrieren müssen. Sie konkurrieren um das ‚Privileg', durch grenzenlose Verführung des Konsum integriert zu werden. Wurde der sozialkonservative Pädagoge Wilhelm Rein vor hundert Jahren noch dafür gescholten, dass er die Formel: „Erst Bildung, dann Freiheit" (Rein 1897, S.74), propagierte, so ist diese Formel heute modifiziert Realität geworden und heißt: erst Mithalten, dann Konsumfreiheit.

Gleichzeitig geht eines neues „Gespenst (...) in Europa und in anderen Teilen der Welt" umher, es „ist das der Arbeitslosigkeit" (Lützeler 1998, S. 918). Die postmoderne - auf Offenheit und Differenz bedachte - kapitalistische Gesellschaft, so ist Paul Michael Lützeler zu verstehen, bringt 150 Jahre nach Karl Marx nicht mehr in der Gestalt der Lohnarbeiterklasse die revolutionäre Kraft hervor, sondern trägt in der Massenarbeitslosigkeit den „Keim ihrer Zerstörung in sich". Die gegenwärtig sich vollziehende „interne Vertreibung qua Arbeitslosigkeit" bedeutet für die betroffenen Menschen, „die neue Erfahrung des arbeitslosen ‚Fremden im eigenen Land'"(ebd., S.912).

„Der Entzug von Arbeit, das Schicksal der Arbeitslosigkeit kommt daher dem nahe, was in archaischen Gesellschaften der Ausschluss aus der Gemeinschaft bedeutete, ist vergleichbar mit Exil und Verbannung in autoritären Gesellschaften der Neuzeit. Nicht die Ausbeutung der Arbeitenden ist in der postmodernen Gesellschaft das primäre soziale Problem, sondern ihre Ausgliederung aus dem Produktionsprozess, der Verzicht auf die Nutzung ihrer Arbeitskraft. Entfremdung resultiert nicht mehr aus einem Übermaß, sondern aus dem Mangel an Arbeit. (...) Anders als beim Arbeitenden ist die Zahl der Identitätskreise, in denen sich der Arbeitslose bewegen kann, minimal. Das Erlebnis von Freiheit, Entfaltung und Produktivität, das ein postmodernes Zirkulieren in unterschiedlichen Identitätsbereichen mit sich bringt, ist dem Arbeitslosen verwehrt. Gerade in der Postmoderne mit ihrer charakteristischen Rollendistanz will niemand auf ein singuläres Rollenspiel festgelegt sein. Dem Arbeitslosen aber bleibt nicht viel mehr als seine negative erfahrene Identität: die Realisierung, dass er (ganz konkret verstanden) gar keine Rolle mehr spielt. Arbeitslosigkeit wirkt im Gesellschaftlichen wie eine ansteckende Krankheit, und so verschließen sich zahllose soziale Bereiche den Arbeitslosen, die den Vertretern einer vita activa offen stehen. Die Arbeitslosen kommen sich vor wie jene Aussätzigen, die man in früheren Jahrzehnten auf ferne Inseln verbannte. Ihnen fehlt nicht lediglich gesellschaftliche Anerkennung, sie sind auch Stigmatisierte. Erving Goffman hat bei der Analyse sozialer Identität den Begriff des Stigmas eingeführt, um zwischen diskreditierbaren und diskreditierten Personen unterscheiden zu können. Stigmatisierte sind jene, die von gültigen ‚Normalitätsstandards' abweichen und mit ihrer Andersheit angesichts gesellschaftlicher Konformitätserwartungen auffallen." (Lützeler 1998, S. 912-913)

Lützelers Zitat ist interessant, weil er verdeutlicht, wie die Freisetzung von der Erwerbsarbeit die Zahl der Identitätskreise und Teilhabemöglichkeiten nicht nur verringert, sondern den Menschen auf eine negative Identität festschreibt. Will der Mensch im Mithalte- und Flexibilisierungskampf bestehen können, so kann man Lützeler interpretieren, dann hat er mit unterschiedlichen Identitäten zu jonglieren, sich in unterschiedlichen sozialen Teilhabeformen zu bewegen. Er darf sich nicht auf eine Identität festlegen, da er sonst für den Wandel zu unflexibel wird. Er braucht die Sicherheit mehrerer Identitäten und sozialer Teilhabeformen, die er aktivieren kann. Der Schlüssel zu diesen Teilhabeformen und Identitäten ist in der Krise der Arbeitsgesellschaft umso mehr die Erwerbsarbeit geworden.

Umgekehrt wird der Mensch durch die Arbeitslosigkeit also nicht nur von der Erwerbsarbeit freigesetzt, sondern gleichzeitig auf eine negative Identität festgeschrieben: auf die der Arbeitslosigkeit. Er wird aus dem Wettbewerb der konkurrierenden lernenden Teams mit ihren unterschiedlichen Identitätsspielereien vertrieben. Er gehört jetzt zur „müden Gemeinschaft", die nicht mehr um die Plätze jenseits der alten Raum- und Zeitordnung kämpft. Dabei muss die negative Identität der Arbeitslosigkeit lokal bewältigt werden, in den Raum- und Zeit-Strukturen der nächsten Umgebung:

> „Das Lokale ist zum Mülleimer unbewältigter sozialer Krisen geworden. Auf der Ebene der Nation oder der Stadtöffentlichkeit wird der Eindruck erweckt, es existiere eine öffentliche Ordnung, in der die Gegensätze der ethnischen Gruppen und der Klassen perfekt im Griff seien. Vor Ort aber, auf der Straße, in den Häusern explodieren die Spannungen." (Sennett 2000, S. 34)

Der Begriff „müde Gemeinschaft", wie wir ihn verwenden, stammt aus dem Jahr 1931 und ist der berühmten Studie von Marie Jahoda, Paul Lazarsfeld und Hans Zeisel *Die Arbeitslosen von Marienthal* entnommen. In dieser Studie wird detailliert und sehr plastisch beschrieben, wie sich in einem Großstadtvorort das Alltagsleben der Menschen veränderte, als durch den Wegzug des ansässigen Industriebetriebes die Menschen im Dorf auf die negative Identität der Arbeitslosigkeit festgeschrieben wurden. Die Gemeinschaft wurde müde. An einigen Stellen brachen rohe und primitive Verhaltensformen durch. Die politischen Auseinandersetzungen im Dorf verschwanden, die Zahl der Ausleihen in den Bibliotheken gingen zurück, die an die Erwerbsarbeit gebundenen Teilhabestrukturen versiegten.

> „Die Ansprüche an das Leben werden immer mehr zurückgeschraubt; der Kreis der Dinge und Einrichtungen, an denen noch Anteil genommen wird, schränkt sich immer mehr ein; die Energie, die noch bleibt, wird auf die Aufrechterhaltung des immer kleiner werdenden Lebensraumes konzentriert." (Jahoda/Lazarsfeld/Zeisel 1931, S. 101)

Die Studie zeigt insgesamt sehr deutlich, wie die negative Identität ‚arbeitslos sein' die Teilhabeaktivität verringert, ohne dass Werte wie Solidarität oder Hilfsbereitschaft verschwinden, sie erstarren nur. Vor diesem Hintergrund können wir genauer verstehen, was mit der „internen Vertreibung qua Arbeitslosigkeit" gemeint ist.

Die müden Gemeinschaften und die lernenden und flexiblen Unternehmen stellen im derzeitigen Sozialdiskurs die Janusköpfigkeit gesellschaftlicher Teilnahme in der derzeitigen Krise der Arbeitsgesellschaft dar. Beide sind durch die Logik des ökonomischen Mithaltens miteinander verbunden. Beide erhöhen den Druck auf die Menschen und die Angst herauszufallen. Das einzig ‚Kontinuierliche' am Identitätsbildungsprozess in diesem Mithaltekampf ist der stete Wandel. Die pädagogischen Einrichtungen werden von dieser Logik und ihren Vergesellschaftungsformen erfasst, die Schule ist längst in ihren Sog geraten. In den Schulen wird die Schülerrolle intensiviert, und da die Schüllerrolle schon relativ abstrakt ist und nur einen Teil der Persönlichkeit der Schüler ausmacht, ist sie zum Einfallstor für diese Mithaltelogik geworden. Kinder und Jugendlichen bekommen dadurch schon früh Tendenzen der Entbettung und die Angst ‚der Lage nicht gewachsen zu sein', zu spüren.

Wurde in den sechziger Jahren in der Bundesrepublik die Entkoppelung des Bildungswesens vom Arbeitsmarkt gefordert, um über die Selbständigkeit und Autonomie der Bildungsinstitutionen die Bildungsmobilisierung optimal organisieren und Chancengleichheit sichern zu können, so wird nunmehr von den Bildungsinstitutionen erwartet, dass sie sich marktförmig ausrichten und den Anschluss an die digitale Welt garantieren. Dabei wird die Handlungsfähigkeit kaum mehr aus der Perspektive der Subjekte selbst und ihren Lebenswirklichkeiten, sondern ganz von den systemischen Bedingungen her definiert, ohne dass sie dadurch für die Menschen fassbar wird. Peter McLaren spricht in diesem Kontext von einer marktförmigen „löchrigen Identität", die den Menschen derzeit zugemutet wird, und fordert darum, die Pädagogik, die sich diesem Leitbild unterwirft, aufzustören:

„Das Entzücken über das Durcheinander, die Brechungen, die Verschiebungen im Subjekt, hervorgerufen durch die sogenannte *postmodern condition*, hat zu einer entgegenständlichten Auffassung von Identität geführt. Dieser zufolge ist das sich seiner selbst sichere autonome Subjekt der Moderne - ‚das sich seiner selbst konstituierende Subjekt des einheitlichen, rationalen Individuums' - von seinen früheren, ursprünglichen Fixpunkten abgetrennt worden, um es als ein sich beständig im Prozess der Neukomposition befindliches zu entschlüsseln. Das heroische, sich selbst gestaltende Subjekt der Moderne ist durch das mobile und heimatlose Subjekt - zusammengesetzt aus mutierenden Diskurskombinationen und einer bricolage von Signifikatoren aus strahlenden Palimpsesten und konkurrierenden Diskurssträngen - ersetzt worden. Das frühere sich selbst hervorbringende >Selbst< hat den Weg für die Produktion von >Terminals< oder >Generatoren< von Subjektivität freigegeben, in die sich der >Andere< nach Maßgabe der Bedingungen der Bedeutungssysteme, an denen er selbst teilnehmen möchte, einklinken kann. Dieses Modell des Selbst orientiert sich an den Kathedralen des Kapitalismus, seinen Konsumheiligtümern, die wir als shopping malls (US-amerikanische Einkaufszentren) kennen. In ihnen finden wir eine befremdliche Konvergenz unserer fragmentierten Identitäten mit der Struktur des globalen Amusements. Das Selbst der shopping mall (das Selbst als rhetorischer Effekt des Image-Wertes [image value]) ist zum grundlegenden Modell panischer Identität (panic identity) in der gegenwärtigen Kultur geworden. Insbesondere mit Bezug auf die Kultur der Schule ist die Überbetonung des Individualismus, der Leistungen auf dem Markt sowie der Politik des Konsums in den Klassenzimmern an ihr Ende gekommen." (McLaren 1999, S. 26-27)

Durchaus im Duktus von Carl Mennicke und seiner Formel von der sozialpädagogischen Verlegenheit (s.o.) sieht McLaren nun die Notwendigkeit, eine Politik der Handlungsfähigkeit zu entwerfen. Mennickes Diagnose, dass in der industriekapitalistischen Moderne der Mensch einerseits freigesetzt und Handlungsfähigkeit verlangt wird, andererseits jedoch die strukturellen Bedingungen ihm nicht die Möglichkeit bieten, subjektive Handlungsfähigkeit auszubilden, sondern ihn in einer kapitalistischen Arbeitswelt festsetzen, die sich gegenüber den alltäglichen Fragen der Lebensbewältigung gleichgültig verhält, spitzt sich gegenwärtig in den Biographien der Menschen zu. Wir haben bereits erwähnt, dass im digitalen Kapitalismus ‚Handlungsfähigkeit' zu einer diskursmächtigen Chimäre geworden ist. Die Verlegenheit der Pädagogik besteht nun darin, dass zwar widersprüchliche und anomische Zumutungen an die Handlungsfähigkeit der Individuen gerichtet werden, der Zusammenhang von Handlungsfähigkeit und Lebensbewältigung jedoch sozialstrukturell in die Biographien der Menschen verlagert und sozial entbettet oder in einer negativen Identität gefangen ist. In der öffentlichen Wahrnehmung ist dieser Zusammenhang „unsichtbar" geworden, wie der Sozialgeograph Christian Reutlinger sagen würde. Die „Landkarten", die die Individuen zeichnen, um ihr Leben zu bewältigen, werden nur noch wahrgenommen, soweit sie die institutionalisierten Ordnungssysteme durchkreuzen (vgl. Reutlinger 2000).

Doch, wird man nun einwenden, in der schulpädagogischen Diskussion wird heute - zur selben Zeit wie die Schule auf Flexibilisierung drängt - auch und zunehmend eine Diskussion über die Schule als Sozialraum geführt. Aber es wäre naiv zu glauben, dass hiermit ein Gegenmodell zur unbedingten Mithalteoder Leistungsschule gefunden wäre. Man müsste eher formulieren: Die Tatsache, dass die Bildungsdiskussion der 1990er Jahre auf sozialräumliche Modelle einer Öffnung der Schule drängt (vgl. dazu Holtappels 1994), zeigt auch, dass die Gefahr der sozialen Entbettung mit der Intensivierung der Leistungsschule zugenommen hat. Es ist also eher ein Krisendiskurs denn ein Modelldiskurs. Was einer sozialräumlich inspirierten Form der Schule heute entgegensteht, ist weniger ihre bürokratische Verfassung, sondern der neue Vergesellschaftungsmodus der Flexibilisierung.

Nicht von ungefähr wird inzwischen von der Notwendigkeit eines neuen ‚education mix' gesprochen, in dem private Bildungs- und Schulformen weitgehender zum Zuge kommen sollen.

> „Im Ganzen wird man sagen müssen, dass das Thema *Entschulung* heute mit mehr Berechtigung diskutiert wird als in den frühen siebziger Jahren. Es gibt dafür zwei Hauptgründe: Der Reform- und Erneuerungsdruck ist stärker geworden, und die Medien und andere Anbieter auf dem Lernmarkt sind wirkliche Alternativen zu Schule geworden." (Dalin 1997, S. 209)

Betriebseigene Bildungseinrichtungen der großen Konzerne gehören dabei heute genauso zur Realität im Bildungswesen wie die ausweglose Situation von Lehrern und Schülern am unteren Ende des Bildungswesens, wo Schulen, z.B. mit hohem Ausländeranteil und geringen Arbeitsmarktchancen für die Schüler, mit immer knapper zugeteilten Ressourcen rechnen müssen. Nicht von ungefähr wird oft von einer Refeudalisierung im Bildungswesen gesprochen. In einem Beitrag zur öffentlichen Schule im Umbau des Sozialstaates hat Ingo Richter 1996 die Entscheidung für einen neuen ‚education mix' als Entscheidung für mehr Effektivität, aber auch für eine Verminderung von sozialer Gerechtigkeit bezeichnet (vgl. Richter 1996, S. 117).

In diesem Zusammenhang bleibt auch die Perspektive von Giddens letztlich einem pädagogisierenden Bildungsverständnis verhaftet, soweit er formuliert:

„Die intensive Beschäftigung mit der ‚Entwicklung' in der Dritten Welt bzw. mit den staatlichen Sozialeinrichtungen in den westlichen Ländern hat die Erkenntnis gebracht, dass die wirksamste Maßnahme zur Überwindung der Ungleichheit darin besteht, den Benachteiligten die Fähigkeiten zu vermitteln, selbst handeln zu können. Solche Maßnahmen müssen also die Reflexivität der Individuen und Gruppen, an die sie sich wenden, berücksichtigen und auf ihr aufbauen. Es handelt sich hierbei um Lebenspolitik und Emanzipation zugleich." (Giddens 1996, S. 335)

Weil eine solche reflexive Pädagogik im Anschluss an Giddens selbst wiederum in den voraussetzungsreichen und traditionellen Deutungsmustern moderner Pädagogik befangen bleibt(vgl. Winkler 1999), kann auf dieser Grundlage lediglich eine Theorie der sozialen Voraussetzungen und Folgen von modernen Bildungsprozessen entwickelt, nicht aber die *neue* Verlegenheit der Pädagogik begriffen werden.

Dass mit dieser Konstellation eine neue Verlegenheit der Pädagogik einhergeht, wird dann deutlich, wenn die pädagogische Reflexivität in Richtung der sozialen Kontexte des Scheiterns von Schülern, der Ausgrenzung von außerschulischen Begabungen und der Unübersichtlichkeit anomischer Übergänge geöffnet wird. Dabei sehen wir, dass die Vergesellschaftungsformen in die psychodynamischen Tiefenbereiche der Menschen eindringen. Während an der Oberfläche Individualisierung, Biographisierung und Geschlechterrollennivellierung eine sozial unkomplizierte Problemszenerie suggerieren, haben sich die Vergesellschaftungsfolgen im Innerpsychischen manifestiert.

Die moderne Pädagogik der industriekapitalistischen Gesellschaft des 20. Jahrhunderts ging von der Selbstverständlichkeit aus, dass die Integration aller Menschen in den arbeitsteiligen Prozess gelingen, dass sie sich darin entwickeln und entfalten können und dass die Balance zwischen personaler Autonomie und ökonomisch-sozialer Anpassung möglich sei. Da sie - mehr als andere Sozialwissenschaften - an der nationalen Gesellschaft orientiert war, setzte sie eine nationalstaatliche Sozial- und Bildungspolitik voraus, die in der Lage war, relativ autonom die sozialen Prozesse und die Verteilung sozialer Chancen zu regulieren. Mit den nachhaltigen Folgen der Globalisierung und Rationalisierung zu Ende des 20. Jahrhunderts, mit der Abkoppelung von Bevölkerungsgruppen von den Zugangsmöglichkeiten zu den gesellschaftlichen Chancen und der ökonomisch entmachteten Bildungspolitik hatte diese Pädagogik nicht gerechnet. Sie wähnte sich in einer relativen Autonomie, in einer modernisierten pädagogischen Provinz, in der der Mensch als Mensch erkennbar und erziehbar bleibe. Sie könne ihn von der Vereinnahmung durch die Ökonomie schützen und gleichzeitig für die Erschließung und Nutzung der technisch-ökonomischen Strukturen fit machen. In diesem dualistischen Verständnis von humanistischer Pädagogik und ökonomischer Entwicklungsdynamik wurde oft das übersehen, was Durkheim schon angedeutet hatte: die strukturelle Erziehungsmacht und Erziehungsgewalt des ökonomisch-technischen Systems, das auf den Menschen zurückwirkt, ihm aber wenig Möglichkeiten lässt, es humanistisch zu beeinflussen. Die Idee der Autonomie diente der Pädagogik vor allem auch dazu, die Gesellschaft für sich übersichtlich zu halten. Heute, zu Beginn des 21. Jahrhunderts, wird deutlich, dass dies längst nicht mehr möglich ist, weil der Mensch in einen anomischen Sog struktureller Erziehung geraten ist, der durch die Eigenart der ökonomisch-technischen Entwicklung immer wieder ausgelöst wird, und dessen psychische Auswirkungen in ihrer Widersprüchlichkeit der Logik von Differenz und Linearität der modernen Pädagogik zuwiderlaufen. In dieser neuen Verlegenheit tappt die Pädagogik in typische gesellschaftliche Fallen, die sie sich entweder selbst stellt oder von ihrem Selbstverständnis her nicht kalkulieren und voraussehen kann.

Wir haben in diesem Sinne vier typische, in sich widersprüchliche Vergesellschaftungsmuster aufzuschließen versucht, die u.E. die Pädagogik besonders herausfordern: Externalisierung und Hilflosigkeit; Flexibilisierung und Isolierung; Erfolgskultur und Verantwortungslosigkeit sowie Abstract worker und überflüssiger Mensch.

Externalisierung und Hilflosigkeit

Das moderne Problem der Externalisierung, des Drängens der gesellschaftlichen Kräfte nach außen, des Verlusts des Innehaltens, der Abspaltung der Gefühle als Vergesellschaftungsform, hat im digitalen Kapitalismus folgenreiche Bedeutung erhalten. Zum einen führt die Verselbständigung des ökonomisch-technischen Systems zu sozialer Entbettung und somit zu der Tendenz, dass die Menschen vom Systemischen aufgesogen werden und sich immer weniger mit ihren Bedürftigkeiten in die ökonomisch-gesellschaftliche Sphäre einbringen können. Je weniger das Kapital auf Massenarbeit angewiesen sein wird, desto deutlicher tritt diese Asymmetrie von Mensch und Ökonomie hervor. Es ist aber nicht nur das Problem der massenhaften Freisetzung von Arbeit, welches diese Asymmetrie heute weiter vertieft, sondern auch der Umstand, dass der Kapitalismus auch nicht mehr auf massenhafte Inkorporation seiner Ideologie durch den Menschen angewiesen ist, sondern - umgekehrt - der Mensch gezwungen ist, in die kapitalistische Ideologie einzutauchen, wenn er gesellschaftlich mithalten will.

Dieser Zusammenhang zeigt sich nirgendwo deutlicher als an der Krise der Männlichkeit (s.u). Der Kapitalismus konnte die Menschen nur deswegen so durchdringen, weil er sich in einer Symbiose von Patriarchat und moderner Industrialisierung entwickelt hat. Die Ordnungsmuster des kapitalistischen Systems - Externalisierung und hierarchisches Verhältnis von Produktion und Reproduktion - konvergieren mit der externalisierten Rationalität und der geschlechtshierarchischen Formung des gesellschaftlichen Konstrukts Männlichkeit. Krisen und Umbrüche des Kapitalismus waren und sind deshalb auch immer Krisen gesellschaftlicher Männlichkeit, sowohl nach der einen wie nach der anderen Seite. In der Regel spornen sie Männer noch mehr dazu an, die Externalisierung voranzutreiben (vgl. Connell 1999), sich an diese traditionelle Symbiose und damit an die überkommenen Männlichkeitsbilder zu klammern. Innere Hilflosigkeit wird über verstärkte Männlichkeit nach außen abgespalten und in antisoziale Tendenzen gedrängt (vgl. Gruen 1992). Für die Pädagogik wird diese Krise der Männlichkeit insoweit zum Problem, als sie das Selbst externalisierend erziehen muss, aber es längst nicht mehr allen gelingt, in den erfolgskulturellen Sektor der Arbeitsgesellschaft hineinzukommen. Dadurch wird sie zu einer noch stärkeren Selektionsinstanz.

In der Gleichzeitigkeit von systemischer Externalisierung und menschlicher Hilfosigkeit liegt auch der Schlüssel für das Verständnis jenes neuen gesellschaftlichen Kulturphänomens, das als „neuer Narzissmus" beschrieben wird (vgl. Sennett 1985). Dieses Phänomen kann als Synonym der gesellschaftlich produzierten inneren Hilflosigkeit der Individuen erkannt werden. Gerade die übertriebene Zurschaustellung des Eigenen sind Versuche, das Eigene nach außen zu kehren, weil die bisherigen Abspaltungs- und Verdrängungsmuster von Hilflosigkeit nicht mehr so einfach funktionieren. Die systemische Externalisierung hat sich so beschleunigt, die krisenhafte Freisetzung der Menschen sich so erweitert, dass für viele die inneren Bedrohungen und Belastungen keine gesellschaftlichen Auffangmechanismen mehr finden. Was bleibt, ist entweder die Abspaltung in Gewalt oder das externalisierte narzisstische Syndrom.

Zudem beklagt Richard Sennett in seiner Schrift *Verfall und Ende des öffentlichen Lebens. Die Tyrannei der Intimität* (vgl. 1985), dass die Gesellschaft immer mehr an öffentlichen Räumen verliert, zu denen der Einzelne seine innere Positionen ins Verhältnis setzen und innere Sicherheit finden kann. Die moderne Gesellschaft zieht den Menschen immer mehr so in sich hinein, dass er sich bis zum Letzten aussetzen muss. Wenn man in die modernen Büros hineinschaut, so sieht man, dass es keine Wände und Nischen mehr gibt, wo man sich kurz verstecken und zu sich kommen kann. Man ist immer durchsichtig.

Sennett bezieht sich in seinem Buch auch auf das frühere Werk von David Riesman *Die einsame Masse* (vgl. 1956). Riesman hatte beklagt, dass die Menschen in der fortschreitenden industriellen Gesellschaft immer außengeleiteter würden. Sennett behauptete dagegen, die Gesellschaft werde immer mehr durch die innengeleiteten Narzissten bestimmt. Die beiden Interpretationen sind durchaus nicht gegenläufig, sondern zeigen dieselbe Krise an: Die Gesellschaft hat ihre Regulationsformen für den Umgang mit Externalisierung und innerer Hilflosigkeit verloren. Sie erzeugt damit Bedürftigkeiten, die sich in der gesellschaftlichen Verdrängungskultur genauso ausdrücken wie in der verhäuslichten Gewalt. Riesmann hatte das innengeleitete Subjekt, das sich selbst reguliert, gesucht. Sennett beschreibt etwas melancholisch die öffentlichen Rollen, welche die Distanz zwischen Individuum und Gesellschaft wieder herstellen könnten. In solchen Rollen konnte der Einzelne Zeit und Raum gewinnen, um sich selbst gesellschaftlich verorten und positionieren zu können. Narzissmus ist also eine Bewältigungsform in einer distanzlosen Gesellschaft, in der sich das Selbst dauernd in den Vordergrund stellen muss, weil es nicht zu sich kommen kann. Die narzisstische Präsentation ist vor allem in der Szenerie der Erfolgskultur gegenwärtig, der öffentliche Gewaltprotest findet sich meist in den Gesellschaftssegmenten der sozial Bedrohten und Ausgegrenzten. Gewalt und Narzissmus bilden autistische Eigenwelten, in denen sich die Menschen ihr eigenes Lebensgesetz schaffen und sich in der externalisierten Welt zu behaupten versuchen.

Flexibilisierung und Isolierung

Autistische Selbstbezüge, narzisstische und gewaltnahe Präsentationen verweisen auf den anomischen Gehalt jenes januskoöpfigen Sozialisationsmusters, nach dem der Einzelne in Prozessen nicht kalkulierbaren gesellschaftlichen Wandels verfügbar und fungibel und gleichzeitig bei sich selbst wie auch mit sich identisch sein muss, um diese Offenheit überhaupt durchstehen zu können. Es sind Anpassungsstrategien, die der Logik der Biographisierung und nicht mehr den kollektiven Anpassungsstrategien folgen, wie sie Robert K. Merton (1968) in seiner Anomietheorie systematisiert hat. Dass dieses Sozialisationsmuster heute eine Intensivierung erfährt, hängt mit der neuen Vergesellschaftungsform der Flexibilisierung zusammen, deren Voraussetzung die Individualisierung war. In diesem Zusammenhang ist daran zu erinnern, dass der von Beck in der *Risikogesellschaft* (1986) herausgearbeitete sozialstrukturelle Typus der Individualisierung erst einmal eine soziologische Konstellation darstellte: Mit Individualisierung ist nicht behauptet, dass die Menschen allein, für sich sind, sondern dass sie in einer Art und Weise freigesetzt werden, dass sie selbst neue sozialintegrative Bezüge suchen müssen. Im Vergesellschaftungsmodus der Flexibilisierung wird nun deutlich, dass die sozialintegrativen Perspektiven gespalten sind. Das sozialstrukturelle Ausgesetztsein der einzelnen Menschen und das sozialintegrative Angebot der Arbeitsgesellschaft fallen bei vielen auseinander, da sich die sozialintegrativen Angebote der Gesellschaft nicht an der lebensweltlichen Befindlichkeit, sondern an den systemischen An- und Aufforderungen ausrichten: Deine Hilflosigkeit ist in unsere systemische

Logik nicht integrierbar, aber wir bieten Dir immer wieder Chancen des Mithaltens und des Dich-Durchsetzen-Könnens an, die Du direkt ergreifen kannst. Du darfst keine Angst haben, Du musst an den Erfolg denken. Hier spaltet sich das sozialstaatliche Modell der bildungsgesicherten Karrieren und der multiplen sozialen Sicherung, die auf die Befindlichkeit des Einzelnen eingeht, in ein von diesen Befindlichkeiten abgekoppeltes systemisches Modell von erfolgskultureller Inklusion und risikokultureller Exklusion. Die Integrationsbalance, die im sozialstaatlich mediatisierten Modell von Lebenswelten und ökonomischen Systemen noch gegeben ist, ist gefährdet. Der Einzelne geht Arbeitsbezüge ein, die räumlich und sozial entbettet sind und die er nicht mehr steuern kann. Er kann der Arbeit keinen anderen Lebenszyklus mehr entgegensetzen, er geht entweder im abstrakten Arbeitszusammenhang auf oder er ist ‚draußen'.

Die Flexibilisierung hat eigene Interaktions- und Sozialformen. *Teamfähigkeit* und in ihrem Gefolge *soziale Intelligenz* sind zu Schlüsselkompetenzen des flexibilisierten Menschen geworden. Hier hat ein erstaunlicher Prozess des Umdeutens oder Umrahmens (reframing) stattgefunden: Galt in den siebziger und achtziger Jahren Teamwork unter gruppendynamischer Betrachtung als kollektive und demokratische Form der Steuerung und Integration arbeitsteiliger Prozesse, so ist sie nun zum Credo der Flexibilisierung mutiert. *Teamfähigkeit* ist nicht mehr Synonym dafür, wie der Einzelne seine raum-zeitlich gebundenen Erfahrungen in ein Ganzes einbringen kann, sondern im Gegenteil, wie er sich von seinen raum-zeitlichen Bindungen löst und in einer flexibilisierten systemischen Ablauflogik zusammen mit anderen in einem gleichsam gruppendynamisch flexibel gehaltenen Regelsystem aufgehen kann (vgl. auch Sennett 1998). Er kann so an den sozial entbetteten Netzwerken der Informationsgesellschaft partizipieren und sich in ihre modularen Setzbaukästen einpassen. Die Module sollen dabei im Kopf des Einzelnen so verbunden sein, dass eine ganzheitliche Figur - Gestalt - entstehen kann, die schließlich auch das Sinngefüge des abstrakten Menschen abgibt.

Wir sehen also, dass dieselben Begriffe, mit der die moderne Pädagogik bisher operiert hat, - Selbständigkeit, Gestalt, Schlüsselkompetenz, Teamfähigkeit - nun in einer anderen, sozial entbetteten Welt Erfolg haben. So muss die Pädagogik in arge Verlegenheit geraten: Ihre immer noch gehaltenen sozialen Settings sind sperrig gegenüber den abstrakten Lernprofilen der Wissens- und Informationsgesellschaft geworden. Die Schultore des Internet dagegen stehen weit offen.

Erfolgskultur und Verantwortungslosigkeit

Die systemische Entwicklung verhält sich zunehmend gleichgültiger gegenüber dem Menschen. Vielmehr lebt die systemische Erfolgskultur davon, dass Menschen außerhalb dieser Kultur bedroht werden. Immer mehr Konzernzusammenschlüsse führen zu Rationalisierung, Freisetzung von Arbeit und Arbeitslosigkeit. Diese wird nicht nur in Kauf genommen, sondern ist auch zum Seismograph und Medium für unternehmerischen Erfolg, Prosperität und Profit geworden. Soziale Verantwortung ist dieser Systemlogik fremd. Die Entkoppelung von systemintegrativen und sozialintegrativen Prozessen zeigt sich hier in ihrer ganzen Brisanz. So haben sich in unserer Gesellschaft zwei konträre Welten entwickelt, dass zwischen ihnen weder kommuniziert werden kann, noch Konflikte ausgetragen werden können. Einem Menschen mit shareholder-Mentalität kann man nicht vorwerfen, dass die von ihm favorisierten Praktiken soziale Krisen erzeugen. Er wird in seiner Sachlogik, aber auch in einer daran gebundenen ‚corporate-identity' diese Entwicklung als Voraussetzung und nicht als negative Folge des industriellen Erfolgs verstehen. Der Sozialkritiker lebt für ihn in einer Welt von gestern.

Das Kriterium ‚Verantwortung' ist heute gegenüber dem Kriterium ‚Erfolg' nachrangig. Erst wer Erfolg hat, kann sich so etwas wie Verantwortung leisten. Bill Gates, der Microsoft-Erfinder, ist über das ökonomistische Prinzip der Verantwortungslosigkeit reich geworden; er hat dann soziale Stiftungen im Umfang von 14 Mrd. Dollar gegründet und so gezeigt, dass er sich Verantwortung leisten kann. Es ist eine Verantwortung, die patrimonial gewährt wird, die nicht aus der Systemlogik entspringt und deshalb auch nicht zur Kritik des Systems gewendet werden kann. Dem Nicht-Erfolgreichen wird aber erst gar nicht zugetraut, dass er eine gesellschaftliche Verantwortung übernehmen kann. Eine solche Einstellung ist übrigens - in amerikanischer Tradition - auch bei Bürgerstiftungen anzutreffen. Der Nicht-Erfolgreiche muss sich immer erst legitimieren, dass er sich einbringen kann in das gesellschaftliche Mitreden.

Die Verlegenheit der Pädagogik muss hier noch größer werden: Erfolg und Fortschritt - Ziele, für die die Schule ja Kompetenzen vermitteln soll - werden nicht nur zunehmend in ein System von Verantwortungslosigkeit eingelassen, sondern diese Verantwortungslosigkeit gilt geradezu als Vorstufe einer Verantwortung und neuen Form von Gerechtigkeitsbewusstsein, die man sich dann ‚außerhalb des Systems' leisten kann.

Verantwortung und Gerechtigkeitsbewusstsein sind Schlüsselbegriffe der Pädagogik und der pädagogischen Moral, die sie ausbilden will. Bisher hat sie immer geglaubt, Verantwortung und Gerechtigkeitsbewusstsein aus dem Pädagogischen heraus ausformen zu können, als gleichsam autonome Tugenden, die sich in ihrer Entwicklung nicht unbedingt sozial spiegeln müssen (vgl. z.B. Hellekamps/Musolff 1999). Pointiert formuliert: Die Pädagogik hofft - z.B. die Schulpädagogik -, das Prinzip Verantwortung in der Schule einsperren zu können, und geht davon aus, dass es die Schüler wieder hinaustragen, obwohl doch inzwischen deutlich ist, dass die Schüler im versteckten sozialen Curriculum der Schulen meist das lernen, was dem Verantwortungsprinzip entgegensteht.

„Abstract worker" und überflüssiger Mensch

Der „abstract worker" ist die in der Folge von Individualisierung und Flexibilisierung gelungene Figur des ganzheitlich in der kapitalistischen Produktionslogik aufgegangenen Menschen (vgl. dazu Wimbauer 2000). Früher - seit Beginn des 20. Jahrhunderts bis in die 1970er Jahre - war der ‚ganze Mensch' (s.o.) das Gegenbild zum entfremdeten, ökonomisch zergliederten und zersplitterten Menschen. Deshalb ist das, was wir jetzt erleben, gleichsam die Vereinnahmung dieses Gegenbildes durch die systemische Welt der kapitalistischen Ökonomie. Das ökonomisch-technologische System nimmt so der Pädagogik ihre traditionelle Humanitätsformel. Das Neue in diesem Kontext ist, dass es kein Kontinuum mehr gibt zwischen dem „abstract worker" und dem überflüssigen Menschen, denn es sind voneinander abgeschottete Segmente. Deshalb ist es auch für die Pädagogik schwierig, ihren Anspruch, Pädagogik für alle zu sein, weiter einzuhalten. Dieser war für die demokratische Pädagogik der Chancengleichheit, wie sie sich im 20. Jahrhundert entwickelt hat, zur Selbstverständlichkeit geworden. Dieser umfassende Anspruch wird brüchig, wenn es nur noch um Gewinner oder Verlierer geht. Die Pädagogik wird dann genauso segmentiert und gespalten. Es gibt Sozialschulen am äußersten Rand und Eliteschulen in der erfolgskulturellen Mitte - aber es sind zwei Welten, die nichts mehr miteinander zu tun haben und zwischen denen es keine offenen Grenzen gibt. Das bedeutet, dass die *Verliererschulen* - Hauptschulen und Einrichtungen der Berufsvorbereitung - kaum Selektionsfunktion mehr haben und damit auch keine sozialen Chancen verteilen können. Der Begriff der „Restschule", den man früher als innerinstitutionellen Begriff für Schulen gebraucht hat, die ihre Kinder und Jugendlichen nur noch auf einem bestimmten Niveau von Verhaltenskonformität versorgten, kann die neue Problematik dieser zwei voneinander getrennten Schulwelten nicht fassen, denn damit verband sich immer noch die Vorstellung, dass diese Absolventen in niedrigstqualifizierten Tätigkeitsfeldern unterkommen könnten. Heute, da diese Tätigkeitsfelder immer kleiner werden, weil sie technologisch substituiert werden, ist auch diese Perspektive kaum mehr gegeben. In Fortbildungsveranstaltungen für Lehrerinnen und Lehrer in Berufsvorbereitungsmaßnahmen hören wir immer wieder: ‚Die meisten Schüler bilden wir ja doch nur für die Sozialhilfe aus.'

Der ganzheitliche Anspruch an den Menschen, der im Modell des „abstract worker" steckt, führt schließlich auch zur Auflösung des Entfremdungsbegriffs. Das hat für die Pädagogik weitreichende Konsequenzen. Die Spannung zwischen dem entfremdeten Menschen und der Perspektive seiner Subjektwerdung war der Motor moderner Bildung, aber auch der Lebensbewältigung und der damit verbundenen Suche nach alltäglicher Handlungsfähigkeit und gesellschaftlicher Orientierung. Heute haben sich die Bewältigungs- und Problemlösungsdiskurse nicht von ungefähr in die parasoziale Welt der Medien - der Talkshows und Internetkonferenzen - verschoben. Dort werden parasoziale Problemlösungsstrategien angeboten, die der raumzeitlichen Realität und Verbindlichkeit der sozialen Konfliktkonstellationen enthoben sind. So ist das

Aushandeln von Problemen und Konflikten im Klassenraum unattraktiv geworden, die Schüler fügen sich mehr aus dem pragmatischen, situativen Kalkül heraus, dass sie damit den Lehrer zufrieden stellen und unangenehme Spannungen herabsetzen können. Wesentlich attraktiver kommen ihnen dagegen die Problemlösungen der parasozialen Medien und des Konsums vor, die nicht verlangen, dass man aus sich herausgeht und sich von seinem Inneren her stellt, sondern nur, dass man sich inszeniert bzw. rezeptiver Teil dieser Inszenierung sein kann. Nicht umsonst verfallen Schulen immer mehr darauf, diese Inszenierungstechniken bei sich nachzuvollziehen und merken oft nicht, wie schlecht sie in den Augen der Schüler mit den Medien konkurrieren können. Gleichzeitig geht auch die Bereitschaft bei Lehrern und Schülern zurück, raum-zeitlich und personal verbindliche pädagogische Bezüge - im Sinne des gegenseitigen Verstehens - als schulgemäße Formen sozialer Gegenseitigkeit zu entwickeln.

Die Pädagogik der Segmentierten?

In der Krise der Arbeitsgesellschaft bilden sich - entlang der über den ökonomisch-technologischen Strukturwandel entstandenen Segmente des Arbeitsmarktes (vgl. Sengenberger 1987; Böhnisch/Arnold/Schröer 1999) - entsprechende Kulturen heraus: die Erfolgskultur der „abstract worker", die anomieträchtige Bewältigungskultur in den Puffern und Peripherien und die Überlebenskultur der sozial Ausgegrenzten in den Randzonen. Die Erfolgskultur des Kernsegments ist dabei unter zwei Aspekten zu betrachten: Zum einen wirkt sie zurück auf die anderen Segmente, vermittelt über Medien und Konsum, nistet sich dort als Spaßkultur ein, suggeriert den Menschen Teilhabe an der Erfolgskultur, obwohl in der sozialen und ökonomischen Wirklichkeit die Segmente relativ voneinander abgeschottet, die Übergänge nicht fließend und die Chancen, in erfolgskulturelle Zonen zu gelangen, zwar fallweise gegeben, aber allgemein ungleich verteilt sind. Die Erfolgskultur braucht keine Pädagogik, kennt keine Spannung, keinen Konflikt zwischen Individuum und System. Innezuhalten, sich auf ein Menschsein aus sich selbst heraus zu besinnen, stört hier nur.

Die im erfolgskulturellen Segment Lebenden und Mithaltenden brauchen auch keine soziale Gestaltungsperspektive, sie werden mitgestaltet und fühlen sich in einer anderen Welt, jenseits sozialen Aufeinanderangewiesenseins und sozialer Abhängigkeiten. Sie beschäftigen sich mit dem Sozialen von einer anderen Warte aus, sie sorgen sich um die Verlierer, aber nur so weit, dass diese einigermaßen versorgt sind und der Kontrast und Abstand zur Gewinnerkultur gewahrt wird. Die Schule steht hier vor einer inneren Spaltung, ist hin- und hergerissen. Auf der einen Seite wird sie als Leistungsschule massiv von standortbesorgten Politikern und karrierebesorgten Eltern angefragt, ob und wie sie ihre Schüler in dieses Segment der Erfolgskultur hineinbringen kann, auf der anderen Seite weiß sie, dass dies nur wenigen gelingt und sucht nach Mitteln, die anderen irgendwie in einem curricularen Mixtum aus Mindestqualifikation und sozialer Kontrolle bei der Stange zu halten. Hier liegt auch der Irrtum jener Schulreformer, die in reformpädagogischer Perspektive die Schule wieder auf den Menschen zurückführen möchten. Reformpädagogische Strategien des Lernens am Menschen und über den Menschen (und nicht über die Logik des Systemischen) gingen solange gut, wie Systemintegration und Sozialintegration in einer sozialstaatlich relativ geschlossenen Gesellschaft vermittelt, miteinander vereinbar waren.

In der segmentierten Arbeitsgesellschaft dagegen, die dadurch geprägt ist, dass sich die systemintegrativen Gesellschaftsbereiche von den sozialintegrativ-lebensweltlichen tendenziell verselbständigen und unterschiedliche Kulturen ausbilden, kommt die sozialstaatliche Mediation - zumal durch einen politisch schwächer gewordenen Sozialstaat - an ihre Grenzen. Wir leben eben nicht mehr in einem Zeit des ‚und', sondern in einer Entweder-Oder-Gesellschaft: ‚Entweder du bist drin oder draußen' (vgl. Rifkin 2000). Diese neue Spaltung, die die Gesellschaftsentwicklung vorgibt, - die Abschottung von leistungsfixierten zu sozialalimentierten Bevölkerungsteilen - hat auch die Idee der Gesamtschule ausgehöhlt bzw. auch diese wieder segmentiert. Die Gesamtschule lebte von der Idee, dass Leistungsorientierung und Sozialorientierung in der Schule in einer Balance gehalten werden könnten. Wir stehen Anfang des 21. Jahrhunderts in den westeuropäischen Gesellschaften an einem Punkt, an dem deutlich wird, dass die Gesellschaft sich von der Schule entfernt hat, einer Schule, die im Grunde immer noch nach dem vorangegangenen wohlfahrtsgesellschaftlichen Bildungsprinzip der sozialen Chancengerechtigkeit und der sozialen Weckung von Bildungsreserven geprägt ist. Doch die Schule ist längst unter den Druck der neuen segmentierten Gesellschaft und deren Credo geraten, dass nicht alle gebraucht werden, dass jeder selbst schauen muss, wie er sich für den gesellschaftlichen Wettbewerb fit macht. Allerdings ist dies ist kein Konzept, das die Schule einfach übernehmen kann. Sie ‚wurstelt sich durch', und das Ergebnis ist, dass diese anomische Situation auch auf den Rücken der Lehrer ausgestanden wird. Die demographische Situation in Deutschland, der Rückgang der Geburtenzahlen und entsprechend der Schülerpopulation unterstützen den Trend. Die Schulen geraten schon als Schulen in den gesellschaftlichen Leistungswettbewerb, denn *die* Schulen werden in der Regel erhalten, die als leistungsstark und problemlos gelten, und jene werden eher geschlossen, die einen ‚schlechten' Ruf haben, d.h., die als sozial auffällige Schulen gelten (Drogenprobleme, Disziplinarkonflikte, Abbruchquoten etc.). Rektoren und Lehrer versuchen dann eher, prekäre soziale Fragen zu unterdrücken, drängen bei abweichendem Verhalten eher auf Relegation, weil sie ihre Schule im Kampf gegen drohende Schließungen wettbewerbsfähig halten wollen. Indem sich die Schule so von ihren sozialen Einlagerungen ablösen will, verlangt sie von allen Familien - egal ob sie nun sozial dazu in der Lage sind - dieselbe Leistung: nämlich die Kinder schulfähig zu machen. Die soziale Problematik der gespaltenen Gesellschaft wird damit aber nur vordergründig von der Schule auf die Familien verschoben, sie kommt von den Familien wieder auf die Schule zurück und führt so zu einer weiteren und neuen Segmentierung des Bildungswesens, in dem das Konzept der Eliteschule nicht mehr bildungspolitische Leitvorstellung für viele, sondern exklusives Schulkonzept der Erfolgskultur zu werden droht.

So ist die Spaltung der Pädagogik längst nicht mehr von der Hand zu weisen. Es gibt die leistungsorientierte, auf den abstrakten Schüler und den „abstract worker" noch intensiver hinarbeitende Pädagogik und eine, - in sich verunsichert und suchend - die sich dagegen wehrt, aber kein eigenes Konzept hat, weil die Idee von der Sozialschule oder der Reformschule schon immer Kritik der herrschenden Schule und nur in exklusiven Fällen ein Modell, meist aber ein Schulkonzept für sich war. Der Traum von der modernen pädagogischen Provinz, in der es immer noch um die Menschen geht, während sie anderswo schon überflüssig zu werden drohen, ist wieder einmal zur pädagogischen Illusion geworden. Es liegt inzwischen außerhalb der Möglichkeiten der Schule zu entscheiden, ob sie sich nun in Richtung Leistungsorientierung oder Sozialorientierung bewegt. Nun zeigt sich auch, wie wichtig der sozialstaatliche Rückhalt für die Schule war und ist. Schul- und Bildungsreformbewegungen haben bisher immer eine Art antiadministrativen und antistaatlichen Einschlag gehabt. Die autoritäre, bevormundende Schule stand im Zentrum der Kritik. Dass der Sozialstaat auch einen Rahmen bietet, in dem soziale Rechte und die Würde des Menschen vor ihrer ökonomischen Destruierung geschützt sind und an den sich Erziehungsziele zurückbinden lassen, ist dagegen selten thematisiert worden. Mit der Krise des Sozialstaates ist dieses einseitige Staatsverständnis der Schulreformer zum Dilemma geworden: Die ordnungsstaatlichen Elemente, die durch die Aushöhlung des Sozialstaates freigesetzt werden, wirken wieder und intensiver als vorher auf die Schule zurück. In Sachsen wurden in den 1990er Jahren wieder Kopfnoten in den Schulzeugnissen eingeführt, die hoheitliche Schule als Ort der öffentlichen Kontrolle tritt neben die Leistungsschule als Ort der Ökonomisierung der Lebensperspektive. So ist der soziale Blick auf die Schule weiter verstellt. Mehr noch: Das hoheitliche Element fördert die Kriminalisierung abweichenden Schülerverhaltens, die Ökonomisierung bereitet den Boden für eine erfolgskulturell verbrämte schulische Verdrängungskultur.

Die Verfechter der Leistungsschule, die nach dem schielen, was die ökonomisch-technische Logik immer neu, unverhofft und anders von ihnen erwartet, sehen nicht - oder wollen nicht sehen -, wie gleichsam unter ihrer Hand ein verstecktes Curriculum des abstrakten Menschen intensiviert wird. Sie sitzen der grandiosen Illusion auf, dass die Schule, wenn sie sich nur elitisierte, auch die Leistungsträger produzieren könnte, die die Wirtschaft von ihr verlangt. Ob die erfolgreichen Schulabgänger dann auch Leistungsträger werden, liegt aber - betrachtet man die nachschulischen Karrierestrukturen - nicht in der Hand der Schule. Sie ist lediglich der Ort der Vorselektion. Dadurch ist sie nicht länger bildungsoptimistischer Ort biographischer Verheißung, sondern ein Ort geworden, wo Jugendliche zum ersten Mal Angst vor dem Scheitern verspüren zu einer Zeit, in der sie sich doch noch in einem sozialen Schutzraum entwickeln sollten.

Je mehr vor diesem Hintergrund die Schule an pädagogischem Terrain preisgeben muss, desto stärker scheint sich das Pädagogische auf die sozialen Übergänge zu konzentrieren. Dort wird es praktiziert, gesellschaftlich aber meist nicht anerkannt. In den Übergängen von der Schule zur Berufsausbildung, von der Berufsausbildung zum Beruf, in denen den jungen Leute ihre leidlich schützende Schülerrolle verlustig geht, wird die Grundfrage des menschlichen Selbstwerts und der sozialen Anerkennung außerhalb der neuen Karrierebahnen des „abstract worker" virulent. Hier kann man - sei es in den Jugendberufshilfen, in der Lebensberatung, in den vielfältigen Formen der Krisenintervention - die neue Praxis der pädagogischen Beziehung und des Empowerment kennen lernen. Die ökonomisierte Leistungsgesellschaft verweigert dieser Praxis aber bis heute die öffentliche Anerkennung als pädagogisches Modell. Ihr haftet der Geruch des Scheiterns, der Überflüssigkeit an. So bleiben sie weiter in den Randzonen einer segmentierten Pädagogik, obwohl ihr Klientel längst in die Mitte der Gesellschaft hineinreicht.

Die Leistungspädagogik hingegen läuft Gefahr, dass sie in der Tradition ihrer linearen und differentiellen Entwicklungs- und Karrierevorstellungen der Illusion aufsitzt, mit der Figur des „abstract worker" könne ein durchschnittlicher Lebensentwurf curricularisiert und sozial stabilisiert werden. Die bisherigen Erfahrungen zeigen, dass es sich hier weniger um ein Entwicklungsmodell, sondern um ein erfolgskulturelles Erfüllungsmodell handelt, in das man - so auch die Logik dieser Figur - je nach globalgesellschaftlicher Laune und Konjunktur hineingeraten und wieder herausfallen kann, ohne dass man den Glauben an sich und die Gesellschaft verliert. Wer diesen Glauben verliert, ist dann ‚draußen', hat mit der Gesellschaft nichts mehr zu tun, taugt dann auch nicht mehr als Gegenbeweis zu diesem ökonomisierten und technologisierten Lebensmodell, hat sich durch sein Scheitern selbst delegitimiert.

Die gesellschaftliche Entzauberung der Jugend und die neue Generationenkonkurrenz

Wenn wir die Jugend in Deutschland um die Wende vom 20. zum 21. Jahrhundert aus sozioökonomischer Perspektive und ihre gesellschaftliche Stellung in arbeitsgesellschaftlicher Reflexivität beschreiben, dann knüpfen wir an die Botschaft der Shell-Studie Jugend '97 an: Die Krise der Arbeitsgesellschaft hat die Jugend erreicht. So oder ähnlich lautet auch der Tenor anderer Jugendstudien der 1990er Jahre. Viel mehr Jugendliche als früher werden mit sozialen Problemen konfrontiert - Arbeitslosigkeit, Konkurrenzdruck, Berufsnot -, von denen sie eigentlich im traditionellen jugendpädagogischen Modell des Moratoriums ferngehalten sein sollten. Dennoch gilt weiter, dass Jugendliche sich in der psychisch-physischen Entwicklung der Pubertät mit ihren Vor- und Nachphasen befinden und somit die Art und Weise, wie Jugendliche mit diesen auf sie zukommenden sozialen Problemen umgehen, stark durch die Logik dieser Entwicklungsphase bestimmt ist. Der Zustand der Schwebe, der Unwirklichkeit und Unbefangenheit, in dem sich Jugendliche im pubertären Alter befinden, beeinflusst in der Regel auch die Art und Weise, in der sie mit denen ihn nun auf einmal zugemuteten sozialen Belastungen umgehen bzw. umzugehen imstande sind. Sie sind zwar nach außen - im Umgang mit neuen Dingen, in der Rücksichtslosigkeit gegenüber Altem und in den Formen ihrer Abgrenzung von der Erwachsenenkultur - selbständig und selbstbewusst, aber sie leben dazwischen, sind noch nicht mit sich fertig und haben noch lange nicht ihren Platz in der Gesellschaft gefunden. Dennoch sind sie schon von der Bedrückung erfasst, ob sie diesen Platz je finden werden, von der diffusen Angst, nicht mithalten zu können, und gleichzeitig von dem Frust, die eigene Jugend nicht so ausleben zu können, wie man es in sich spürt. Bedrückung, Angst und Frust sind keine kognitiv bewertbaren Erfahrungskategorien, sondern Stresszustände, denen Jugendliche wiederum durch die Inszenierung von Unwirklichkeit, wie sie die Spaßkulturen der Konsumgesellschaft anbietet, zu entgehen versuchen.

> **Die 12. und 13. Shell-Jugendstudie (1997; 2000)**
>
> Die in Deutschland seit den 1960er Jahren durchgeführten - von der Deutschen Shell AG finanzierten - repräsentativen Jugendsurveys werden inzwischen als Leitstudien für den öffentlichen Diskurs um die Entwicklung des Verhältnisses von Jugend und Gesellschaft gehandelt. Im Mittelpunkt stehen die Einstellungen und Haltungen der Jugendlichen zu gesellschaftlichen Entwicklungen, ihre individuelle und soziale Selbstverortung und ihre Wertorientierung. Wie alle Meinungsumfragen erfassen die Shell-Studien vor allem die gesellschaftlich gerichteten Einstellungen und Selbstbilder der Jugendlichen. Entsprechend lassen sie auch Interpretationen dahingehend zu, wie die Jugend durch die Gesellschaft geprägt ist, über die innerpersonalen Befindlichkeiten, Betroffenheiten und Bewältigungsbezüge lässt sich dagegen wenig oder höchstens zwischen den Zeilen herauslesen. Dies ist aber umso schwieriger, je weniger die gesellschaftlich gerichteten Einstellungen und die innerpersonalen Betroffenheiten miteinander kompatibel und vermittelbar sind. In der Gesellschaft des digitalen Kapitalismus, in der dem Einzelnen die Bereitschaft abverlangt wird mitzuhalten, sich flexibel und offen anzupassen, optionsbereit und verfügbar zu sein, tritt die Frage nach den Integritäts- und Bewältigungsproblemen, die der gesellschaftliche Flexibilitätszwang nach sich zieht, nicht nur zurück; sie gilt auch als störend und hemmend für den offenen ökonomisch-technologischen Wachstumsprozess und fällt somit dem unausgesprochenen, aber für alle spürbaren Verdikt des Privaten anheim.
>
> Dies bildet sich inzwischen auch in den Meinungsumfragen ab. Dass auch die letzten beiden Shell-Jugendstudien hier keine Ausnahme mehr machen, weist darüber hinaus auf eine besondere Problematik hin: Die Jugend scheint ihres lebensaltertypischen gesellschaftsdistanzierten bis -kritischen Status, der ihre soziale Besonderheit ausmacht, zunehmend verloren zu haben. Schon in der Shell-Studie 1997 zeichnete sich eine Tendenz ab, nach der eine Mehrzahl der Jugendlichen nach ‚mehr Jugend', d.h. mehr entwicklungsgemäßen und von sozialen Risiken geschützten Experimentierraum verlangten. Die Shell-Studie 2000 bestätigt diesen Trend zur frühen gesellschaftlichen Vereinnahmung der Jugend. Hier wird nun deutlich, dass die neuen Vergesellschaftungsmuster der Flexibilisierung und Privatisierung inzwischen auch

> schon die Jugend prägen und den Unterschied zwischen Jugend- und Erwachsenenstatus bezeichnend verwischen lassen.
>
> Damit ist die Gefahr nicht mehr von der Hand zu weisen, dass die Jugend ihrer besonderen kulturellen Ressource, der Unbefangenheit gegenüber den gesellschaftlichen Zwängen, verlustig geht. Der kritische Bonus der jungen Generation, wie ihn Mannheim (s.o.) für die moderne Jugend ausgemacht hat, die ‚zweite Chance', als die Mario Erdheim Jugend begreift, scheint verspielt zu sein. Jugend ist auf die Ebene der Erwachsenengeneration gerutscht, in eine Generationenkonkurrenz geraten, auf die sie aber - aufgrund ihres noch fragilen Entwicklungsstatus und mangelnden ökonomischen und politischen Einflusses - kaum vorbereitet ist. Die Jugendfrage schwankt zwischen Integrations- und Machtfrage. Jugendumfragen, die noch dem traditionellen Muster von der Gesellschaft, die sich um ihre Jugend bemüht, folgen, sollten deshalb ad acta gelegt werden.

So war es kein Wunder und direkt zu erwarten, dass die nächste Jugendgeneration (vgl. dazu: Jugend 2000) noch mehr bemüht ist, diesen Stresszuständen zu entkommen, um erlebnis- und handlungsfähig zu bleiben. Dies geschieht dann vor allem durch die soziale Risiken abdrängende Fokussierung auf sich selbst, auf das eigene Lebensprojekt, das gelingen muss. Dann erscheint auch das Gesellschaftliche in einem anderen, dem eigenen - positiven - Licht. Mit dieser Haltung bahnen sich viele Jugendliche heute ihren Weg, aber es ist ein Weg der Ambivalenz. Auf diesem Weg kann man durchkommen, aber genauso in - dann subjektiv unkalkulierbare - Risikozonen geraten. Denn aufgrund der leibseelischen Befindlichkeit in der Pubertät, im jugendlichen Schweben, in der Unbefangenheit überblicken viele Jugendliche ihre sozialen Belastungen nicht, gehen mit eben dieser jugendlichen Unbefangenheit damit um. Das Experimentier- und Risikoverhalten, das der Eigenart des Jugendalters als Lebensphase ‚potenzieller Devianz' gesellschaftlich bisher immer noch zugebilligt wurde, weil es in der Regel in einem kalkulierbaren und gesellschaftlich noch unverbindlichen jugendkulturellem Raum abgelaufen ist, hat heute bei nicht wenigen Jugendlichen diese jugendkulturelle Schwelle übersprungen und ist deshalb sozial problematisch geworden. Die Krise der Arbeitsgesellschaft wirkt so in das Jugendalter hinein, dass das lebensphasentypische Experimentierverhalten Jugendlicher unter der Hand - ohne das sie es merken, da sie sich ja im leibseelischen Zustand der Unbefangenheit und Unwirklichkeit befinden - zum sozialen Bewältigungsverhalten wird. Als solches kann es sich verfestigen und ins Erwachsenenalter hinüberreichen. Während jugendkulturelles Risikoverhalten - wie die Verlaufsstatistiken der Jugendkriminalität es belegen - mit dem Ende der Jugendphase abklingt, besteht die Gefahr, dass sich Muster sozialer Bewältigung, die sich im Jugendalter nicht intendiert und ungeplant entwickelten, später verstetigen.

Die Drogenszene Jugendlicher (vgl. dazu Arnold/Schille 2001) liefert hierfür ein eindrückliches Beispiel. Viele Jugendliche experimentieren heute mit Drogen, so dass der Umgang mit Drogen inzwischen schon zu den Entwicklungsaufgaben des Jugendalters gerechnet wird (vgl. Hurrelmann 1997). Der brisante Punkt dabei ist, dass es manche Jugendliche nicht schaffen, im Experimentierraum Drogen zu verbleiben, sondern - fast über Nacht - von Drogen abhängig werden. Dieses ‚über Nacht', die Blackbox des Übergangs in den User-Bereich, der die Pädagogen so ratlos macht, öffnet sich erst, wenn man die neue gesellschaftliche Verstrickung der Jugend in Betracht nimmt. Stephan Sting charakterisiert darum die Suchtprävention als Bildungsaufgabe entsprechend umfassend:

> „Eine Verständnis von Suchtprävention als Bildungsaufgabe muss die Suchtprävention in ihrem gesamten Entstehungsspektrum von der lebensweltbezogenen Problembewältigung über entwicklungsbezogenes Risikoverhalten bis hin zu Suchtkultur der Gesellschaft erfassen. Dabei bewegt sie sich zwischen einer sozialpolitischen Auseinandersetzung, der es um positive Milieuveränderung und um Einwirkung auf eine Drogenpolitik geht, die durch die Kriminalisierung illegaler Drogen eine Entdramatisierung und Entideologisierung der Suchtdiskussion verhindert, und einer sozialtherapeutischen Orientierung, die die Verhinderung von Problemverhalten und die Einwirkung auf problematische Sozialbeziehungen und Lebenskontexte anstrebt. Ihren Ansatzpunkt findet sie in der ‚Selbstbildung' und in der ‚Lebensgestaltung im Kontext'." (Sting 1999, S. 496)

Jugendliche - so haben wir betont - erfahren soziale Belastungen vor allem als Stress, als emotional Bedrängnisse, also auf der gleichen Empfindungsebene, auf der sie sich in ihrer pubertären Unwirklichkeit und Unbefangenheit befinden. Sie reagieren dann auf diese Belastungen aus ihrer emotionalen Befindlichkeit heraus, verlängern ihr Experimentierverhalten hinein in die soziale Umgebung. Jugendkulturelles Experimentierverhalten wird damit zum sozialen Risikoverhalten, ohne dass es die Jugendlichen merken. Die meisten der betroffenen Jugendlichen - so die Berichte von Sozialarbeitern - behaupten dann aus ihrer jugendkulturellen Unbefangenheit heraus noch immer - auch wenn sie schon längst drogenabhängig sind -, dass sie jederzeit wieder aufhören könnten, wenn sie es nur wollten. Sie können aus dieser Befindlichkeit heraus die soziale Tragweite ihres Verhaltens nicht überblicken und zeigen sich in der Regel dann auch unverständig gegenüber traditionellen pädagogischen Bemühungen.

Mit der traditionellen Pädagogik sind hier die kognitiv ausgerichteten Aufklärungsversuche gemeint, die zwar - wie im Falle der Plakate mit Jugendidolen (z.B. Fußballstars) - mit jugendkultureller Stimmung hantieren, vom Medium her aber in der kognitiven Absicht einer Differenzpädagogik verbleiben. Die Erfahrungen, die vor allem in der außerschulischen Pädagogik gemacht wurden, zeigen aber, dass der Erfolg dieser Aufklärungskampagnen minimal ist. Vielmehr setzen die in diesem Bereich tätigen Pädagogen auf eine Pädagogik, die in der Lage ist, intensive Beziehungskulturen im sozialen Nahraum zu schaffen, in denen gefährdete Jugendliche entsprechend intensive Gefühle mit sich und anderen haben und Lust und Neugier auf andere Lebensumstände wieder entwickeln können.

Wie im Falle der Überforderung der Familie sprengen auch in der Jugend die gesellschaftlichen Umstände den Rahmen, in den diese Lebensformen und Lebensphasen eingelassen sind, und an die sich die Pädagogik als Richtgröße gewöhnt hat. Natürlich befindet sich die Jugend immer noch in einem Bildungsraum - schon damit sie unter sozialer Kontrolle bleibt - und die Mechanismen des Bedürfnisaufschubs wirken vor allem in der Frage der sozialen Platzierung weiter - gleichzeitig ist er aber auch vielfach durchbrochen, sowohl nach der inneren Seite, der Selbständigkeit der Jugendlichen, als auch nach der äußeren Seite, der frühen Konfrontation mit sozialen Belastungen. Deshalb spricht man seit den 1980er Jahren von der Entstrukturierung der Jugendphase (vgl. dazu Olk 1985). Die Schule ist dabei der pädagogische Raum, der nicht einmal dieser Entstrukturierung in ihrer Konsequenz folgen will oder kann und bei dem man den Eindruck hat, dass er noch mehr an das traditionelle Modell des Bildungsmoratoriums gebunden wird, je brüchiger dieses Modell geworden ist. Diese Verlegenheit der Schule der Jugend gegenüber, das Bewältigungsproblem also, das die Schule selbst hat, versucht sie im Durchschnitt durch mehr Qualifikationsorientierung aufzulösen. Sie muss als Institution handlungsfähig bleiben, und indem sie realisiert, dass sie sich mehr denn je eher den gesellschaftlichen Interessen als der Bedürftigkeit der Jugend zuwendet, verstärkt sie ihre differenzpädagogische Seite und entwertet damit - wenn auch oft unbeabsichtigt - die soziokulturelle Selbständigkeit der Jugend wie ihre soziale Not. Damit leistet auch die Schule ihren Beitrag zur gesellschaftlichen Diskreditierung der Jugend.

In der Gesellschaft des beginnenden 21. Jahrhunderts hat die Jugend nur noch bedingt Kredit (umgekehrt scheint es aber allerdings genauso zu sein). Die Entstrukturierung der Arbeitsgesellschaft hat offensichtlich auch zu einer Entstrukturierung des Generationenverhältnisses geführt. Der 35jährige Arbeitslose wird sich einen Dreck darum scheren, ob der Jugendliche nun - weil er im Entwicklungsübergang zur Gesellschaft, in der fragilen Phase der Identitätsfindung ist - den Arbeitsplatz dringender braucht als er. Er sieht ihn eher als Konkurrenten mit staatlich alimentiertem Wettbewerbsvorteil. Da können die Älteren schon großzügiger sein, wenn sie zwei Jahre früher in die Rente gehen. Die neue Generationenkonkurrenz, die sich vor den Augen der Jugendpädagogik abspielt, treibt Jugendliche noch weiter in die Familien, mit dem Effekt, dass die öffentliche Verantwortung für die Jugend noch mehr privatisiert wird. Die einzelnen Familien kümmern sich um ‚ihre' Kinder und Jugendlichen mit einem teilweise unerbittlichen Familienegoismus und Durchsetzungsanspruch. Es geht um die eigenen Kinder, ‚die Jugend' allgemein und die anderen Jugendlichen interessieren nicht. Das Problem der Drogengefährdung von Kindern und Jugendlichen oder die Jugendarbeitslosigkeit interessieren erst, wenn die eigenen Söhne und Töchter davon betroffen sind.

Die Entwertung der Jugend als gesellschaftlich zu schützendem Entwicklungsmodell, die sich in dieser Generationenkonkurrenz zeigt, verweist auf einen epochalen Zusammenhang im Verhältnis von Jugend und Gesellschaft.

Das 20. Jahrhundert gilt nicht umsonst als das Jahrhundert der Jugend, weil in ihm - sowohl demographisch als auch unter dem Aspekt der Modernisierung - die junge Generation als strategische Sozialgruppe einer entwicklungsbewussten, wachstumsorientierten Gesellschaft hervortrat. Das 21. Jahrhundert wird dieser gesellschaftlichen Jugenddefinition die Grundlagen entziehen. Nicht nur die demographische Gliederung unserer Gesellschaft hat sich dramatisch auf das Alter hin verändert. Es ist vor allem die digitalisierte Struktur der Ökonomie, welche Druck auf die Jugend ausübt. Dort, wo qualifizierte Arbeitsplätze gebraucht werden, will man sie - angesichts beschleunigter Technologie- und Marktentwicklung - *sofort* abrufen können, will nicht auf lange Ausbildungszeiten Rücksicht nehmen. Auch die ‚green card' für ‚fertige' ausländische Fachleute (s.u.), die - so das populäre Bild - dem Warten auf heimischen Nachwuchs vorgezogen wird, ist zu einem Symbol dafür geworden, dass Jugend und industriegesellschaftliche Entwicklung, die gerade in den zwanziger und sechziger Jahren des 20. Jahrhunderts eng aufeinander bezogen waren, zunehmend entkoppelt sind. Die Frage der gesellschaftlichen Bedeutung der Jugend, soll sie nicht in der ökonomisierten Generationenkonkurrenz untergehen, muss darum mehr denn je in einem sozialstaatlichen Diskurs eingebettet werden.

Ein anderer Schauplatz, auf den die Jugendfrage wieder verschoben wird, ist der der Kriminalpolitik. Zwar hält sich noch die öffentliche Programmatik einer besonderen Verantwortung für die Jugend verpflichtet, aber sie ist gepaart mit einem erhöhtem Kontrollanspruch: Die Jugend hat sich entsprechend zu fügen, und das mehr als andere Generationengruppen. Auch dies ist eine - wenn auch verbrämte Form - der Generationenkonkurrenz. Jugendliche geraten so in eine *Selbständigkeitsfalle*: Einerseits sind sie im postmodernen Vergesellschaftungsprozess auf eine Art und Weise freigesetzt, dass sie früh soziokulturell selbständig werden; gleichzeitig verspüren sie den gesellschaftlichen Druck, sich zurückzunehmen, die Dynamik der Adoleszenz zu unterdrücken. Das macht hilflos. Wenige spalten ihre Hilflosigkeit in Gewalt gegen Schwächere ab. Die Mehrheit lebt - mit der Unbefangenheit der Jugend - ihr eigenes Leben, um sich so an den sozialen und gesellschaftlichen Problemen, von denen das Jugendalter heute nicht verschont ist, vorbeizulavieren. In dieser Ambivalenz muss man auch das Ergebnis der 13. Shell-Jugendstudie (2000) interpretieren, in der sich deutliche Hinweise auf biographiezentrierte - der Gesellschaft gegenüber indifferente - soziale Orientierungen finden. Während in früheren deutschen Jugendstudien der 1980er und 90er Jahre die Tendenz überwog, dass die Jugend eine gespaltene soziale Orientierung zeigte - gesellschaftlich-pessimistische versus persönlich-optimistische -, scheint für viele jetzt nur noch ein betont optimistischer Glaube an sich selbst orientierungsleitend zu sein. Das frühere Orientierungsmodell ließ sich jugendtypisch erklären: In der Pubertät steht das eigene Selbst narzisstisch im Mittelpunkt der Welt und der gesellschaftlichen Optionen, an denen man sich entsprechend reibt. Heute reiben sich viele Jugendliche nicht mehr am Gesellschaftlichen, sondern übernehmen früh das biographische Bewältigungsmodell der Erwachsenen. Die sozial indifferente Ausrichtung am Projekt des ‚eigenen Lebens' und der jugendkulturelle Narziss gehen ineinander über. Die Mediengesellschaft feiert sie als optimistische Generation, die ‚Tritt gefasst' hat, und übersieht dabei die utilitaristische Tendenz genauso wie die Tatsache, dass fast ein Drittel der Jugendlichen nicht Tritt fasst, möglicherweise im Sog des biographischen Scheiterns steckt.

Hier stehen die jungen Männer deutlich im Mittelpunkt. Sie werden von der Verdrängungskultur der segmentierten Arbeitsgesellschaft nachhaltig getroffen. Denn von der Art und Weise, wie sie *außengerichtet* erzogen worden sind, wie ihnen verwehrt wurde, mit ihrem Inneren, mit Gefühlen der Hilflosigkeit und Schwäche umzugehen, geraten sie immer wieder in den Zwang, ihre Bedürftigkeiten zu externalisieren, andere unter Druck zu setzen (vgl. H.J. Lenz 2000; Böhnisch 2000). Dabei ist es nicht so sehr die Tatsache der Arbeitslosigkeit, sondern die Ungewissheit und Fragilität der Arbeitsverhältnisse, das Risiko, das nicht überschaubar ist. Massive Selbstwertstörungen sind die Folge. Die vielen Arbeitsbeschaffungs- und Umschulungsprojekte, die es seit den 1990er Jahren in Deutschland gibt, zeigen immer wieder, dass eine dauerhafte Vermittlung in neue Arbeitsverhältnisse bei vielen nur gelingt, wenn sie in der Zeit der Arbeitslosigkeit - und damit während der Dauer der Umschulung - auch Möglichkeiten erfahren und Gelegenheiten gehabt haben, Selbstwerterlebnisse außerhalb von Arbeit zu haben und erleben zu können, dass sie als Menschen etwas wert sind und anerkannt werden und dass sie aus diesem menschlichen Wert heraus neue Motivationen und Fähigkeiten entwickeln können. Gerade für Jungen und Männer bedarf es daher einer pädagogischen Kultur, die eben nicht der industriellen Externalisierung blind folgt, sondern auf Möglichkeiten des Innehaltens, der Selbstbezogenheit und Empathie gleichermaßen neugierig machen kann.

Eine leistungszentrierte Schulpädagogik ohne soziokulturelle Entlastungs- und Ermunterungsräume *in* der Schule fördert aber den Externalisierungsdruck auf die Jungen und damit auch die Angst vorm Scheitern (die wiederum abgespaltet wird und in einem externalisierten Olli-Kahn-Habitus münden kann). Innezuhalten, zu sich zu kommen, sich auch um die anderen zu kümmern, wird immer schwieriger. Dies wirkt dann auch in das Sozialverhalten vieler junger Männer hinein. Sie erscheinen als rücksichtslos und damit als bedrohlich. Die lebensaltertypische Rücksichtslosigkeit, die Jugendliche brauchen, um sich gegenüber der Erwachsenenwelt abgrenzen zu können, und die deshalb das Signum des experimentellen, aber natürlich gesellschaftlich unverbindlichen Schonraums trägt, ist bei manchen - wir haben den Mechanismus kennen gelernt - zur sozialen Rücksichtslosigkeit verlängert. Die neue gesellschaftliche Verlegenheit gegenüber der Jugend ist aber heute eine andere als in den 1960er Jahren: Jugend ist insgesamt nicht mehr Symbol des Wandels, sondern eher Projektionsfläche der inneren Bedrohung.

Das ungewohnte Bild vom Hass der Gesellschaft auf die Jugend scheint auf. Auch die Jugendpolitik ist schleichend zur Risikogruppen- und Kriminalpolitik geworden. Der US-amerikanische Bürgerrechtler Jessie Jackson hat unlängst einen gnadenlosen Krieg der amerikanischen Gesellschaft gegen ihre Jugend ausgemacht. Teile der Jugend würden kriminalisiert und einfach weggesperrt, wenn sie aus der Norm fallen oder ihre eigene soziale Hilflosigkeit über abweichendes Verhalten zu bewältigen versuchen.

Auch die pädagogisch verpflichteten Jugendwissenschaften tappen hier in die Falle. Die Öffentlichkeit liest ihre Ergebnisse anders, als sie es für sich in Anspruch nehmen. Gesundheitswissenschaftler liefern dauernd neue Zahlen über steigenden Drogenkonsum, Medikamentengebrauch und rücksichtsloses Risikoverhalten Jugendlicher. Jugendstudien beschwören die frühe Gefährdung und Belastung der Jugend in der Konkurrenz- und Verdrängungsgesellschaft. Das Modell des ‚Moratoriums' und des ‚Übergangs' an das sich die Pädagogik klammert und das die ‚Jugend' bisher ausgemacht hat, ist somit schon in der klassischen Jugendzeit immer weniger greifbar. Da hilft es auch wenig, mit dem Hilfskonstrukt der ‚Verlängerung der Jugendphase' in das Lebensalter der jungen Erwachsenen hinein zu operieren, und hier das Jugendmodell des Übergangs- und des Experimentierens anzusetzen. Denn diese Lebensphase ist schon voll in der Konkurrenz- und Verdrängungsszenerie der segmentierten Arbeitsgesellschaft aufgegangen. Hier kann die Jugend ihren Generationstrumpf, wie ihn noch Karl Mannheim für die ‚junge Generation' herausgestellt hatte, nicht mehr ausspielen. So ist für viele junge Menschen in Deutschland und in anderen europäischen Ländern mit sozialstaalicher Moratoriumskonstruktion die ehemals geschützte Jugendphase zum offenen und deshalb riskanten Bereich der Selbstbehauptung und Generationenkonkurrenz geworden. Das hochgehaltene Jugendmodell, an dem sich viele noch orientieren, kann damit leicht zur Generationsfalle werden, aus der man immer häufiger mit extremen Bewältigungsmitteln - Sucht, Gewalt, Autoaggression - auszubrechen versucht.

Die Pädagogik hat in den 1990er Jahren zwar die Ent- und Neustrukturierung der Generationen vielfach beschrieben, dabei aber die arbeitsgesellschaftliche und generationenpolitische Dramatik der Generationenkonkurrenz kaum berührt (vgl. im Überblick: Liebau/Wulf 1996; Liebau 1997; Ecarius 1998). Die ‚Rache der Gesellschaft an der Jugend' ist hier kein Thema. Die veränderten Generationenbeziehungen, als gewandelte „generationale Ordnung" (vgl. Honig 1996) gekennzeichnet, werden zwar als Ergebnis neuer gesellschaftlicher Bedingungen gesehen - ähnlich wie bei der Familie -, aber vor allem als Bedeutungswandel im Bereich der privaten Erziehungs- und Sorgeverhältnisse. Angesichts der Entkoppelung lebensweltlicher und arbeitsgesellschaftlicher Bezüge - des Auf-sich-Gestelltseins der Individuen - rücken die Generationen wieder enger zusammen, sind neu aufeinander angewiesen, suchen Generationensolidarität (vgl. Liebau 1997). Die Kommunikation zwischen Jugendlichen, Eltern und Großeltern entwickelt sich entsprechend gleichberechtigt, ist nicht mehr hierarchisch, sondern in gesuchter Gegenseitigkeit eines ‚pädagogischen

Sorgeverhältnisses' (s.u.) strukturiert (vgl. Zinnecker 1997), über die sozial und kulturell nivellierenden, die Grenzen der Lebensalter aufweichenden Medien scheint eine „common culture" (vgl. Sander 1999) zwischen Jugendlichen und Erwachsenen zu entstehen, in der sich gemeinsame Verständigungs- und Bewältigungsmuster des Familienalltags konturieren. Wiederum ähnlich wie im Familiendiskurs erwarten Pädagogen und Sozialpolitiker eine neue, nun von den Menschen selbst gesuchte Generationensolidarität, ein Netzwerk der Einübung sozialer und demokratischer Schlüsselqualifikationen, kurzum einen lebensweltlich überzeugenden Lernort (vgl. Büchner 1995).

Der Hinweis Franz Xaver Kaufmanns (1997), Generationenverhältnisse seien gleichermaßen als private wie als gesellschaftliche zu betrachten und so voneinander zu unterscheiden, aber genauso in der Wechselwirkung zueinander zu sehen, wird zwar in dem neuen pädagogischen Generationsdiskurs kategorial anerkannt, kaum aber paradigmatisch aufgenommen. Wie sonst könnte man so leicht Karl Mannheims gesellschaftliche Theorie der Generationen mit dem Verweis übergehen, sie sei in ihrer Fixierung auf die „junge Generation" für die heutige erweiterte Generationenbetrachtung zu eng (vgl. Liebau 1997). Sicher war Mannheims Generationsperspektive zeitgenössisch durch das damalige Aufkommen der ‚modernen Jugend' in den 1920er Jahren geprägt. Der tiefere Gehalt seiner Generationstheorie lag und liegt aber nicht in seinem deskriptiven, jugendbetonten Generationsmodell, sondern in der Erkenntnis der gesellschaftlichen Freisetzung von Generationeneinheiten und Generationskonflikten. Dieser Aspekt der Freisetzung ist es, der uns die Generationenbeziehungen heute neu - und weitergehender als die Entstrukturierungsperspektive - erkennen und nicht nur pädagogisch, sondern auch gesellschaftspolitisch aufschließen und bewerten lassen kann.

Gesellschaftlich gesehen stellt sich das privilegierte Netzwerk von Sorge und Bildung eher als regressives Milieu (vgl. Böhnisch 1998) dar, in dem sich eher soziale Abschottungs- und Abwehrmuster entwickeln und festsetzen denn gesellschaftsorientierte Solidarbezüge. Was wir hinsichtlich der Familie noch aufzeigen werden, die Tendenz zum privaten Rückzug angesichts einer anomischen Arbeitsgesellschaft, in der auch soziale Sicherheiten kontingent geworden sind, kann auch für das überfamiliale Generationenverhältnis thematisiert werden: Familie und Generationszusammenhalt werden zum gleichsam ‚naturhaften' Mikrokosmos, dessen Grenzen zu verteidigen sind und bei dem der Zusammenhalt nach innen geht. Im Prozess dieser ‚Reclanisierung' der Familien- und Generationenverbände spielen die Frauen eine ambivalente Rolle. So sehr die Frauenbewegung und -forschung den Blick auf das Care-Modell als gesellschaftliches Erneuerungsmodell angesichts der Verselbständigung der technisch-ökonomischen Systeme gegenüber den Menschen auch richtet; es bleibt doch die Blackbox , wie diese traditional-familial rückgebundene Sorge-Orientierung, die kaum an den gesellschaftlichen Sorgebegriff der Alltagstheorie (vgl. Thiersch 1978) angeschlossen wird, angesichts des überfordernden Drucks auf die Familien (vgl. dazu Rerrich 1988; Wahl 1997) nicht regressiv wird und in familialen Ethnozentrismus umschlägt (vgl. dazu auch Rommelspacher 1992). Deshalb wären in der pädagogischen Generationenforschung, die sich so gerne als ‚neue Generationenforschung' sieht, drei arbeitsgesellschaftlich reflexive Fragen zu stellen und entsprechend zu analysieren:

- Wie wirkt der intergenerationale Sorge- und Bildungszusammenhang angesichts einer auf Privatisierung gesellschaftlicher Konflikte und entsprechender Bewältigungsprobleme drängenden Konkurrenzgesellschaft?
- Welche impliziten gesellschaftlichen Einstellungen und Orientierungen verbinden sich mit solchermaßen gesellschaftlich freigesetzten Generationenkontexten?
- Wie können tendenziell reprivatisierte Sozialbeziehungen wieder öffentlich thematisiert werden, damit sie nicht dem gesellschaftlichen Tabu anheimfallen?

Was sich in diesem Zusammenhang in der reformorientierten Schulpädagogik abspielt, ist ernüchternd. Denn was die Schulreform im 20. Jahrhundert immer offensiv und der Gesellschaft gegenüber ungeduldig auf ihre Fahnen geschrieben hat, wird nun defensiv und ängstlich bemüht ins Feld geführt: Schulklima, sozialräumliche Orientierung, Partizipation, Beziehungsarbeit (vgl. dazu: Forschungsgruppe Schulevaluation 1998). Solche Schlüsselkategorien der Reformpädagogik werden heute zu schulpädagogisch umfunktionierten Abwehrinstrumenten im Gewaltdiskurs um die Schule. Zum beruflichen Qualifizierungsparadox ist nun das Qualifizierungsparadox der Schule hinzugekommen. Denn diese Reformperspektiven, die Schule zu öffnen, jugendgemäßer und sozial verbindlicher zu machen, indem Leistungsorientierung sozial eingebettet wird, haben jetzt die Funktion, die soziale Krise der einseitig formierten Leistungsschule zu befrieden. Die Perspektive hat sich dabei - trotz aller Beteuerungen jugendbemühter Schulpädagoginnen - verschoben. Die Schule soll erträglicher werden; die Idee von der Öffnung und der Reform ist ohnehin längst verschüttet.

So ist die Pädagogik fast schon zum Zaungast eines Geschehens geworden, das - strukturell gesehen - in seinen Wirkungen durchaus pädagogisch ist. Menschen werden in einer für den pädagogischen Blick atemberaubenden Beschleunigung geformt und verformt. Durkheims von den Pädagogen weithin missachtete Einsicht in die strukturelle Rückgebundenheit der Pädagogik ist heute zum Menetekel geworden.

Die Qualifikationsorientierung - in der Schule noch mühsam aufrecht erhalten, aber teilweise schon an die Wirtschaft abgegeben - verliert grundsätzlich an pädagogischem Gehalt. Das Generationsargument, dass die Pädagogik für sich in Anspruch nimmt, aber nie soziologisch richtig reflektiert hat, ist schwach geworden. Karl Mannheim hatte in den 1920er Jahren die kulturelle und soziale Kraft der Jugend und ihrer Symbole eng an den jeweiligen Modus der Vergesellschaftung gebunden. Nur eine Gesellschaft, die im Prozess der Modernisierung auf die Zukunftssymbolik Jugend nicht nur unter dem Aspekt der demographischen Reproduktion setzt, erzeugt auch ein Klima, in dem sich die soziale Gruppe Jugend entfalten, ihr Zeitverständnis vermitteln und sich entsprechend sozial darstellen kann.

Ist die Arbeitsgesellschaft aber - wie heute - nicht mehr auf die massenhafte Qualifikation und Arbeit aller angewiesen, zieht sie ihre Fortschritts- und Erneuerungssymbolik nicht mehr aus der Jugend, sondern aus ihrer ökonomisch-technischen Eigendynamik. Neue *Produktgenerationen* werden kreiert, das Symbol Jugendlichkeit hat sich von der Jugend abgelöst; vielleicht scheint die alte Jugendsymbolik noch in der Konsumwerbung auf, aber auch dort ist die Jugend längst eine Gruppe unter anderen. Dies und auch die im Jugendalter früh einsetzende Biographisierung haben die Generationseinheit Jugend immer mehr aufgelöst, die Kluft zwischen dem, was die Gesellschaft weiterhin von Jugend erwartet, und dem, wie sich die einzelnen Jugendlichen in ihrer Befindlichkeit darstellen, ist größer geworden. Das zeigt sich vor allem in den neueren Jugendstudien, die es immer schwieriger haben, eine gesellschaftliche Generationseinheit Jugend zu präsentieren. Alles in allem: Die Pädagogik kann längst nicht mehr so selbstverständlich wie früher auf das Konstrukt Jugend in seiner gesellschaftlichen wie biographischen Exklusivität zählen.

Der Verlust der Mitte -
Zur Erosion des Erwachsenenstatus

In dem Maße, wie die Arbeitsgesellschaft heute Orientierungs- und Lernprozesse herausfordert, Integritätsprobleme schafft und die Differenz zwischen Erwachsenen und Jugend sowie Kindheit im Erziehungs- und Bildungsdiskurs an Eindeutigkeit verliert, lässt sich die Vorstellung einer erwachsenen Zentralphase im Lebenslauf nicht mehr halten. Die aufgebrochene Differenz zwischen Kindheit/Jugend und Erwachsenenstatus findet seinen Widerpart auch im ökonomisierten Diskurs um die Informations- oder Wissensgesellschaft. Die Trennung zwischen Grundlagen- und Anwendungswissen verliert im Kampf um die Kodifizierung und ökonomische Verwaltung von Wissen an Kontur. Der Streit um die Patentrechte für den indischen Nimbaum zeigt den Trend an (vgl. Rifkin 2000). Wissensbestände werden dabei ökonomischen Konjunkturen unterworfen. In diesem Kontext hat der Slogan vom ‚lebenslangen Lernen' unlängst die Aufmerksamkeit vor allem auf die Lernmotivationen und -fähigkeiten im Erwachsenenalter gelenkt. Aus dem „fertigen" Erwachsenenalter ist ein unfertiges geworden.

Der Vorläufer der modernen Erwachsenenbildung, die Arbeiterbildung, war eine „Pädagogik für Erwachsene", die sowohl von proletarischer als auch von bürgerlicher Seite die kulturelle Hebung und Emanzipation des Arbeiterstandes anstrebte. Erwachsene - so die Programmatik - brauchen nicht im Sinne der Entwicklungsphasen Kindheit und Jugend lernen, ihnen soll keine Erziehung zugemutet werden, sie können auf eine erworbene Identität aufbauen, ihnen muss Bildung angeboten werden (vgl. Lenzen/Luhmann 1997). Bereits 1874 formulierte Friedrich Albert Lange in bezug auf die Arbeiterbildungsbestrebungen: Das „Gängelband" gehört nicht in den Umgang mit „Männern". „Selbst wenn Du Bildung im höchsten Sinne des Wortes besitzest, ist Dein Mitmensch Dir gegenüber kein Kind." (Lange 1894, S. 359) Erwachsenenbildung diente daher vor allem der Festigung und Anreicherung des in der Kindheit und Jugend Erworbenen. Rollen waren nun auszudifferenzieren, Bildungsbedürfnisse, die im Arbeitsprozess zu kurz kamen, zu befriedigen und soziale Kontakte außerhalb von Familie und Arbeitswelt zu knüpfen. Schließlich wurde Bildung als ein Vehikel des sozialen Aufstieg angesehen.

Spätestens seit den sechziger Jahren des 20. Jahrhundert setzte sich in der Erwachsenenbildung und in dem nun zusehends expandierenden Weiterbildungsbereich die zentrale Auffassung durch, dass Bildung als eine grundlegende Produktivkraft in der industriekapitalistischen Moderne zu begreifen sei. Seither gilt Bildung als entscheidender Modernisierungsfaktor hin zu einer Dienstleistungs- und Wissensgesellschaft. Der Bildungsnotstand wurde ausgerufen. Bildungsreserven sollten ausgeschöpft werden. Die Bildungsreform richtete sich darum insbesondere gezielt auch auf das Erwachsenenalter. Gleichlaufend hat die Informalisierung von Bildung an Bedeutung gewonnen. Die Volkshochschule, die klassische Einrichtung der Erwachsenenbildung, fand sich innerhalb eines Feldes konkurrierender Anbieter von Weiterbildung wieder. Bildung, so eine überraschende Erkenntnis dieser Zeit, findet nicht nur in Bildungsinstitutionen statt, sondern in den Betrieben, im Urlaub und im Alltagsleben. Sie ist nicht auf einen Ort und eine Lebensphase festgeschrieben, sie begleitet den Lebenslauf und ist entsprechend räumlich und zeitlich entgrenzt. Diese Entgrenzung und die damit einhergehende massenhafte Mobilisierung der Produktivkraft ‚Bildung' konnten sich vor allem deshalb öffentlich durchsetzen, da sie Teil einer sozialstaatlich gefassten Politik der Chancengleichheit und Partizipation waren. Sie wurden begleitet von einem umfassenden Aufstiegs-, Integrations- und Demokratisierungsversprechen.

Angesichts der gegenwärtigen Aufgaben der Erwachsenen- und Weiterbildung zog Peter Alheit 1993 eine kritische Bilanz des Weiterbildungsbooms. Alheit bemerkt, dass in den Jahren des Weiterbildungsbooms Bildung weiterhin ein „Strukturprinzip kumulativer Ungleichheit" geblieben ist.

„Für den expansiven Schub zwischen 1965 und 1980, also die Phase, in die auch der Ausbau des quartären Bildungssektors (Weiterbildung d.V.) fällt, beobachten wir nun einen *Umkehreffekt*, einen Prozess, den der französische Kultursoziologe Pierre Boudieu ein wenig melodramatisch ‚strukturelle Deklassierung' genannt hat. Damit ist durchaus nicht nur die inflationäre Entwertung von Bildungstiteln gemeint, wie sie etwa medienöffentlich am Beispiel des Abiturs in der Bundesrepublik diskutiert wird. Viel entscheidender ist die systematische Irritation jenes Aspirationspotenzials, das die Bildungsorientierung breiter Bevölkerungsschichten überhaupt erst ermöglicht hat. Aus erhofften sozialen Aufstiegen wird eine bloße fiktive Mobilität im sozialen Raum. (...) Die Bildungsexpansion hat also keineswegs die euphemistischen Effekte, die ihre - sei's ideologischen, sei's technokratischen - Protagonisten in den späten fünfziger Jahren suggeriert haben. Es ist sogar fraglich, ob man die Veränderungen der Bildungslandschaft mit der Metapher des ‚Fahrstuhleffekts' (Beck) angemessen beschreibt. Immerhin sind auch alte Privilegien zerstört und konventionelle positionale Hierarchien verflüssigt worden. Wahrscheinlich hat sich die Bedeutung kultureller und symbolischer Kapitale für die Positionierung im sozialen Raum insgesamt verändert, und wir befinden uns in einer Periode struktureller Neugruppierung sozialer Straten. (...) Der ‚Homo educationis", der ideale Gesamtgebildete der Neomoderne, ist keine aufgeklärte, sondern eher eine desorientierte Figur. Sein Bildungszuwachs ist mit beträchtlichen Kosten verbunden." (Alheit 1993, S. 55)

Deutlich wurde das am Modernisierungseffekt, der die Weiterbildungsoffensive begleitete. Die Bildung der Menschen wird zu einem endogenen Faktor der Wirtschaftsentwicklung. Der Ausbau des sozialen Sicherungssystems erscheint dabei als Notwendigkeit, um die ‚desorientierten Figuren' noch in den Prozess der Neugruppierung sozialer Straten und der Modernisierung der Ökonomie einzubinden.

Blickt man von diesem Punkt ausgehend in die gegenwärtige Zeit der Entbettung und Spaltung, in der immer mehr ‚desorientierte Figuren' überflüssig werden und Wissen zunehmend zu einem ökonomisierten und patentrechtlich geschützten Kampfobjekt im Wirtschaftsleben geworden ist, so gerät die Erwachsenenpädagogik unter Druck. Einerseits hat sich ein elitäres Weiterbildungssystem längst in den Betrieben und auf einem kostspieligen Weiterbildungsmarkt verselbständigt: Die Ökonomie bildet sich ihr Humankapital selbst aus, was sie nicht braucht, lässt sie zurück. Diesem Trend läuft ein hochgradig subventionierter Fort- und Weiterbildungs- sowie Umschulungsbereich hinterher, der reaktiv organisiert ist und gleichzeitig nicht verhindern kann, dass die Wissensgesellschaft sozial auseinander klafft. Die Vokabeln von Chancengleichheit und politischer Partizipation, die den Weiterbildungsboom der siebziger Jahre begleiteten, sind denen der neuen Steuerung und der marktgerechten Bildung gewichen. Trug der Weiterbildungsboom dazu bei, den Menschen zu einer desorientierten Figur zu machen, dem das soziale Sicherungssystem die Sicherheit bieten sollte, die Desorientierung produktiv sozialintegrativ umzusetzen, so wird die Desorientierung heute als eine Schwäche des überflüssigen Menschen gesehen, der sich über Lernprozesse neu mit marktgerechter Bildung auszustatten hat, um sich dadurch wieder in den ökonomischen Wettbewerb einbringen zu können. Als Unternehmer seiner eigenen Arbeitskraft (vgl. Zukunftsfragen 1996) haben - in dieser Logik - jeder und jede Einzelne ihre Lernprozesse zu steuern. Wer überflüssig wird, hat die Fehlsteuerung zu beheben und den Weiterbildungsbereich aufzusuchen. Dieser entwickelt mit ihm oder ihr neue Steuerungsmodelle lebenslangen Lernens. Dass diese zu ‚lebenslänglichen Gefängnissen' werden können, weil für viele Weiterbildung nicht mehr als die symbolische Abwehr vor dem sozialen Aus bedeutet und sie daher in Kauf nehmen müssen, dass sie nur in perspektivlosen Umschulungskarrieren weitergereicht und stillgestellt werden, ist in diesem sozialtechnologischen Denken nicht thematisierbar. Die Spaltung der Wissensgesellschaft wird so in ein Steuerungsproblem von Lernprozessen umdefiniert. Die überkommene Ordnung von Sein, Tun und Wissen wird aufgebrochen.

Untersuchungen der OECD über funktionalen Analphabetismus in den sog. Wissensgesellschaften belegen dagegen, dass in erster Linie nicht die individuelle Fehlsteuerung der Lernprozesse für die hohen Werte (bis zu 40 Prozent) verantwortlich gemacht werden kann, sondern die Ökonomisierung von Wissen in der derzeitigen Krise der Arbeitsgesellschaft (vgl. Schnetze/Slowey 2000). Mit der Privatisierung der Bildungsverantwortung, auch im Erwachsenenalter, und der fehlenden sozialpolitischen Förderung von Bildungsprozessen werden die neofeudalen Faktoren der Zugehörigkeit - Besitz eines wissensintensiven Arbeitsplatzes und Teilhabe an einem sozialkulturellen privaten Umfeld, das die Förderung von Bildung zur Norm erhoben hat - zu Plattformen sozialer Stratifikation.

In dieser Form wird der Mensch unter Druck gesetzt: Dabei wird „das disziplinierte Verhalten" des Einzelnen in der derzeitigen Krise der Arbeitsgesellschaft kaum mehr „über deren produktive Rollen" gesteuert (Baumann 1999, S. 73). Er wird grundsätzlich als Produzent nicht mehr gebraucht. Wissen wird neben Besitz zum zweiten grundlegenden Kapital. Der Mensch hat zu beweisen, dass er - pointiert formuliert - über die Patentrechte seines Wissen verfügt, damit er diese Produktivkraft ausschöpfen kann. Alles andere ist reproduzierbar und lässt den Menschen austauschbar und überflüssig werden.

Auch hier wird die neue pädagogische Verlegenheit offensichtlich, die in den Fachdiskussionen der Erwachsenenbildner zu spüren ist und die nicht durch eine immer stärker betonte Trennung von Weiterbildung und Erwachsenenbildung wegdifferenziert werden kann. Der Erwachsenenstatus ist in einen Strudel geraten, in dem sich die meisten zunehmend an den Strohhalm der eigenen Biographie klammern, die wiederum unter Ökonomisierungsdruck steht und in der man nicht weiß, wie lange das Wissen, das man gerade hat, noch Konjunktur haben wird. Der Pädagogik ist es bisher im Grunde nur gelungen, diesen Biographisierungs- und Vereinigungstrend zu beschreiben und didaktisch anzumahnen.

Der je biographische Bewältigungsdruck, der diesen Prozessen innewohnt, wird aber dabei in der Regel nicht systemisch aufgenommen. Jedes Umlernen ist mehr oder weniger - je nach dem ein Arbeitsplatz gehalten oder gewechselt werden muss - mit biographischen Integritätsproblemen verbunden: Kann ich auf dem aufbauen, was ich bisher gewusst und getan habe, oder ist dies - bin ich - nichts mehr wert? Entsprechende Erfahrungen aus der betrieblichen Sozialarbeit (vgl. z.B. Gehlenberg 1996) zeigen uns auch, dass der Bewältigungsdruck nicht erst mit dem kritischen Ereignis der Umsetzung oder Konfrontation mit neuen Arbeitsanforderungen beginnt, sondern schon lange vorher betriebs- und sozialklimatisch von den Menschen gespürt wird. Dies wirkt nicht nur als Stress, weil die verselbständigte Logik von Rationalisierung und Digitalisierung, die hinter Personalabbau und Umsetzung steht, für die Einzelnen nicht mehr durchschaubar ist, sondern vor allem auch, weil dies der Logik der sozial eingebetteten Arbeits- und Lebenserfahrung zuwiderläuft. Ein pädagogischer Diskurs zum lebenslangen Lernen, der diesen Bruch nicht kritisch thematisiert, sondern nur anpassungsorientiert geführt wird, wird sich deshalb genauso vom Menschen entfernen, wie der ökonomisch-technologische Prozess selbst.

War die Arbeiterbildung des ausgehenden 19. und des beginnenden 20. Jahrhunderts dadurch charakterisiert, dass man den Arbeiter zum Bürger heranbilden wollte, so geriet dieses Konzept in den zwanziger Jahren in die Krise. Denn auch hier - in der Phase der ‚zweiten Modernisierung' - strukturierte sich die Arbeitsgesellschaft neu in einem Prozess, der in der Wahrnehmung der Menschen zunächst einmal Entstrukturierung und mithin Anomie bedeutete. Anomische Zustände sind dadurch gekennzeichnet, dass die gesellschaftlichen Ziel-Mittel-Relationen nicht mehr stimmen oder nicht mehr übersehen werden können und dass damit auch der Pädagogik die Differenz abhanden geht. Einige unter den im ersten Drittel des 20. Jahrhunderts in Deutschland gegründeten Heimvolkshochschulen hatten diese Problematik erkannt und entsprechende Konzepte des gemeinschaftlichen Lernens „aus der gemeinsamen Not heraus" entwickelt.; neue Lebens- und Arbeitsformen wurden erprobt. Derzeitige Modelle, die Erwachsenenpädagogik stärker in die Diskussionen um regionale Ökonomien und neue Beschäftigungsformen einzubinden (s.u.), könnten an diese Traditionen anknüpfen.

Dabei ist allerdings zu berücksichtigen, dass die Konsumgesellschaft in der Weimarer Republik noch nicht in der heutigen Form bis in den Lebensalltag aller Menschen hinein entwickelt war. Die Freisetzung aus produktiven Rollen und die damit verbundene Begrenzung auf die Konsumentenaktivität durchbricht nun die arbeitsweltlich gebundene Durkheimsche Hoffnung auf Zusammenschluss des in der Arbeitsteilung Differenzierten.

> „Eine Gesellschaft aber, die ihre ordnungsstabilisierenden Verhaltensmuster von Mitgliedern bezieht, die ihres Status als Produzent enthoben wurden oder kurz davor stehen und statt dessen in allererster Linie als Konsumenten definiert werden, bringt die Menschen davon ab, ihre Hoffnung auf kollektives Handeln zu setzen. Was innerhalb des vom täglichen Konsumverhalten begrenzten Erkenntnishorizontes an Gedanken auftaucht, erhöht zwangsläufig das akute Interesse am Konsumgütermarkt und vergrößert dessen Verführungskraft. Im Gegensatz zur Produktion ist der Konsum eine durch und durch individuelle Aktivität; darüber hinaus lenkt er die Menschen auf ver-

schiedene Ziele hin und oft sogar gegeneinander." (Baumann 1999, S. 73-74)

Dennoch verliert die Durkheimsche Anomietheorie in der Konsumgesellschaft nicht an Aussagekraft. Auch wenn der Konsum den Menschen mit seinen Erfüllungs- und Teilhabeverheißungen in *seinen* Bann zieht, verdrängt er zwar anomisches Empfinden, baut jedoch gleichzeitig auf einer anomischen Grundkonstellation auf, die er immer wieder erzeugen muss. Das Erworbene muss stetig entwertet, die Identifikation mit einem Produkt befristet werden. Durch die anomische Grundkonstellation muss der Mensch immer wieder zur ‚Verführung durch den Konsum' bereit gemacht werden. Die grundlegende Problematik, die dieser Entwicklung zugrunde liegt, können wir also wiederum anomietheoretisch begreifen, jedoch nicht wie Durkheim mit dem Versprechen auf neue Kollektivformen lösen. Zudem sind es aber nicht nur die Menschen, die anomisch bedrängt werden. Auch die sozialen Diskurse und Institutionen geraten in den Sog der Anomie, werden beliebig und unübersichtlich oder - wie im Falle der Institutionen - igeln sie sich ein und immunisieren sich in ihrer Selbstreferenzialität. Insofern nützt es der Pädagogik wenig, wenn sie sich in Zukunft in ihre Institutionen zurückziehen will und sich davon Autonomie verspricht. Ihr bleibt also gar nichts anderes übrig, als sich dem Gesellschaftlichen zu stellen. Ihre Position muss dabei davon bestimmt sein, wie sich der Mensch in diesen gesellschaftlichen Umbrüchen behaupten kann.

Peter Alheit wiederum hat in diesem Kontext davon gesprochen, dass sich die Erwachsenenbildung an Bildungsprozessen zu orientieren habe, die gleichsam nicht offiziell organisiert oder intendiert wären, sondern die man als „subversive" Bildungsprozesse bezeichnen könne. Damit meint er einen Bildungsauftrag, der sich - wie wir sagen würden - aus den anomischen Bewältigungskonstellationen im individuellen Lebenslauf ergibt, in dem Bildung gesucht wird, um selbst „Akteurin der eigenen Biographie zu sein" (Alheit 1993, S. 62). Der Bildungsdiskurs wird damit aus der einseitigen ökonomisierten Bewertung herausgelöst und in den Kontext von subjektiven Bewältigungskonstellationen gestellt. Doch letztlich bleibt auch dieser Bildungsbegriff der pädagogischen Hoffnung verhaftet, über Bildung die anomischen Gesellschaftsbezüge, die sich in den Biographien heute manifestieren, ausbalancieren zu können.

Das neue Alter

Das Alter ist in kürzester Zeit in die pädagogische Diskussion gelangt. Die Verfrühung, Verlängerung und Differenzierung des Alters heutzutage lassen die überkommenen Etikettierungen des Alters als ‚Restzeit' obsolet werden. Viele Menschen erhoffen sich heute vom Alter noch einiges, wollen biographisch Neues erleben und vor allem auch lernen. Sucht man in der erziehungs- und sozialwissenschaftlichen Literatur zum Alter nach expliziten und impliziten pädagogischen Interpretationen und Definitionen, so lässt sich unschwer ein Einverständnis darüber ausmachen, dass man - ähnlich wie früher in der

Metapher der ‚Bildungsjugend' - ein ‚Bildungsalter' zu erkennen glaubt, dass es in Zukunft von der Pädagogik reichlich zu versorgen gilt. Dabei stoßen wir wieder auf die bekannte selbstreferenzielle Argumentationslogik: Im neuen Alter entwickeln sich die Menschen weiter, und deshalb kann das Alter auch als neue oder nachholende Lernzeit begriffen werden. Man lernt und entwickelt sich zwar anders als in der Jugend - man hat ja eine vorgängige Biographie, auf der man aufbaut -, aber die Grundprinzipien des Lernens sind doch anwendbar. Und schnell kommt der Kurzschluss: Bildung hat die frühen und mittleren Phasen der modernen Biographie so nachhaltig verändert, dass sie auch das neue Alter hervorbringt und formt. Die traditionell geschlossenen und gesellschaftlich abgeschotteten Altersmilieus haben sich biographisiert, die Einzelnen und nicht mehr die ‚Alten' stehen nun im Vordergrund.

Die Entstrukturierung des institutionalisierten Lebenslaufs durch Bildung ist sicher eine wichtige Prozessdimension bei den tiefgreifenden Veränderungen der Lebensphase Alter. Wenn wir allerdings wieder die grundsätzlichere, sozialökonomische Perspektive einnehmen, so können wir erkennen, dass es vor allem der Strukturwandel der Arbeitsgesellschaft war, der zum Ende des 20. Jahrhunderts das Alter in eine neue gesellschaftliche Lage gebracht hat. Man könnte in diesem Zusammenhang von einem Modernisierungsparadox des Alters sprechen. Wurde das Alter in der industriekapitalistischen Moderne entwertet, gleichsam aus der Wachstumsgesellschaft herausgenommen, so kehrt es nun wieder in die Gesellschaft zurück, wird qualitativ neu freigesetzt. Dies hängt aber nicht nur mit der demographischen Entwicklung zusammen, nach der der Anteil der Bevölkerung über 60 Jahren in westlichen Gesellschaften stetig steigt. Denn wichtiger ist die Tendenz, dass zunehmend mehr Menschen das Alter nicht als Restphase des Lebens, sondern als Zeit betrachten, in der vieles, was bisher in der Biographie nicht realisiert werden konnte, nachgeholt bzw. anderes neu begonnen werden kann (vgl. zu aktuellen sozial- und erziehungswissenschaftlichen Altersdiskussionen: Mader 1995; Rosenmayr 1996; Backes/Clemens 1998; Lenz/Rudolph/Sickendiek 1999).

Die neue Sicht und das neue Erleben des Alters ist also eine Frucht der sozialen Freisetzung des Alters in einem neuen generationenbiographischen Zusammenhang, in dem sich der arbeitsgesellschaftliche Strukturwandel widerspiegelt: In dem Maße, in dem sich die Menschen ihr eigenes Lebensprojekt in den Mittelpunkt gestellt haben, tritt das Generationenverdikt in den Hintergrund. Alte und Junge begegnen sich zunehmend auf einer gleichen Ebene des Lebensanspruchs, wobei die Alten des beginnenden 21. Jahrhunderts im Durchschnitt materiell wesentlich besser ausgestattet sind als die Jugend mit ihren fragilen Zukunftsperspektiven. Die Rentenreform trifft die Richtigen, schrieb 1999 eine deutsche Wochenzeitschrift, und meinte damit, dass die Alten von ihrem (relativen) Rentenwohlstand denen etwas abgeben könnten, die wohl keine Aussicht mehr haben, im Alter solche Renten zu erhalten.

Die gesellschaftliche und die biographische Entwertung der Erwerbsarbeit in ihrer Bedeutung sowohl als zentraler Lebensmittelpunkt als auch als sozialer Ordnungs- und Integrationsfaktor haben diese Entwicklung befördert. Wenn die Entberuflichung nicht mehr das biographische Aus bedeutet, wenn sich ältere und alte Menschen als zunehmend stärkere Konsumentengruppe bemerkbar machen und mit der Entwertung der Erwerbsarbeit ihr Bürgerstatus nicht nur im Sinne der periodischen Wahlbürgerschaft hervortritt, dann ist nicht zu leugnen, dass dem Alter nun eine eigene gesellschaftliche Perspektive innewohnt.

Es überrascht darum nicht, dass sich die Pädagogik massiv für das Alter zu interessieren begonnen hat. Pädagogische Begriffe wie ‚Entwicklung' und ‚Lernen' werden an das Altern angelegt (vgl. Veelken 1990; Kade 1994). Aber was sind altersspezifisches Lernen und altersspezifische Entwicklung? Die Pädagogik ist leicht dazu verführt, Entwicklungs- und Lernmodelle auf das Alter zu übertragen, die eigentlich aus der Jugendpädagogik stammen. Sollen nun die alten Menschen lernen, offen über ihre Sexualität zu reden? Natürlich ist es auch im Alter wichtig, Selbstwert dadurch zu erlangen, dass man etwas bewirken kann und sozial anerkannt wird. Denn im Alter gilt es, neue soziale Bezüge aufzubauen, da die alten durch Entberuflichung, Partnerverlust und räumliche Zurücknahme weitgehend verloren gegangen sind. Ältere Menschen haben jedoch eine doppelte biographische Erfahrung, die sie von der Jugend - hinsichtlich biographischen Lernens - wesentlich unterscheidet und von daher einen eigenen alterspädagogischen Zugang verlangt. Denn alte Menschen sind heute einer zweifachen Integritätsproblematik ausgesetzt, die sich zum Teil auch vom früheren Integritätsproblem des Alters in der modernen Gesellschaft unterscheidet. Wenn sie aus ihrer vierten Lebensphase etwas machen wollen, müssen ältere Menschen dergestalt eine Bilanz ihres bisherigen Lebens ziehen können, dass sie darauf neue Lebensperspektiven und -pläne aufbauen können. Dies soll nun aktiv, sich selbst neu entdeckend und entwicklungsbereit geschehen, und nicht mehr nur passiv im traditionellen Sinne des Behaltens von Lebensmut. Betrachtet man die vielfältigen, hektischen erlebnispädagogischen Angebote im Bildungs- und Tourismusbereich für alte Menschen, so hat man den Eindruck, dass das Alter noch einmal die Lebensphase des grenzenlosen und ungezügelten, vielleicht sogar rücksichtslosen Aktivismus sein könnte. Alte Menschen haben nichts mehr zu verlieren, sie können gerade so leben, wie sie wollen. Dies ist auch eine Kritik, die von den Jüngeren kommt. Dieses aktionistische Bild verdeckt aber, dass im Alter eine weitere, besondere Integritätsproblematik wirkt: Ältere und alte Menschen sind immer wieder und zunehmend mit ihrer leiblichen Endlichkeit konfrontiert, müssen ihr Leben angesichts dieser Endlichkeit gestalten. Dies kann auf der einen Seite zur chronischen inneren Bewältigungsthematik werden, hat aber durchaus und gleichzeitig auch Konsequenzen für die Lebensform. Im Alter ist man nicht mehr den Rollenzwängen der Arbeitsgesellschaft unterworfen, darf sich zurückziehen, innehalten, also etwas erleben, was den Menschen - vor allem den Männern -

unter dem Externalisierungsdruck, den die Erwerbsgesellschaft ausübt, verwehrt ist (vgl. auch Tews 1993). Natürlich sticht dieser Trumpf des Alters nur, wenn alte Menschen nicht isoliert sind, wenn diese Möglichkeit des Innehaltens in der Gegenseitigkeit sozialer Beziehungen gelebt, auf andere ausstrahlen und in sozialer Anerkennung erwidert werden kann.

Die Pädagogik hat sich also nicht nur an dieser notwendigen Balance von Aktivierung und Rückzug zu orientieren, sie muss sich auch ihre differenzpädagogischen Ambitionen abschminken. Den Doktortitel im Alter zu erwerben, ist ein biographisches Vergnügen und sicher für manche ein wichtiges Segment der biographischen Selbstbestätigung und Integritätsbilanz, es kann aber nicht das non plus ultra der Altersphase sein. Die Pädagogik kann also nicht so ohne weiteres ihre selbstreferenzielle Logik auf das Alter übertragen, sondern muss selbst lernen, das Älterwerden in seinem gesellschaftlichen Wandel zu begreifen und daran ihre pädagogischen Zugänge zu messen. Ist der Blick dafür erst einmal frei, dann kann sich die Pädagogik in ein neues gesellschaftliches Spiel einbringen, in dem die Balance von Aktivierung und produktivem Rückzug sozial wirksam werden kann. Aufgabe der Pädagogik wäre es dann, diese strukturelle Tendenz am Menschen zu verdeutlichen und den Menschen zu helfen, sie für sich nutzbar zu machen.

In den regionalen Sozialökonomien und Sozialmärkten, die konträr zum Globalisierungstrend geschaffen werden müssen, damit die Menschen wieder Akteure des Gesellschaftlichen werden, können alte Menschen eine wichtige Rolle spielen. Man kann sich ja solche lokalen Sozialökonomien - Direktvermarktung, soziale und kulturelle Dienstleistungen, neue Formen der Verbindung von Arbeit und Leben - so vorstellen, dass sie einen Markt bilden, auf dem ein Gut eine Rolle spielt und deshalb auch einen pekuniären Wert bekommt, das im rein ökonomischen Verdrängungswettbewerb nahezu restlos übergangen wird: die soziale Beziehung, die Erfahrung des Lebens miteinander und des Angewiesenseins aufeinander. Alte Menschen, durch ihre Rente alimentiert oder teilalimentiert, können ökonomisches Brachland, das in der Verdrängungskonkurrenz des Marktes zurückgeblieben ist, neu bestellen. ‚Socialshopping' heißt dafür das entsprechende Label im Dienstleistungsbereich: Wo kleine Läden der Marktkonzentration zum Opfer gefallen sind, können sie von alten Menschen nicht nur für alte Menschen, sondern auch für alle in der lokalen Umgebung wieder aufgemacht und auf eine Art und Weise betrieben werden, die den früheren Treffcharakter mit der modernen Funktion der Informations- und Dienstleistungsbörse verbindet. Gemeinsame generationenübergreifende Wohnprojekte können nicht nur die Verständigung unter den Generationen erleichtern, sondern auch arbeitsteilige Modelle der gegenseitigen Dienstleistung und Entlastung hervorbringen. Hier wäre auch eine gemeinwesenorientierte Pädagogik gefragt, die im Sinne einer ‚social-agency' netzwerkfähige Beziehungen stiften und auch jene ermuntern kann, die sich den sozialen Entwicklungen biographisch nicht gewachsen fühlen (vgl. dazu auch Schweppe 1996). Hier könnten sich die zukunftsträchtigen pädagogischen Methoden des

Empowerment und des Reframing exemplarisch entfalten: Gerade alte Menschen, denen immer noch viele soziale und kulturelle Defizite zugeschrieben werden, könnten erfahren, dass ihre vermeintlichen Schwächen (Entpflichtung und Rückzug) so in soziale Stärken umgewandelt werden können, dass sie die Qualität eines sozialen Gutes bekommen, das den sozial gebundenen und verpflichteten Markt von rein ökonomisch getriebenen Märkten unterscheidet.

Die zweischneidige Wiederkehr der Familie

Die Erziehungsstile der Familien in Deutschland haben sich in den letzten Jahren deutlich verändert. Individualisierung und Biographisierung haben auch in der Familie ihre Spuren hinterlassen. Von der traditionellen generationshierarchischen Befehlsfamilie ist nicht mehr viel übrig geblieben; der Typ der Aushandlungsfamilie bzw. des ‚Verhandlungshaushalts', in dem jedes Familienmitglied versucht, auch als Individuum seine Interessen und Rechte zu wahren, hat sich im Mehrheitstrend durchgesetzt, so die Familienforschung (vgl. Bois-Reymond 1998). Vor diesem Hintergrund ist es auch nicht verwunderlich, dass immer mehr Familien versuchen, ihre Kinder und Jugendlichen zur Selbständigkeit zu erziehen (vgl. im Überblick: Feldkirchner 1994; Reuband 1997). Allerdings wird dieser Sachverhalt in den familienwissenschaftlichen Interpretationen und familienpolitischen Kommentaren vorschnell in einen positiven Bezug gebracht und damit assoziiert, dass diese Selbständigkeit dem doch so sehr gewünschten pädagogischen Ziel der Autonomie recht nahe komme. Schaut man sich solche Erziehungsstiluntersuchungen aber näher an, dann fällt auf, dass Tugenden wie Anpassungsbereitschaft und Pflichtbewusstsein weiter betont werden. So liegt die Interpretation nicht fern, dass Kinder und Jugendliche nicht nur im Sinne eines anthropologisch-sozialen Wertes, sondern auch im Hinblick auf die Durchsetzungs- und Verdrängungskultur der Arbeitsgesellschaft zur Selbständigkeit resp. Selbstbehauptung erzogen werden sollen. Sie sollen sich einmal durchsetzen können, wenn der Rückhalt der Eltern nicht mehr da ist oder nicht mehr ausreicht, aber sie sollen sich gleichzeitig anpassen und unterordnen können. ‚Sei froh, dass Du diese Arbeitsstelle erst einmal hast', hört man heute in vielen Familien, ‚passe Dich an, kritisiere nicht, schau Dich um, und dann wirst du sehen, dass es vielen schlechter geht als Dir'.

Es ist dabei nichts außergewöhnliches mehr, wenn Eltern nicht mehr darauf fixiert sind, dass ihre Kinder um jeden Preis geradlinig Karrieren machen. Sie spüren zum einen, wie ihre Kinder unter Druck stehen, zum anderen wissen sie, dass eine lineare Karriereorientierung keine berufliche und soziale Zukunftssicherheit mehr verschafft; andererseits aber haben sie doch Angst, dass die Kinder nicht zu den entsprechenden Bildungsabschlüssen kommen, die zumindest zu garantieren scheinen, dass eine Barriere vor einen etwaigen sozialen Abstieg geschoben ist. Das Denken der Eltern ist also gespalten. Dennoch ringen sich viele dazu durch, ihren Kindern Umwege und Auszeiten in der biographischen Entwicklung zu ermöglichen. Du musst nicht gleich den nächsten, scheinbar zwangsläufigen Schritt tun, Du solltest lieber ein, zwei Jahre aussetzen, Dich umschauen, Dich anderswie erproben, Fähigkeiten entdecken und soziale Kompetenzen entwickeln, die unter dem Selektionsdruck der traditionellen Bildungskarriere sonst gar nicht zum Zuge kommen würden. Auch diese Eltern wollen, dass sich ihre Kinder später behaupten, weniger aber durch Anpassung und Unterordnung, sondern in der Suche nach Selbständigkeit, in der Hoffnung, der zu bleiben, der man ist, um sich so auch in wechselnden Situationen entfalten zu können.

Diese ‚Umwegerziehung' können sich aber nur jene Eltern leisten, die über das materielle, soziale und kulturelle Kapital verfügen, die Kinder lange Zeit zu alimentieren und auch einen Sinn in solchen biographischen Umwegen zu sehen. Eltern, die nicht über dieses Kapital verfügen, sind dagegen gezwungen, ihre Kinder dem linearen Selektionsdruck bei späterer Ungewissheit, ob diese Mühen überhaupt einmal etwas bringen, auszusetzen. Familienerziehung ist hier also mit erheblicher sozialer Ungleichheit verbunden.

Die Familie ist somit heute wieder auf eine eigenartige, aber bezeichnende Weise ins Zentrum der pädagogischen Aufmerksamkeit geraten. Die Jugendstudien der 1980er und 1990er Jahre zeigen dementsprechend, dass die Ablösung der meisten Jugendlichen vom Elternhaus nur partiell - jugendkulturell - ist, dass aber weiterhin eine starke ökonomische und emotionale Bindung an das Elternhaus besteht, die ja größer geworden ist (vgl. Drößler 1998). Die Vermutung der 1960er und 1970er Jahre, dass die Jugendlichen immer früher aus dem Elternhaus ausziehen werden, hat sich nicht nur nicht bestätigt, sondern ins Gegenteil umgekehrt. Nicht die außerfamiliale Gleichaltrigenkultur beherrscht das außerschulische Leben der Jugendlichen allein, sondern die emotionalen Beziehungen zur Familie spielen eine gleichgewichtige Rolle (vgl. Jugend 2000).

Die Familie hat also anscheinend zu ihren emotionalen auch wieder - gleichsam ‚unter der Hand' - soziale Funktionen hinzugewonnen. Während das ganze zwanzigste Jahrhundert hindurch immer wieder vom Funktionsverlust der Familie geredet und darauf hingewiesen wurde, dass der Staat - und in gewissem Sinne auch die außerschulische Gleichaltrigenkultur - den Familien die Bildungs-, Platzierungs- und Orientierungsfunktionen genommen hätte, scheint dies nun heute nicht mehr so der Fall zu sein.

„Entgegen der beliebten These vom ‚Funktionsverlust' der Familie muss man also feststellen, dass Familien angesichts der ausdifferenzierten gesellschaftlichen Bereiche mit ihren nichtgelösten Aufgaben, Widersprüchen und Reibungen viele *in diesen anderen Bereichen produzierte Probleme auffangen* und verarbeiten sollen, während sie auf der anderen Seite - auch als Ergebnis gesellschaftlicher Modernisierung - weniger *Ressourcen* dafür haben: Traditionale *soziale* Stützsysteme wie die Verwandtschaft, Gemeinde, Kirche, Nachbarschaft, Gewerkschaft, Parteien, Vereine etc. haben historisch an Wirksamkeit verloren, so dass Familien heute leichter sozial isoliert werden können." (Wahl 1997, S. 111)

Wir können ergänzen: Je mehr sich die Schule als Leistungsschule auf Qualifikations- und biographische Kontrollfunktionen verengt, je stärker sich auch in den Gleichaltrigenkulturen eine Konkurrenz- und Verdrängungskultur breit macht, desto mehr Funktionen der emotionalen und sozialen Unterstützung fallen auf die Familie zurück. Diese neue Funktionszuweisung hat aber einen pädagogischen Haken: Sie ist ambivalent. Denn diese Funktionen haben sich nicht organisch im Zusammenspiel der Erziehungsbereiche entwickelt, sondern sind unter Vergesellschaftungsdruck freigesetzt worden. Nicht wenige Familien sind darauf nicht vorbereitet, deswegen sind sie auch gespalten. Sie sind hin- und hergerissen zwischen privater, emotionaler Autonomie und öffentlicher Indienstnahme und Verstrickung. So entstehen Spannungsverhältnisse, die beide, die Eltern und die Jugendlichen, mit viel Energien bewältigen müssen. Bei manchen Familien kommt es darum zu einer totalen Überforderung, die sich nicht selten in innerfamilialer Gewalt umsetzt: Kinder werden zu Sündenböcken, Liebe und Empathie werden ‚mit Gewalt' gesucht, weil es außerhalb der Familie gesellschaftlich immer kälter geworden ist (vgl. Funk 1997). Die Gewaltverhältnisse bleiben aber weitgehend ungeklärt, sind tabuisiert, da die Familie ob ihrer Privatheit im Selbstverständnis ihrer Mitglieder (aber auch in der öffentlichen Familienideologie) als ‚natürliche' Gemeinschaft gilt und entsprechend alltagstheoretische Rationalisierungsmuster in dieser Hinsicht greifen (vgl. Honig 1984).

Dies ist die zweite Dimension der heutigen Überforderung der Familie. Je mehr die Rationalisierungsprozesse in der Arbeitsgesellschaft um sich greifen, desto emotionsloser und emotionsleerer werden die gesellschaftlichen Beziehungen. Die neue Kundenorientierung in den Dienstleistungsbereichen kann nicht darüber hinwegtäuschen, sie hält nur an, solange der Kunde marktfähig ist. Auch der Konsum, der Gefühl und Teilhabe verspricht, ist von stetigem Verbrauch geprägt und hat darin seine Grenzen als funktionales Äquivalent für dauerhafte emotionale Beziehungen. Die erzieherische Überforderung ist also in die gesellschaftliche Überforderung der Familie eingebettet.

Um so mehr verwundert es, wenn heute in bürgergesellschaftlichen Debatten in der Familie die grundlegende Sozialform der neuen Bürgerbeziehungen jenseits der sozial gespaltenen Arbeitsgesellschaft gesehen wird. In der Familie fänden die Kinder und Jugendlichen noch all jene Gelegenheiten - dazu noch emotional gehaltvoll -, jene sozialen Kompetenzen zu erwerben, die man braucht, um in der neuen Bürgergesellschaft bestehen zu können: Aushandeln von Konflikten, Entwicklung von Empathie, gegenseitige Unterstützung. Dabei wird die Überforderungssituation vieler Familien nicht gesehen. Dadurch werden viele Energien an Bewältigungsprobleme und Konflikte gebunden, die zwar strukturell auf die Gesellschaft beziehbar, aber in den Bewältigungsformen und Austragungsmodi nicht öffentlich sind. Denn die Konflikte und Bewältigungsmuster sind privatisiert, hochemotionalisiert und sind - für die Kinder und Jugendlichen - in erster Linie von Einfluss auf die kindliche und jugendliche Entwicklung, jedoch nicht gesellschaftlich-exemplarisch. Die Gesellschaft lädt ihre Konflikte und sozialen Probleme auf die Familie ab, damit sie dort - in der Emotionalität und Privatheit des familialen Moratoriums - privatisiert, in emotionale Beziehungen umgewandelt werden und damit ihren gesellschaftlichen Charakter erst recht verlieren sollen.

> „Es ist ein subjektives Versagenserlebnis in einem Bereich, in dem jeder meint, er/sie hätte eine selbstverständliche personengebundene Kompetenz (...). (Dazu) kommt in der neueren Zeit eine Zunahme von Fürsorglichkeit über ein idealisiertes sozialpolitisches Familienmodell (Familie als Prototyp des Aufeinanderangewiesenseins und der gegenseitigen Unterstützung), das - in seiner Ambivalenz - die Ungeklärtheit des familialen Gewaltverhältnisses noch verstärken kann." (Funk 1997, S. 256)

Vom emotionalen Moratorium der Familie zum Realitätsprinzip der Gesellschaft ist es eben ein gewaltiger qualitativer Sprung (vgl. dazu Erdheim 1988), den ja gerade die öffentliche Pädagogik ermöglichen soll. Deshalb sind auch Begriffe, wie der von der „Demokratisierung des Privaten", wie ihn Anthony Giddens gebraucht, irreführend, weil sie zwei Ebenen - die der gesellschaftlichen Verfahren und die der intimen Privatheit - miteinander vermischen.

Die exemplarische Bündelung: Entstrukturierung, Entbettung und Spaltung am Beispiel der Geschlechterverhältnisse

Im Geschlechterverhältnis, im Mann- und Frausein, bildet sich das Verhältnis von Individuum und Gesellschaft so weitreichend, bis in die innerpersonalen Tiefenstrukturen hinein, ab, weil das Geschlecht die soziale Kategorie darstellt, die gleichzeitig auch in die sozial abgründigen Sphären der Leib- und Naturgebundenheit des Menschen hineinreicht. Über das historisch-gesellschaftlich konstruierte Geschlecht und die darauf bezogene geschlechtshierarchische Arbeitsteilung hat sich in unserer Gesellschaft ein männlicher und weiblicher Habitus herausgebildet, ein inkorporiertes System ‚typisch' männlicher und ‚typisch' weiblicher Empfindungs-, Orientierungs- und Bewältigungsmuster (vgl. Bourdieu 1998; Meuser 1998). Angesichts dieser Wechselwirkung von Gesellschaft, personalen Verhaltensmustern und leibseelischen Tiefenstrukturen können wir davon sprechen, dass gesellschaftliche Wandlungsprozesse und Umbrüche auch entsprechende Veränderungen nicht nur in den Männer- und Frauenrollen, sondern auch im Mann- und Frausein hervorbringen. Für eine arbeitsgesellschaftlich-reflexive Pädagogik ist deshalb die Dimension des Geschlechts und des Geschlechterverhältnisses *der* exemplarische Zugang zur Person in ihrer Gesellschaftlichkeit und leibseelischen Befindlichkeit gleichermaßen. Die Kritik an einer rein kognitiven Pädagogik, die in der Geschichte der Pädagogik immer wieder vorgetragen wurde und die Pädagogik auf die sinnlich-emotionalen Bezüge pädagogischer Interaktion aufmerksam machte, ist gerade heute wieder aktuell. Die Schulpädagogik hat zwar mit der Einführung der Koedukation die institutionelle und rollenbezogene Seite des Geschlechterproblems ‚gelöst', die tiefenstrukturelle Problematik des Mädchen- und Junge-, des Mann- und Frauseins aber damit auch für lange Zeit stillgestellt. Wenn sie heute in den Schulen wieder aufbricht - z.B. im männlichen Gewaltverhalten -, dann ist das ein Indiz dafür, dass der schulische Geschlechterkompromiss über Abgründen errichtet ist, die in den Umbrüchen der Arbeitsgesellschaft freigesetzt werden.

Diese Abgründe tun sich heute wohl mehr bei den Männern als bei den Frauen auf, denn sie sind in ihrem überkommen arbeitszentrierten Habitus dem arbeitsgesellschaftlichen Strukturwandel unmittelbar ausgesetzt. Lange Zeit waren sie die Nutznießer der industriekapitalistischen Arbeitsteilung, auch wenn sie sich dem Modernisierungsprozess anpassen (Entstrukturierung der männlichen Dominanzen) und die Frauen ‚aufholen' lassen mussten. Nun aber, am Anfang des 21. Jahrhunderts, zeichnet sich ein radikaler Bruch ab: Das ‚männliche Externalisierungsprinzip' der Arbeitsgesellschaft wirkt zwar strukturell weiter, die Masse ‚Mann' wird aber nicht mehr zu seiner Inkorporation gebraucht. Viele Männer sind auf einmal ausgesetzt, rollenlos, suchen nach Bewältigungsmustern, die aber nicht vorgegeben sind. Diese bisher nicht gekannte Freisetzung des Mannseins lenkt den Blick auf die innerpersonalen Tiefenstrukturen in einer Zeit, in der sie von der ökonomisch-technischen Entwicklung einerseits übergangen und geleugnet, andererseits weiter instrumentalisiert werden. Die Männerthematik ist für uns deshalb der Zugang, an dem man zeigen kann, dass die Balance von Außen und Innen, nach der sich die Pädagogik sehnt, nicht mehr mit dem überkommenen modernisierungstheoretischen Konzept der Identitätsbildung erreichbar ist. Spaltungen und Ambivalenzen durchkreuzen heute nahezu jedes Balancekonzept, machen es zur Balanceillusion. Denn es wirkt jenes Paradox, das wir auch aus der Diskussion um die Entkoppelung von Bildung und Beschäftigung kennen. Auch wenn die massenhafte Inkorporation des Externalisierungsprinzips systemisch nicht mehr gebraucht wird, muss der Einzelne dennoch *für sich* diesem Prinzip nacheifern, will er als Mann in dieser Gesellschaft Erfolg haben. Damit liegen die Sehnsucht nach einem anderen - innegeleiteten und innehaltenden - Mannsein und der Zwang, sich weiter und vielleicht noch mehr nach außen orientieren zu müssen, *nebeneinander*. So entstehen Konstellationen des Verwehrtseins, Bedürftigkeiten also, die mit der Bewältigungsperspektive eher aufgeschlossen werden können, als mit dem Identitätsbegriff.

Gurlitt und Blüher, die um die Wende zum 20. Jahrhundert die Krise des Mannseins in der industriekapitalistischen Gesellschaft thematisierten, konnten damals noch nicht absehen, dass diese industriekapitalistische Gesellschaft selbst dafür sorgen würde, dass die traditionale Männerherrschaft entstrukturiert und die gesellschaftliche Geschlechterhierarchie aufgebrochen werden würde. Dies ist im Verlaufe des 20. Jahrhunderts im Zusammenspiel von industrieller Modernisierung und gesellschaftlicher Demokratisierung erreicht worden. Das alte Patriarchat, das eine kongeniale Verbindung mit dem ‚rationalen' Industriekapitalismus eingegangen war, ist einem gesellschaftlichen System „hegemonialer Männlichkeit" (Connell 1987) gewichen. Es ist keine direkte Männerherrschaft mehr sichtbar, männliche Dominanzstrukturen sind zwar in vielen Bereichen vorhanden, gleichzeitig können aber auch Frauen in hegemoniale Zonen einrücken. Die Spielräume für das Ausleben unterschiedlicher Männlichkeiten haben sich immer mehr vergrößert; am Beispiel der Homosexualität könnte man zeigen, dass die moderne Gesellschaft auf dem ersten Blick toleranter gegenüber Lebensformen geworden ist, die früher - vgl. dazu Blühers Argumentation - als gesellschaftswidrig und sozialschädlich galten. Der Schlüssel für diese Aufweichung gesellschaftlich abverlangter Männlichkeit liegt in der Modernisierungslogik der kapitalistischen Industriegesellschaft. Das starre hierarchische Prinzip des Patriarchats, das die gesellschaftliche Entfaltung von Frauen und Jugend gleichermaßen beeinträchtigt hat, war längst zu sperrig geworden für eine Wirtschaftsgesellschaft, die Bildungs- und Flexibilitätsreserven ausschöpfen und neue Konsumbereiche erobern muss. Zwar sind die wirtschaftlich-technologischen Leitbilder der Gesellschaft immer noch überwiegend männlich strukturiert, sie sind aber auch von Frauen erreichbar und ausfüllbar. Spätestens seit dem fordistischen Dienstleistungs- und Konsumkapitalismus sind Männer und Frauen gleichermaßen in die externalisierte ökonomische Entwicklung eingebunden. Die Männer mehr, weil sie an die außerhäusliche Ökonomie existentiell stärker gebunden sind als die Frauen. Aber auch diese fühlen sich im Kapitalismus inzwischen heimisch, weil er sowohl über die Verhäuslichung des Massenkonsums als auch über die Integration ‚weiblicher Fähigkeiten' in den modernen Produktionsprozess die Frauenrolle im Reproduktions- wie auch im Produktionsbereich mit Identität ausstatten kann. Der Erfolg der Frauenbewegung und die Modernisierung des Kapitalismus zum Konsumkapitalismus sind so ineinander übergegangen. Die erfolgsorientierte moderne Frau, die ihre weiblichen Tugenden der Empathie - aber auch ihre Beziehungsmacht - gewinnbringend in der modernen Industrie und Verwaltung platziert, verachtet die traditionelle vormoderne Weiblichkeit der ökonomisch abhängigen, sexuell ausgebeuteten Familienfrau genauso, wie sie den in Polaritäten denkenden und entsprechend dualistisch agierenden Feministinnen verständnislos gegenübersteht. In der Mitte aber hat sich ein Idealbild, ein Leittypus ‚hegemonialer Weiblichkeit' herausgebildet: Die gut ausgebildete Frau mit Berufsoption, die ihre Kinder- und Familienphasen meist selbst steuert, die ihr Muttersein im modernen Haushaltmanagement aufgehen und ihre Konsumorientierung nicht mehr feministisch denunzieren lässt (und die den Mann eher funktional, als hierarchisch betrachtet). Die Tendenz zur Biographisierung hat ein übriges getan. Je mehr die Menschen aus kollektiven Zusammenhängen freigesetzt sind, desto stärker orientiert sich ihr Mann- und Frausein eher an biographischen Optionen, als an der Beteilung an und der Durchsetzung von Geschlechterbildern. Männer und Frauen suchen sich aus geschlechternivellierenden Lebensstilen Elemente für ihre biographische Verwirklichung aus, die zur Optimierung ihres eigenen Lebens passen und fragen weniger danach, ob es sich hier um ein gelungenes Mann- oder Frausein im Sinne kollektiv zugemuteter Lebensmuster handelt. Männlichkeiten und Weiblichkeiten werden zwar nicht aufgehoben, sind aber von konsumtiven und erfolgskulturellen Lebensstilen überdeckt.

Robert Connell beschreibt die Entstrukturierung und Modernisierung gesellschaftlicher Männlichkeit als kulturellen Prozess, der sich über die ökonomischen Strukturen legt und Männlichkeit (und später auch Weiblichkeit) entsäult und pluralisiert (vgl. Connell 1987). Er sieht die direkten männlichen Gewaltverhältnisse abgebaut, verfolgt aber den Verbleib dieser Gewaltverhältnisse in der Hintergrundstruktur der Gesellschaft oder auch in der Familie nicht weiter und beschränkt sich somit auf die sozialpsychologische Ebene, wenn er den Begriff der „patriarchalen Dividende" gebraucht. Damit ist gemeint, dass Männer, auch wenn sie nicht patriarchalische Lebens- und Verständigungsmuster anstreben, letztendlich doch immer wieder nach der Option greifen, dass Männer Frauen überlegen, ihnen gegenüber höherwertig sind. Diese Option auf die männliche Dividende wird von Männern vor allem dann eingesetzt, wenn sie in kritischen Lebensereignissen auf sich selbst gestellt oder generell extrem sozial benachteiligt sind.

Der Prozess der Entstrukturierung des Patriarchats und der Modernisierung der Geschlechterverhältnisse hatte seinen ersten Höhepunkt in den zwanziger Jahren, nach dem Ersten Weltkrieg. Wie in Westeuropa allgemein, wurden vor allem auch in Deutschland die wirtschaftlichen und gesellschaftlichen Verhältnisse modernisiert. Die fordistische Wirtschaftsweise und die damit zusammenhängende Sozial-, Konsum- und Bildungskultur brachten einen weiteren Wandel und deutliche Anfänge einer Neustrukturierung des Geschlechterverhältnisses. Die umfassende Rationalisierung und Differenzierung der Produktion - Zerlegung der Arbeitsvorgänge als Basis für die Massenproduktion - verlangte eine mittel- bis hochqualifizierte Massenarbeit mit neuen Tätigkeitsstrukturen und Bildungsanforderungen. Gleichzeitig brachte die frühkapitalistische Modernisierung - nach ihrem Leitgesetz der gegenseitigen Entsprechung von Massenproduktion und Massenkonsum - eine die gesamte Gesellschaft durchdringende Konsum- und Freizeitkultur hervor. Aus Arbeitern und Angestellten wurden nun Konsumenten mit einer zunehmend differenzierten Palette von Konsum- und Lebensstilen, in denen auch die überkommenen Geschlechterrollen ausdifferenziert und die Geschlechterverhältnisse pluralisiert wurden. Nicht nur unterschiedliches Mannsein wurde lebbar, auch die reproduktive Sphäre der Frau erhielt eine eigenständige Bedeutung als ‚moderner Haushalt', der den Kern des nun ökonomisch wichtig gewordenen Konsumbereichs bildete. Der ‚moderne Mann' und ‚die moderne Frau' wurden zu Kulturbegriffen der Weimarer Gesellschaft und markierten die ersten deutlichen Nivellierungslinien im öffentlichen Geschlechterverhältnis (s.o.).

In den sechziger und siebziger Jahren des 20. Jahrhunderts, in denen ein weiterer Modernisierungsschub breites Humankapital benötigte, das von Männern und Frauen gleichermaßen abgefordert wurde, weichten die Geschlechterhierarchien weiter auf. Der Kapitalismus entwickelte sich zwar weiterhin nach dem ‚männlichen Prinzip' der Externalisierung und fand auch in jener Modernisierungsphase die entsprechende hegemoniale männliche Elite - Wirtschaftsführer, Wissenschaftler, Ingenieure, Publizisten -, die dieses Prinzip verkörperte, baute aber die rigiden Geschlechterrollen weiter ab. Denn das Primat der Bildung als Schlüssel zur breiten Ausschöpfung von Humankapital setzte sich in gleichen Bildungschancen für Männer und Frauen durch.

Bis hierher folgt die Argumentation dem Individualsierungs- und Entstrukturierungsparadigma der Modernisierung. Die achtziger und neunziger Jahre des 20. Jahrhunderts haben jedoch einen weiteren ökonomisch-technischen Externalisierungsschub gebracht, der die Hegemonialstruktur weiter ausdifferenziert und eine neue männliche Elite - Elektronikspezialisten, Finanzmanager und Biotechniker - zu Leitfiguren der ökonomischen Entwicklung gemacht hat. Gleichzeitig hat diese Phase der Transformation von der industriellen Arbeitsgesellschaft in die postindustrielle Wissens- und Informationsgesellschaft einen folgenschweren Einbruch in die Männergesellschaft mit sich gebracht, der mit dem Entstrukturierungsparadigma nicht mehr hinreichend erfasst werden kann. Vielmehr muss hier wieder der Freisetzungsbegriff bemüht werden, um die qualitativen Veränderungen, welche der arbeitsgesellschaftliche Strukturwandel für die Geschlechterfrage impliziert, aufschließen zu können. Die technologische Rationalisierung und Internationalisierung der Produktionsverläufe, die weltweit verknüpften Informations- und Kapitalströme haben in den alten Industrieländern das Verhältnis von Kapital und (Massen-)Arbeit gravierend verändert. Massenarbeit - in der fordistischen Wirtschaftsphase noch hoch gehandelt - wird heute immer weniger gebraucht, durch neue Technologien ersetzt oder aus Billiglohnländern geholt. Qualifizierte Arbeit wird nur noch im Kernbereich der Arbeitsgesellschaft nachgefragt. In den breiten Peripherien dieser Kernbereiche der segmentierten Arbeitsgesellschaften, wie sie sich in Westeuropa herausgebildet haben, bewegt sich die Masse der Arbeitenden. Hier herrschen stabile wie instabile, prekäre Arbeitsverhältnisse gleichermaßen, was gerade der Masse der Männer, deren Identitätsbildung und -stabilität auf die Erwerbsarbeit fixiert ist, zu schaffen macht. Wenn man bedenkt, dass inzwischen in der Bundesrepublik - zu Anfang des 21. Jahrhunderts - über 50% der Erwerbsarbeitsverhältnisse nicht mehr durch die klassische Normalarbeit (mittelfristige bis lebenslange Beschäftigung, tarifliche und soziale Absicherung) strukturiert sind, kann man sich das Ausmaß der männlichen Verunsicherung vorstellen. Der arbeitslose, ledige und biographisch gescheiterte Mann im mittleren Alter, der in die sozialen Randzonen abgerutscht ist, ist zum ähnlichen, vielleicht noch prekäreren Fall geworden als die alleinerziehende Sozialhilfeempfängerin. Massen arbeitsloser oder von Arbeitslosigkeit bedrohter Männer, die sich vornehmlich externalisiert, d.h. über die Arbeit begriffen und verwirklicht haben, stehen nun bloß da, können sich nicht in die Mutter- und Familienrolle zurückziehen wie viele arbeitslose Frauen. Das systemische Prinzip der Externalisierung wendet sich nun gegen die Männer selbst. Sie leiden in unterschiedlicher Weise darunter: Die einen sind ausgestoßen und können ihre innere Hilflosigkeit - da sie es nie gelernt haben - nicht bewältigen; die anderen müssen sich ihre Wünsche nach einem nach innen gerichteten Mannsein versagen, weil der Konkurrenzdruck schärfer und das Risiko der Arbeitslosigkeit größer geworden ist.

Der segmentierten Arbeitsgesellschaft von heute entspricht also auch die segmentierte Geschlechtergesellschaft, vor allem was die Segmentierungen von Männlichkeit anbelangt. Dort, wo der Zugang zur Arbeit verwehrt ist, aber auch dort, wo ein Verdrängungswettbewerb um Arbeitsplätze stattfindet, sehen sich die Menschen in ihrer sozialen Existenz und mithin in ihrer Identität bedroht. Vor allem die auf Arbeit angewiesenen Männer suchen in ihrer Betroffenheit nach vertrauten Formen der Bewältigung und greifen dabei nicht selten auf Bewältigungsmuster zurück, die man ihnen - so ihre untergründige Einstellung - nicht nehmen kann. Eine solche Bewältigungsform stellt der fast naturalistische Rückgriff auf die traditionelle Männlichkeit, die Inanspruchnahme der „männlichen Dividende" im Verdrängungswettbewerb gegenüber Frauen, aber auch gegenüber anderen Männern dar. Solche traditionellen und entsprechend mystifizierten Männlichkeitsbilder, welche die maskuline Überlegenheit ‚von Natur aus' betonen, sind vor allem bei jungen Männern in den Randzonen sozialer Deklassierungen zu beobachten. Der in diesem Zusammenhang kultivierte Habitus aggressiver Männlichkeit wird dabei nicht selten offen und öffentlich stilisiert und provoziert. Die Angst der anderen vor dem alltäglichen Auftreten dieser aggressiven Männer - auf der Straße, in Straßenbahnen - ersetzt diesen die für jeden Menschen notwendige soziale Anerkennung. Sich in männlicher Abwertungsaggressivität zu fühlen und die Angst der anderen sozial zu spüren, ergibt ein Gemisch, das als Identitätsersatz wirken und neue antisoziale Männerkulturen in der Gesellschaft hervorbringen kann. Diese Entwicklung wird dadurch begünstigt, dass aus dem für die sozial Deklassierten unerreichbaren Kern der Erfolgreichen in der Arbeitsgesellschaft etwas abstrahlt, das in den Subkulturen maskuliner Aggressivität gierig aufgesogen wird, diese beflügelt und ihnen in gewissem Sinne auch Legitimation verleiht: die gesellschaftlich anerkannte Botschaft, dass man erfolgreich sein kann und muss, mit welchen Mitteln auch immer.

Aber auch in der Mitte der Arbeitsgesellschaft wirkt diese Botschaft nach und speist den Verdrängungswettbewerb zwischen Männern und Frauen, den neuen Geschlechterkampf. Dass Männer sich durchsetzen und Frauen sich zurücknehmen müssen, ist zu einem gesellschaftlich längst anerkannten Wettbewerbsmuster am Arbeitsmarkt geworden. Im Deutschland der neunziger Jahre wurde offen - nicht mehr hinter vorgehaltener Hand - die „gestiegene Erwerbsneigung" der Frauen für die hohe Arbeitslosigkeit verantwortlich gemacht. Diese männliche Durchsetzungs- und Verdrängungskultur in den Vorhöfen und Zugangsbereichen der mittleren Berufspositionen hat aber ein anderes Gesicht als die aggressive Männerkultur an den sozialen Rändern. Sie folgt den externalisierten Prinzipien des Sachzwangs und der Effizienz: Wer heute mithalten will, muss mobil und flexibel, ohne Einschränkung einsetzbar sein. Wie es dem Menschen selbst dabei geht, wird nicht gefragt, das muss er persönlich mit sich ausmachen. So lässt sich bei den Männern in diesen mittleren gesellschaftlichen Zonen ein Lebensgefühl beobachten, das zwischen Sehnsucht und Abwertung schwankt: Sehnsucht nach einem eigenen und irgendwie auch erfüllten Leben und Abwehr des immer wieder aufkommenden Drucks, mithalten zu müssen, ‚dran' zu bleiben, nichts zu verpassen, will man seine soziale Existenz und (männliche) Identität nicht gefährden. Es ist ein Leben zwischen zwei Welten, die immer wieder auseinander zudriften drohen - ein janusköpfiges Leben. Bei vielen Männern wächst in solchen Situationen die Sehnsucht, zu sich selbst zu kommen, innehalten zu können, nicht dauernd dem sozialen Außenstress ausgesetzt zu sein. Nicht umsonst haben in den achtziger und neunziger Jahren des 20. Jahrhunderts Bücher, welche sich mit der ‚Sehnsucht nach dem anderen Mann' beschäftigen, so hohe Auflagen erreicht.

Dafür, dass dieses Auseinanderdriften von beschleunigten ökonomischen Systemen und unsicheren Menschen nicht zur gesellschaftlichen Krise führt, sorgt der Konsum. Hier wird das Widersprüchliche zusammengekittet. Der Konsum funktioniert nach dem Prinzip der menschenabgewandten Ökonomie, er ist marktförmig, externalisiert. Es muss immer wieder Neues verbraucht, Bisheriges entwertet werden, es darf kein Ende geben, es müssen dauernd neue Produkte entwickelt und angeboten werden. Gleichzeitig aber scheint der Konsum den Menschen zugewandt zu sein, denn er richtet sich an die Bedürfnisse des Selbstbezugs und Innehaltens. Im Konsum und seiner Werbung können eben auch konträre Bilder von Männlichkeit und Weiblichkeit miteinander vermittelt werden. In der Konsumszenerie taucht der Geschlechterkampf nicht auf, scheint das Geschlechterverhältnis nivelliert, unerheblich auf der Suche nach persönlich einzigartiger Selbstverwirklichung zu sein. Die Grenzen des Konsums liegen aber dort, wo seine Widersprüchlichkeit endlich aufbricht: Er kann selbst nicht innehalten, obwohl er Produkte des Innehaltens verkauft. Die Konsumwirtschaft unterliegt der Gesetzlichkeit der externalisierten Ökonomie - es muss immer neu konsumiert werden -, dieses Prinzip entwertet wiederum die Produkte selbst - auch die des Innehaltens - und drängt wieder neue auf. Konsumieren ist so zum ritualisierten Verhalten geworden, das nur die soziale Oberfläche glättet.

Wo aber die Schutzhülle des Konsums durchstoßen ist, im direkten Ausgesetztsein und in der direkten menschlichen Beziehung, dort brechen die Probleme des Mannseins wieder auf. Dann wird Mann davon überrascht, dass alles noch da ist: Die Angst, der eigenen Hilflosigkeit ausgesetzt zu sein, Bindungen zu verlieren und nicht zu wissen, wie man da wieder herauskommen soll. Dann kann sich die dunkle Welt von Bedürftigkeit, gegenseitiger Abwertung bis hin zur Gewalt auftun.

Wir werden deshalb an späterer Stelle darauf insistieren, dass die Pädagogik, ob nun in der Schule oder in den außerschulischen Bereichen, nicht dem sozialen Schein der nivellierten Konsumgesellschaft folgen darf, sondern ein Sensorium für die verdeckten Seiten des Mannseins und Frauseins und des Geschlechterverhältnisses entwickeln muss. Wenn sich die Externalisierung und die Beschleunigung der ökonomisch-technischen Systeme so fortsetzen, wird der abstrakte Konsummensch die öffentliche Szene ganz beherrschen, der wirkliche, leib-seelische und sozial gebundene Mensch aber nur noch im privaten Untergrund zu finden sein. Es wird deshalb eine pädagogische Mediationsaufgabe der Zukunft sein, ihn dort aufzusuchen und seine Befindlichkeit zu thematisieren,

Pädagogik im gespaltenen Geschlechterdiskurs

In den 1990er Jahren konnte man zudem eine eigentümliche Spaltung des Geschlechterdiskurses in Deutschland beobachten. Während ein großer Teil der Frauenforschung - sei es über konstruktivistische oder komparative Studien - die sozialanthropologische Differenz zwischen Frauen und Männern aufzulösen versuchte, wurde im (wesentlich kleineren) Männerdiskurs eher versucht, das ‚eigentlich Männliche', unabhängig von der Beziehung zu Frauen, zu suchen. Diese eigentümliche Spaltung der Geschlechterfrage vollzog sich zu einer Zeit, in der die Soziologie eine zunehmende Geschlechterrollennivellierung konstatierte und die Geschlechterfrage gesellschaftlich zweitrangig zu werden schien.

Betrachtet man diese Konstellation aus einem arbeitsgesellschaftlich reflexiven Blickwinkel, so könnte man interpretieren, dass die Frauen sich nun - zu Beginn des 21. Jahrhunderts - als Gewinnerinnen, die Männer aber als Verlierer des Modernisierungsprozesses fühlen. Mit der Nivellierung der Geschlechterrollen haben die Frauen ihre gesellschaftliche Anerkennung erreicht, ohne ihre inneren Bezüge und Stärken preisgeben zu müssen. Die Männer hingegen sind der Gesellschaft stärker als zuvor ausgeliefert. Da die Nivellierung der Geschlechterrollen mit dem ökonomischen Prinzip der Flexibilisierung einhergeht und dem Mann traditionell der Weg nach Innen verwehrt ist, kann für viele Männer die Geschlechterrollennivellierung eine doppelte Bedrohung bedeuten: Die Frauen haben gesellschaftlich gleichgezogen, so dass die „patriarchale Dividende" öffentlich wertlos geworden ist. Gleichzeitig scheinen sie dem Mann dadurch überlegen zu sein, da sie sich in ihrer Naturnähe (Mutterschaft) dem gesellschaftlichen Flexibilisierungsdruck eher entziehen können, während der Mann nun ausgeliefert scheint.

Diese Argumentationsfigur kann man erkennen, wenn man die Schriften und Diskussionen der Männerzirkel der 1990er Jahre modernisierungstheoretisch und -kritisch gegenliest. Sie erinnern deshalb nicht von ungefähr an die Auseinandersetzung um die ‚Krise des Mannseins im Kapitalismus' um die vorletzte Jahrhundertwende, ähnliche Suchfiguren (innerer Ritter - innerer Krieger, Stärke und Verantwortung aus der ‚Natur' des Mannes heraus etc.) tauchen wieder auf. Auch dass diese Suche nach dem männlichen Innen an die Jugend rückgebunden wird, ist mit damals vergleichbar.

Allerdings ist der heutigen Männerdiskussion die Selbstverständlichkeit männlicher Dominanz, mit der damals noch argumentiert wurde, längst abhanden gekommen. Das ist auch angesichts der Entstrukturierungsprozesse hegemonialer Männlichkeit (s.o.) höchst plausibel. So konzentriert sich der gegenwärtige Männerdiskurs implizit auf die Frage, was der Mann an innerer Autonomie und Stärke, an ‚Männernatur', seiner zunehmenden industriellen Verfügbarkeit, aber auch seinem Ausgesetztsein gegenüber einer ausgrenzenden Arbeitsgesellschaft entgegenzusetzen hat. Dass dieser Diskurs mythisch überhöht ist, verweist auf die gesellschaftlich verwehrte Erfahrung mit dem ‚inneren' Mann in der Vergangenheit der kapitalistischen Industriegesellschaft. Dominierend in diesem mythologisierenden Männerdiskurs ist die Figur des ‚Wilden Mannes', der Traum von einer Männlichkeit, die sowohl von der Abhängigkeit von der Frau als auch von der industriellen Zurichtung des Mannes bereinigt ist. Diese ‚reine' Männlichkeit sei in der Menschheitsgeschichte mehrfach verschüttet und deformiert worden. Sie lebe aber untergründig in den archetypischen Mythen weiter, müsse dort gesucht und so aufgeschlossen werden, dass die heutigen Männer zu ihnen in Bezug treten, in eine neue Spannung zu sich selbst kommen könnten. Bekannt und in der Männerszene geläufig geworden ist in diesem Sinne vor allem der Mythos vom „Eisenhans".

Eisenhans

Die männermythische Interpretation des grimmschen Märchens vom Eisenhans durch den amerikanischen Schriftsteller Robert Bly (1991) hat in der deutschen Männerszene der neunziger Jahre ein breites, wenn auch nicht ungeteiltes Echo gefunden. Bly rührt an der Grundthematik moderner Männlichkeit: Wie können sich Männer in ihrer Identitätssuche sowohl aus der Abhängigkeit von Frauen als auch aus ihrer industriekapitalistischen Zurichtung lösen, als Männer und über Männer zu sich selbst finden. Das Märchen vom Eisenhans wird von Bly in diesem Sinn als Abfolge von Stationen des Mannwerdens gedeutet. Der Inhalt des Märchens lässt sich kurz zusammenfassen und in den wichtigsten Punkten ausdeuten: In einem Wald, der einem König gehört, verschwanden immer wieder Jäger spurlos. Ein junger Mann fand schließlich den Grund heraus, als aus einem Teich mitten im Wald eine Hand hervorkam und nach seinem Hund und ihm selbst griff. Er ließ den Teich ausschöpfen und hervor kam ein wilder Mann mit rostbraunen Haaren, der auf dem Grund des Teiches hauste. Der entsprechend seines Aussehens „Eisenhans" genannte Wilde wurde ins Königsschloss gebracht und in einen Käfig gesperrt. Die Königin nahm den Schlüssel zu sich in Verwahrung. Eines Tages fiel der goldene Ball des kleinen Königssohns in den Käfig. Der Eisenhans wollte ihn aber nur herausgeben, wenn der Junge ihm die Käfigtür öffnete, und verriet ihm, dass der Schlüssel unter dem Kopfkissen der Mutter zu finden sei. Der Junge holte ihn sich in einem günstigen Moment und öffnete den Käfig. Da die Tür so schwer aufging, verletzte er sich dabei. Aus Angst vor elterlicher Strafe bat er den Eisenhans, ihn nicht zurückzulassen. Der nahm ihn auf seine Schultern und trug ihn in den Wald. So weit der erste Teil des Märchens.

Im Eisenhans deutet Bly den ‚wilden', das heißt den über die Geschichte hinweg verschütteten, im Urgrund verborgenen, nur auf sich selbst bezogenen Mann, den man nur erreichen kann, wenn man den tiefen See - die eigene Seele und Gefühlswelt - ausschöpft, tief in sich hineingeht. Der kleine Sohn des Königs begegnet zwar dem Eisenhans, kann aber nicht zu ihm in Beziehung treten, weil dieser von den Eltern weggeschlossen, stillgestellt worden ist. Die dabei wirkende Macht der Mutter symbolisiert sich in der Kontrolle über den Schlüssel. Erst mit dem goldenen Ball, dem mythischen Symbol für Ganzheit - der Junge fühlt sich mit Leib und Seele zu dem Eisenhans hingezogen - ist die Hinwendung ausgelöst, die Suche nach dem eigenen Mannsein angestoßen:

„Wenn für einen jungen Mann der Zeitpunkt gekommen ist, mit dem ‚Wilden Mann' zu sprechen, wird er feststellen, dass die Unterhaltung ganz anders verläuft als ein Gespräch mit einem Prediger, einem Rabbi oder einem Guru. In einem Gespräch mit dem Wilden Mann geht es nicht um Glück, geistige oder seelische Dinge oder einen ‚höheren Bewusstseinszustand', sondern um etwas Nasses, Dunkles und Tiefes - um etwas, was man als ‚Seele' bezeichnen könnte. Der erste Schritt besteht darin, an den Käfig heranzutreten und den goldenen Ball zurückzuverlangen. Einige Männer sind bereit, diesen Schritt zu wagen; andere dagegen haben noch nicht das Wasser aus dem Tümpel geschöpft - sie haben die kollektive männliche Identität noch nicht hinter sich gelassen und sind nicht allein oder mit ihrem Hund in das unbekannte Gebiet vorgedrungen." (Bly 1991, S. 24)

Den Käfigschlüssel muss der Junge aber von seiner Mutter stehlen, ihr heimlich wegnehmen, sich also aus der Abhängigkeit von der Mutter/Frau radikal lösen: „Der Schlüssel ist nicht in dem Ball, auch nicht in der goldenen Uhr oder im Tresor ... der Schlüssel liegt unter dem Kopfkissen unserer Mutter - genau da, wo Freud ihn vermutet hätte." (ebd., S. 27)

Damit ist die Ablösung aber noch nicht gelungen. Sie muss schmerzlich sein: Der Junge verletzt sich beim Öffnen des Käfigs. Sie muss radikal sein: Der Junge geht auf den Schultern des Eisenhans' in den Wald, den geheimnisvollen, aber auch verheißungsvollen Ort autonomer Männlichkeit. Er tritt aus dem Schatten der Eltern und vor allem aus dem Schatten der die familiale Elternbeziehung dominierenden Mutter.

„Eine klare Ablösung von der Mutter ist wichtig, aber sie findet einfach nicht statt. Das soll nicht heißen, dass die Frauen etwas falsch machen: Ich denke, das Problem liegt eher darin, dass die älteren Männer ihre Aufgabe nicht mehr richtig erfüllen." (ebd., S. 37)

Nun zum zweiten Teil der Geschichte, zur Suche nach dem ‚Wilden Mann' in sich, nach eigener Männlichkeit. Im Märchen sagt der Eisenhans zu dem Jungen: „Du wirst deinen Vater und deine Mutter nie wieder sehen. Aber ich habe mehr Schätze, als du es dir je träumen wirst." Diese Schätze, die der Eisenhans dem Jungen verheißt, bezeichnen die Geheimnisse männlicher Initiation. Der Eisenhans lässt den Jungen in einen tiefen Brunnen (der Männlichkeit) blicken und sich in ihm spiegeln, den anderen Mann in sich erahnen. Da er dafür noch nicht reif ist (er hat die Brunnenprobe, nicht einfach nach dem Spiegelbild zu fassen, nicht bestanden) schickt ihn der Eisenhans aus dem Wald hinaus in die Welt, lässt ihn aber immer wieder seinen Schutz spüren. Die folgenden Stationen, die der Junge durchläuft, bezeichnen die der Initiation, der Ablösung vom emotionalen Band der Familie und des Zugangs zum Selbst. Dabei geht es dem Jungen erst einmal schlecht, er muss von ganz unten (ganz tief in sich selbst) anfangen („der Weg der Asche - Abstieg und Trauer"). Impulsiv sucht er die Nähe des Königshofes („der Hunger nach dem König in einer Zeit ohne

> Vater"). Er wird im Garten des Königs beschäftigt und erfährt, dass Fürsorge und Liebe auch in Männern schlummern und in einem geeigneten Garten aufblühen können („die Begegnung mit der Gottfrau im Garten"). Er zieht in den Krieg - verlacht wegen seines unkriegerischen Aufzuges. Mit Hilfe des Eisenhans' verkleidet er sich aber unterwegs als Ritter und schlägt die inneren Feinde des Königs („die Rückkehr des inneren Kriegers"). Als Lohn dafür darf er die Tochter des Königs heiraten. Er strebt aber nicht die äußere Königsmacht an, fällt nicht in diese außenbestimmte Welt zurück: Denn während des Festes tritt der rückverwandelte Eisenhans als König in den Saal. Er symbolisiert das innere Königtum, das der Junge nun erreicht hat.
>
> In diesem zweiten Teil der Märcheninterpretation sind drei quasi archetypische Figuren von Männlichkeit enthalten, die Bly herausarbeitet, und die auch in der Männlichkeitsdiskussion eine zentrale Rolle spielen: zum einen die besondere und eigensinnige Liebes- und Fürsorgefähigkeit des Mannes, symbolisiert im Bild des Gartens als Symbol der Liebe, in den wilden Blumen, die er bevorzugt, und in der Art, wie er von der Königstochter angezogen wird, ihr Blumen bringt, ohne sich ihr zu unterwerfen; zum zweiten die Figur des „inneren Kriegers"; und drittens schließlich die des „inneren Königs".
>
> In der Figur des Liebenden wird deutlich, dass der Mann immer verstrickt ist in das Weibliche, seine weiblichen Anteile aber selbst mit männlicher Eigenart entwickeln und gestalten kann. Die eigenen Gefühle - so die Botschaft des Gartenmythos - können sich auch bei Männern entfalten. In der Figur des „inneren Kriegers" wird dieser Bezug zum Selbst verstärkt. Der „innere Krieger" - im Märchen symbolisiert durch den Kampf gegen die inneren Feinde des Königs - schützt die Gefühlswelt des Mannes vor Externalisierung und Abspaltungen. Wichtig dabei ist, dass der Mann - so Bly - nicht einfach Krieger *ist*, sondern *in Beziehung* zu diesem inneren Kriegertum tritt. Seine innere Stärke, die er durch Verantwortung für andere draußen in der Welt - im Kontrast zur naturbezogenen und gebundenen familialen Verantwortung der Frau - furcht- und ränkelos einsetzt, wird dadurch symbolisiert. Bly weiß, dass das Bild des Kriegers missverständlich ist und beharrt daher auf dem Archetypus ‚Krieger', der im Lauf der Geschichte vom äußeren, soldatischen Kriegertum deformiert worden ist. Vor allem die Industrialisierung habe die Männer zu seelenlosen Kampfmaschinen gemacht. Im Archetyp des „inneren Königs" schließlich gipfelt die männliche Bezugnahme zu sich selbst: der innere König als eine Autorität, die ihre Macht nicht aus Abwertung, sondern aus eigener innerer Orientierung und Unabhängigkeit bezieht.
>
> Der Blysche Eisenhans ist sicher ein ‚amerikanisches' Buch, weil es die Krise des Mannseins weniger als gesellschaftliche, sondern mehr als Krise persönlicher Männermoral thematisiert. Von seiner Symbolik hat es jedoch einen Assoziationswert zum deutschen Diskurs, der die Krise des Mannseins - über das männliche Sozialisationsdilemma hinaus - immer auch als Ausdruck einer Modernisierungskrise, der gesellschaftlichen Entwertung der Arbeit und des Arbeitssinnes als Bestimmung des Mannes deutet.

Der männermythische Diskurs hatte aber nicht nur den - von uns unterlegten - modernisierungstheoretischen Bezug, sondern auch seine konkreten Anlässe. Mit Bestürzung wurde angesichts rechtsextremistischer Gewalttaten und Männergewalt in der Familie wahrgenommen, wozu Männer fähig sein können, wenn sie nicht in der Lage sind, mit sich ins Reine zu kommen; Männer also, die unter dem Zwang stehen, ihre Gefühle von Ohnmacht und Hilflosigkeit auf

Schwächere abzuspalten. Dieser öffentlich geächteten Figur des Mannes als Täter den ‚anderen' - aus sich selbst heraus beziehungsfähigen und verantwortungsvollen - Mann gegenüberzustellen, ist bis heute ein wichtiges Motiv kritischer und selbstreflexiver Männerdiskurse. Aber auch in Teilen der Frauenforschung wurde inzwischen erkannt, dass die öffentliche Geschlechterrollennivellierung dazu führen kann, dass die nun sozial mithaltenden Frauen ihre Bewältigungsprobleme erneut nach innen drücken, privat auf sich nehmen müssen, wollen sie nicht als ‚Problemfrauen' erscheinen. Selbstdestruktive Verhaltensweisen, aber auch indirektes Abwertungs- und direktes Gewaltverhalten gegenüber Schwächeren (Ausländerfeindlichkeit, Gewalt gegenüber Kindern) können auch hier die Folge sein.

Die Suche nach dem Innen und die Angst vor seinem Verlust, seiner gesellschaftlicher Deformation und Domestizierung gehen im Verhältnis beider Geschlechter ineinander über. Misstrauisch muss die Pädagogik, die ja in ihren interpersonalen Arrangements nicht den tiefendynamischen Konflikten entkommen kann, gegenüber soziologischen Annahmen der Geschlechterrollennivellierung sein. Zudem hat der Strukturwandel der Arbeitsgesellschaft die Schar der rollenlosen Menschen deutlich erweitert, Individuen in einer vorher nicht gekannten Weise der Gesellschaft unmittelbar ausgesetzt, wobei diese dann zwangsläufig zur unmittelbaren Selbstbehauptung gedrängt werden. In den erfolgskulturellen Segmenten der Arbeitsgesellschaft steigt wiederum die Individualisierungsillusion, die von der Konsumindustrie zusätzlich geschürt wird: Die Vereinzigung überformt die Orientierung am Anderen, das Grundmodell der interpretativen Rollentheorie wird von der Wirklichkeit konterkariert: Gewinner und Verlierer, Gebrauchte und Überflüssige - das sind soziale Zustände, die mit dem Rollenbegriff nicht fassbar sind.

So kann die soziologische Individualisierungstheorie zur Individualisierungsfalle werden. *Geschlechterrollen* nivellieren sich, die soziologisch aufgeklärten Individuen verlassen sich darauf und sind selbst über sich erschrocken, wenn die Zustände und Befindlichkeiten des Frau- und Mannseins eben nicht verschwinden und nicht nur in kritischen Lebenssituationen, sondern auch dort immer wieder aufbrechen, wo sie soziologisch eigentlich nicht erwartet werden: in der rationalen-partnerschaftlichen Aushandlungsfamilie, wenn sie denn unter Druck gerät. Dieses Phänomen können wir als Ergebnis einer Dynamik begreifen, die als negative Dialektik nach Innen bezeichnet werden kann.

Indem die Familie (s.o.) inzwischen sogar schon in der sozialpolitischen Diskussion wieder als Kernbereich sozialen Zusammenhalts - angesichts der Krise des Sozialstaats und seiner Institutionen - hochgelobt wird, muss die Frage gestellt werden, unter welchen Bedingungen eine solchermaßen gesellschaftlich unter Druck gesetzte familiale Konstellation herrschaftsfreie Aushandlungsprozesse ermöglichen kann. Es wird auf die notwendige Exit-Option der Frau hingewiesen (s.o.), gleichzeitig wird aber auch zugegeben, dass das soziale und materielle Angewiesensein der Partner aufeinander angesichts der sozialen und konsumtiven Kosten der Lebensführung gestiegen ist. Vor der familialen Gewalt aber bleibt *diese* Soziologie stumm. Denn die Rollentheorie versagt dort, wo die Soziologie zwar den Menschen zeigt, wie sie familiale Konflikte lösen, sich ihnen entziehen können, aber nicht erklären kann, dass es dennoch und für die soziologisch aufgeklärte Gesellschaft so überraschend zu Gewalt kommt. Dass Männer nach außen und Frauen nach innen fixiert sind, ist eben nicht nur auf den kulturellen Prozess geschlechtshierarchischer Sozialisation und Rollenfixierung zurückzuführen, dessen Resistenz heute beklagt wird, sondern hat genauso etwas mit der (freilich sozial gerichteten) Natur des Mann- und Frauseins zu tun. Diese bricht - so die These - *neben* den Rollensystemen auf, wenn diese nicht mehr die Selbstbehauptung des gesellschaftlich freigesetzten Menschen regulieren können. Die mannigfaltigen therapeutischen und sozialpädagogischen Erfahrungen zeigen uns, wie die Tiefenstrukturen des Mann- und Frauseins bei kritischen Lebensereignissen so hervortreten, dass sie sozial nicht mehr verstanden, geschweige denn definiert werden können.

Dies ist aber heute die Frage, die nicht nur die Tiefenpsychologie, sondern die Sozialwissenschaften insgesamt betrifft. Denn wir haben es zu Anfang des 21. Jahrhunderts, im Gefolge der Globalisierung und des Verlustes sozialer Sicherheiten im Zusammenhang mit der Krise des Sozialstaats und seiner Institutionen, mit Entbettungsschüben zu tun, welche die traditionellen sozialen Netzwerke - als moderne Milieus - so aufzuweichen drohen, dass inzwischen die Selbstbehauptung wieder in der Natur des Menschen und - angesichts des Scheiterns sozialer Gegenseitigkeit - ohne Rücksicht auf andere gesucht wird. Soziale Zivilisation ist in unseren Gesellschaften vor allem auch durch Triebunterdrückung und -kanalisierung erreicht worden. Der umgekehrte Fall scheint nun einzutreten: In den Krisen sozialer Zivilisation - also dort, wo Menschen überflüssig werden bzw. dies befürchten - werden Triebstrukturen freigesetzt, die sich ihre Richtung selbst suchen. Nicht anders zu erklären ist das Phänomen, dass sich Gewalttäter ihrer Gewalt nicht schämen, sondern sich mit ihr öffentlich zeigen, sie gleichsam als eigenes Mittel zur Selbstwertschöpfung und zur Suche nach sozialem Anschluss und sozialer Anerkennung demonstrieren (,Stigmaaktivisten').

In einer solchen gesellschaftlichen Umgebung kann sich der Mensch seiner nicht mehr so ohne weiteres sicher sein, auch wenn er sozial aufgeklärt ist. Das Geschlechterverhältnis hat eine eigene tiefenstrukturelle Dynamik, die zwar sozial entbettet, nicht aber ausgelöscht werden kann. Deshalb sei vor der soziologischen Euphorie gewarnt, das Geschlechterverhältnis ließe sich ausreichend über das Soziale bestimmen und entsprechend konstruieren oder dekonstruieren. Trotz und jenseits der sozialen Möglichkeiten des Aushandelns und der Konfliktregulierung wird es in Zukunft nicht minder notwendig sein, die tiefenpsychischen Dimensionen, an die Mann und Frau immer wieder in ihrer Beziehung zueinander stoßen - von der Befindlichkeit in kritischen Lebensereignissen einmal ganz abgesehen -, nicht soziologisch aufgeklärt zu verdrängen, sondern sie auch interdisziplinär zu thematisieren. Die Pädagogik sitzt hier gleichsam zwischen den Stühlen. Auf der einen Seite setzt sie - seit der Einführung der Koedukation in der Schule - auf die Geschlechterrollennivellierung und richtet ihre Bildungsstrategien danach aus. Andererseits steht sie - wieder in der Schule - unter dem diffusen Druck untergründiger Strömungen abweichenden Verhaltens und verdeckter Konflikte, welche die Grenzen der Schülerrolle längst gesprengt haben. Gleichzeitig besitzt sie in der Sozialpädagogik einen Seismographen, der ihr zeigt, dass sich pädagogische Beziehungen immer weniger auf äußeren Rollen, sondern eher auf inneren Befindlichkeiten aufbauen lassen. Wieder stellt sich die Aufgabe der Entwicklung einer integrativen Pädagogik, die sich dem Menschen nicht über die Rollendifferenz, sondern über die Aufschließung seiner Befindlichkeit und seiner Bewältigungsnot zu nähern weiß.

Ratlose Integrationspädagogik

Arbeitsmigration über die nationalstaatlichen Grenzen hinweg gehört zur Normalität der Arbeitsgesellschaft. Sie ist kein neues Phänomen der letzten vierzig Jahre und auch kein Übergangsphänomen.

„Die internationale und interregionale Arbeitsmigration (war) eine verbreitete und strategische Komponente in der Urbanisierungs- und Industrialisierungsgeschichte Europas der letzten 300 Jahre (...), ob es sich um die großräumigen Arbeitswanderungen der Hollandgänger von Westfalen nach Amsterdam im 18. oder um die Migration italienischer Arbeiter zum deutschen Eisenbahn- und Städtebau im 19. Jahrhundert handelte. Wanderarbeiter kamen aus nah und fern in den Pariser Raum, um Haussmanns städtebauliche Neuerungen zu verwirklichen. Damals gab es in Paris auch eine beachtliche Gemeinde deutscher Arbeitsmigranten. Europa ist dem Schicksal nicht entgangen, das allen Regionen mit rapiden Wachstum bestimmt zu sein scheint: die Notwendigkeit, Arbeitskräfte von außerhalb zu importieren." (Sassen 1997, S. 10)

Die Arbeitsmigration ist ein grundlegender Bestandteil der industriekapitalistischen Moderne. So sind auch die Großstädte in der Entwicklung der industriekapitalistischen Moderne sozialempirisch nur als Orte interkulturellen Zusammenlebens beschreibbar. Kulturelle Homogenität und Konfliktlosigkeit hat es in den Großstädten nie gegeben. Pädagogik und Sozialpädagogik haben allerdings dieses Phänomen erst sehr spät in seiner pädagogischen Aufforderungsstruktur erkannt. Die grundlegende Prämisse ihrer Überlegungen war lange Zeit die Einheit der Kulturnation und der Volksgemeinschaft, eine interkulturelle Lebenswirklichkeit wurde gar nicht für möglich gehalten (vgl. Gemende/Schröer/Sting 1999). Die interkulturelle Realität, wie sie sich nicht nur im Ruhrgebiet und in der ostelbischen Landwirtschaft spätestens um die Wende zum 20. Jahrhundert durchgesetzt hatte und das Arbeiterleben bestimmte, war damit für die Pädagogen nicht existent.

Erst in den 70er Jahren des 20. Jahrhunderts öffnete sich die Pädagogik gegenüber der interkulturellen Realität, aber zunächst sehr vorsichtig. Sie reagierte mit einer Ausländerpädagogik darauf, dass die Kinder der vormals angeworbenen sog. Gastarbeiter in die Kindergärten und Schulen kamen. Die ökonomische Modernisierung der Industrie und der damit einhergehende weitere Ausbau der Dienstleistungsbereiche hatte in den 60er Jahren zu einer Mittelschichtorientierung großer Teile der einheimischen Arbeiterschaft und zu einer Hebung des Ausbildungsniveaus breiter Bevölkerungsschichten geführt. Gleichzeitig war damit ein Bedarf an Arbeitskräften am unteren Rand der Arbeitsgesellschaft entstanden, der durch Gastarbeiter gedeckt werden sollte. Während die einheimische Bevölkerung langsam, aber sicher in die sauberen Etagen der Dienstleistungsgesellschaft abhob, hatten die Arbeitsmigranten die verbleibenden industriellen Muskelberufe auszuüben. Das Bild vom dreckverschmierten, schnauzbärtigen Ausländer war dem deutschen Angestellten sozial sympathisch. Denn nach innen wurde die sog. nivellierte Mittelstandsgesellschaft zum Sinnbild der kollektiven Identität der einheimischen Bevölkerung, nach unten setzte sie sich von einer neuen Unterschicht, den Gastarbeitern, ab. Die Ausländerpädagogik orientierte sich mit einer emanzipatorischen Grundeinstellung an dieser hierachisch gegliederten Koexistenz, die die hegemoniale Gewissheit der einheimischen Bevölkerung nicht störte. Sie bezog ihren pädagogischen Auftrag aus der „sozialen Unterschichtung" (Hoffmann-Nowotny 1973) selbst und versprach Integration und damit implizit - nachholend - einen sozialen Aufstieg. Entsprechend sollten die Bildungsinstitutionen die Integration regulieren. Dieser Zugang ließ die interkulturelle Pädagogik eine relative Autonomie neben der Arbeitsgesellschaft behaupten.

Diese Autonomie geriet unter Druck, als mit dem Schritt in den globalisierten Kapitalismus die Phase der industriellen Arbeitsmigration für beendet erklärt und die hierarchisch gegliederte Koexistenz mit verdecktem pädagogischen Integrationsversprechen aufgebrochen wurde. Der Computer und die Bankentürme, die die Schornsteine aus den Städten verdrängt haben, haben demnach in erster Linie die Migranten überflüssig werden lassen. In diesem Kontext wird in Deutschland die Arbeitsmigration als eine Phase angesehen, die mit den siebziger Jahren ausklang und deren Folgen man nur noch zu bearbeiten hat. Seither wird jede Zuwanderung negativ stigmatisiert. Arbeitsmigranten, die heute nach Deutschland kommen, werden illegalisiert oder zum Gegenstand einer ausländerfeindlichen Zugehörigkeitspolitik. Vor allem in den Großstädten zeichnen sich diese Entwicklungen im Zusammenhang mit den Wandlungsprozessen vom Industriekapitalismus zum digitalen Dienstleistungskapitalismus - hin zu den ‚global cities' - in der Lebenswirklichkeit der Migranten ab. Die soziale Unterschichtung durch Arbeitsmigration ist heute nicht mehr Bestandteil einer allgemeinen Modernisierungsstrategie, sondern die „neofeudale Absetzung" der einheimischen Bevölkerung (Hoffman-Nowotny 1973) ist eingelagert in eine arbeitsmarktbezogene, kapitalistische Konkurrenzpolitik:

„Dazu sind Migrationen nicht nur erwünscht, sondern notwendig. Arbeitslose und (illegale) Einwanderer sind die ‚Reservearmee', die den Druck auf die Beschäftigten erhöht und die eigene ‚Nischen-Ökonomien' entwickelt. Um die daraus sich verschärfenden ethnischen und rassistischen Konflikte gering zu halten, müssen Kontaktmöglichkeiten eher selten sein. Die Folge ist nicht nur eine zunehmende residenzielle Segregation, sondern auch eine weitgehende Trennung ökonomischer und Informationskreisläufe zwischen Ethnien und Rassen." (Dangschat 1998, S. 85f.)

Seit die Krise der Arbeitsgesellschaft im globalisierten Kapitalismus bis in die Mitte der Mittelstandsgesellschaft hineinreicht, so können wir zusammenfassen, und die Menschen aus der sog. Mitte der Gesellschaft beginnen, ihre hegemonialen Privilegien einzufordern, ist eine grundlegende Abschottung anstelle des Ausbaus weiterer elastischer und integrativer Übergänge zu beobachten. Der Schritt der Bundesregierung, so bescheiden er letztlich auch ausgefallen ist, mit dem Jahr 2000 das Staatsangehörigkeitsrecht zu ändern und die Einbürgerung in erster Linie von Kinder und Jugendlichen der zweiten Generation zu erleichtern, zeigt zwar, dass ein Problembewusstsein entstanden ist, zumindest die Migranten nicht in den Sog der Abschottung geraten zu lassen, die bereits über viele Jahre in Deutschland arbeiten und leben oder gar hier geboren sind. Doch auch derartige Maßnahmen können nur dann wirklich zum Tragen kommen, wenn sie sozial- und bildungspolitisch untersetzt werden.

„Zeitgenössische Beobachter prognostizieren in diesem Zusammenhang eine ‚Americanization of European welfare politics'. An die Stelle der kollektiven Daseinsvorsorge treten dann selektive Sicherungssysteme, die protektionistisch von der Mehrheitsklasse gegenüber der neuen Unterklasse der Langzeitarbeitslosen, der illegalen Migranten und Obdachlosen verteidigt werden. Auch in Deutschland ist diese neue Unterklasse bereits ethnisch stratifiziert. In Berlin etwa beträgt die Arbeitslosenrate bei türkischen Jugendlichen 30 Prozent: Die Zahl derer nimmt zu, die noch nicht einmal als Verlierer gelten, sondern gar nicht erst mitspielen können. Derartige Entwicklungen lassen die Forderungen nach politischen Partizipationsrechten für Immigranten um so dringlicher erscheinen. Wenn politische Rechte eine Option im Kampf um soziale Lebenschancen darstellen, erweist sich die Benachteiligung von Migranten im Zuge des Abbaus sozialer Leistungen als eine doppelte: Sie müssen mit sozialer Deklassierung rechnen, gegen die sie sich politisch noch nicht einmal wehren können, da sie weder Wähler noch sonst als politische Akteure anerkannt sind." (Neckel/Körber 1997, S. 318)

Offengelegt haben die Diskussionen um das Staatsangehörigkeitsrecht zudem auch, dass über den Begriff der Integration gegenwärtig lediglich Defizitzuschreibungen formuliert werden, aber keine sozialen Möglichkeits- und Chancenstrukturen. ‚Integration' ist zu einem Begriff geworden, der nicht mehr zur Diskussion über die soziale Chancenverteilung auffordert. Integration steht nicht mehr für das Öffnen von sozialen und politischen Gestaltungsräumen, in denen die Desintegration als sozial bedingte erfahren werden kann, sondern sie bezeichnet ein Bündel von problemgruppenbezogenen Bildungs- und Verhaltensdefiziten, die den Ausländer nicht selten als vormodernen, fundamentalistischen und sexistischen Menschen beschreiben, der nur mit einem hohen Kostenaufwand in die Moderne katapultiert werden kann.

Pädagogen wie Franz Hamburger zeigen dagegen, dass Migrantenjugendliche nicht einen Modernisierungsrückstand aufzuholen haben, sondern sich sogar - wenn man so will - durch einen moderneres Persönlichkeitsprofil auszeichnen (vgl. dazu auch: Treibel 1999, S. 227f):

> „Migrantenjugendliche entwickeln ein differenziertes Selbstbild multipler Zugehörigkeiten. Sie pflegen eine individualisierte biographische Reflexion, in der Vergangenheit, Gegenwart und Zukunft in einen sinnhaften Zusammenhang gebracht werden. Sie entwickeln eine reflexiv distanzierbare Ethnizität, in der Zugehörigkeit kein blindes Schicksal mit fundamentalistischem Wiederholungszwang darstellt. Individuelle Selbstbestimmung, gemeinschaftliche Einbindung und gesellschaftliches Prinzipienbewusstsein können in eine spannungsreiche Balance gebracht werden. Sie haben ein differenziertes Gesellschaftsbild, können ethnische Segmentation ablehnen und konkrete Pluralismuskonzepte im Hinblick auf Religion und Lebensform befürworten. Demokratische Gleichheitspostulate und Diskriminierungskritik machen ihr politisches Bewusstsein aus. Sie sind Kinder einer modernen Gesellschaft, die nur unter Diskriminierung leiden, also unter den Verstößen gegen die Regeln der demokratischen Gesellschaft selbst." (Hamburger 1999, S. 52-53)

Die Migrantenjugendlichen leben aus dieser Perspektive in einer Gesellschaft, die nicht in der Lage ist, sich auf die modernen Widersprüche und Bewältigungsprobleme einer Jugend, die durch sie geprägt ist, einzustellen. Es wird diesen Jugendlichen keine Chancengleichheit gewährt, sondern ihre Lebensbedingungen werden durch eine „vordemokratische Ausländerpolitik" (ebd.) bestimmt. Das Stichwort ‚Globalisierung' hat diesen Prozess zudem beflügelt. Migranten werden als fremde Konkurrenten im Mithalte- und Flexibilisierungskampf um die knappen lokalen Ressourcen bezeichnet. Ein fast schon überdeutliches Beispiel dieser Politik ist die Kampagne des CDU-Spitzenkandidaten Rüttgers bei der Landtagswahl 2000 in Nordrhein-Westfalen. Die Diskussion, ob für ausländische Computerexperten ‚green cards' ausgegeben werden sollten, veranlassten ihn zu einer Postkartenaktion mit dem Slogan: ‚Ausbildung statt Einwanderung'. In der Boulevardpresse war dieser Slogan schon zuvor in der verschärften Variante ‚Kinder statt Inder' zu lesen. Die Botschaft ist einfach: Statt den einheimischen Kindern und Jugendlichen Bedingungen zu bieten, damit diese auf dem Weltmarkt im Informations- und Computerzeitalter mithalten können, wird die Ausbildungsfrage im Standort Deutschland durch eine Anwerbung ausländischer Spezialisten gelöst, die die Konkurrenz erhöhen und die einheimische Bevölkerung in die unteren sozialen

Schichten verdrängen. Letztlich - so kann die Logik fortgeschrieben werden - würden dadurch die Einheimischen zu Arbeitslosen und damit zu ‚Fremden im eigenen Land'. Man wäre geneigt, diese ausländerfeindlichen Kampagnen aufgrund ihrer absurden und plumpen Argumentationsführung nicht ernst zu nehmen, wenn sie nicht auf eine Realität treffen würden, in der inzwischen die „nationale Dividende" als Konkurrenzvorteil eingefordert wird. So zeigt die Shell-Jugendstudie 2000 wiederum, dass eine große Mehrheit der Jugendlichen der Ansicht ist, dass zu viele Ausländer in Deutschland leben.

„Im Kern der Ausländerfeindlichkeit scheinen sich Konkurrenzgefühle zu verstecken, bzw. die Furcht, in der wachsenden Konkurrenz um Arbeitsplätze und Zukunftschancen (projektiv verlängert: um Anerkennung, Mädchen und öffentliche Aufmerksamkeit) zu unterliegen." (Jugend 2000, S. 259)

Das Grundproblem der aktuellen Migrationsrealität liegt somit darin, dass man gegenwärtig in Politik und Öffentlichkeit nicht bereit ist, einen differenzierten - den Ansprüchen eines demokratischen Rechtstaates genügenden - Migrationdiskurs zu führen, der die sozialökonomischen Zusammenhänge berücksichtigt; im Gegenteil: Es wird eine ausländerfeindliche Abschottungs- oder Festungspolitik propagiert, in der über die politischen und wirtschaftlichen Zusammenhänge, in deren Kontext Migration und Flucht zu sehen sind, nicht gesprochen wird. Weiterhin wird die Ursache von Migration und Flucht allein in der Armut und den vormodernen Strukturen der Gesellschaften in den sog. Herkunftsländern gesehen.

Trotzdem ist nicht zu übersehen, dass wir uns - wie Ludger Pries es nennt - in einer „neuen Ära" oder gar in einem „neuen Zeitalter der Migration" (1998, S. 58) befinden. Dabei stellen weiterhin Arbeitsmigration und Flucht grundlegende Bestandteile auch der globalisierten kapitalistischen Gesellschaft dar, sie treten nur „kaum noch in ‚Reinkultur', sondern in unterschiedlichen Varianten auf". Die Migrationrealität nimmt somit an Komplexität zu (Treibel 1999, S. 235). Es ist in diesem Zusammenhang wichtig festzustellen, dass Migrationen „äußerst selektive Prozesse" sind. Es existieren keine Ströme von Menschen, die jenseits von Raum und Zeit unkontrolliert auf die wohlhabenden Länder zusteuern, und auch die Globalisierung hat nicht alle raum-zeitlichen ökonomischen Bedingungszusammenhänge von Migration ausgelöscht. „Migrationwege haben eine erkennbare Struktur, die mit den Beziehungen und Interaktionen zwischen Herkunfts- und Zielländern zusammenhängen." (Sassen 1997, S. 14) Migrationprozesse werden durch „vorhandene politisch-ökonomische Systeme strukturiert und geformt" (ebd., S. 174).

Gegenwärtig entstehen u.a. alte Formen der Migration wieder. Norbert Cyrus (1999) zeigt z.B., wie sich die Wanderarbeit oder Transmigration im letzten Jahrzehnt neu entwickelt hat. Angeworben, um auf deutschen Baustellen billige Arbeit zu verrichten, arbeiten polnische Wanderarbeiter hunderte Kilometer von ihren Familien entfernt in Berlin. Zudem führte die Abschottungspolitik zur einer Illegalisierung von Arbeitsmigranten und Flüchtlingen. Nach einer

Schätzung von Wohlfahrtsverbänden lebten 1997 in Berlin ca. 100 000 Menschen ohne Aufenthaltsrechte (vgl. Bührle 1997). Die Menschen arbeiten in den ökonomischen Nischen und in der Peripherie der ‚global cities', haben in ihrem Lebensalltag keine Rechte und Absicherungen und müssen ständig mit einer Ausweisung rechnen. An Legalisierungsverfahren, wie sie in anderen Ländern bereits durchgeführt wurden, ist angesichts des aktuellen politischen Klimas in Deutschland nicht zu denken.

Die Pädagogik tut sich schwer, auf das „stahlharte Gehäuse der Zugehörigkeit" (vgl. Nassehi 1997) und die Prozesse ethnisch strukturierter Segregation, Segmentierung und Ausgrenzung zu reagieren. Ihr Zugang ist eng an die pädagogischen Institutionen gebunden. Flüchtlinge und Aussiedler wurden erst entdeckt, als minderjährige Flüchtlinge zum Problem der Kinder- und Jugendhilfe wurden oder als Aussiedlerkinder in den Schulen auffielen. Die Illegalisierten haben Pädagogik und Sozialpädagogik noch gar nicht wahrgenommen. Dabei ist insgesamt ein großer Handlungsbedarf zu konstatieren. In ihrem an den Institutionen orientierten Zugang gerät die Pädagogik dabei zunehmend in ein Dilemma. Mit ihren egalitären und interkulturellen Integrationsbemühungen ist sie zurückverwiesen auf ihre Institutionen; hier muss sie aber realisieren, dass sie die soziale Unterschichtung und kulturelle Abschottung nicht integrativ öffnen kann, sondern sie diese zunehmend reproduziert. Sie ist noch nicht einmal in der Lage, die Chancengleichheit derjenigen, die ein Schulrecht haben, im Selektions- und Allokationsprozess zu garantieren. Dennoch bietet sie für einige die einzige Chance, sozial aufzusteigen. In der Kinder- und Jugendhilfe zeichnet sich ein ähnliches Bild ab. Unlängst hat man zudem hier das ausländergesetzliche Diktat akzeptiert, dass minderjährige Flüchtlinge bereits mit 16 Jahren nicht mehr als Kinder und Jugendliche anzusehen sind, obwohl dies mehrfach vom UN-Flüchtlingskommissar entschieden kritisiert wurde (vgl. Rooß/Schröer 1999). Schließlich macht Herbert Colla darauf aufmerksam, dass sich die Sozialpädagogik auch fachlich gegen die Kürzung von Integrationshilfen für Aussiedler zu wehren hat:

> „Die Sozialpädagogik wird sich, unter Beteiligung der Betroffenen, um die Ermöglichung von Handlungsautonomie zu bemühen haben und Selbsthilfepotenziale fördern, damit der jugendliche Aussiedler als Person anerkannt und eine individuelle Wertschätzung erfahren kann in einer gleichwertigen Lebensform." (Colla 1999, S. 94)

Was Colla hier für die Gruppe der Aussiedler formuliert, kann letztlich auf alle Gruppen der Migranten übertragen werden. Zu diesem Zweck hat die interkulturelle Pädagogik aber ihren institutionellen Zugang arbeitsgesellschaftlich nicht nur neu zu begreifen, sondern auch gegenüber der neuen Migrationrealität zu öffnen und sozialpolitisch reflexiv zu reformulieren. Sie hat ihr Integrationskonzept von den Lebensverhältnissen der Migranten her zu erschließen und die unterschiedlichen biographischen Konstellationen zu berücksichtigen, denn in den Lebenswirklichkeiten der Migranten verdichten sich die sozialen Abschottungsstrategien zu manifesten Einschränkungen in der Lebensbewältigung. Die interkulturelle Pädagogik hat das politische Mandat der Lebensbewältigung anzunehmen und in die politischen Debatten die Konsequenzen der Abschottungspolitik einzubringen, wie sie sich in der alltäglichen Lebensrealität der Menschen darstellen.

Der Blick vom Menschen her: Entfremdung und Gestaltung - eine brüchig gewordene Dialektik

Die Spannung zwischen Entfremdung und Desintegration auf der einen Seite und Gestaltung auf der anderen Seite wurde in den pädagogischen Diskussionen des 20. Jahrhunderts durch den Institutionalisierungs- und Professionalisierungsdiskurs nahezu verschüttet. Es wurde davon ausgegangen, dass die Institutionen und Professionen der Pädagogik in der Lage seien, den Menschen gesellschaftlich zu befähigen, und dass das grundsätzliche Problem von Entfremdung und Gestaltung nicht mehr diskutiert zu werden brauche. Außerdem gab es den Sozialstaat als die Institution des Sozialpolitischen, die sich in ihrer Bildungs-, Sozial- und Jugendpolitik gefestigt hatte und die in der Lage war, bildungs- und jugendpolitische Gestaltungsmodelle (vor allem in den siebziger Jahren der Bundesrepublik) vorzugeben, so dass sich die Pädagogik gesellschaftlich gesichert fühlte und in der Lage sah, ihre moderne pädagogische Provinz institutionell und professionell ohne gesellschaftliche Verunsicherung einzurichten. Mit der Krise des Sozialstaats und seiner Institutionen ist auch die gesellschaftspolitische und institutionelle Selbstständigkeit ins Wanken geraten, auf die sich die Pädagogik bisher verlassen hatte. Nun zeigt sich, dass die Pädagogik zu wenig eigene sozialpolitische Reflexivität entwickelt hat.

Einen Weg in ein pädagogisches Verständnis, das die Spannung von Entfremdung und Gestaltung im Verhältnis von Mensch und Gesellschaft zum Ausgangspunkt nimmt, hat in den 1960er Jahren Oskar Negt in seinem Werk „Soziologische Phantasie und exemplarisches Lernen" (Negt 1969) aufgezeigt. Demnach müssen die Menschen im Kapitalismus erst zu sich finden, um sich sozial entfalten zu können. Doch zu sich selbst als soziales Wesen zu finden, seinen Zustand als gesellschaftlich bedingten zu erfahren, ist ein Prozess, der im Kapitalismus tendenziell blockiert ist.

Wichtig an Negts Ansatz ist die Dimension des Exemplarischen: Das Subjekt spürt den Einfluss der Gesellschaft an seiner Situation und schöpft aus dieser Erfahrung gleichzeitig den Mut, sie auszuhalten, so dass gesellschaftliche Neugier aus der eigenen Erlebenssituation heraus entstehen und die eigene Befindlichkeit sozial thematisiert werden kann, ohne den subjektiven Bezug zu verlieren. Wenn ich merke, dass meine Betroffenheit eine Chance sein kann, dann spüre ich in mir nicht nur die Spannung von Entfremdung und Gestaltung als auffordernden Antrieb, sondern erfahre, dass es anderen ähnlich geht und dass ich in entsprechenden sozialen Konflikten nicht allein bin. So können sich kollektive Identitäten von unten bilden.

Gleichzeitig müssen wir aber fragen, unter welchen Bedingungen dieses exemplarische Lernen möglich und durchhaltbar wird und kommen damit wieder auf die These, dass die subjektive Motivation zu sozialer Gestaltung - als Korrelat zu soziologischer Phantasie - von einer ausreichenden sozialen Hintergrundsicherheit abhängig ist (vgl. Evers/Nowotny 1987). Der Sozialstaat kann solche ermöglichende Sicherheit gewährleisten. Gerät er allerdings in eine fiskalische Krise und büßt darum seine Wohlfahrtsspielräume ein, dann ist auch die Gefahr gegeben, dass er in die Ordnungspolitik zurückfällt. Der Markt hingegen ist individualistisch strukturiert, er gewährt nur jenen soziale Sicherheit, die Marktmacht haben und ist nicht in der Lage, kollektive Identitäten, sondern höchstens Klassenidentitäten auf der Basis sozialer Ungleichheit zu schaffen.

Kollektive Identität kann sich nur herstellen, wenn sich gesellschaftliche Probleme in subjektiver Betroffenheit und individuellem Bewältigungsdruck widerspiegeln oder zumindest Segmente dieser Befindlichkeiten berühren. Dies ist in der Regel vermittelt über Gemeinsamkeiten der Generationserfahrung, der vergleichbaren sozialen Lage, aber auch - wie in der Gegenwart - der diffusen Empfindung einer anomischen Gesellschaftsentwicklung. Natürlich sind solche kollektiven Erfahrungen vielfach gebrochen und individualisiert.

Aber nicht nur die sozialstaatliche Hintergrundsicherheit ist brüchig geworden, auch die ‚Betroffenheiten' der Menschen sind heute anders gelagert. Die beschleunigte Entkoppelung von System- und Sozialintegration (Habermas 1973) vor dem Hintergrund der Segmentierung der Arbeitsgesellschaft und Globalisierung des Wirtschaftslebens hat immer mehr dazu geführt, dass die Gesellschaftsentwicklung für die Menschen unübersichtlich wird. Diese neue Anomie ist aber durch den Konsum abgepuffert und so in ihrer Widersprüchlichkeit und Konflikthaftigkeit für den einzelnen Menschen nicht erkennbar. Die Bedrohung wird somit nicht als Konflikt empfunden, vielleicht noch als ungewisser Stress, den die Einzelnen dadurch zu mildern oder ihm zu entgehen versuchen, indem sie nach individuellem Wohlbefinden um jeden Preis und umso mehr nach sozialer Harmonie suchen. Soziale Konflikte erscheinen vielen dann als Bedrohung, die gesellschaftlichen Gestaltungsmöglichkeiten aus Konflikten heraus werden nicht mehr gesehen. Gleichzeitig vermittelt der systemische Prozess der ökonomisch-technologischen Entwicklung eine Rationalität, in der Konflikte als ineffizient erscheinen und Menschen, die widerständig sind, als „Bedenkenträger" technologisch einsortiert, damit aber gleichzeitig sozial abgestempelt werden.

Die Spannung zwischen Entfremdung und Gestaltung scheint unterbrochen. Die Subjekte sind dem Diktat der Gleichzeitigkeit ausgesetzt: Sie müssen - von welchem sozialen Ort aus auch immer - versuchen mitzuhalten, dabei zu sein, Optionen offen zu halten, Risiken entgegen zu sehen - und dies können sie nur durchstehen, wenn sie eine Balance für sich gefunden haben. Dies wiederum geht nur, wenn das eigene Lebensprojekt zum Dreh- und Angelpunkt des Sozialen wird und die Welt dann in Ordnung ist, wenn man mit sich selbst zufrieden ist, egal was draußen vorgeht. Hauptsache, ich habe Arbeit, dann kann ich konsumieren. Wie diese Arbeit nun aussieht, wie fremdbestimmt sie ist - das ist für viele sekundär geworden. Die Spannung von Entfremdung und Gestaltung hat ihre magnetische Kraft verloren. Gestaltet werden nun die eigenen Biographien. Diesem Zusammenhang gegenüber ist der Entfremdungsbegriff indifferent. Die Fixierung auf die eigene Biographie lässt die soziale Umwelt der Subjekte nicht nur verschwimmen, sondern geht auch mit einer eigenartigen Indifferenz gegenüber dem Sozialen einher. Gut ist alles, worin ich mich wohlfühle, auch wenn dies auf Kosten anderer geht. Der „abstract worker" der systemisch verselbständigten Technoindustrien fühlt sich in seiner Arbeit nicht entfremdet, sondern geht voll in ihr auf, egal wie sinnvoll oder unsinnig sie ist, wie mitbestimmt oder wie fremdbestimmt.

Heute ist es nicht mehr einfach, exemplarisches Lernen zu organisieren. Handlungsfähigkeit ist sozial zu einer Chimäre geworden. Die soziologische Phantasie strömt durch den Kanal der biographiefixierten Lebensbewältigung und nicht der sozialen Gestaltung. Ob ich etwas Sinnvolles tue, bemisst sich nicht am Sozialen, sondern am subjektiven biographischen Wohlbefinden, egal ob sich dieses durch einen sozialen oder antisozialen Akt einstellt. Nicht von ungefähr sind wir verwundert und erschrocken darüber, wie Gewalttäter ohne Unrechtsbewusstsein nur auf ihren eigenen Kick bedacht auftreten, wie Aktienanleger von Rationalisierungsgewinnen schwärmen, obwohl gleichzeitig Tausende von Arbeitern im gleichen Zuge entlassen werden. Sie empfinden dabei nicht nur biographische Erfüllung, sondern glauben auch, dass sie die Gesellschaft mitgestalten, nun aber auf der systemischen Seite. Deswegen ist auch der gesellschaftliche Gestaltungsdiskurs schwierig, wenn nicht oft unmöglich geworden: Das sozialintegrative und das systemintegrative Argument beansprucht je für sich Gestaltungsfähigkeit.

Die Pädagogik wird so in einen Spagat gezwungen, den sie nicht durchhalten kann. Je mehr sich die Schule systemisch orientiert - an der Leistungs- und Sachzwangmentalität der „global tales" -, um so weniger ist sie in der Lage, ihren Schülern und Schülerinnen Räume exemplarischen Lernens anzubieten. Denn die gäbe es ja nur, wenn die Schule die Erfahrungen und Betroffenheiten der Schüler auch im Schulbetrieb zur Sprache bringen könnte. Da dies aber mit Leistungsintensivierung unvereinbar ist, setzen Schulen zunehmend auf die Strategie, die psychosozialen Probleme der Kinder an die Familien zurückzugeben (vgl. Ulich 1993) und von diesen Kinder einzufordern, die psychisch und sozial ‚clean' in den Unterricht kommen und sich in die abstrakte Schülerrolle einpassen können. Die Figur des „abstract pupil" nimmt heute immer deutlichere Formen an. Ihr steht die Figur des gewalttätigen Schülers gegenüber, der seine sozialen Probleme in die Schule einschleppt und zwangsläufig kriminalisiert werden muss, so dass deutlich wird, dass er und seine Probleme in der Schule nichts zu suchen haben. So rechtfertigt der kriminalisierte gewalttätige Schüler die Figur des abstrakten Schülers.

Diese Polarisierung in eine anpassungsfähige Mehrheit und anpassungsunfähige Minderheit von Jugendlichen (vgl. auch die entsprechende Verteilung in: Jugend 2000) lässt sich aber in dem Maße nicht aufrecht erhalten, in dem nicht wenige der ‚dissozialen' Jugendlichen nicht nur aus einer bestimmten Randschicht, sondern genauso auch aus der Mitte der Gesellschaft stammen. Diese Anzeichen gestörter sozialer Integration gehen mit Entwicklungen einher, die im „Sog von unten" (vgl. Giddens 1999), den das Globalisierungsklima erzeugt, neue Orte des Exemplarischen aufscheinen lassen. Aber diese Exemplarität hat nun zwei grundverschiedene Gesichter. Bei den einen äußert sie sich als Hilflosigkeit, die in Gewalt gegen andere oder sich selbst abgespalten werden muss, bei den anderen in der Suche nach Formen sozialer Reintegration und sozialer Verantwortung angesichts der unübersehbaren Tendenzen sozialer Entbettung und Verantwortungslosigkeit des ökonomisch-technischen Systems. Aber auch bei den Gewalttätigen wissen wir inzwischen, dass ihre Gewalt Bewältigungsform ist, paradoxer Ausdruck der Suche nach sozialer Integration, Anerkanntwerden, Selbstwertschöpfung. Und wieder wird der Unterschied deutlich, ist die Relevanz dessen offenkundig, was Evers und Nowotny (1987) als das soziale Sicherheitsparadox bezeichnet haben: Gewalttätigen und rechtsextremistischen Jugendlichen - egal aus welchen Schichten sie stammen - fehlt jene Hintergrundsicherheit, die sie nicht angewiesen sein lässt auf die Abwertung anderer. Mit dieser Hintergrundsicherheit - als soziale Unterstützungs- und Zukunftssicherheit - haben sie auch das *soziale* Vertrauen verloren. Sie glauben nicht mehr daran, dass sie Selbstwert und soziale Anerkennung durch Eingehen auf andere, durch die soziale Orientierung der Gegenseitigkeit erwerben können. Es wird deutlich, dass Hintergrundsicherheit nicht nur materielle Sicherheit bedeutet, sondern vor allem auch soziale Teilhabe. Lediglich materielle Versorgung gepaart mit einer Pädagogik der Mindeststandards sozialen Verhaltens - so lehren es die Erfahrungen aus Projekten mit sozial Ausgegrenzten - verstärken die soziale Ausgrenzung nur noch weiter, stumpfen die soziale Phantasie ab, befördern gleichsam Prozesse sekundärer Ausgrenzung.

Der traditionelle Entfremdungsbegriff, den wir schon in der Perspektive der Spannung von Entfremdung und Gestaltung historisch neu gesehen haben, hat auch deshalb an Aussagekraft eingebüßt, weil er an die industriekapitalistische Vergesellschaftungsform der Arbeit gebunden war, sich auf die durchschnittliche Figur des Lohnarbeiters im engeren und des gesellschaftlichen Verhältnisses von Arbeit und Kapital im weiteren Sinne bezog. Heute, da der Strukturwandel der Arbeitsgesellschaft dazu geführt hat, dass die gegenseitigen Bindungen von Arbeit und Kapital deutlich gelockert und Massen von Menschen aus der Arbeitsgesellschaft ausgegrenzt sind, ergibt dieser traditionelle Entfremdungsbegriff nur noch eingeschränkt einen Sinn. Menschen, die erwerbsgesellschaftlich gesehen überflüssig sind, können sich - pointiert formuliert -

weder gesellschaftlich noch subjektiv als entfremdet begreifen, da sie vom Sinnzusammenhang der Erwerbsarbeit ausgeschlossen sind. Ihre Teilhabemöglichkeiten - und auch das kann der Entfremdungsbegriff nicht erfassen - bewegen sich in der Sphäre des privaten Konsums und der Biographie des Durchkommens. Sie können auch keinen Sinn in öffentlicher Teilhabe sehen: Die niedrige Wahlbeteiligung in hochsegregierten Gesellschaften belegen das äußerlich immer wieder. Die soziale Welt spaltet sich in Teilhabende und Versorgte. Im neueren Diskurs zur relativen Armut ist diese Entwicklung abgebildet. Die Teilhabe, die in den Zonen sozialer Ausgrenzung stattfindet, ist gleichsam selbst-destruierend, die private Gestaltungsperspektive regressiv: Man ist isoliert und schottet sich ab, der Ethnozentrismus, die Angst vor den Fremden als denen, die das Letzte bedrohen, was man noch hat, kann zu der Bewältigungsform werden, die noch in die Gesellschaft hineinreicht, die die Gesellschaft auf die Ausgegrenzten aufmerksam macht.

Der Strukturwandel und die Internationalisierung der Arbeitsgesellschaft haben aber nicht nur zu neuen Formen sozialer Ausgrenzung geführt, sondern konfrontieren uns auch mit einem Phänomen, das die industriekapitalistische Moderne bisher so nicht kannte: die soziale Entbettung und Entzeitlichung von Arbeit und Produktion. Heimann, Mennicke und auch Negt gingen in ihren Konzepten von einem raum- und zeitgebundenen Arbeitsbegriff aus. Arbeit, ursprünglich verstanden als menschliche Aneignung von Natur, verweist auf die Räumlichkeit und Zeitlichkeit des menschlichen Lebens. Was in der Geschichte der industriekapitalistischen Moderne als Gegenmacht zu den Abstraktionstendenzen des Kapitals entstanden ist, war raum-zeitlich gebunden und profiliert: soziale Bewegungen, soziale Konflikte, der nationalgesellschaftliche Sozialstaat. Rationalisierung und Globalisierung haben diesem immanenten Abstraktionsdruck hin zur synthetischen Ware nicht nur Vorschub geleistet, sondern sie steuern auch auf den ‚abstrakten Menschen' hin. Damit ist auch die Gefahr entstanden, dass raum-zeitliche Beziehungsgefüge sozialer Gegenseitigkeit und Verantwortung ausgehöhlt werden.

Wir leben in Städten, die sich nur noch zum Teil an ihren Bürgern orientieren, sich sonst aber immer mehr an abstrakten Standort- und Metropolenwettbewerben beteiligen. Die Schulen fördern intensiv die Fähigkeit, abstrakt zu kommunizieren und wundern sich, wenn gleichzeitig die raum- und zeitgebundenen Kommunikationen des Alltags aggressiver und konkurrenter werden. Periodische Appelle zur Verantwortung und öffentliche Klagen über Verantwortungslosigkeit signalisieren uns, dass die soziale Entbettung vorangeschritten ist, aber auch, dass der Begriff ‚Verantwortung' kein Verbindungsglied zwischen den Biographien und den abstrakten Systemen darstellt und keine eigene diskursive Kraft entwickeln kann.

Die Problematik für die Pädagogik besteht zudem darin - so sie sich als eigenständige Disziplin betrachtet -, dass das Projekt der Wissens- und Informationsgesellschaft gleichsam eine eigene Pädagogik hervorbringt, welche die humanistische Tradition und Verpflichtung der wissenschaftlichen Pädagogik konterkariert. Die abstrakte Ökonomie produziert ihr eigenes Menschenbild, und dieses ist ganz anders als das des ‚homo oeconomicus' der hochkapitalistischen Gesellschaft, an dem sich die Pädagogik mit ihrem humanistischen Entwurf des mündigen und selbstbestimmten Menschen reiben konnte. Der „abstract worker" geht in seiner Arbeit auf, ‚job-enrichment', anspruchsvoller Konsum und libidinöse Einbindung in die Grenzenlosigkeit technologischer Entwicklungsmöglichkeiten schaffen Erfüllungsbiographien, die keiner kritischen Reflexivität mehr bedürfen. „Wir kümmern uns um die Welt, leben Sie!", so ist dies sinngemäß im Werbespot einer Großbank auf den Nenner gebracht. Der Mensch muss nicht mehr zu einem bestimmten Verhältnis zur Arbeit erzogen werden, er geht in ihr auf, und der Konsum ist das frühzeitige Schmier- und Ordnungsmittel.

> „In der postmodernen Welt frei konkurrierender Stile und Lebensmuster gibt es immer noch einen strengen Reinheitstest, den jeder, der sich um Zulassung bewirbt, bestehen muss: Man muss in der Lage sein, sich von den grenzenlosen Möglichkeiten des Verbrauchermarktes und der von ihm propagierten ständigen Erneuerung verführen zu lassen; man muss sich freuen können über die Chance, Identitäten anzunehmen und wieder abzulegen und sein Leben auf der endlosen Jagd nach immer intensiveren Gefühlserlebnissen und immer aufregenderen Erfahrungen zu verbringen. Nicht jeder besteht diesen Test. Die dies nicht schaffen, sind der Schmutz der postmodernen Reinheit. Da die Fähigkeit zur Teilnahme am Konsumspiel als Reinheitskriterium gilt, sind jene, die als ‚Problem', als zu ‚zu entsorgender Schmutz' ausgeschlossen bleiben, fehlerhafte Konsumenten - Menschen, die nicht in der Lage sind, auf die Anreize des Marktes zu reagieren, weil ihnen die erforderlichen Mittel fehlen; Menschen, die im Sinne eines als Konsumfreiheit definierten Freiheitsverständnisses keine ‚freien Individuen' sein können. Sie entpuppen sich nun als die ‚Unreinen', die nicht ins neue Reinheitskonzept passen. Aus der Perspektive des heute dominierenden freien Marktes sind sie überflüssig - wahrlich ‚Fehlplatzierte'." (Baumann 1999, S. 30)

Was Ford begonnen hat, die Transformation des Arbeiters zum Konsumenten, hat nun eine weitere Stufe erreicht: Der Mensch ist sein eigener Produzent. Wie kann er da noch entfremdet sein? Jeder soll sein eigener Unternehmer sein, Herr über das, was er von sich anbieten kann, und schließlich muss er nur noch bereit sein, sich den Verführungen des Verbrauchermarktes hinzugeben.

Digitale Anomie als pädagogische Herausforderung

Nicht nur der Mensch, auch das digitalisierte kapitalistische System treibt dahin, ist in sich anomisch geworden. Es erzeugt - auch außerhalb der immerwährenden Profitperspektive - keinen Sinn mehr, auf den es sich zubewegen könnte. Es ist weiter dem ökonomischen Externalisierungszwang unterworfen, aber es taumelt in die Beliebigkeit. Die Pädagogik muss befürchten, dass sie in diesen Beliebigkeitssog hineingezogen wird. Denn bis jetzt - und wahrscheinlich bis auf weiteres - kann sie den Menschen, denen sie etwas beibringen soll, nicht mehr das ‚wozu' im traditionellen Sinne der Persönlichkeitsentwicklung und Persönlichkeitsformung erklären. Sie kann ihnen nur vermitteln, dass sie lernen müssen, um *mitzuhalten* bzw. um nicht aus dem Chancensystem hinauszufallen. Die systemisch abgeleitete Funktion, nicht mehr der Sinn des Lernens, steht heute im Vordergrund so mancher pädagogischen Konzeption. Darauf reduziert sich oft das Paradigma vom kontextgebundenen Lernen, das für die Kinder und Jugendlichen um so mehr eine Zumutung ist, als die Pädagogik selbst ihren Kontext nicht mehr sieht. Die zum Lernen Aufgeforderten sollten sich durchaus ihres Rechtes bewusst werden, die Pädagogik danach zu fragen, von welchem gesellschaftlichen Ort aus und in welchem Sinnzusammenhang lebenslang gelernt werden soll.

„Das fängt schon bei den landläufigen Selbstbeschreibungen an. ‚Kommunikation ist alles', heißt es, oder ‚Informationsgesellschaft', die aus gutem Grund offen lassen, wovon die Rede ist: Von Erkenntnis? Von Werbung? Von bloßen Daten? Von Blabla? All diese Begriffe sind schwach auf der Brust. Natürlich kann man behaupten, Information lasse sich nach der Shannonschen Theorie als die Entropie einer Größe berechnen, die sich in n-Ereignissen mit den Wahrscheinlichkeiten $p_1 ... p_n$ realisiert, aber mit dem, was wir suchen, wenn wir etwas wissen wollen, hat diese Bestimmung weiß Gott nichts zu tun. Die Verwechslung von losen Daten mit sinnvoller Information bringt seltsame Chimären hervor. (...) An die Stelle des Zusammenhangs tritt der link, der per Mausklick zu einer endlosen Suche nach dem Kontext einlädt. Ebenso problematisch ist die schiere Menge an Material, die im Netz greifbar ist - einmal vorausgesetzt, dass es sich um brauchbare Informationen handelt (angesichts des unvorstellbar großen elektronischen Schrotthaufens eine kühne Unterstellung). Natürlich ist auch die viel beklagte Informationsflut nichts Neues. Den meisten von uns steht schon längst nicht mehr zu wenig, sondern zu viel Input zur Verfügung. Als einzig mögliche Gegenwehr bietet sich eine Ökologie der Vermeidung, die schon in der Grundschule trainiert werden sollte." (Enzensberger 2000, S. 97)

Hans Magnus Enzensberger hat in der 2. Ausgabe des Spiegels zum Neuen Jahrtausend einen Essay mit dem Titel „Das digitale Evangelium" verfasst, dass sich durchaus mit dem Essay „Die leblose Gegenwart" von Bruno Altmann - eine Jahrhundertwende früher - vergleichen lässt. Die epochale Thematik des leblosen Menschen in der immer beweglicheren industriekapitalistischen Moderne ist geblieben, wenn auch um die Entwicklung innerhalb eines Jahrhunderts verschärft. Enzensberger beschwört heute ein ähnliches Bild, wenn er an den Medienphilosophen Paul Virilio anknüpft, der den Menschen des ausgehenden 20. Jahrhunderts einen „Mutanten" nennt, der im Zustand des „rasenden Stillstandes" lebt. „Raum und Zeit sind uns abhanden gekommen (...) unsere Medien haben jede Möglichkeit, zwischen Schein und Sein zu unterscheiden, bereits abgeschafft. Die Welt ist nur noch eine Simulation. Damit hat sich die Frage nach dem Sinn erledigt." (ebd. S. 94) Hier finden wir den Bezug zum Begriff des „abstrakten Menschen", wie wir ihn bisher gebraucht haben. Enzensbergers Medienkritik ist aber keine Kulturkritik im üblichen Sinne, sondern will zeigen, wie widersprüchlich und absurd jene zukünftige mediale Welt - die Informations- und Wissensgesellschaft - sein kann, wenn sie den Anspruch erhebt, den Menschen zum Abstraktum zu machen, das heißt seine Natur endgültig überwinden zu wollen. Damit stellt er die für die Pädagogik wichtige Beziehung her, dass diese nicht nur die Aufgabe hat, den Menschen in das neue gesellschaftliche Spiel einzubringen, sondern auch dieses Spiel daraufhin zu analysieren, ob es selbst überhaupt noch menschlich ist, das heißt, ob es nicht Gefahr läuft, den Menschen ad absurdum zu führen.

Dass es Publizisten und Literaten bedarf, um solche ganzheitlichen Zusammenhänge aufzuschließen, kann man heute ebenso sehen wie damals bei Altmann. Zu Beginn des 20. Jahrhunderts vergruben sich die jungen Sozialwissenschaften in die Anfänge ihrer disziplinären Profilierung und Professionalisierung und verloren die Gesamtheit der gesellschaftlich-ökonomischen Entwicklung aus den Augen. Sie versuchten, dem beschleunigten Rhythmus der Arbeitsteilung zu folgen, ohne die Integrationsperspektive sozial umsetzen zu können, die die Ökonomie für sich beanspruchte. So blieb es beim kulturkritischen Anrennen gegen die Ökonomie. Heute erkennen wir eine strukturell ähnliche Konstellation. Nicht nur, dass die Ökonomie den Sozialwissenschaften wieder davon gelaufen ist, sie hat sich diesen gegenüber verselbständigt. Es sind - so haben wir gezeigt - Widersprüche entstanden, deren dialektische Auflösung auf absehbare Zeit unwahrscheinlich ist. Die sozialintegrative Dimension, um die die Sozialwissenschaften kreisen, ist von der systemischen Ökonomie abgekoppelt. Die Strukturen sind gespalten, es bleibt nur noch der Mensch, der diese Spaltungen für sich bewältigen muss. Dies wäre die Stunde der Pädagogik. Diese aber kann sich nicht mehr auf die funktionierende Dialektik von personaler Integrität und sozialer Integration, wie sie sie in der industriekapitalistischen Moderne des 20. Jahrhunderts propagiert hat, verlassen. Nicht mehr die Identitätsbalance ist der Anknüpfungspunkt, sondern Bewältigung. Darum ist auch Mennickes Problemerfassung heute nicht mehr hinreichend. Denn er ging davon aus, dass der Mensch zu sich finden könne und prinzipiell sozial integrierbar sei. Der ‚überflüssige Mensch' und der ‚abstrakte Mensch' aber, die beiden polaren Typen des sozial entbetteten Kapitalismus, *bestimmen* heute den Diskurs um die Möglichkeiten und Grenzen der Pädagogik.

Enzensberger geht davon aus, dass der sozial entbettete Kapitalismus - den er, wie wir auch, ob seiner raum-zeitlich entbundenen Abstraktheit den *digitalen* Kapitalismus nennt - die Sozialstruktur der Gesellschaft radikal verändert hat. Er zeichnet ein plastisches Bild der segmentierten Arbeitsgesellschaft:

> „Ganz oben in digitalen Gesellschaften rangieren die Chamäleons, sie ähneln jenem Typus, den David Riesman von Jahrzehnten als außengesteuert

beschrieben hat, nur, dass es sich nicht um passive Anpasser, sondern um äußerst dynamische Workaholics (im Sinne des ‚abstract worker', d. Verf.) handelt. Eine wesentliche Bedingung ihres Erfolges ist, dass sie mit der materiellen Produktion nichts zu tun haben. Sie sind Agenten, Makler, Vermittler, Anwälte, Consultants, Medienleute, Entertainer, Wissenschafts-, Geld- und Informationsmanager. ... Ihren abstraktesten Ausdruck findet diese Existenzform in den Finanzkonzernen, weil dort das Produkt rein virtuell ist. (...) Eine zweite Klasse, der man erhebliche Überlebenschancen einräumen kann, ist die der Igel. Was sie auszeichnet, ist gerade ihr Mangel an Flexibilität. Ihre Heimat ist das Gehäuse der Institutionen, das nach wie vor den Sesshaften eine sichere Zukunft bietet. Das Funktionärswesen in lokalen, nationalen und internationalen Behörden, Verwaltungen, Parteien und Verbänden, Gewerkschaften, Kammern und Kassen aller Art, kurzum: Die viel geschmähte Bürokratie hat sich bisher allen Veränderungen der Arbeitsgesellschaft gegenüber als resistent erwiesen. Die Nachfrage nach Regelungen steigt unvermeidlich mit wachsender Komplexität. (...) Dagegen wird die Zahl aller anderen Arbeitsplatzbesitzer voraussichtlich weiter schwinden. Man könnte sie unter dem Emblem des Bibers fassen. Die klassischen Produktivitätssektoren schrumpfen durch Automatisierung, Rationalisierung und Auslagerung in Niedriglohngebiete. (...) Die vierte Klasse könnte man als Unterklasse definieren, wäre dieser Begriff nicht allzu pauschal. Ein Totemtier für sie lässt sich nicht angeben, aus dem einfachen Grund, weil die Natur keine überflüssigen Arten kennt. Es handelt sich nämlich um Leute, die nicht in den Tugendkatalog des digitalen Kapitalismus passen, die daher aus seiner Perspektive überflüssig sind. Sie machen zweifellos auch in den reichen Ländern einen stetig zunehmenden Teil der Bevölkerung aus. Im Weltmaßstab sind sie ohnehin in der überwältigenden Mehrheit." (Enzensberger 2000, S. 100)

Wir sind wieder bei unserem Bild der segmentierten Arbeitsgesellschaft, nur dass Enzensberger die immer noch großen Peripherien und Pufferzonen an vielen unterschiedlich sozial eingebundenen Orten der Gesellschaft, mit ihren zugleich entwicklungsfähigen wie perforierten, aber auch prekären Arbeitsverhältnissen und -biographien zu wenig ins Kalkül zieht. Denn hier entwickeln sich die Beziehungskulturen, hier leben die Menschen, die noch ein Gespür für die Widersprüchlichkeit der Verhältnisse und eine bewegliche Sensibilität für das Ausgesetztsein entwickeln können. Diese Peripherien sind auch immer noch der Zugangsbereich einer Pädagogik, welche die Balance von Integrität und Integration über die Bewältigungsfrage neu suchen muss. Der sozial entbettete digitale Kapitalismus hat aber das Problem der Anomie in einer Art und Weise vorangetrieben, dass es der Pädagogik schwer fällt, diese Balance zu suchen, obwohl die Aufforderung dazu permanent aus dem System selbst heraus produziert wird. Aus der sozialstrukturell gebundenen Anomie Durkheimscher Provenienz ist die digitale Anomie des virtuellen Kapitalismus geworden. Enzensberger entfaltet sie am Beispiel des Internet:

„Zwar triumphieren auf Tausenden von Homepages Eigenbrötelei und Dissidenz. Keine Nische, kein Mikromilieu, keine Minorität, die im Netz nicht ihre Heimstatt fänden. Veröffentlichung, im Gutenberg-Zeitalter ein Privileg Weniger, wird zum elektronischen Menschenrecht. (...) Doch zugleich ist das Internet ein Eldorado für Kriminelle, Intriganten, Hochstapler, Terroristen, Triebtäter, Neonazis und Verrückte. Hier finden alle Sekten und Kulte ihr gemütliches Auskommen. Endlich können sich Welterlöser und Satanisten zusammenschalten. Kein Wunder, dass in solchen über den ganzen Globus verteilten Gruppen die Paranoia nistet und dass die Verschwörungstheorien unter ihren zahllosen Adressen blühen und gedeihen. Da kein Zentrum vorhanden ist, kann sich jeder einbilden, er befinde sich, wie die Spinne in ihrem Netz, im Mittelpunkt der Welt. Kurzum, das interaktive Medium ist weder Fluch noch Segen; es bildet schlicht und einfach die geistige Verfassung seiner Teilnehmer ab." (Enzensberger 2000, S. 96)

Der digitale Kapitalismus, wie er sich im marktförmigen virtuellen System des Internet ausdrückt, ist also in sich anomisch. Wir können das mit dem Begriff der *digitalen Anomie* umschreiben. Es herrscht die Gleichzeitigkeit von Erreichbarkeit und Nichterreichbarkeit, von Wirklichkeit und Unwirklichkeit, die wiederum als Wirklichkeit scheint. Alles ist möglich, alles ist Kommunikation, aber in welchem Zusammenhang es steht, ist nicht erkennbar. Es gibt keinen Kontext, sondern immer wieder nur Verweise auf Neues, Unübersichtliches, das irgendwie mit dem bisher Georteten zusammenhängt. Der Mensch wird - indem er nicht mehr nur Rezeptor, sondern auch Akteur in diesem Geschehen ist - zum Mittelpunkt einer virtuellen Welt gemacht, die ihm suggeriert, dass sie Wirklichkeit sei, weil er im Mittelpunkt steht. Wenn er sich aber umsieht, merkt er, dass dies allen Internetakteuren so geht, und dass damit die Simulation nicht Wirklichkeit ist. Das „digitale Subjektdesign" stellt den Menschen vor einen fast unauflösbaren Widerspruch: Es wird „künftig bedeutsam sein, ob es Menschen gelingt, flexibel Selbst- und Weltentwürfe zu erzeugen, die einerseits soviel Stabilität und Orientierung wie nötig und andererseits soviel Unbestimmtheit wie möglich enthalten." (Marotzki 1997, S. 197) Denn die Wirklichkeit des Menschen ist weiter an seine Natur, an seine raum-zeitliche Begrenzung, seine Endlichkeit gebunden. Im Konsumwerbespot, in dem eine Frau gefragt wird, was sie sich denn nun wünsche, und in dem sie antwortet: „Es soll alles so bleiben, wie es ist." (und damit auch ich), drückt sich die Sehnsucht des Menschen, seine Natur beherrschen zu können, genauso aus wie seine Verlegenheit vor dieser natürlichen Begrenzung seiner selbst.

Enzensbergers Internet-Szenario zeigt uns aber vor allem, dass die Bewältigungsprobleme des digitalen Kapitalismus nicht nur bei den Menschen (die unter Mithaltezwang stehen), sondern genauso im System selbst liegen. Nicht nur, dass es den Widerspruch der Gleichzeitigkeit von gesellschaftlichem Fortschritt und sozialer Ausgrenzung produziert und in das Soziale hinein trägt, es ist auch in sich sinnlos und chaotisch. Das einzige Prinzip, das bisher funktioniert, ist das scheinbar grenzenlose bzw. in seinen Grenzen nicht abzusehende

Externalisierungsprinzip: Es gibt nichts, was nicht kommunizierbar ist, und es kommt weiteres hinzu. Markt und Profit vergrößern sich, auch wenn der Sinn schwindet. Gleichzeitig müssen die inneren Widersprüchlichkeiten des Systems und sein Chaos immer wieder neue Bewältigungsmaschinen - Regler und Selektoren - hervorbringen. Das System destruiert seinen Gebrauchswert immer mehr, indem es neue Gebrauchsverheißungen schafft.

„Es ist mittlerweile allgemein bekannt, dass die Charakteristika des Internets stark von der frühen Computer-Hackerkultur und der von ihr entwickelten Software geprägt sind, die den freien Zugang und die Dezentralisierung des Nets stärkten und danach trachteten, es universell verfügbar zu machen. In den letzten Jahren hat sich das Net jedoch zusehends zu einem Raum des Verdrängungskampfes und der Segmentierung entwickelt. Mit seiner Entdeckung für die Belange der Wirtschaft sehen wir auch Bemühungen, mit der Entwicklung von Software aus den Eigenschaften des Nets und durch die Ausweitung des Copyrights Kapital zu schlagen - das genaue Gegenteil der ursprünglichen Absichten der Hackerkultur." (Sassen 2000, S. 330)

Das Internet kennt sich selbst nicht mehr und folgt nur noch der Marktlogik der Produktdifferenzierung und des Hinausschiebens der Sättigungsgrenze. Indem es sich erweitert, schafft es - nicht nur für die Menschen - sondern auch für sich selbst - immer neue Verdrängungs- und Bewältigungsprobleme. Nicht nur die menschliche Handlungsfähigkeit, auch die systemische Fähigkeit der Eigensteuerung ist in Frage gestellt.

Die Zweidimensionalität des neuen Bewältigungsproblems ist deutlich geworden: Die Menschen müssen schauen, dass sie nicht nur im Verhältnis zur Entwicklung und Beschleunigung des ökonomisch-technologischen Systems handlungsfähig bleiben, sondern dass sie auch noch mit der *systemintegrativen Unfähigkeit* des digitalen Kapitalismus selbst irgendwie zurechtkommen. Pädagogisch rückbezogen bedeutet das: Die Pädagogik hat nicht nur im Bereich der Persönlichkeitsentwicklung und des sozialen Lernens die Bewältigungsthematik aufzugreifen, sie muss dies auch auf der Ebene des kognitiven Lernens tun. Das ökologische Lernziel der „Vermeidung", wie es Enzensberger gefordert hat, bezieht sich ja auf die Inhalte und die Struktur der Informationen selbst. Die Informationsflut, die Gleichzeitigkeit des Widersprüchlichen in den Inhalten und ihre digitale Beliebigkeit machen die traditionelle Frage: „Was und wie lerne ich?" zum neuen Problem: „Wie bleibe ich lernfähig?", das heißt: „Wie bewältige ich?". Denn das verheißungsvolle Mehr an Wissen bedroht mich eher, als dass es mich befreit. Aber auch die Pädagogik selbst ist von dieser Anomie erfasst. Denn die Menschen zeigen ihr, dass sie auch mit bildungsinkonformen Mitteln gesellschaftliche Ziele erreichen können. Der Gelegenheitsarbeiter mit hohem Bildungsabschluss ist heute ebenso anzutreffen wie der millionenschwere Dienstleistungsunternehmer mit abgebrochener oder unterer Schullaufbahn.

In diesem *Anomiedreieck*, das der digitale Kapitalismus hervorgebracht hat, ergeben sich die Konsequenzen für die Pädagogik letztendlich nicht nur aus den Paradoxien des ökonomisch-technischen Systems, sondern aus dieser anomischen Gesamtstruktur heraus. Die *Wiedergewinnung von Sinn* ist zum sozialintegrativen, aber genauso zum systemintegrativen wie zum Problem der Pädagogik selbst geworden. Noch aber stehen alle unter Externalisierungszwang. Voraussetzung aber dafür, dass man von diesem Zwang befreit wird, ist das Eingeständnis und die produktive Akzeptanz von Hilflosigkeit angesichts der scheinbar „systemlogischen" sozialökonomischen Krisentendenzen und biographischen Zusammenbrüche. Diese Hilflosigkeit wird aber inzwischen dadurch verdeckt und geleugnet, dass man Technologien der regionalen Krisenintervention und der Psychotherapie entwickelt, die den Menschen suggerieren, diese Krisen zeigten nicht die Grenzen der herrschenden Systemlogik an, sondern seien ihr ablaufsnotwendiger Normalfall. Wenn es dagegen der Pädagogik gelänge, diese Hilflosigkeit für sich so zu thematisieren, dass sie gesellschaftlich und alltäglich kommunizierbar und damit Bewältigung zur Kompetenz würde und damit ihr pathologisches Etikett verlöre, könnte sie wieder eine zentrale Humanwissenschaft - nun des 21. Jahrhunderts - werden.

Deshalb muss auch im Diskurs um die Schulentwicklung die Frage in den Vordergrund treten, wie die Schulen in die regionale Sozialwelt integriert und somit der Tendenz zur abstrakten Leistungsschule etwas entgegengesetzt werden kann. Die Schüler müssen spüren und erfahren können, dass Verantwortung und Verbindlichkeiten sozial gebunden und regional sichtbar sind und dass sie das Soziale - soziale Bindungen und soziale Sicherheit - eher garantieren als nur die abstrakte Leistungs- und Verdrängungsorientierung. Die Schule hätte eine solche Chance, da sie als eine der wenigen modernen Institutionen noch Ort eines gewollten Generationenverhältnisses und sozialer Kommunikation ist. Soziale Kommunikation - so eine Definition von Dieter Lenzen (1995) - ist situativ und distanziert zugleich. Sie entwickelt sich aus konkreten raumzeitlichen personalen Konstellationen und transformiert diese in allgemeine Bedeutungen, ohne sich als Abstraktes verselbständigen zu müssen. In beidem - Generationenverhältnis und Kommunikation - hat die Schule weiterhin ihre Chance als sozialer Ort, die sie auf dem Weg zur abstrakten Leistungsschule nicht verspielen sollte.

In der modernen Schulforschung wird immer wieder betont, wie wichtig die Identifikation von Schülern mit der Schule für soziale Integration und curriculare Motivation sind. Bisher konnte die Schule für viele diese Identifikation relativ selbständig herstellen: Sie war eingebunden in eine Kultur der Selbstverständlichkeit, was die Möglichkeit des Übergangs von der Schule in Beruf und Lebensplanung anbelangte. Heute wird sie immer mehr von der systemischen Erfolgskultur angezogen. Der Schüler der Eliteschule ist das Vorbild, der „abstract pupil", der die Wenigen von den Vielen - in der Logik der segmentierten Arbeitsgesellschaft - trennt, dessen erfolgskulturelles Vorbild aber auf die anderen zurückstrahlen soll, ohne dass sie selbst - über den Konsum hinaus

- die Chance hätten, es zu erreichen. Es ist der Schüler des Elite-Internats, der nicht mehr zu Hause lebt, der im Sportteam integriert ist und als Eliteschüler öffentliche Anerkennung findet. Es ist der abstrakte, nur noch der Sache verpflichtete „Krieger", wie ihn der ehemalige Opel- und VW-Manager Lopez propagiert hat. Diese Eliteschulen und später Eliteuniversitäten haben nur noch der Form nach etwas mit dem reformpädagogischen Impetus zu tun, mit dem z.B. die Odenwaldschule gegründet wurde. Denn es sollten ja damals Orte geschaffen werden, in denen die Jugendlichen sich selbst eine Heimat sind, zu sich selbst kommen können und nicht frühzeitig in die abstrakte Beschleunigungswelt getrieben werden. Zunehmende Abstraktion, mediales Wirklichwerden des Parasozialen und eine unübersichtlich verlängerte Pubertät als soziale und personale Kennzeichen der Vergesellschaftungsform der Flexibilisierung erzeugen ein soziales und personales Entwicklungsbild, das von den traditionellen schulischen Vorstellungen der Stufenförmigkeit und Raum- und Zeitgebundenheit von Entwicklung nicht mehr begreifbar ist. Das macht die soziale Verlegenheit und Hilflosigkeit der Schule aus. Die zukünftige Welt des „abstract worker" braucht Menschen, die sich sozial lösen können. Bildungspolitik und Schule sehen sich so zunehmend in den „Sachzwang" dieser Abstraktion gedrängt, dem sie immer weniger widerstehen können, je unzureichender ihre gesellschaftliche Reflexivität ausgebildet ist. Dieser „Sachzwang" entpuppt sich aber dann als bloßer Zwang, wenn man die Frage der „Zukunftsfähigkeit" des digitalen Externalisierungsprogramms einmal unter die Lupe nimmt. Hans Günther Rolff hat im Verweis auf den englischen Sozialdiskurs darauf aufmerksam gemacht, dass in der ‚Rede von der Zukunftsfähigkeit' „nicht wirklich über die Zukunft als Ganzes diskutiert, sondern vornehmlich über technologischen Fortschritt diskutiert (werde), um nicht über die Zukunft debattieren zu müssen" (Rolff 1993, S. 44). Ziel der nun folgenden Anregungen zur Entwicklung einer arbeitsgesellschaftlichen und sozialpolitischen Reflexivität der Pädagogik soll es deshalb vor allem auch sein, den Diskurs um die Zukunftsfähigkeit von Bildung und Erziehung von der Zwanghaftigkeit der kapitalistischen Technologieprognosen zu lösen. Denn die turbulente technologische Entwicklung der Gegenwart hat nicht nur die soziale Verlegenheit der Pädagogik freigesetzt, sie hat sich auch selbst in eine Zukunftsverlegenheit getrieben, deren kritische Aufdeckung zu den Voraussetzungen einer zukunftsorientierten Pädagogik gehört.

III Freisetzung und Bewältigung: Kristallisationspunkte einer sozialpolitisch reflexiven Pädagogik

Der Übergang zum digitalen Kapitalismus, so haben wir einleitend argumentiert, hat die Arbeitsgesellschaft als die zentrale Vergesellschaftungsform der industriekapitalistischen Moderne in eine Krise geführt und die Tendenz ausgelöst, Menschen so freizusetzen, dass sie immer wieder in anomische Bewältigungskonstellationen gedrängt werden. Soweit die Pädagogik, so haben wir gezeigt, an ihren tradierten Ansätzen und den bisher von ihr wahrgenommenen gesellschaftlichen Aufgabenzuschreibungen festhält, gerät sie in den Sog der sozialen Entbettung. Institutionen igeln sich ein, beschränken ihre konzeptionellen Überlegungen auf selbstreferenzielle Grundannahmen und versuchen, irgendwie im Mithaltekampf standzuhalten. Doch auch solche Anstrengungen können die soziale Spaltung der pädagogischen Praxis nicht verhindern.

Deshalb kann auch das Modell, mit dem die Pädagogik bisher die gesellschaftlichen Entwicklungstendenzen aufnehmen und für sich aufbereiten konnte - das Paradigma der Entstrukturierung -, nach dem die soziale Welt individualisierter, ausdifferenzierter und pluraler wird und dementsprechend das Bildungswesen elastischer zu sein habe, ohne sich grundlegend verändern zu müssen, der Pädagogik kaum mehr einen Ausweg bieten. Der digitale Kapitalismus des 21. Jahrhunderts hat Vergesellschaftungsformen hervorgebracht, die nicht mehr über den Begriff der ‚Entstrukturierung' fassbar sind, denn die Struktur der (Arbeits-) Gesellschaft selbst ist eine nachhaltig andere geworden. Damit sind auch die pädagogischen Zugänge zum Menschen neu zu suchen und gesellschaftlich rückzubinden.

Dagegen kann das Paradigma der Freisetzung - ähnlich wie zu Anfang des vorigen Jahrhunderts - die gesellschaftlichen Umbrüche und die Art und Weise, wie die Menschen ihnen ausgesetzt sind, aufschließen. Ohne die Erkenntnis der historisch neu aufgebrochenen Spannung von Freisetzung und Bewältigung, wie sie von Mennicke in den 1920er Jahren schon formuliert wurde, können Bildung und Erziehung am Anfang des 21. Jahrhunderts nicht mehr gesellschaftlich verortet und auf die Bewältigungspraxis der Menschen bezogen werden. Dies ist das Anliegen einer arbeitsgesellschaftlich und sozialpolitisch reflexiven Pädagogik, die im folgenden in verschiedenen thematischen Kristallisationsbereichen aufgeschlossen werden soll.

Pädagogik als Produktivkraft

Langanhaltende, d.h. die kurzfristigen Konjunkturzyklen übergreifenden Wachstumswellen werden in den Begriff der „Kondratieff-Wellen" gefasst. Solche gleichsam epochalen gesellschaftlich-ökonomische Entwicklungsphasen entstehen aus einem spezifischen Zusammenspiel ökonomischer, sozialer und politischer Faktoren. Dabei ist es nicht nur der technologisch-ökonomische Komplex, aus dem heraus Wachstumsperspektiven neu generiert und vergesellschaftet werden. Wenn sich die jeweils alte Wachstumskonstellation erschöpft hat und eine neue Welle noch nicht sichtbar ist, müssen vor allem auch die staatlichen Regulationssysteme Bedingungen für neue Wachstumsschübe schaffen und diese entsprechend flankieren.

Den Antriebskern des ersten Kondratieff in der ersten Hälfte des 19. Jahrhunderts bildete die Dampfmaschine, welche die Industrieproduktion in großem Umfang (Stahlerzeugung, Textilindustrie) und den Aufbau des dafür erforderlichen Verkehrswesens ermöglichte. Im zweiten Kondratieff (etwa 1850-1900) wurden Stahl und Eisenbahn in einem neuen System der industriellen Arbeitsteilung zu den Grundelementen (Bauindustrie, Maschinen- und Schiffbau) nationaler und internationaler Güterproduktion und -vermarktung, die eine hohe Differenzierung (Konsumgüter) und Institutionalisierung (Handel, Banken) erlangte. In der dritten der langen Konjunktur-Wellen, welche die erste Hälfte des 20. Jahrhunderts prägte, waren es die Elektrotechnik und die Chemie, welche von der Elektrizität über die neuen Arbeitstechniken im Maschinenbau bis hin zum Rundfunk entsprechende Wachstumszusammenhänge schufen. Die Automobiltechnik und die Mineralölindustrie traten bis gegen das Ende des 20. Jahrhunderts als die Antriebskräfte für die Entwicklung neuer Produktionsarten (z.B. Kunststoffe), industrieller Technologien und die Herausbildung von Dienstleistungssystemen hervor (vgl. dazu Nefiodow 1996).

Gegenwärtig befinden wir uns wohl auf einem Scheitelpunkt der fünften Kondratieff-Welle, in der die Entwicklung durch die mikroelektronische Informations- und Biotechnik, durch Rationalisierung und Globalisierung, aber auch durch massenhafte Freisetzung von Arbeitskräften und wachsende weltweite soziale Ungleichheit bestimmt ist. Die sozialstaatlichen Regulationssysteme haben sich dabei zunehmend auf die Standortattraktivität und internationale Konkurrenzfähigkeit ihrer Ökonomien konzentriert und die Regulationsaufgabe sozialer Integration auf Grundsicherungen beschränkt. Das soziale Gleichgewicht, das Voraussetzung für eine störungsfreie gesellschaftliche Transformation des technologisch-ökonomischen Wachstums ist, scheint längst - wenn man es weltweit betrachtet - gefährdet.

Die weltweiten Probleme sozialer Desintegration, Ausgrenzung und sozialer Ungleichheit, die heute schon absehbar sind, die Verschärfung des Arm-Reich-Gegensatzes in der Welt, aber auch die demographische Entwicklung mit einer überproportionalen Zunahme der älteren und alten Bevölkerungsgruppen in den sog. ‚entwickelten' Ländern lassen schon mitten im fünften Kondratieff erkennen, dass der sechste Kondratieff einer des *sozialen* Wachstums werden muss, damit die soziale Balance zur ökonomischen Globalisierung hergestellt werden kann, will der globalisierte Kapitalismus nicht seine sozialen Grundlagen und damit sich selbst gefährden. Massenhafte soziale Desintegration ist auf Dauer ein wachstumsgefährdender Faktor.

„In der Informationsgesellschaft kommt es auf die produktive Nutzung von Informationen an. Für die Weiterentwicklung von Wirtschaft und Gesellschaft fehlt es vor allem an psychosozialer Gesundheit. Die größte Wachstumsbarriere am Ende des fünften Kondratieff sind die hohen Kosten der sozialen Entropie - Angst, Mobbing, Aggressionen, Frust, Drogen, Kriminalität - also seelische und soziale Störungen und Erkrankungen und ihre Folgen. Das Volumen, das durch psychosoziale Informationen und Innovationen mobilisiert werden kann, ist um ein Mehrfaches größer als das der anderen Kandidaten." (Nefiodow 1996, S. 136)

Mit den „anderen Kandidaten" sind dabei die Biotechnologie, der Umweltschutz, aber auch die neuen Energien gemeint. Gleichzeitig verlangt die den fünften Kondratieff zunehmend prägende Vergesellschaftungsform der Flexibilisierung erhebliche Bildungsinvestitionen, die aber ebenfalls mit großen sozialen Investitionen einhergehen müssen. Will sich die Gesellschaft nicht nur auf Eliteausbildung konzentrieren und dabei ein hohes soziales Ausgrenzungsrisiko in Kauf nehmen, müssen die Bildungsinvestitionen auf alle verteilt werden und neben der (schmaler werdenden) Erwerbsarbeit neue Modelle gesellschaftlicher Arbeit sozialstaatlich und bürgergesellschaftlich initiiert werden. Also auch hier entsteht ein hoher sozialinvestiver Bedarf.

Vor allem aber ist im Bildungsbereich nicht zu verkennen, dass das Modell des ‚lebenslangen Lernens', das die flexibilisierte ‚Wissens- und Informationsgesellschaft' abfordert, nicht von Lernmaschinen linear abgespult werden kann, sondern dass die Wissens-Konjunkturen von Menschen biographisiert *bewältigt* werden müssen.

Gerade diese Ambivalenzen machen die Frage brisant, ob der zu erwartende „soziale Kondratieff", in dem dem „psychosozialen Phänomen" (Nefiodow) eine Schlüsselrolle zukommen soll, auch die Pädagogik wieder stärker in die gesellschaftliche Gestaltungsdiskussion integrieren wird. Im Mittelpunkt der Pädagogik steht die Aufgabe, den Menschen selbstbestimmt mit sich in Einklang zu bringen und von da aus seine menschenwürdige Integration in die Gesellschaft zu fördern. Die Vorstellung von Menschenwürde ist angesichts der Tendenzen des digitalen Kapitalismus zwiespältig gefährdet. Mit dem Modell des „abstract worker" hat schließlich die Ökonomie ihren eigenen, sozial entbetteten ‚ganzen Menschen' kreiert und dabei der Pädagogik - wenn auch nicht unbedingt so intendiert - eine Kampfansage gemacht. Nefiodows Szenario ist eher eines der sozialtechnologischen Optimierung des Menschen, das gerade auf den „abstract worker" zielt, der seinen inneren Einklang in Energien sucht, die jenseits dieser Welt liegen: Spiritualität und Religion. Die Pädagogik hat dagegen bis heute den sozial eingebetten, raum-und zeitverbundenen Menschen im Sinn, der sich aus sich heraus verstehen und behaupten kann und seine sozialen Beziehungen auf dem Respekt gegenüber konkret erfahrener personaler Integrität des Anderen aufbaut.

Die Pädagogik wird also - will sie ihre menschenverbundenen Traditionen und Besonderheiten nicht aufgeben - nicht so ohne weiteres im sechsten Kondratieff reüssieren, sondern - wie schon befürchtet - eher zur Pädagogik der Gescheiterten, zu kurz Gekommenen und Überflüssigen werden. Ihr wird eine marktfähige Lerntechnologie zuvorkommen, die sich auf die unbedingte Flexibilisierung der Menschen konzentrieren und die, die nicht mithalten können, der ‚traditionellen' Pädagogik überlassen wird. Zu dieser Polarisierung muss es nicht kommen, wenn die Pädagogik ihre eigene volkswirtschaftliche Gesamtrechnung aufmacht und entsprechend gesellschaftliche Bezüge herstellen kann. Denn der sechste Kondratieff wird ja vor allem deshalb als sozialer erwartet, weil die Desintegrations- und Bewältigungsprobleme in der Folge der Globalisierung und Digitalisierung ein ökonomisch und sozial gleichgewichtiges Wachstum genauso gefährden wie lineare Lerntechnologien die psychosozial ausbalancierte Entwicklung der Persönlichkeit.

Die Diskussion um eine andere volkswirtschaftliche Gesamtrechnung hat ihre eigene gesellschaftliche Tradition. Es geht dabei darum aufzuzeigen, dass ökonomisches Wachstum nur deshalb möglich ist, weil es durch Bildung *und* Sozialarbeit sozial reproduziert, also erst durch sie ermöglicht wird. In dieser Interdependenz sind Familienarbeit, Bildung und Sozialarbeit nicht nur bloße Voraussetzung der Produktion, sondern selbst Produktivkraft. Zwar ist das globalisierte wie rationalisierungsintensive Kapital nicht mehr auf qualifizierte Massenarbeit wie früher angewiesen. Damit ist auch die Reproduktionsarbeit abgewertet, wieder privatisiert - genauso wie die erneut individualisierten Bildungsanstrengungen. Virulent geworden aber ist das gesellschaftsgefährdende Problem der sozialen Desintegration. Und dies hängt wieder mit den neuen Anomien und Bewältigungsfallen der Flexibilisierung zusammen. Soll soziale Integration einigermaßen gesellschaftlich gesichert sein, brauchen Bildung und Lernen ein pädagogisches und soziales Gesicht und eine sozialpolitische Hintergrundsicherung. Lernen und Bewältigung sind dabei keine Gegensätze, sondern stehen wie Reproduktion und Produktion in einem gegenseitigen Ermöglichungsverhältnis.

Diese Spannung ist nicht neu, sie hat ihre industriegesellschaftliche Tradition, aus der die Pädagogik ihre wirtschaftliche und soziale Bedeutung bis heute bezieht. Deshalb halten wir es für notwendig, die Logik dieses Verhältnisses historisch herauszuarbeiten, um die zukünftige Bedeutung der Pädagogik als Produktivkraft einschätzen zu können. Dabei nehmen wir bisher Bekanntes wieder auf und ordnen es in diesem Zusammenhang neu. Es sind drei Entwicklungen, in denen sich der Zusammenhang von Wirtschafts- und Gesellschaftsentwicklung, von gesellschaftlicher Modernisierung, Demokratisierung und Pädagogik aufschließen lässt: Die Bedeutung des Humankapitals, die Notwendigkeit sozialer Integration und die ökonomisch-gesellschaftliche Bedeutung der Reproduktionsfrage. In diesen Kontext ist auch die Debatte um das soziale Kapital oder besser um das: „Sozialvermögen" (vgl. Offe 1999) einer Gesellschaft zu rücken.

Wir haben die historischen Bezüge bereits kennen gelernt: Der Kapitalismus ist für seine Entwicklung und Modernisierung auf Entwicklung des Humankapitals angewiesen und damit auch auf die Verbesserung der Lebenslagen der Arbeiter und Angestellten. In der Verbesserung der Lebenslagen lag und liegt auch ein wesentlicher pädagogischer Effekt: Die Menschen entwickeln eigene Bildungsinteressen, die nicht nur ökonomisch funktionalisiert sind. Die ökonomisch erforderliche Entwicklung von Humankapital und der Diskurs um die Emanzipation der Menschen bedingen sich.

Gleichzeitig haben wir immer wieder thematisiert, dass die industriekapitalistische Arbeitsteilung soziale Desintegrationsprobleme schafft - Brüche, Übergänge, Aufspaltung der Lebensbereiche, unübersichtliche Risiken, also Anomien -, gleichzeitig aber auf soziale Integration angewiesen ist. Eine sozial integrativ orientierte Pädagogik wird also - je weniger die sozialen Risiken standardisierbar sind - als biographiebezogenes, integratives Medium der modernen arbeitsteiligen Gesellschaft gebraucht. Man könnte auch sagen: Die moderne Arbeitsteilung enthält eine pädagogische Aufforderungsstruktur. Schließlich haben wir in der historischen Entwicklung der Reproduktionsfrage gesehen, dass die starre Trennung und Hierarchisierung von Produktion und Reproduktion und der entsprechenden Geschlechterrollen nicht nur die Menschenwürde und die sozialen Entwicklungsmöglichkeiten der Frauen blockieren. Sie behindern auch die Modernisierung des Industriekapitalismus, sowohl was die volle Ausschöpfung des Humankapitals als auch die Möglichkeiten der Ausdehnung und Differenzierung der Warenproduktion betrifft. Gleichzeitig waren die Impulse der die Reproduktionsfrage tragenden Frauenbewegung nicht nur auf ‚öffentliche Mütterlichkeit' (vgl. Sachße 1986) gerichtet, um die notwendige gesellschaftliche Sozialintegration zu gestalten, sondern erbrachten einen besonderen Beitrag zur sozialen Zähmung des ‚männlichen', externalisierten Kapitalismus: In der Reproduktionsfrage wurde und wird bis heute auch die Frage nach der Sinnhaftigkeit der jeweiligen Produktion im Verhältnis zur Würde des Menschen und der Bewahrung der Natur gefragt. Diese Sinnkomponente gilt es gerade in der angewandten Pädagogik, die sich leicht dem Diktat des ‚Sachzwangs' unterwirft, wieder in den Vordergrund zu rücken.

Diese humanistischen Traditionen einer Pädagogik als nicht nur sozial befriedender, sondern auch sozialgestaltender Produktivkraft sind in den Diskurs um den sechsten Kondratieff zu bringen. Nefiodows sozialtechnologische Vision ist ökonomisch begründet: Der Standort - und Produktionsfaktor „soziale Befriedung" ist an der Kostenrechnung des wachstumsfixierten Kapitalismus orientiert, der bestrebt ist, den Störfaktor Mensch zu minimieren, die ärgerliche

Technologielücke des menschlichen Eigensinnes zu schließen. Diejenigen, die mithalten können, sollen ganz im digitalen Kapitalismus aufgehen können, die Ausgeschlossenen und Überflüssigen werden ignoriert. Die soziale Spaltung und Segmentierung der Gesellschaften des 5. und 6. Kondratieff werden auch die Pädagogik in grundlegende Konflikte treiben. Die weiterhin humanistisch-verpflichteten Pädagogen werden erfahren, dass ihre Paradigmen, wie Emanzipation und soziale Gerechtigkeit, in der Logik des digitalen Kapitalismus gar nicht mehr verstanden werden und deshalb auch ihr sozialkritisches Potenzial verlieren. So gesehen ist im 6. Kontradieff, der den technologisch vollkommenen Menschen anstrebt, nicht nur das Ende der Kritik, sondern auch das Ende der sozialen Religionen zu erwarten. Der äußere Mensch soll in der digitalen, der innere in der spirituellen Welt aufgehen. Beide werden markt- und wachstumsfähig, weil sie vom Eigensinn und der sozialen Selbstbildung des Menschen abgelöst sind.

Pädagogik als Auslaufmodell? - Das genökonomische Menetekel

Am 19. Juni 2000 trat der amerikanische Präsident vor die mediale Weltöffentlichkeit und verkündete den Erfolg des internationalen „Human Genome Project": „Das Erbgut des Menschen ist entschlüsselt, es beginnt ein neues Zeitalter." Die Medien überschlugen sich:

> „Es geht jetzt um viel mehr als beim Sprung ins All. Das Industriezeitalter weicht endgültig der Ära der Biotechnologie, deren Geburtsstunde mit der Entdeckung der Struktur der Erbsubstanz DNS im Jahre 1953 geschlagen hatte. Voraussetzung für die Offenlegung des Erbgutes war (...) vor allem das Zusammenwachsen von Informations- und Biowissenschaften. Erst die Computertechnologie hat es den staatlichen und privaten Genforschern ermöglicht, (...) den Code des Lebens mit immer größerer Rechen-Power zu entziffern." (Die Woche 27/2000, S. 1)

Mit dem 19. Juni 2000 wurde damit auch der sechste Kondratieff - mit der Verschmelzung von Bio- und Informationstechnologie - als Basisinnovation eingeläutet. Nicht umsonst stand in diesem denkwürdigen Fernsehauftritt neben dem US-Präsidenten auch der kommerziell orientierte Investor der Genomforschung. Denn nach der Logik des Kondratieff wird diese Basisinnovation in alle Bereiche des Technologischen, Ökonomischen, Sozialen und Kulturellen ausstrahlen, also gesellschaftlich umfassend wirksam sein. An diesem Szenario der totalen Ökonomisierung des biotechnologisch Machbaren ist die Tragweite dieser ‚genetischen Revolution' zu thematisieren. Angesichts der Zwangsläufigkeit der ökonomischen Logik erscheinen die naheliegend positiven Effekte des Genomprojektes, die Aussichten auf die Heilung von bisher als unheilbar geltenden Krankheiten, auf die Möglichkeit des Nachbaus von Organen und die deutliche Verlängerung der Lebenszeit des Menschen nahezu als Feigenblätter. Auch nicht die alchimistischen Träume von einer genetischen Veredelung des Menschen, denen nun abrupt der Charme der Sciencefiction genommen ist, werden die Diskurse um den Menschen im sechsten Kondratieff steuern. Denn nicht das Machbare allein ist in diesem Zusammenhang das Maß aller Dinge, sondern die unbegrenzten Möglichkeiten der *Ökonomisierung des Machbaren*. Die entsprechende ökonomische Verwertungsperspektive kann man sich in diesem Zusammenhang zweistufig vorstellen. In der ersten Stufe des sechsten Kondratieff werden die psychosozialen Belastungen und sozialen Desintegrationserscheinungen nicht länger als soziale Probleme definiert und nach entsprechenden sozialen und sozialpolitischen Interventionsmodellen gesucht, sondern sie können nun - weil gentechnologisch fundierte Gegenstrategien in Aussicht stehen - zu technologisch handhabaren *Störungen* des ökonomischen Wachstumsprozesses umdefiniert werden.

Die „Technologielücke" (vgl. Luhmann/Schorr 1982), die aus dem Eigensinn des Menschen entspringt und die den ökonomischen Wachstumsprozess seit Beginn der industriekapitalistischen Modernisierung ‚stört', soll nun endlich geschlossen werden. Die ‚zweite Stufe' des biotechnologisch gespeisten Ökonomisierungsprozesses könnte sich dann dahingehend ausbilden, dass der Mensch selbst und direkt ökonomisch verwertet wird. Dies beinhaltet mehr, als es der Marxsche Entfremdungsbegriff ausgesagt und die Fordsche Vorstellung vom allseitigen Konsumenten beinhaltet hat: Die höchste Stufe des kapitalistischen Verwertungsdrangs, die Einheit von Produkt, Produzent und Konsument scheint erreicht. Das ‚Eigensinnige' des Menschen, das - in seiner ganzen Ambivalenz von bedrohlichen Risiken und Gestaltungschancen - die Entwicklung des sozialen Zusammenlebens bisher bestimmt hat, scheint nun aufgehoben, weil technologisch steuerbar zu sein. Was bleibt, ist das Prinzip der Macht, die nun aber nicht mehr vom Menschen her, sondern nur aus Steuerungslogiken heraus kontrollierbar ist:

> „Die Sonderung von Menschen nach ihrer genetischen Ausstattung stellt eine fundamentale Gewichtsverlagerung in der gesellschaftlichen und politischen Machtausübung dar. In einer Gesellschaft, in der die Menschen nach ihrem Genotyp stereotypisiert werden können, nimmt institutionelle Macht jeder Art unweigerlich zu. Gleichzeitig wird auch (...) die wachsende Polarisierung der Gesellschaft in genetisch ‚höherwertige' und genetisch ‚belastete', wenn nicht genminderwertige Individuen und Gruppen, eine neue starke soziale Dynamik auslösen." (Rifkin in: Süddeutsche Zeitung 147/2000, S. 17; vgl. auch: Rifkin 2000)

Dabei ist die genetische Definition und Prognose noch gar nicht gesichert, da ihre praktische Umsetzbarkeit und Reichweite nicht geklärt ist. Dennoch sind inzwischen weltweite und medial spekulative Anwendungsdiskussionen um das Genom entstanden, die sich längst zum Diskurs verselbständigt haben. Damit ist gemeint - wenn man den Foucaultschen Begriff des ‚Kontrolldiskurses' heranzieht -, dass inzwischen eine rhetorische Fassade aufklärerischer Rationalität und Plausibilität errichtet worden ist (,der Mensch enthüllt die letzten Geheimnisse der Schöpfung'), mit der Interessen der ökonomisch-technologischen Steuerbarkeit durchgesetzt werden können, ohne dass sie thematisiert werden müssen (vgl. zum Plausibiltätszwang des Gen-Diskurses: Rose 2000). Dies war schon in der Art und Weise angelegt, in der sich in den letzten zehn Jahren der Anlage-Umwelt-Diskurs, in dem seit über hundert Jahren die Humanwissenschaften eingebettet sind, von der eindeutig sozialwissenschaftlichen Umweltorientierung hin zum - nun genetischen - Anlageargument gedreht hat. Dieser Drive kommt nicht allein aus dem Machbarkeits- und Erfüllungsfanatismus der Biogenetik und -technologie. Denn auch in deren Fachkreisen wird durchaus eingeräumt, „dass Gene (zwar) wichtige Informationen über die Entwicklung eines Organismus kodieren (...), die Gene als solche diese Entwicklung weder bestimmen noch beherrschen". Jeremy Rifkin zitiert in diesem Zusammenhang weiter den Zellbiologen Stuart Newman, der darauf hinweist, dass man Lebewesen als ,dynamische Systeme' sehen muss: „Sie sind sensibel für Informationen aus der Umwelt und können im Gegensatz zu Maschinen unter geringfügig veränderten Umweltbedingungen völlig unterschiedliche Verhaltensweisen zeigen." Man habe sich „die DNS eher als ,Liste der Zutaten, nicht aber als Rezept für ihr Zusammenwirken ,vorzustellen'." (Rifkin, in: Süddeutsche Zeitung 147/2000, S. 17) In diesem Sinne resümieren auch die Sozialwissenschaftler Suzann-Viola Remmiger und Klaus Wahl in ihrem Literaturbericht zur Thematik ,Gene und Sozialisation':

„Doch auch wenn in Zukunft all diese (Gen-)Techniken zum anerkannten Kulturgut werden: Ungewissheit bleibt, denn zwischen den Genen in den Keimzellen und den herangewachsenen Individuen liegen unzählig viel Zwischenschritte, die den Raum für die komplexen Einflüsse der Umwelt eröffnen." (Remminger/Wahl 2000, S. 345)

So darf vermutet werden, dass die Problematik des genetischen Diskurses vor allem darin liegt, wie er ökonomisch vorangetrieben wird; nicht so sehr der neue Mensch, sondern der Startschuss für den sechsten Kondratieff wird ausgerufen. Mit machbarkeitsideologischen genomischen Prognosen werden die sozialen Grenzen der Ökonomisierung nicht nur noch weiter herausgeschoben, sondern - und dies stellt die neue Qualität der *genökonomischen* Perspektive dar - die Grenzüberschreitung wird über den und im Menschen selbst vollzogen. Der scheinbar unaufhebbare Gegensatz von Mensch und Ökonomie, von Human- und Warencharakter, welcher die gesellschaftliche Entwicklung des 19. und 20. Jahrhunderts in Spannung gehalten und sozial gestalterisch vorangetrieben hat, droht aufgehoben zu werden. Der nun biotechnologisch versierte digitale Kapitalismus treibt die soziale Entbettung nicht nur technologisch weiter - so das Menetekel -, sondern wird nun auch versuchen können, den Menschen vollends nach seinen Gesetzen zu ,gestalten', die Spannung zwischen Mensch und Ökonomie aufzuheben. Wir haben in diesem Buch immer wieder gezeigt, dass in der sozialpolitischen Transformation des Gegensatzes von Kapital und menschlicher Arbeit, in der Spannung von Entfremdung und Gestaltung die Bedingungen liegen, unter denen sich eine humanistisch orientierte Pädagogik entwickeln konnte.

„Der Gen-Code des Menschen ist entziffert, aber längst nicht verstanden. Zeit genug für die internationale Politik, die juristischen, sozialen und ethischen Probleme gemeinsam anzupacken," so Jens Reich in der Wochenzeitung *Die Zeit* vom 29.6.2000. Mit dieser Konstruktion eines genpolitischen Moratoriums hat die humanistisch-orientierte Gegenbewegung zur gentechnologischen Übernahme des Menschen nun auch an konkreter Gestalt gewonnen. In Deutschland hat ein Kreis um den seit jeher darin kritischen und hartnäckigen Psychiater Klaus Dörner einen Iserlohner Aufruf zum Dialog um eine zukunftsfähige Ethik verfasst, in dem es heißt:

> „Eine zukunftsfähige Ethik erkennt an, dass es gerade die Besonderheit des menschlichen Lebens ausmacht, dass es eine Vielfalt von Lebensgestaltungsprozessen gibt. (...) Sie steht in der Tradition der Erklärung der Menschenrechte und schreibt sie auf neue Verhältnisse hin fort. (...) Das menschliche Erbgut ist tabu. Eine Patentierung genetisch veränderter Zellen ist unrechtens, weil sie eine Ökonomisierung des Lebens und ein Eigentumsdenken von Lebendigen fördert. (...) Zukunftsfähige Ethik stört den rasanten Prozess der Beschleunigung und plädiert bei Bedarf auch für Moratorien. (...) Das ‚Innehalten' und die Selbstbesinnung wie -vergewisserung historischer und transzendenter Voraussetzungen ethischer Entscheidungen müssen den Charakter des Mit-Wissens (con-scientia) in unseren Entscheidungen erhalten. Solches ‚Mit-Wissen' heißt seit der Antike ‚das Gewissen'." (Iserlohner Aufruf 2000)

Hier ist der Beitrag einer humanen Produktivkraft Pädagogik, wie wir ihn im vorigen Kapitel gekennzeichnet haben, zu lokalisieren. Letztlich aber ist die Pädagogik zu diesem Beitrag um ihrer selbst willen aufgefordert. Denn die unvermittelte genomische Prognose lässt von einer in ihrem Grundverständnis humanistisch orientierten Pädagogik nicht mehr viel übrig. Die Frage, ob angesichts behaupteter genetischer Prädispositionen Erziehung, vor allem von Seiten der Eltern und anderer Erzieher, ‚sinnlos' sei (vgl. Harris 2000), wird genauso gestellt, wie behauptet wird, dass es die peer-groups sind, von denen die hauptsächliche Sozialisationswirkung ausgeht, weil sich die Kids ihre Gleichaltrigenbeziehungen auch aus genetischen Antrieben heraus auswählten. Familiale Einflüsse träten nur negativ auf den Sozialisationsplan, nämlich dann, wenn Familienmilieus die kindliche Entwicklung beeinträchtigten (vgl. Rowe 1997). Ist da überhaupt noch Raum für eine an erziehungsgeprägter Entwicklung orientierte Pädagogik, wo doch die Kinder ihren Weg von ihrer genetischen Ausgangslage her selbst gehen müssen und die Erzieher dabei nur als Störenfriede oder gar Beeinträchtiger erscheinen? Noch alarmierender aber ist, und dies wird im Diskurs kaum thematisiert: Wo bleibt in solchen Prädispositionen der Eigensinn, die Autonomie und Würde der menschlichen Individualität?

Blicken wir aus dieser Perspektive auf die Pädagogik, so wird deutlich, dass die subjektive Lebensgeschichte, das individuell gelebte Leben aus dem Blickfeld des pädagogischen Diskurses geraten könnte. Knüpfte die Pädagogik bisher daran an, in den sozialen Konstellationen des subjektiven Lebens nach der Möglichkeit von Wohlbefinden und Eigensinn zu fragen und leitete sie daraus ihren Gestaltungsauftrag her, so wird das Wohlbefinden in diesem Diskurs kaum mehr als soziale Kategorie begriffen, sondern zum Problem von absehbaren Wachstums- und Krankheitsverläufen, denen eine strikte vorsoziale Trennung von Gesundheit und Krankheit zugrunde liegt. Der pädagogische Bezugspunkt verändert sich damit grundlegend: Nicht mehr das individuelle Dasein in seiner sozialen Verwirklichung, sondern das soziale Dasein aus seiner vorsozialen Determiniertheit wird zum Ausgangspunkt pädagogischer Überlegungen. Erinnern wir uns in diesem Zusammenhang der reformpädagogischen Ideologien um die Wende zum 20. Jahrhundert. Auch damals schien die Annahme eines inneren Bauplans menschlicher Entwicklung - seinerzeit hergeleitet aus den Evolutionstheorien - die letzte Chance der Pädagogik, den sozialen Widersprüchen zu entkommen und sich als autonome Entfaltungspädagogik jenseits der industriekapitalistischen Vergesellschaftungsprozesse zu konzipieren (vgl. Helmchen 2000). Schon deshalb, angesichts dieser historischen Befangenheit, muss die heutige Pädagogik einen realistischen Ort im Verhältnis zur genetischen Frage finden. Sicher hat Klaus Wahl (2000) Recht, wenn er der Pädagogik empfiehlt, sie sollte angesichts der naturwissenschaftlichen Forschungslage erst ihr einseitig geisteswissenschaftliches Menschenbild korrigieren, also die Vorstellung vom Menschen, der vorbewusstes und vorsoziales Verhalten prinzipiell überwinden kann. Dann könnte sie sich souveräner in eine Position bringen, die nicht durch ein ‚Entweder-oder' blockiert ist, sondern sich über die Frage nach dem Zusammenspiel von Genen und Umwelt für interdisziplinäre Verständigungsprozesse öffnen kann. Denn das Unbehagen in der Pädagogik, manches nicht sozialisatorisch-pädagogisch erklären zu können, ist ja nicht neu. Auch in diesen neuen Zusammenhängen erweist sich wiederum das Bewältigungskonzept als offenes und anschlussfähiges Erziehungsparadigma, weil in ihm gerade jenes Zusammenspiel von tiefendynamischer und sozialer Wirkdimension erfasst werden kann. Diese sozialisationstheoretische Verortung reicht aber nicht aus, um eine kritische Reflexivität der Pädagogik im genetischen Diskurs zu begründen. Wir haben immer wieder dargelegt, wie gerade die angewandte, auf Erziehung und Bildung gesellschaftlich ausgerichtete Pädagogik in der Spannung zwischen lebensweltlich-sozialen und systemischen Parametern steht. Der systemische Diskurs aber folgt dem ökonomistischen Sachzwang des sich verselbständigenden digitalen Kapitalismus und wird durch das genetische Argument noch weiter intensiviert. Die Pädagogen, die sich heute unverhohlen der Sachlogik des flexibilisierten Menschen bedienen, werden sich unversehens in die Sachlogik des genetisch manipulierbaren Menschen versetzt sehen, denn die ökonomische Logik ist die gleiche.

Folgt aber die Pädagogik dem genökonomischen Diskurs, würde sie unweigerlich auf die Frage zusteuern, inwieweit die Umgebung den Individuen günstige Standortfaktoren für das entschlüsselte Wachstumspotenzial bietet. Sie liefe so Gefahr, zu einem Erfüllungsgehilfen konkurrierender Wachstumsphantasien individueller Lebensläufe zu werden, indem sie sich darauf beschränkt, Techniken zu erforschen, durch die individuelle Wachstumsstandorte attraktiver werden. Zudem - und dies scheint umso bedeutender - geht dieser Diskurs einher mit einem aus der inneren Hilflosigkeit der Menschen herrührenden Bedürfnis nach sozialer Klassifikation und Ordnung. Zygmunt Baumann erkennt hier ein Bedürfnis nach Reinheit, und vor allem ein Bedürfnis der Menschen sich von den „Klebrigen" abzusetzen. Der Gedanke, in der Entschlüsselung des eigenen Wachstumscodes den Beweis für eine präsoziale Reinheit zu finden, führt nicht nur zur genetischen Diskriminierung, sondern ersetzt damit auch die soziale Auseinandersetzung mit sozialen Unterschieden, die man nun als präsozial determiniert oder die Betroffenen als präsozial „klebrig" darstellen kann. Das „Unbehagen in der Postmoderne", sich ungebundener Freiheitsgrade ausgesetzt zu wissen (vgl. Baumann 1999), wird damit rückgebunden an eine individualisierte biologistische Grundstruktur, in die die verlorene soziale Ordnung hineinprojiziert wird. Der gegenwärtige Diskurs um die Figur des abstract worker (s.o.), dessen Bruchstellen gerade in der fehlenden sozialen Einbettung der Eigendynamik der menschlichen Biographie und konkreten zwischenmenschlichen Konkretisierung liegen, kann nun vorsozial fundiert werden. In der Logik des digitalen Kapitalismus, der das Vergesellschaftungsprinzip der unbedingten Flexibilität vorangetrieben hat, erhält die Vision des genmanipulierten Menschen, der für diese Flexibilität nicht mühsam erzogen und sozial entsorgt werden muss, sondern genmanipuliert werden kann, ihren gesellschaftlichen Sinn.

Eines hat der genomische Diskurs also schon zu seinem Beginn deutlich gemacht: Er steht in der Tradition der Ökonomisierung des Sozialen und des Menschen, radikalisiert sie ins (noch) Unvorstellbare. Diese Gefahr der Ökonomisierung ist es, die im Zentrum einer sozialpolitischen Reflexivität der Pädagogik stehen muss. Die gentechnologischen Visionen mit ihren versteckten ökonomischen Antrieben machen diese Reflexivität noch dringlicher und rauben der Pädagogik endgültig die Illusion, sie könne ihre Spannung zur Ökonomie in einem konfliktlosen Programm-Verhältnis aufheben. Für unsere folgenden Argumentationen, die sich immer wieder auf den Konflikt zwischen humanpädagogischer und ökonomistischer Perspektive im Verhältnis von Pädagogik und Arbeitsgesellschaft beziehen, kann dieser Exkurs zur genökonomischen Zukunft also auf jeden Fall als eine argumentative Verstärkung des Gegendiskurses zur Ökonomisierung verstanden werden.

Schule im Sog des ökonomisch-gesellschaftlichen Konfliktes

Geht man mit einer sozialpolitischen Reflexivität an aktuelle schul- und bildungspolitische Diskurse heran, so kann aufzeigt werden, welche Verlegenheiten sich breit machen können, wenn die dort verhandelten schulpolitischen Forderungen nicht rückgebunden werden an die sozialökonomischen Strukturprobleme der Gesellschaft. Die beiden Dokumente, an denen wir dies demonstrieren wollen - die bildungspolitische Enquête Sachsen-Anhalt (Braun/Krüger u.a. 1998) und der bundesweite Kommissionsbericht zur Lehrerbildung (Terhart 2000) - versuchen zwar, eine Neubestimmung von Schule und Lehrerbildung ‚im Lichte' der Probleme des digitalen Kapitalismus und des Strukturwandels der Arbeitsgesellschaft vorzunehmen, bleiben aber dem traditionellen eindimensionalen Verständnis des Verhältnisses von Schule und Gesellschaft verhaftet: Die Schule erscheint weiterhin als verselbständigtes und rationales System, das gleichsam der Gesellschaft gegenübersteht und sich den ‚neuen Herausforderungen' stellt, sie aber selbstreferentiell in ihrer Logik des Lehrens und Lernens zu definieren versucht. Aus gesellschaftlichen Widersprüchen und Ambivalenzen, welche sich längst in der Schule abbilden, wird dann ein ‚Mehr' oder ‚Anders' des Lernens, die Schule weiß in ihrer systemischen Logik auf alles eine Antwort, soziale Verlegenheit darf erst gar nicht aufkommen.

Der traditionelle Autonomiegedanke der pädagogischen Provinz ist längst systemtheoretisch modernisiert, die Schule in ein praktikables Verhältnis zur Differenzierungs- und Beschleunigungslogik der Arbeitsteilung im digitalen Kapitalismus gebracht. Dieser weiter hochgehaltene Anspruch der systemischen Autonomie und Selbstreferenzialität der Schule ist aber durch die heutige gesellschaftliche Entwicklung nicht mehr gedeckt. Der virtuelle Spagat der Schule, sich auf Gesellschaft einzulassen und sie sich gleichzeitig vom Leibe zu halten, ging und geht so lange gut, wie die wirtschafts- und sozialpolitischen Rahmenbedingungen der Gesellschaft elastisch genug sind, eine solche subsystemische Eigenmächtigkeit gesellschaftlich zu vermitteln. Heute aber sieht sich die Schule den gesellschaftlichen Widersprüchen *direkt* ausgesetzt, und jede Schulreform, die diesen nur curricular begegnen will und sich nicht auf den Diskurs über den gesellschaftlichen Ort der Schule im digitalisierten Kapitalismus einlässt, muss sich den Vorwurf gefallen lassen, dass sie ihre neue gesellschaftliche Verlegenheit auf dem Rücken ihrer Schüler und Lehrer austrägt. Gesellschaftliche Widersprüche und Ambivalenzen lassen sich nicht so ohne weiteres in eine curriculare Gleichzeitigkeit konträrer Lern- und Lehrlogiken umsetzen. Unter dem Strich kommt dann doch wieder ein überforderndes ‚Mehr' ohne die Klärung der Sinnhaftigkeit solcher systemischen Intensivierung des Lernens heraus.

Die bildungspolitische Enquête des Landtages von Sachsen-Anhalt ist ein in der bildungspolitischen Landschaft der Bundesrepublik gesellschafts- und schulpolitisch anspruchsvolles Dokument. Die „globale(n) und regionale(n)

Rahmenbedingungen von Bildung und Erziehung" werden treffend in ihrer Ambivalenz und Konflikthaltigkeit thematisiert. In der entsprechenden „Problemreflexion" (Braun/Krüger u.a., S. 21 ff) ist unser sozialisatorisches Strukturmodell erkennbar: Die Menschen müssen flexibler und verfügbarer sein, sind dazu aber nur in der Lage, wenn sie ihre sozialen Bindungen und personalen Identitäten nicht verlieren bzw. sie neu finden und gestalten können. Der Kommissionsbericht versucht, diese Ambivalenz wie folgt zu erfassen:

„Für die künftige Bildung und Erziehung der Lernenden wird dem Pädagogischen gegenüber dem Ökonomischen als einer ausschließlichen Zweckrationalität ein besonderer Stellenwert einzuräumen sein. Bildung wird stärker gefordert sein, dazu beizutragen, Chancengleichheit und den Modernisierungsrückstand des bundesdeutschen Schulwesens gegenüber vielen internationalen Entwicklungen abzubauen, aber auch den Lernenden Mut zu machen, selbst zu lernen. Bildung muss zunächst die Fähigkeit befördern, sich selbst zu bilden. Eine solche Bildungsauffassung ist eng mit der Einsicht verbunden, dass ein friedliches und demokratisches Miteinander der Menschen weltweit nur möglich ist, wenn jeder Einzelne aktiv, emanzipatorisch und partizipierend am Leben des Gemeinwesens Anteil nehmen und dabei seine eigene Individualität und Selbstbestimmung verwirklichen kann." (ebd., S. 28-29)

Diese Schlüsselpassage der Enquête demonstriert augenfällig die moderne Selbstreferenzialität der Schule: Die Bewältigungsprobleme janusköpfiger Sozialisation, wie sie sich im Konflikt zwischen sozial entbettetem und selbstbestimmtem Lernen abbilden, werden in die Bildungssprache - nun als konfliktnivellierende Bildungsanforderungen - transformiert und mit den individualisierenden Formeln ‚Selbstlernen' und ‚Selbstbildung' auf den Schüler projiziert: Als wären die Ergebnisse der Schülerforschung aus den 1980er und 1990er Jahren (vgl. Hornstein 1990; Diedrich/Tenorth 1997), aus denen hervorgeht, dass die ‚Selbstbildung' der Schüler vor allem darin besteht, Schule so zu bewältigen, dass man einen gewissen biographischen Vorteil für sich herausschlagen kann, nachdem die schulischen Zukunftsverheißungen fragil geworden sind, nicht vorhanden. Anders ausgedrückt: Es wird von einer Schule als System ausgegangen, das auch widersprüchlichste gesellschaftliche Probleme - wie eben den Widerspruch von sozialer Entbettung und sozialer Bindung - durch geschickte Ausdifferenzierung lösen kann. Was systemisch machbar scheint, kann aber für die Menschen - die Schülerinnen und Schüler - sozial anomisch und überfordernd sein. Für sie bedeutet dieser systemische Spagat Stress, denn sie können das Widersprüchliche nicht in sich - leibseelisch - ausdifferenzieren. Sie fühlen sich unwohl in einer Schule, die ihnen abverlangt, systemische Logik zur menschlichen zu machen und die gleichzeitig kaum in der Lage ist, den biographischen Sinn, der darin steckt, sichtbar und glaubhaft zu machen. Dass Schule als Schule bewältigt werden muss und dass dieser Bewältigungsaspekt auf das Problem der Aneignung von Schule als Voraussetzung für das Lernen verweist, bleibt auch in dieser Enquête zwischen den Zeilen stecken oder geht didaktisch in einem „sozialen Leistungsbegriff" (im Kontrast zu einem „produktionsbezogenen") in der Schule auf: „Ein solcher Leistungsbegriff orientiert sich auch an der Lösung gemeinsamer Aufgaben und am Prinzip der Solidarität der lernenden Gruppe." (Braun/Krüger u.a. 1998, S. 39)

So kommt die fatale Vermutung auf, dass die selbstreferenzielle Schule die gegenwärtigen arbeitsgesellschaftlichen Widersprüche und Anforderungen nur soweit aufnimmt, als es ihre selbstreferenziellen Verarbeitungsmöglichkeiten zulassen. Der konfliktreiche Rest wird den Schülern überlassen. Diese agieren ja auch - im Vergleich zu früheren Schülergenerationen - selbstbestimmter:

„Der Stellenwert einer Lebensauffassung stärkerer Selbstbestimmung und -gestaltung nimmt besonders bei jüngeren Menschen zu, aber auch das Bedürfnis, in bestimmten Lebensmomenten spielerisch z.B. mit neuen Medien - und darüber mit sich selbst - umzugehen, erlebnisbetonter zu leben, einen anderen Glücksanspruch als die Eltern zu entwickeln. Das wird dazu führen, dass sich im Unterschied zu den Älteren hedonistische Werte unter den Jüngeren stärker verbreiten." (ebd., S. 24)

Die antipodische Dimension der Selbstbehauptung (s.u.), die mit dem Hedonismus und der Selbstinszenierung vieler Jugendlicher signifikant verbunden ist (vgl. Jugend '97), weil sie sich den gesellschaftlichen Risiken zu früh ausgesetzt fühlen und sich nur über sich selbst - in libidinöser Gegenwartsfixierung - wehren und auf sich aufmerksam machen zu können, kommt hier nicht zur Sprache. Mit der weitgehenden Ausblendung dieser innerschulischen Bewältigungsdimension erhebt sich erst auch gar nicht die Frage, wer denn diese in sich widersprüchliche Schule überhaupt sozial bewältigen kann. Denn die Rückwirkungen der segmentierten Arbeitsgesellschaft werden nicht thematisiert. Obwohl die Kommission erkannt hat, dass es weder Vollbeschäftigung geben wird, und sich auch die Wertigkeiten zukünftiger Arbeit drastisch unterscheiden werden, orientiert sie sich am Kernbereich qualifizierter Arbeit, den nur ein Teil der Schüler erreichen werden. Was passiert mit denen, die diesen Kernbereich nicht erreichen? Das Problem der ‚wenig' oder ‚nicht produktiven' Tätigkeiten und Lebensformen wird lediglich am Beispiel ausländischer Zuwanderer thematisiert. Damit wird die Gefahr der strukturellen Spaltung des Schulbereichs in Leistungs- und Sozialschulen marginalisiert, die allgemeine Bildungs- und Erreichbarkeitsillusion - die ja auch trefflich auf die individualisierte Figur des Schülers passt - wird in dieser Schule weiter aufrechterhalten.

Hoffnungsvoll ist dagegen die Enquête dort, wo sie die gemeinwesenorientierte Öffnung der Schule propagiert, um schulisches Lernen nicht nur schon in der Gegenwart sozial verbindlicher zu machen, sondern auch, um die systemisch begrenzte Schule nach außen sozial erweitern zu können, da die internen sozialen Ressourcen offensichtlich nicht ausreichend sind. Dass sich die Schule hier aber auf gesellschaftliches Glatteis begibt, mit sozialräumlichen und familialen Konflikten konfrontiert wird, die sie sich durch ihre bisherige Selbstreferenzialität weitgehend vom Leibe gehalten hat, wird allerdings nicht thematisiert. Wenn sich die Schule sozial öffnet, wird sie - ob ihrer intermediären Position zwischen Familie und Gesellschaft - auch automatisch zum Anziehungspunkt von sozialen Konflikten, kann sich nicht mehr in fachentrückter Distanz ‚darstellen', sondern ist selbst sozialer Akteur und sozialer Betroffener. Aus schulischen Rollenträgern werden im außerschulischen Bereich leibhaftige Menschen, die die Schule ihre Ängste, Hoffnungen, Enttäuschungen und Forderungen spüren lassen, die nicht auf schulische Leistungsprofile zugeschnitten und dadurch kanalisiert werden können, weil sie der Widersprüchlichkeit und Ohnmacht des gesellschaftlichen Alltags entspringen.

All diese Kritik richtet sich nicht gegen die Lehr- und Lernprogrammatik dieser ‚Schule mit Zukunft', wie sie der Enquêtebericht angesichts der neuen gesellschaftlichen Herausforderungen entwickelt, sondern gegen die ungebrochene Selbstreferenzialität, mit der das getan wird. Der Enquête mangelt es an arbeitsgesellschaftlicher Reflexivität. Denn dann hätte sie erkennen müssen, dass die angestrebte Vereinbarkeit von Pädagogik und Ökonomie, von „soziale(m) und wettbewerbs- bzw. konkurrenzorientiertem" Leistungsbegriff (ebd., S. 39) in der Schule als gesellschaftlicher Masseninstitution nur gelingen kann, wenn diese Vereinbarkeit auch gesamtgesellschaftlich gegeben ist. In dem Maße aber, in dem die Balance von Kapital und Arbeit *nachhaltig* (zu Lasten der Arbeit) gestört ist, ist diese Vereinbarkeit strukturell nicht mehr gegeben. Solange das Kapital auf qualifizierte Massenarbeit angewiesen war, also alle Bildungsreserven der Gesellschaft ausgeschöpft werden mussten, gingen soziale und ökonomische Modernisierung Hand in Hand. Bildungspolitik war automatisch Sozialpolitik, ohne dass sie als solche thematisiert werden musste. Die Gesamtschule war entsprechend schulischer Ausdruck dieser gesellschaftlichen Konstellation, in der Bildungsmobilisierung, soziale Mobilisierung und sozialer Ausgleich strukturnotwendig aufeinander bezogen waren. Mit der systemischen Verselbständigung einer globalisierten und Arbeitskräfte permanent freisetzenden Ökonomie ist diese Interdependenz brüchig geworden. Die Bildungspolitik steht - salopp ausgedrückt - sozialpolitisch im Hemd da. So wird auch sichtbar, dass sie keine Traditionen sozialpolitischer Reflexivität hat. Genauso wird deutlich, dass sich die bisherige Selbstreferenzialität der Schule nur unter der selbstverständlichen Voraussetzung halten konnte, dass die Gesellschaft in einer sozialökonomischen Balance ist. Nachdem diese nachhaltig gefährdet ist, die arbeitsgesellschaftliche Reflexivität aber fehlt, ist es kein Wunder, dass die Schule ihre gesellschaftliche Überforderung nicht als sozialökonomische Konfliktlage, sondern nur auf dem Rücken ihrer Schüler thematisieren kann.

Dass diese hausgemachte Projektion auch die Lehrer trifft, kann anhand unseres zweiten Beispiels gezeigt werden: am „Abschlussbericht der von der Kulturministerkonferenz eingesetzten Kommission zu ‚Perspektiven der Lehrerbildung in Deutschland'‚ (Terhart 2000). In der Logik gleicht dieser Bericht dem anhaltinischen Schulbericht. Hinsichtlich der neuen gesellschaftlichen Herausforderungen für die Schule werden vier Bezugspunkte in den Vordergrund gestellt:

- Der Wandel von Kindheit und Jugend, an dem die Pädagogik und das Bildungswesen selbst mitgewirkt haben;
- Die strukturellen Veränderungen im System von Arbeit und Beruf (hohe Sockelarbeitslosigkeit, Informatisierung vieler Arbeitsabläufe, Bedeutung lebenslanger Weiterbildung, Anwachsen des Dienstleistungssektors etc.);
- Der Bedeutungsverlust bzw. Wandel von Bildung: Gute Bildungsabschlüsse garantieren nicht mehr, dass man entsprechend gute Berufsaussichten hat; sie sind aber weiterhin Bedingung für den Einstieg in die qualifizierten Beschäftigungsbereiche;
- Das dynamische ‚lebenslange Lernen' löst die traditionell statische Karrierestruktur (Berufsvorbereitung, -einmündung, -laufbahn) zunehmend ab.

Die Kommission nimmt in der bildungspolitischen Auswertung dieser Entwicklungen wahr, dass sich die Schule weiterhin allen gesellschaftlichen Gruppen zuzuwenden und deren Lebenslage zu berücksichtigen habe. Dadurch könne gerade die Schule - im Rahmen ihres schulischen Auftrags - Tendenzen gesellschaftlicher Desintegration entgegenwirken. Entsprechend dürfe die Schule nicht in eine rein funktionelle Zurichtung auf ökonomische Modernisierungserfordernisse gedrängt werden. Dabei wird betont, dass die Schule diese gesellschaftlichen Herausforderungen nicht direkt, sondern nur im Rahmen ihres „spezifischen" Bildungsauftrages annehmen kann:

„Im Blick auf die vielfältig beschriebenen neuen Herausforderungen an die Schule, an die Lehrerberufe und an die Lehrerbildung geht die Kommission von einem spezifischen gesellschaftlichen Auftrag an die Schule aus: Schule und Lehrerberuf können nicht zu einem universell beanspruchten Instrument der Vorbereitung auf Modernisierung wie auch des Angleichens von individuellen und gesellschaftlichen Folgeschäden sich beschleunigender Modernisierung werden. Es wäre ebenso utopisch wie ideologisch, dem Bildungssystem wie auch den Bildungsberufen die Bewältigung gesellschaftlich-kultureller Probleme zu übertragen und diese eben damit zu überfordern (...) Der Kernbereich der professionellen Kompetenz von Lehrern ist die Organisation von Lehren und Lernen." (Terhart 2000, S. 38)

Schule hat viel zu lange - so sehen wir das Hintergrundargument, das nicht explizit genannt wird - geglaubt, sie könnte die Gesellschaft erneuern. Damit gerät die Kommission aber auch in die Gefahr, die gesellschaftliche Verstrickung der Schule, wie sie sich eben in konfligierenden innerschulischen Spannungen von Pädagogik und Ökonomie abbildet, neutralisieren zu wollen.

Entsprechend werden für das schulische Lehren nur die Probleme aufgenommen, die professionell transformierbar und didaktisierbar sind. Lehrer sollen interkulturelle Professionalität in dem Sinne erwerben, dass sie ihre bisherigen kulturellen - national zentrierten - Interpretationsmuster öffnen und dabei ihr eigenes Lernvermögen flexibilisieren können: Das Leitbild des interkulturell offenen, lebenslang lernenden Lehrers soll der Lehrerbildung in Zukunft voranstehen. Auch hier wird wieder in systemischer Autonomie argumentiert: Das Lehrerbildungssystem als solches bleibt im Prinzip erhalten, es muss nur flexibler und anschlussfähiger werden. Die Fachdidaktiken sind entsprechend auszudifferenzieren und lebenspraktischer zu orientieren, und die Kooperationsfähigkeit mit sozialen und therapeutischen Berufen ist zu verstärken. Im Mittelpunkt des Lehrerbildungsberichts steht also wiederum - in systemfunktionalem Verständnis - die Lehrerrolle und nicht das Lehrersein. Dass Lehrer Schule in ihren inneren Spannungen zwischen dem Sozialen und dem Ökonomischen bewältigen müssen, dass lebenslanges Lernen auch biographische Bewältigungsprobleme mit sich bringt, bleibt im Hintergrund. Dass Schüler und Schülerinnen die Lehrer und Lehrerinnen stärker als je zuvor als Persönlichkeiten nachfragen und sie damit in den Zwiespalt von individueller Zuwendung und distanziertem Leistungsvergleich bringen, findet in dem Bericht keine Beachtung. Die Zauberformel heißt Weiterbildung, d.h. Flexibilisierung und Erweiterung der Lehrerrollen im Gleichklang mit der Öffnung und Enthierarchisierung der berufsbiographischen Karriere.

Dabei hätte der Blick auf das *Lehrersein* mehr Perspektiven für die Reform der Lehrerbildung eröffnet als die Fixierung auf die Lehrerrolle. Schon Rosemarie Nave-Herz (1977) hat in ihrem Standardwerk aufgezeigt, dass Lehrer und Lehrerinnen in einem spannungsreichen, aber meist verdeckten sozialen Beziehungs- und Erwartungsfeld stehen und hier immer wieder unter Bewältigungsdruck geraten. Die Frage ist hier, ob sie sich durch noch intensivere Einpassung in die (nun modernisierte) Lehrerrolle gegenüber diesem multiplen Druck - der Stress erzeugen kann - immunisieren können oder ob dieser Druck mit zunehmender Säkularisierung des Lehrerstatus unabweisbar wird. Im letzteren Fall wäre die Beharrung auf der Lehrerrolle als Fixpunkt der Lehrerbildung dysfunktional.

Mit der Säkularisierung der Lehrerrolle in der gesellschaftlichen Öffentlichkeit ist der Lehrer zum Einfallstor für die gesellschaftlichen Widersprüche, die die Schule sich eigentlich weiterhin vom Leibe erhalten will, geworden. Sicher gibt es immer noch genügend Eltern, welche Schule und Lehrer als überkommene Autorität akzeptieren, die Schule, so wie sie ist, hinnehmen und in Distanz zu ihr bleiben. Mit der sozialen Spaltung der allgemeinen schulischen Platzierung und dem Hervortreten ihrer Selektionsfunktion geben aber auch viele Eltern ihre Besorgnis um die biographische Zukunft ihrer Kinder direkt an die Schule weiter. Wird mein Kind unterfordert, muss es nicht viel zu viel Rücksicht auf Schwächere nehmen, wird auch genug Stoff durchgenommen, oder hinkt die Klasse meines Kindes hinterher? Gleichzeitig spüren Eltern aber auch, wenn ihre Kinder unter Schulstress geraten, dass sie ganz anders reagieren, dem Kind nicht nur schulisch nachhelfen, sondern eher sein Selbstwertgefühl außerhalb der Schülerrolle stärken müssten. In dieser oftmaligen Inkonsistenz und Ambivalenz des Elternverhaltens spiegelt sich die Spannung und Widersprüchlichkeit der heutigen Arbeitsgesellschaft wieder: Mithalten müssen, aber nicht wissen, wo es hingeht, keine Schwächen zeigen, demonstrieren, dass man keine Probleme hat und gleichzeitig darunter leiden, dass man dies nicht thematisieren kann, abspalten muss, nicht selten unter den Zwang gerät, diese Hilflosigkeit auf Schwächere, eben die Kinder, zu projizieren. Die veränderte gesellschaftliche Rolle der Schule tut ihr übriges hinzu. Eltern wissen, dass ohne Schulabschlüsse kein aussichtsreicher Einstieg in die Berufswelt möglich ist, aber sie haben über diese Einstiegsperspektive hinaus keine Karrieregewissheit mehr. Lohnt es sich überhaupt, die Kinder unter schulischen Karrieredruck zu setzen, sollte man ihnen nicht Umwege ermöglichen, weil sie dann selbst auf eigene Einstiegswege kommen und Bildungsabschlüsse später und anders absolvieren, nachholen könnten? Während der gesellschaftliche Rationalisierungsdruck (auf die Schule) wächst, die Schulzeit zu verkürzen, erhöht sich die gegenläufige Bereitschaft bei Eltern, den Jugendlichen biographische Umwege und Auszeiten einzuräumen, weil man fürchtet, dass das ‚Nadelöhr früher schulischer Bildungsabschluss' die biographische Bewältigungskompetenz eher verengt als erweitert. Scheitern an der ‚ersten Schwelle' gibt auch bei Jugendlichen nicht mehr selbstverständlich als biographisches Versagen, als Stigma, sondern wird nicht selten als Gelegenheit gesehen, anderes auszuprobieren, Abschlüsse auf später zu verschieben. Diese ‚produktiven Umwege' können sich aber nur Schüler und Schülerinnen leisten, die entsprechend materielle, soziale und kulturelle Unterstützung von Seiten des Elternhauses haben.

Diese Beispiele können auch zeigen, welche Paradoxien die Arbeitsgesellschaft in bezug auf Bildung und Schule erzeugt: Sie übt Rationalisierungsdruck in Richtung Schulzeitverkürzung und Druck auf die Eltern in Richtung Bildungszeitverlängerung (über Umwege) aus. Allerdings: Das eine erscheint öffentlich, das andere muss privat bewältigt werden. Gleichzeitig geraten sozial schwächere Familien in solchen unübersichtlichen Stresskonstellationen erst recht unter sozialen Druck, schulische Selektionsfunktion und soziale Ungleichheit bewegen sich wieder aufeinander zu.

Das uns nun hinlänglich bekannte Desintegrationsmodell der heutigen Arbeitsgesellschaft wird wieder sichtbar: Die Ökonomie hat sich gegenüber den sozialintegrativen Alltagswelten so verselbständigt, dass sie zwar beschleunigten Rationalisierungsdruck ausübt, gleichzeitig aber die sozialen Ressourcen für dessen Bewältigung nicht bereitstellt - ja sogar eher schwächt. In der Vergesellschaftungsphase der Flexibilisierung wird die Schule einerseits institutionell intensiviert, anderseits als Ort sozialer Hilflosigkeit freigesetzt.

Diese Paradoxien und Unübersichtlichkeiten können multiplen sozialemotionalen Stress erzeugen, den Jugendliche in ihrer jugendkulturellen Unbefangenheit meist besser aushalten und mit dem sie geschickter umgehen, als es Lehrer in ihren Rollenzwängen tun können. Die strikte Orientierung an der Lehrer*rolle* bringt in diesem Zusammenhang nur vordergründig Entlastung. Einzelne können sich mit dem entsprechendem Rollentrick, wir machen Schule und nichts als Schule und können uns damit die sozialen Gespenster vom Leibe halten', gegen die sozialen Anfechtungen immunisieren. Wie tiefgreifend dieses Problem die Lehrerschaft bewegt, zeigt die große Resonanz, die Hermann Giesecke mit seinem Radio-Beitrag *Wozu ist die Schule da?* im Jahr 1995 unter den Pädagogen erntete. Giesecke erklärt das reformpädagogische Projekt der kindgerechten Schule für gescheitert und bemängelt, dass die soziale Überforderung der Schule den eigentlichen gesellschaftlichen Auftrag - die nachwachsende Generation zu unterrichten - überforme.

„Das Problem vieler Lehrer in vielen Schulen ist nicht, dass sie des Unterrichts müde wären, sondern dass sie gar nicht mehr dazu kommen, in Ruhe und Gelassenheit ihren Unterricht zu erteilen, weil ihre Klassen zu sozialpädagogischen Problemgruppen geworden sind und die meiste Anstrengung darauf gerichtet werden muss, sie disziplinarisch im Zaume zu halten. Aus dieser Tatsache schließen viele Pädagogen, dass die Schule sich eben sozialpädagogisieren müsse, also ihre Ziele nicht in erster Linie im Unterricht sehen dürfe. Das ist ein fundamentaler Fehlschluss, der, wie die Praxis zeigt, nichts bessert, sondern alles nur verschlimmert." (Giesecke 1996, S. 14)

Gieseckes Position ist von daher problematisch, da sie das Problem der Schule im Versagen der anderen Sozialisationsinstanzen (Familie, Medien, Freizeit- und Konsumsystem) entdeckt und nicht begreift, dass der gesellschaftliche Auftrag an die Schule selbst ambivalenter und widersprüchlicher geworden ist. Die Unterrichtsaufgabe, „jedem Kind die Chance zu geben, seine Fähigkeiten in optimalem Maße zu entfalten, damit es in einer Gesellschaft voller Optionen eine individuell befriedigende Balance zwischen objektiven Anforderungen und subjektiven Bestrebungen finden und seine Lebensplanung, z.B. in beruflicher Hinsicht, gründen kann" (Giesecke 1996, S. 9), übersieht, dass diese ‚Balance' immer schwieriger hergestellt werden kann und die Lebensplanung zu einem angstbesetzten Projekt der Unsicherheiten, Konjunkturen und Narzissmen geworden ist, das biographisch bewältigt werden muss.

Auch für einen bildungs- und gesellschaftspolitischen Report zur Lehrerbildung ist darum diese Beschränkung höchst problematisch, kann einen Bumerangeffekt haben. Der Gesellschaft wird ja - wenn auch ungewollt - signalisiert, dass die Schule, wenn man die Erwartungen nur auf ihren ‚eigentlichen Auftrag' richtet und sie nur elastischer macht, schon mit ihren sozialen Problemen zurechtkommt. Doch auch die Schule steht im ‚gnadenlosen' und ‚nicht aufhaltbaren' ökonomischen Wettbewerb, muss mithalten, darf keine existentiellen Probleme zeigen, sonst gilt sie als nicht wettbewerbsfähig. Wir haben bereits das Bild des ‚abstract pupil' gezeichnet, gefordert wird hier nun nichts anderes als der ‚abstract teacher'.

Die Lehrerinnen und Lehrer bekommen das in ihrem Lehrersein zu spüren, geraten aber folgerichtig in den Rollenzwang, sich entsprechend zu verhalten. In der schulpädagogischen Literatur liest man viel von Schulkultur und Schulklima und meint damit meist das Schulverhalten der Schüler. Wie es den Lehrern geht, wie sie sich untereinander verhalten, sich nicht trauen, ihre Probleme auszusprechen, sich gegenseitig kontrollieren, vielleicht belauern, jene mobben, die das fragile Gleichgewicht des Stillhaltens gefährden, ihre Hilflosigkeit auf die Schüler abspalten, indem sie ihre angebliche Motivationslosigkeit anprangern - darüber liest man wenig. Das Lehrerzimmer bleibt die sozialemotionale ‚Black- box' einer Schule, die unter ökonomischen Konkurrenzdruck geraten ist. Gerade über die Thematisierung des Lehrerseins könnte sich eine arbeitsgesellschaftliche Reflexivität der Schule entwickeln, mit der die gesellschaftlichen Verstrickungen und die daraus wachsenden sozialen Folgen für sie selbst (bzw. ihre Lehrer) aufschließbar werden. Die bloße institutionelle Orientierung an der Lehrerrolle kann die gesellschaftlichen ‚Herausforderungen' nur funktional - selektiv und in institutioneller Distanz - aufgreifen, verdeckt aber das neue soziale Problem der Schule. Auf Dauer wird die Schule aber diesen sozialen Verdeckungszusammenhang (und damit ihre Selbstreferenzialität) nicht mehr aufrechterhalten können, will sie nicht den sozialemotionalen Druck auf Eltern und Lehrer erhöhen. Dies hat erhebliche Konsequenzen für den zukünftigen bildungspolitischen Diskurs. Denn wenn die Schulpolitik die Einsicht in die Notwendigkeit jener erweiterten arbeitsgesellschaftlichen Reflexivität teilt, dann muss sie den bildungspolitischen Diskurs sozialpolitisch erweitern. Dann wird sie erkennen, dass sie den Sozialstaat als existentiellen Bündnispartner braucht, um die programmatisch gewollte Balance zwischen dem Ökonomischen und dem Pädagogischen/Sozialen in der Schule erreichen zu können. Denn die Krise des Sozialstaates und die Krise der Bildung hängen enger zusammen, als dies in solchen bildungs- und schulpolitischen Kommissionen verhandelt wird.

Die europäische Perspektive: Unterschiedliche Bildungs- und Übergangsregimes im Vergleich

In anderen europäischen Ländern gibt es inzwischen genug Beispiele für Möglichkeiten einer sozialpolitischen Erweiterung des Bildungsdiskurses. Will man diese Erfahrungen auf die deutschen Verhältnisse beziehen, bedarf es aber einer eigenen interkulturellen Reflexivität. Denn in der traditionellen komparativen Bildungsforschung werden meist Systeme verglichen und dabei die Stabilität, innere Geschlossenheit und Interdependenz des heimischen Bildungs- und Berufsbildungssystems in den Vordergrund gestellt. Dabei ist das Phänomen zu beobachten, das in anderen Zusammenhängen - z.B. in der Familienforschung - als „Modernisierungsfalle" bezeichnet wird: Je mehr das herkömmliche System der auf den Aufbau und die Karrierestruktur der Arbeitsgesellschaften ausgerichteten Bildungsgänge und Statuspassagen dadurch in Frage gestellt ist, dass es „schulfremde" Begabungen offensichtlich ausgrenzt und - aufgrund seiner gestiegenen Selektivität angesichts des Schrumpfens der Erwerbsarbeit - sich das Risiko des Scheiterns erhöht, sich die Bewältigungsperspektive also vor die Bildungsperspektive schiebt, desto stärker klammern sich Schulverwaltungen und Lehrer an die traditionelle Struktur der Schule. Sie wird nicht nur noch hartnäckiger verteidigt, sondern in ihren selbstgesetzten Kernelementen auch noch mystifiziert: Die Zentralität und Gegliedertheit der Schule, das deutsche duale Prinzip des Berufsbildungswesens oder die Arbeitsmarktfixierung der Berufshilfen werden vor diesem Hintergrund deshalb immer schwerer reformierbar. Das deutsche Bildungswesen ist damit in seiner systemischen Logik nahezu unantastbar geworden, nicht etwa, weil dies ein Ergebnis reflexiver Systemevaluation wäre, sondern weil es mystifiziert wird und deshalb schon mit einer gewissen Immunität in den europäischen Vergleich geht.

So ist es nicht verwunderlich, dass europäische Vergleichsdiskurse im Bildungs- und Sozialwesen systembezogen aufgebaut sind, aber wenig kritische Selbstreflexivität ausgebildet haben. Aus der Erfahrung langjähriger EU-Projektkooperationen wissen wir aber inzwischen, dass es keinen Sinn ergibt, Bildungssysteme miteinander zu vergleichen, sondern dass der Blick auf das gesamte ‚Bildungs- und Übergangsregime' gerichtet sein muss, um unterschiedliche Systeme vergleichbar und kommunizierbar zu machen, so dass von anderen lernen gelernt werden kann. Ein Beispiel: Wenn man die offenen Netzwerke, die sich um das italienische oder dänische Übergangssystem gruppieren, nur von der systemischen Seite her betrachtet, erscheinen sie fragil, ungesichert und beliebig. Wenn man aber weiß, dass in diesen Ländern die biographische Definition des Übergangs und das Moment des Erprobens und Experimentierens nicht in der Verlängerung, sondern im Kontrast zur Schule ermöglicht wird, dann versteht man, dass hier eigene biographische Antriebe und entsprechende Kohäsionskräfte freigesetzt werden, welche das offene System in Bewegung und zusammenhalten. Die Netzwerke leben und werden von der biographischen Neugier und soziokulturellen Experimentierlust aller Beteiligten getragen.

Der Begriff der „Regimes" ist aus der Sozialpolitik entlehnt und bedeutet dort - bezogen auf die Arbeits- und Beschäftigungsregimes - gesellschaftlich verankerte Bedeutungs-, Interpretations- und Kommunikationsmuster, die Produktions- und Arbeitsbeziehungen vorstrukturieren und bei ihrer symbolischen Reproduktion eine wichtige Rolle spielen (Heidenreich 1997). Ein offener und reflexiver Bildungsdiskurs kreist also in diesem Sinne nicht nur um die Systeme, um sie irgendwie aufzuknacken, sondern bezieht sich auch auf die Deutungen und Mythen, die in den nationalen Bildungsregimes aufscheinen.

Während in Deutschland neben dem institutionellen Bildungs- und Ausbildungswesen ein kompensatorisches Berufsförderungssystem (Jugendberufs- und Beschäftigungshilfen) aufgebaut ist, das strikt an das Nicht-Erreichen des ersten Arbeitsmarktes gebunden ist und deshalb keine Spielräume für Initiativen neuer Arbeit und marktungewohnter Dienstleistungen hat, sind in anderen europäischen Ländern die Bildungs- und Ausbildungssysteme stärker pluralisiert, offen für die unterschiedlichen formellen und informellen Anschlüsse. England (UK), Dänemark (DK) und Holland (NL) - um hier die wichtigsten Beispiele zu nennen - versuchen, in der Verknüpfung von bildungspolitischer und sozialpolitischer Perspektive die wachsende Distanz zwischen Schule und Arbeitswelt zu verringern und auch das Schulsystem selbst möglichst früh auf multiple Optionen (anstelle vorgezeichneter Laufbahnen) einzustellen. Ziel ist bei allen die Vernetzung von institutionellen Bildungspassagen und biographischen Optionen, die sich aus der jeweiligen Lebenslage der Jugendlichen ergeben (vgl. Roberts 1995, (UK), Evans/Heinz 1994 (UK), Schmidt 1997 (NL), Mørch/ Mørch 2000 (DK)).

Hier ist das Wirken der unterschiedlichen Bildungsregimes wirklich spürbar. Obwohl die Schulen mit ihren Laufbahnen auch weiterhin - wie bei uns - im Mittelpunkt stehen, fehlt die deutsche Ideologie der Dominanz der schulischen Bildungsabschlüsse, ist man stärker lokal orientiert, versucht man früher, die arbeitsmarktlichen Begabungen der Jugendlichen aufzuschließen und auch in außerschulische Sphären zu lenken. So kann eher als in Deutschland ein *Kommunikationszusammenhang* zwischen schulischem und außerschulischem Bereich entstehen, seien es nun kulturelle, soziale oder schon arbeitsmarktnahe („unternehmerische") Projekte in den Regionen (vgl. zu letzteren auch die italienischen Beispiele bei Walther 2000). In solchen regionalen Netzwerken stehen dann weniger die Abschlüsse, sondern die flexiblen Übergänge und Anschlüsse im Zentrum der Bildungs- und Ausbildungsphilosophie. Neben der Säule des weiterführenden und hochschulorientierten Schulsystems hat sich also eine zweite Säule der eigenständigen multiplen Optionen entwickelt (die in Verbindung zur Schule steht). Diese zweite Säule ist in Deutschland eher verkümmert. Was viele deutsche Sozialarbeiter aus Jugendberufsprojekten immer wieder anmahnen, dass nämlich Jugendlichen, die mit der linearen Schulperspektive nicht zurechtkommen oder am Zugang zum herkömmlichen Arbeitsmarkt scheitern, zuerst Selbstwert und soziale Anerkennung gerade auch außerhalb der üblichen Gratifikationssysteme wiedergegeben werden müssten, sollten sie wieder leistungs- und arbeitsmarktorientiert sein, ist in dieser zweiten, biographisch orientierten Säule verwirklichbar. Kulturelle Projekte werden in diesem Sinne genauso eigenwertig gehandelt wie unternehmerische Initiativen des „dritten Sektors" neben dem herkömmlichen Arbeitsmarkt und Dienstleistungsbereich. Die Vermittlung von Orientierungs- und Bewältigungskompetenzen steht im Vordergrund, die Zuversicht, mit eigenen Fähigkeiten immer wieder biographische Übergänge bauen zu können, scheint nach den o.g. Berichten größer zu sein als im deutschen kompensatorischen Berufshilfesystem, wo Jugendliche und Erwachsene in immer wieder neuen Maßnahmen durchgereicht werden und nicht selten geradezu in ‚Entmutigungskarrieren' hineinschlittern.

Auch in der deutschen Bildungsdiskussion ist die Notwendigkeit der multiplen Öffnung und Pluralisierung der Bildungs- und Ausbildungswege längst erkannt. Doch wir haben den Eindruck, dass sich die hiesigen Argumentationen noch zu sehr an die Schule klammern und ihr die gesellschaftlich einzufordernde Bildungsleistung (in Richtung Lebensbewältigung) abverlangen, die sie als *Schule allein* überhaupt nicht leisten kann. Wenn Eckart Liebau Schule in Zukunft auf „Lebensgestaltung und -bewältigung in deren zentralen Dimensionen (...) beziehen" will, weil er davon ausgeht, dass „dieser Aspekt (...) unter den Bedingungen einer höchst unsicheren Zukunft der klassischen Arbeitsgesellschaft" immer wichtiger wird (1997, S. 289), dann gibt er zwar eine zutreffende und inzwischen vielfach geteilte Bildungsdiagnose ab, stellt aber nicht die entsprechenden Struktur- und Organisationsfragen: Kann sich unser Schulsystem überhaupt - aus eigener Logik und Kraft - in diese Richtung so öffnen, dass sich auch die Schulstrukturen grundlegend verändern? Oder bleibt die Schule in ihrem Selbstverständnis doch wieder die alte, indem sie Themen der Lebensgestaltung und -bewältigung zu sich heranzieht und wieder zum Lernstoff macht. Die dem griechischen König Midas zugeschriebene Eigenschaft, dass alles zu Gold wurde, was er in die Hände nahm, lässt sich auch auf die Schule beziehen: Alles, was sie in die Hand nimmt, wird zu Schule. Insofern geht es bei den heute arbeitsgesellschaftlich freigesetzten Bewältigungsproblemen nicht um eine weitere Modernisierung von Schule, sondern um ihre neue Verortung in einem übergreifenden Bildungsrahmen, der nicht mehr von der Selbst-Referenzialität und Elastizität der Schule, sondern von der Logik der gesellschaftlichen Freisetzung geprägt ist. In den zukünftigen Netzwerken des multiplen Lernens kann die Schule nicht mehr die zentrale Definitions- und Regulationsinstanz für alle sein. In der englischen Bildungsdiskussion (vgl. Raffe u.a. 1998) wird entsprechend von einem „Bildungsraum" gesprochen, der institutionell dereguliert und flexibel in der Berücksichtigung individuell-biographischer Optionen sein kann. In diesem Bildungsraum können unterschiedliche Ausstiegs- und Einstiegsoptionen, gegenseitige Anerkennungen von Abschlüssen verschiedenster Bildungs- und Ausbildungsgänge, aber auch kombinationsfähige Wechsel zwischen unterschiedlichen Bildungsgängen genauso möglich werden wie Kombinationen von Teilzeitarbeit und -bildung. So gewinnt eine Perspektive sozialer Bildungspolitik an Gestalt, die John Abbot von der britischen Organisation ‚Education 2000' so formuliert hat:

> „Lernen und Schulbesuch sind keine Synonyme. Wer die Ausbildung verbessern will, sollte nicht den vielen Versuchen, die Schule zu festigen, einen weiteren hinzufügen, sondern lieber untersuchen, wie Lernen stattfindet ..., und dann darüber nachdenken, wie all die öffentlichen Ressourcen in den Dienst der Schaffung eines neuen Lernmodells gestellt werden könnten." (Abbott zit. n. Dalin 1997, S. 208)

Das Tabu des ‚wilden Lernens'

In dem Maße, in dem die Schule angesichts des Strukturwandels der Arbeitsgesellschaft und der Verengung des traditionellen Arbeitsmarktes ihre Selektivität erhöht und nicht-schulgerechte Begabungen ausgrenzt, werden die außerschulischen Lebens- und Übergangswelten zu Orten ungerichteter Lebensbewältigung und sozialer Orientierung. So entwickeln sich Lernwelten, deren Lernmodelle aus den jeweiligen sozialen Gelegenheiten und psychosozialen Befindlichkeiten heraus entstehen, in denen auch Bewältigungshandeln ‚um jeden Preis' - sei es nun normwidrig oder antisozial wie sozial destruktiv - immer wieder durchschlägt. Hier geht es dann weniger um allgemein geteilte Lernziele und Regeln demokratischen Lernens, sondern um Anpassung an anomische Sozialverhältnisse und Suche nach Minderung des individuellen Bewältigungsdrucks. Hier wirkt das ökonomische Klima des Verdrängens und des Ausgrenzens, das sich gegen andere Behaupten und Durchsetzen ohne die Filter der Schule, aber auch ohne die Legitimation des Marktes. Es ist die Welt, vor der die Schule so gern die Augen verschließt, in der die Jugendhilfe notdürftig herumflickt und in deren Sog inzwischen nicht wenige Berufsschulen geraten sind. Wir machen seit einigen Jahren die Erfahrung, dass Berufsschullehrern in Fortbildungen das Thema ‚Abweichendes Verhalten' mehr auf den Nägeln brennt als neuere Entwicklungen im Bereich des Fachunterrichts.

Neben den Schulen und von ihnen ausgegrenzt, quer durch die Einrichtungen der Jugendarbeit und der Übergangshilfen, haben sich die tabuisierten Welten ‚wilden Lernens' ausgebreitet. Sie entwickeln sich nach Lehrplänen, welche durch die Gesetzmäßigkeiten der „differentiellen Assoziation" (das meiner Befindlichkeit nahekommende Verhaltensmodell ist am attraktivsten) und der Subkultur (vgl. dazu Böhnisch 1999) bestimmt sind. Da sie als Formen Abweichenden Verhaltens gelten, kommt niemandem so schnell in den Sinn, sie als Lernformen anzuerkennen. Betrachtet man aber Abweichendes Verhalten als Bewältigungsverhalten in sozial unübersichtlichen (anomischen) und selbstwertgefährdenden Kontexten, die sich wiederholen und in denen sich somit bestimmte Muster der Bewältigung formieren, dann wird der Charakter des Lernens deutlich. Den Begriff des ‚wilden Lernens' haben wir deshalb gewählt, weil es hier nicht nur um das Moment des Ungeplanten und Unvorhergesehenen geht, sondern auch um die Erkenntnis, dass die leibseelischen Befindlichkeiten, die in der Zivilisationsschule gezähmten und sublimierten Tiefenantriebe des Menschen in der Spannung von Hilflosigkeit und Selbstbehauptung, wie wir sie in kritischen Lebenssituationen beobachten, dieses Lernen steuern. Das Gesetz der Bewältigung wirkt hier in seiner ursprünglichen Form. Es nützt den Schulpädagogen nichts, dass sie sich an die Stirn tippen, wenn Sozialarbeiter behaupten, dass manche Jugendliche inzwischen nur noch über solche triebgedrängten Schübe der aggressiven Selbstbehauptung bis hin zur Gewalt ‚lernen', ihr Selbstkonzept auszubilden und sich entsprechend sozial zu orientieren versuchen.

Wenn wir uns die Gewaltforschung der 1990er Jahre anschauen (vgl. dazu im Überblick: Thiersch/Wertheimer/Grunewald 1994; Heitmeyer 1994; Runder Tisch gegen Gewalt 2000, Trotha 2000), dann fällt zuerst auf, wie überrascht die Forscher nicht nur über die plötzliche Verbreitung, sondern vor allem über die Art der subjektiven Präsentation und Demonstration gewalttätigen Handelns - vor allem bei jungen Männern - sind. Gewalt wird von vielen dieser Jugendlichen und jungen Erwachsenen nicht im Verborgenen, sondern durchaus öffentlich ausgeübt - egal, ob sie gesellschaftlich stigmatisiert oder gerade weil sie tabuisiert ist - und in ihrer öffentlichen Wirkung auch von manchen dieser Täter geradezu genossen. Wir halten in diesem Zusammenhang den Begriff ‚Stigmaaktivisten' durchaus für treffend. In der wissenschaftlichen Begleitung des Antigewalt-Programms (AgAG) in Ostdeutschland (Böhnisch/Fritz/Seifert 1997) haben wir auch die entsprechenden Erfahrungen gemacht, dass es oft Jugendliche sind, die mittels Gewalttätigkeit auf sich aufmerksam machen, sich einer Clique zugehörig zeigen und dadurch Selbstwert und Anerkennung erlangen wollen. Gewalttätigkeit ist in ihrem subjektiven Erleben weniger mit Delinquenz und Kriminalität verknüpft, diese Zuschreibungen nehmen sie in Kauf - sondern mit Handlungsfähigkeit, Dominanz und körperlichem Wohlgefühl (der ‚Kick', den man bekommt). Indem sie es wiederholen und dabei auch Sanktionen und Strafen als ‚Anerkennung' ihres Tuns empfinden, da ihr Verhalten ja in der gewalttätigen Subkultur als kohäsiv gilt, weil es den Gruppenzusammenhalt und die Gruppenideologie fördert, wird es ‚gelernt'. Meist sind es Jugendliche, die von ihrem sozialen Hintergrund und ihren biographischen Erfahrungen her wenig Möglichkeiten hatten, sozial verträgliche Formen der Bewältigung kritischer Lebenskonstellationen als für sie befriedigend zu erleben und zu lernen - zumal in einer Gesellschaft, die sie für sich selbst als anomisch erfahren, da sie in ihr nicht das erreichen können, was sie ihnen die Gesellschaft verspricht.

Der Mechanismus, der dabei eine Rolle spielt, ist aus psychotherapeutischen Befunden bekannt (vgl. dazu Gruen 1992) und wir haben ihn bereits in den unterschiedlichsten Zusammenhängen in diesem Buch beschrieben: Kritische Lebenskonstellationen - in der Regel erlebt als massive Selbstwert- und Anerkennungsverluste - erzeugen innere Hilflosigkeit, die abgespalten und auf andere, Schwächere projiziert werden muss, um sich selbst wieder handlungssicher und wohlfühlen zu können. Die triebgedrängte Suche nach Handlungsfähigkeit ist also kein kognitiver Prozess, sondern ein zwar sozial gerichtetes, aber vor allem leibseelisch aufgeladenes Antriebshandeln, das sich seine Balance jenseits von Normen und sozial einvernehmlichen Verkehrsformen sucht. Dass Mädchen und Jungen, Männer und Frauen ganz unterschiedlich mit dieser inneren Hilflosigkeit umgehen können und sich deshalb ein geschlechtstypisches Bewältigungsverhalten herausgebildet hat, gilt inzwischen als gesicherter Befund (vgl. dazu Althoff/Kappel 1995). Männliches Bewältigungsverhalten als deviantes und gewalttätiges Verhalten ist mehr nach außen, weibliches eher gegen sich selbst nach innen - und wenn nach außen, dann mehr indirekt und versteckt - ausgerichtet. Soziales Lernen kann sich also bei den männlichen Jugendlichen über externalisierte antisoziale, bei weiblichen Jugendlichen eher über autoaggressive Muster strukturieren.

Die Problematik besteht nun darin, dass diese Formen des ‚wilden Lernens' sich nicht nur dem institutionellen Blick des Bildungswesens entziehen, sondern eben auch nicht als ‚Lernen' erkannt und anerkannt werden. So verfällt dieses Lernen dem Verdikt des Abweichenden und ist damit der Pathalogisierung und Stigmatisierung preisgegeben. Deswegen haben auch die sozialpädagogischen Einrichtungen der öffentlichen Erziehung, Jugendarbeit und Beratung, die es mit sozial belasteten Jugendlichen zu tun haben, immer noch wenig Chancen, als biographische Lernorte und -kontexte anerkannt und entsprechend gefördert zu werden. Sie stehen vielmehr unter dem Druck, sich weiterhin als Gefährdetenpädagogik auszuweisen und kontrollorientiert statt lernorientiert zu arbeiten. Dabei hätten gerade sie in ihrem modernen Handlungsverständnis einer bewältigungsorientierten Sozialpädagogik und Jugendhilfe die Möglichkeit, über ihr Repertoire des pädagogischen Bezugs und der Milieuorientierung (vgl. dazu Böhnisch/Rudolph/Wolf 1998) biographische Lernprozesse zu initiieren und multiple Selbstwert- und Anerkennungssituationen als ‚funktionale Äquivalente' (zu den antisozialen Bewältigungsmustern) anzubieten.

Die Schule mit ihrer selektiven Orientierung an der Schülerrolle kommt nicht an diese Tiefenbezüge heran, übergeht und tabuisiert sie in den eigenen Räumen, um ihren institutionellen Formen kognitiven Lernens genügen zu können. Deshalb ergibt es auch keinen Sinn, zwischen bildungsinstitutionell definiertem ‚formellen' und ‚parainstitutionellen' und ‚informellen' Lernen zu unterscheiden. Der Bezugsrahmen für die Zuordnung und Bewertung dieser unterschiedlichen Lernwelten ist ein anderer: Nicht die schulische Definition, sondern der Zusammenhang *gesellschaftlicher Freisetzung* rückt hier wieder in den Blickpunkt. Die Art und Weise, wie schulische Lernprozesse strukturell verengt werden und ‚wilde' Lernprozesse aufbrechen, ist auch hier nicht mehr über das Paradigma der Entstrukturierung schulischen Lernens erklärbar, sondern über die qualitativ neuen Formen des arbeitsgesellschaftlichen Wandels. In einem solchen Perspektivenwechsel - vom Entstrukturierungs- zum Freisetzungsparadigma - werden dann auch die neuen multiplen Strukturen des Lernens in ihrer je eigenen Bedeutung aufschließbar und - nicht mehr im institutionellen Vergleich, sondern im Netzwerkbezug zueinander - verortbar.

In einem solchen übergreifenden Bezugsrahmen könnte dann auch die Jugendhilfe aus ihrem aktuellen Legitimationsdilemma herauskommen. In der sozialen Wirklichkeit ist sie längst in die Mitte der Gesellschaft gerückt und hat es nicht mehr nur mit sozial Randständigen zu tun. Die ambivalente Ein- und Ausschlussdynamik der segmentierten Arbeitsgesellschaft mit ihren sozialen Risikozonen bis ins innere Kernsegment hinein führt der Jugendhilfe ein Klientel zu, das nicht deshalb sozial benachteiligt ist, weil es individuelle Defizite hat, sondern weil ihm - trotz unterschiedlichster Begabungen - der Eintritt in den ersten Arbeitsmarkt verwehrt ist. Dazu kommt das Heer derer, die etwas können, zu Tätigkeiten begabt sind, die außerhalb des Kompetenzverständnisses der traditionellen Bildungsinstitutionen liegen, so dass sie diese deshalb auch nicht aufschließen und bewerten können, obwohl sie auf andere Wege zur Arbeit bzw. auf Möglichkeiten neuer Arbeit verweisen. Eine Neuvermessung der Bildungs- und Erziehungslandschaft unter dem Paradigma Freisetzung würde gerade für die Jugendhilfe und Sozialarbeit die Chance bedeuten, sich von der Instanz sozialer Kontrolle und Prävention zu einem Netzwerk sozialer Regulation entwickeln zu können. Dann könnten auch die Sozialarbeiter ihre mediatorischen Sozialkompetenzen produktiv ausspielen und Wesentliches zur Entwicklung sozialer Schlüsselkompetenzen beitragen. In einem solchen übergeordneten Bezugssystem müssten die Maßnahmen der Jugendhilfe und ihrer Logik nicht mehr ‚nachgeordnet' dem schulischen Bildungswesen entsprechen, sondern hätten hier ihre eigenen Spielräume in einem bildungspolitisch gemeinsamen Rahmen. Denn so, wie gegenwärtig weiterhin schulzentriert verfahren wird, werden nicht nur die Begabungen der Schüler, sondern auch die Kompetenzen der Sozialarbeiter bildungspolitisch übergangen und ausgegrenzt.

Pädagogische Phantasie und neue Arbeit

Der Arbeitsgesellschaft geht die Erwerbsarbeit - zumindest als Massenarbeit für alle - aus, und die über die neuen Technologien geschaffenen und erwartbaren Arbeitsplätze werden diesen Schwund nicht aufwiegen. Gleichzeitig erfahren wir, dass zu Beginn des 21. Jahrhunderts über die Hälfte der bestehenden Erwerbsarbeitsverhältnisse keine Normalarbeitsverhältnisse mehr sind: nicht mehr lebenslang ausgerichtet, ohne tarifliche Garantie, ohne ausreichende soziale Absicherung. Dennoch bleibt Arbeit das zentrale Medium der Integration in der modernen Gesellschaft. Arbeit vermittelt sozialen Status und Sinn, strukturiert Alltag und Biographie, hält die Gesellschaft zusammen. Arbeit wird aber gesellschaftlich nur in der Form von Erwerbsarbeit anerkannt und ist bisher allein über sie marktfähig. Also muss neue Arbeit, wenn sie sich außerhalb der Erwerbsarbeit formieren will, gesellschaftlich anerkannt und marktfähig sein, vielleicht auch ihre neuen Märkte suchen und finden. Aber: Wo käme die Kaufkraft für diese marktfernen, sozialen und kulturellen Dienstleistungen, für Bürgerarbeit, Umwelt- und Hausarbeit, die als neue Arbeit gesellschaftlich anerkannt werden sollen, her?

Um diese Frage drücken sich viele der zahlreichen Diskutanten um die neue Arbeit. Jeremy Rifkin (1999) sieht zwei Wege: Er verweist darauf, dass der Kapitalismus zwar immer höhere Produktivität und damit Wohlstandszuwachs (bei geringer werdender Erwerbsarbeit) erziele, dabei aber unfähig sei, diesen Produktivitätsertrag umzuverteilen. Deshalb müsse ein Umverteilungsdruck auf das Kapital ausgeübt werden, und dies könne nur der nationale Sozialstaat, wenn er nicht in Gefahr laufen wolle, in eine massive Integrationskrise bei steigender Erwerbsarbeitslosigkeit zu kommen. Gleichzeitig müsse der Staat Rahmenbedingungen für sozialwirtschaftliche Unternehmen und Märkte des „dritten Sektors" schaffen. Natürlich wird auch nach der Gegenmacht der Gewerkschaften gerufen. Aber wenn wir uns die Logik der Heimannschen Formel von der sozialen Zähmung des Kapitalismus vergegenwärtigen, hat die Gewerkschaftsbewegung durch die Schrumpfung der Erwerbsarbeit, die Internationalisierung und soziale Entbettung der Arbeitsbeziehungen und Märkte ihre historische Gegenmachtsposition deutlich eingebüßt. Die nationalstaatliche Sozialpolitik, die ja aus der Dialektik des Konflikts von Arbeit und Kapital hervorgegangen ist, ist damit heute vom Mediator zum multiplen sozialpolitischen Konfliktort geworden. Sie soll dem Kapital, das ihre sozialintegrative Kraft zunehmend schwächt, gegenübertreten, um nicht nur die soziale Integration in die Gesellschaft zu retten, sondern auch das Kapital zur Umverteilung zwingen, jenes Kapital, das wiederum vom Sozialstaat verlangt, die sozialen Kosten zu senken, um selbst international wettbewerbsfähig zu sein. Sicher sind die Konfliktgrenzen zwischen nationalem Sozialstaat und Kapital noch nicht ausgetestet, geschweige denn ausgereizt.

> Dennoch ist längst sichtbar, dass die Wirtschaft nicht unbegrenzt eine gesellschaftspolitische Strategie verfolgen kann, die „den betriebswirtschaftlich rational konzipierten Einzelbetrieb zum Modell der gesellschaftlichen Gesamtordnung (macht), dabei aber sowohl die konstitutiven als auch die kompensatorischen Leistungen der Sozialstaatlichkeit aus[blendet]. Erst die sozialstaatliche Einbettung der Ökonomie schafft die Grundbedingung für deren Erfolg. (...) Die Beschäftigungsförderung wird allein, solange sie aus einer Aneinanderreihung von Maßnahmen besteht, keine zielführenden Wege aus der unterbezahlten Beschäftigungskrise weisen. Aber sie kann Teil einer breit angelegten Strategie sein, in die auch eine weitere kollektive Arbeitszeitverkürzung sowie die Erschließung gesellschaftsbezogener Betätigungsfelder einzubeziehen sind. Dafür sind auf sozialpolitischer Ebene institutionelle Vorkehrungen zu treffen, die in de-kommodifizierender Hinsicht flexible Übergänge zwischen den Sphären der Arbeit, der Bildung, der Familie und gemeinschaftsbezogener Engagements gewährleisten. (...) Hier zeigt sich die neue soziale Frage einer Arbeitsgesellschaft, in der die Erwerbsarbeit zum knappen Gut geworden ist." (Arnold 2000, S. 91/92)

In dieser Hinsicht ist in den letzten Jahren zudem deutlich geworden, dass Servicemaßnahmen nach „Mc-Donald-Zuschnitt" und staatliche Einheitsversorgungsmodelle die „unersetzliche Dialog- und Gestaltungsfunktion" lokaler Initiativen und Selbsthilfeorganisationen „für die ortsnahe Entwicklung von Angebot und Nachfrage", vor allem sozialer Dienste, nicht ersetzen können (Evers 1999, S. 99). Die zukünftige Gesellschaft wird also eine Verschränkung von Erwerbsarbeits-, Bildungs-, Subsistenz-, Hausarbeits- und Bürgergesellschaft sein müssen. Dabei kommt es darauf an, wie die Übergänge zwischen den verschieden strukturierten, aber vergleichbar bewerteten Sphären gestaltet sind. Andreas Walther hat am Beispiel der Entstrukturierung der lebensphasentypischen Übergänge zwischen dem Jugend- und Erwachsenenalter - es wird immer weniger traditionelle lineare Statuspassagen geben - aufgezeigt, dass hier die Pädagogik eine neue Aufgabe hat, die sie aber nicht mehr mit ihrem klassischen Repertoire der Reduktion von Differenz angehen kann. Es ist „weniger ein klassisches pädagogisches, allerdings auch kein originär ökonomisches

Handeln (...), als vielmehr die Organisation von Kommunikationsprozessen" (Walther 2000, S. 313). Das verlangt „Netzwerke statt Maßnahmen" (Walther) und eine symmetrische Kultur der sozialen Teilhabe und Beteiligung, wie sie in bürgergesellschaftlicher Initiative aufzubauen wäre (s.o.).

Will die Pädagogik hier zum kommunikativen Medium werden, muss sie aus ihrem traditionell institutionellen Gehäuse heraus. Denn für Schule und Weiterbildung gilt der Programmsatz „Netzwerke statt Maßnahmen" besonders. Wir sehen immer noch zu, wie sich mit laufendem Strukturwandel der Arbeitsgesellschaft die Selektionsfunktion der Schule weiter verengt und zuspitzt und nehmen die Klagen vieler Lehrer - gerade im Berufsschulbereich - nicht wahr, dass die immer noch linear nach Statuspassagen geordnete Schule nichtschulkonforme Begabungen unterdrückt bzw. ausgrenzt.

Wir haben bereits auf die britische Bildungsdiskussion verwiesen, in der schon seit Beginn der 1990er Jahre angemahnt wird, dass der Übergang vom fordistischen zum postfordistischen Bildungswesen längst fällig sei. Da die fordistische Bildung in ihrer Selektions- und Platzierungsfunktion an der Hierarchie und dem System der Statuspassagen und Karriereverläufe der Erwerbsarbeit in einer tendenziell vollbeschäftigten Gesellschaft orientiert sei, werde sie zunehmend dysfunktional. Je knapper die herkömmliche Erwerbsarbeit werde, desto mehr schließe das Bildungs- und Ausbildungswesen Begabungen und Motivationen aus, die gerade für den Aufbau von Sphären neuer Arbeit gebraucht würden. Mit der Perspektive der Integration von Bildungsinstitutionen in soziale und ökonomische Netzwerke neuer Arbeit würde auch die Diskussion um die Öffnung der Schule einen neuen Rahmen erhalten, weil sie als öffentliche Institution auch diesen neuen - nun gesellschaftlich legitimierten - Anforderungen verpflichtet wäre. Bislang sind ja die meisten endogenen Versuche einer Öffnung der Schule zur gemeinwesenorientierten Didaktik verkümmert, weil der gesellschaftliche Auftrag (nun Auftrag einer ‚neuen Arbeitsgesellschaft') gefehlt hat. Netzwerke würden auch vielfältige kulturelle und soziale Lernorte freisetzen und aufeinander beziehen können und somit zu Anregungs- und Ermunterungsstrukturen für übergangene Begabungen werden. Dies wäre dann auch nicht mehr mit den herkömmlichen Begriffen des ‚informellen' oder ‚sozialen Lernens' fassbar, sondern würde zum Leitparadigma gesellschaftlichen Lernens, in dem auch die ökonomisch-instrumentelle Bildung und Ausbildung weiter ihren Platz hätte. Denn auch im klassischen Erwerbsarbeitsbereich wird die Entwicklung zum Soziotyp des „abstract workers" an ihre Grenzen stoßen. Hier fände auch der heute noch bildungsinstitutionell weitgehend ausgegrenzte Diskurs um die sozialen Schlüsselqualifikationen (Konflikt-, Kommunikations-, Care-Kompetenz etc.) seinen verbindlichen Ort.

Soziale Vermittlungen und Vernetzungen dieser Art können aber nicht nach dem ökonomischen Programm der Flexibilisierung inszeniert werden, weil dieses Bildungs- und Sozialvorgänge, die nicht produktiv im Sinne der Kapitalverwertung sind, ausgrenzt und deshalb eher sozial desintegrativ wirkt. Vielmehr münden unsere Überlegungen auch hier wieder in eine bewältigungsorientierte - besser: bewältigungsreflexive - Pädagogik, die aber durch eine sozialstaatliche „Politik der Bewältigung" (s.u.) sozialpolitisch flankiert sein muss. Denn so, wie Netzwerke (vgl. Nestmann 1989; Röhrle/Sommer/Nestmann 1998) neue intermediäre Institutionen und Verfahren benötigen, brauchen die Menschen Bewältigungsmodelle und -hilfen für das Erreichen einer biographischen Integrität, die nicht mehr linear, sondern eher nach dem Muster des Patchwork aufgebaut ist. Die Vermittlung von lernbezogenen Netzwerk- und biographischen Bewältigungskompetenzen macht somit die neue Balance der Pädagogik aus.

Wenn in dieser zukünftigen arbeitsgesellschaftlichen Perspektive neben die ökonomisch notwendige auch die gesellschaftlich notwendige Arbeit gleichberechtigt und mit einem entsprechend gesellschaftlich legitimierten Regime treten soll, ist aber auch eine sozialethische Leitvorstellung zu entwickeln, die zur sozial entbetteten ökonomistischen Logik des Sachzwangs in Spannung gesetzt werden kann. Hier lohnt es sich - gerade auch für die Pädagogik - an der Care-Diskussion anzuknüpfen und diese nicht länger als feministische Sonderveranstaltung abzutun. Margit Brückner (2000) hat in diesem Sinne gezeigt, dass sich über die Dimension des Care die sozialökonomischen Zukunftsprobleme unserer Gesellschaft - Neudefinition des Arbeitsbegriffs, Gegenstrategien zur sozialen Entbettung und Neuordnung des Geschlechter- und Generationenverhältnisses - aufschließen und in der Bewältigungsperspektive sowohl auf den Menschen als auch gesellschaftlich rückbeziehen lassen.

Der rollenlose Mann - Die neue Seite des Geschlechterdiskurses

Frauenpolitik und Frauenbewegung werden immer in einem engen Zusammenhang gebraucht, und bis heute betonen engagierte Frauen den feministischen Kern und übersehen das sozialstaatliche Profil der Frauenpolitik. Dabei hat sich spätestens Ende der 90er Jahre gezeigt, dass die Frauenbewegung die inzwischen etablierte Frauenpolitik zwar massiv angestoßen, der Sozialstaat sie aber in seiner eigenen - und weniger in der feministischen - Logik zu Ende und in die jetzige Form gebracht hat. Insofern liegt der Schlüssel für das Problem, wie es Walter Hollstein in seinem Monitum *Ende der Frauenpolitik - Zur unvollendeten Emanzipation von Männern und Frauen* (1996) formuliert hat, unter dem Kissen des Sozialstaates. So gesehen muss diese Emanzipation logischerweise unvollendet bleiben.

Im sozialstaatlich regulierten Kapitalismus prallen die widerstreitenden Interessen - Arbeit gegen Kapital, Frauen gegen Männer, Inländer gegen Ausländer - nicht mehr nur direkt aufeinander, sondern richten sich mehr an den Staat und werden von diesem reguliert und moderiert. So hat auch die neue Frauenbewegung seit den 70er Jahren - ähnlich wie zur letzten Jahrhundertwende - ihre Interessen nicht im direkten Geschlechterkampf mit den Männern durchzusetzen versucht - auch wenn es in den Hörsälen oft so aussah -, sondern gegenüber dem Staat eingefordert. Der Staat seinerseits steht unter dem politischen Zwang, im Interesse des gesellschaftlichen Gleichgewichts öffentlich gewordene soziale Gruppeninteressen aufzunehmen und zu befrieden. ‚Befrieden' bedeutet aber in diesem Zusammenhang, die Interessen zwar staatlich anzuerkennen, sie aber gleichzeitig so zu kanalisieren, dass sie nicht ‚ins Kraut schießen', keine neuen zusätzlichen Ansprüche hervorbringen, die dem Sozialstaat dann über den Kopf wachsen könnten.

Der Mechanismus, mit dem der Sozialstaat die sozialen Gruppeninteressen mediatisiert, ist in der sozialpolitischen Formel des Verhältnisses von ‚Anspruch und Zumutbarkeit' ausgedrückt (vgl. dazu Böhnisch/Arnold/Schröer 1999). Interessen werden in Ansprüche umgeformt, die in Verfahren eingehen: Diese werden dann durch allgemeine Zumutbarkeitsdefinitionen oder gar Zumutbarkeitsregelungen eingegrenzt. Wir alle kennen die aktuelle Zumutbarkeitsdebatte im Bereich der Sozialhilfe: Wann kann Arbeitslosen und Sozialhilfeempfängern welche Arbeit - unter Androhung von Hilfekürzungen - zugemutet werden? Sozialpolitische Zumutbarkeit ist nicht immer in entsprechenden Regeln und Verfahren festgelegt; es sind genauso kulturelle Zumutbarkeitsstereotype, die in sozialpolitischen Diskursen wirken und gezielt eingesetzt werden. Das frauenpolitische Paradebeispiel dafür haben wir jüngst in Ostdeutschland erlebt. In den neuen Bundesländern herrscht eine fast doppelt so hohe Arbeitslosigkeit wie in Westdeutschland. Süddeutsche Politiker machten nun die überproportional hohe „Erwerbsneigung der Frauen" dafür verantwortlich und gaben - verdeckt - den Rat, Anreize zu schaffen, um die Frauen in den Haushalt ‚zurückzuholen'. Manche Frauen haben den Schritt auch von sich aus getan, weil sie es als akzeptabel und befriedigend empfanden, die gesellschaftlich anerkannte Hausfrauen- und Familienrolle mit der in Ostdeutschland immer noch geächteten Arbeitslosenrolle zu vertauschen. Auch im Bericht der *Bayerisch-Sächsischen Zukunftskommission* (vgl. Zukunftsfragen 1996) wird die Frauenerwerbsneigung als ein Grund für die ostdeutsche Arbeitslosigkeit in einer Art und Weise ‚objektiv' angeführt, dass man die entsprechende Botschaft zwischen den Zeilen unschwer erkennen kann. In der Tat melden sich die meisten Frauen - sie sind doch überproportional von der Arbeitslosigkeit betroffen - in Anbetracht der Selbstverständlichkeit, zu DDR-Zeiten berufstätig gewesen zu sein, arbeitslos. Würden das westdeutsche Hausfrauen in ähnlichem Maße tun, wäre auch dort die Arbeitslosenquote wesentlich höher. Da in Ostdeutschland inzwischen viele Frauen dennoch resigniert haben und in die Familienrolle übergewechselt sind, hat das Zumutbarkeitsstereotyp Wirkung gezeigt: Von Frauen kann erwartet werden, dass sie hauptsächlich für Familie und Haushalt da sind. Gleichzeitig vermindert sich dadurch der Druck auf den Sozialstaat, die Ganztagsbetreuung in Kindergarten und Grundschule zu erweitern.

Bei den Männern sieht nun die Sache etwas anders aus. Sie erheben auch in Westdeutschland selbstverständlich Anspruch auf Arbeit, es gibt aber kein entsprechend relevantes Zumutbarkeitskriterium. Für Männer stellt sich traditionell die Frage der Vereinbarkeit von Familie und Beruf weder subjektiv noch öffentlich. Niemand kommt hier auf die Idee zu sagen: Männer gehören in den Haushalt. Gleichzeitig gibt es traditionell keine anerkannte familien- und haushaltsbezogene Rolle für Männer, wie das bei Frauen der Fall ist. Die meisten arbeitslosen Männer kommen erfahrungsgemäß auch gar nicht auf den Gedanken, für sich eine solche Familienrolle zu reklamieren und auszugestalten (vgl. dazu Bründel/Hurrelmann 1999). Sie helfen zwar zu Hause mit, klammern sich aber immer noch an die verlorene Arbeitsrolle, indem sie versuchen, irgendwie Außenbezüge aufrechtzuerhalten (Kneipe, Schwarzarbeit) oder im Alltagsleben zu Hause Kontrolle und funktionsorientierte Geschäftigkeit (z.B. unnütze Renovierungen) zu demonstrieren. Nicht selten schaukeln sich Konflikte mit der Ehefrau auf, die ihre Familienrolle und die damit verknüpfte häusliche Machtposition durch das männliche „Einmischen" gefährdet sieht.

Hier steht der Sozialstaat nun vor dem Problem, dass es bei der Konstanz hoher Massenarbeitslosigkeit notwendig wird, die externalisierten und arbeitszentrierten Einstellungen der Männer kulturell und sozial aufzubrechen und entsprechende Zumutbarkeitsdefinitionen für Männer zu schaffen. In diesem Sinne hat die rot-grüne Koalition Ende der 1990er Jahre begonnen, Programme zur Thematik ‚Männer und Familie' auszuloten, in denen die damit zusammenhängenden Fragen untersucht und entsprechende Modelle erprobt werden können. Die Initiative kommt hier also - im Unterschied zur Frauenpolitik - nicht von den Betroffenen selbst, sondern vom Sozialstaat, der um das soziale Gleichgewicht und die sozialen Kosten - Gewalt in der Familie, Alkoholismus, Gesundheitsprobleme, Konflikte in der Wohnumgebung - fürchtet, wenn er nicht von sich aus aktiv wird. Bisher tat er es nur reaktiv über die Kriminal- und Gesundheitspolitik sowie über die Sozialarbeit. Nur im Bereich der Familienpolitik gab es erste gestalterische Ansätze über den Erziehungsurlaub, der auch von Männern genommen werden kann.

Diese sozialstaatliche Enthaltsamkeit und Verhaltenheit hat natürlich ihre politischen Gründe. Denn der Staat muss nicht nur als Sozialstaat um das soziale Gleichgewicht bemüht sein, er hat im vorherrschenden Verständnis ebenso für die Sicherung der Wirtschaftsordnung und die Förderung des wirtschaftlichen Wachstums zu sorgen. Er kann also das Externalisierungsprinzip der familienabgewandten und konkurrenzfixierten Arbeits- und Leistungskultur nicht so ohne weiteres durchbrechen. Gleichzeitig steht er aber doch vor der Aufgabe, die sozialen Kosten dieses Prinzips zu reduzieren. Dieses übergeordnete Balanceproblem ist wohl dafür verantwortlich, dass die sozialstaatliche Politik nur halbherzig gegen die geschlechtshierarchische Arbeitsteilung und damit gegen die Geschlechterhierarchie agiert. Dennoch wird der sozialstaatlichen Politik auf Dauer nichts anderes übrig bleiben, als in diesen Fragen nicht mehr nur reaktiv, sondern auch gestalterisch einzugreifen, wenn die sozialen Kosten - die bisher verdeckt meist von der Sozialarbeit abgearbeitet wurden - nicht überhand nehmen sollen.

Der erste und initiative Schritt in diese Richtung wäre natürlich die öffentliche Thematisierung solcher Kosten und die Erstellung einer volkswirtschaftlichen Gesamtrechnung, in der diese Kosten ihre explizite Berücksichtigung und fiskalische Aufrechnung erführen. Auch wäre es an der Zeit, in der Familien-, Bildungs-, Arbeitspolitik entsprechende Gestaltungsperspektiven zu entwickeln und - zumindest modellhaft und in der Voraussicht von Multiplikatoreffekten - umzusetzen.

In der *Familienpolitik* käme es in diesem Sinne darauf an, die Ansätze einer Väterpolitik männerpolitisch zu erweitern. Damit ist gemeint, dass die Freistellung von Vätern für die Familie nicht nur als Unterstützung und Entlastung der Mutter, als Heimholung des anwesenden Vaters betrachtet werden darf, sondern dass darüber hinaus eine eigenständige Väter- und Männerrolle gleichberechtigt zur Familien- und Erziehungsrolle der Frau anerkannt und legalisiert wird. Dem Kinder- und Jugendrecht wird zwar immer vorgeworfen, dass es elternzentriert sei, die Kinder selbst also nicht zum Zuge kämen. Dabei wird aber nicht thematisiert, dass es - wenn auch nicht offen kodifiziert - genauso mutterzentriert ist. Dass die Väter nicht zum Zuge kommen, zeigt sich spätestens bei den Entscheidungen der Jugendämter und Vormundschaftsgerichte, welche sich immer noch wie selbstverständlich in den Fragen der erzieherischen Zuständigkeit und des Sorgerechts an der Mutter orientieren.

„Die meisten Einrichtungen agieren parteinehmend. Bewusst oder unbewusst gehen sie von der Mutter als der sozial Schwächeren aus, die schutzbedürftig ist und gegen den Vater verteidigt werden muss. Kinder werden meist in der Symbiose mit der Mutter gesehen." (Sauerborn 1997, S. 216)

Nun wissen wir z.B. aus der geschlechtsspezifischen Sozialisationsforschung, wie problematisch die Mutter-Kind-Symbiose und die fehlende Triangulierung (mit dem Vater) in ihren Folgen für die Suche nach männlicher Geschlechteridentifikation und mithin für die Persönlichkeitsentwicklung von Jungen sein kann. Diese zentrale Ausgangsfrage - die Verantwortung des Vaters für das personal und sozial gelingende Mannwerden des Sohnes - könnte u.a. im Mittelpunkt einer Väter- und Männerpolitik stehen. Hier müssten - auch wenn dies bisher nur von einer Minderheit von Männern getragen wird - vom Sozialstaat aus Ansprüche und schließlich Rechte für Männer formuliert werden, die ihnen auch die Chancen und den Anreiz geben, als Väter eigenständig zu agieren. Insofern war der Vorstoß der bundesdeutschen Familienministerin Ende der neunziger Jahre, die Pflicht der Männer zur Mithilfe im Haushalt gesetzlich zu verankern, nur in einem konsequent: in der - von uns inzwischen begründbaren - Einsicht, dass in Sachen Männerpolitik der Sozialstaat initiativ werden muss. Vom Inhalt und vom Vorgehen her war dieser Versuch aber ungeschickt und unzureichend, weil er auf die Familienverhältnisse abzielte und damit den Argwohn des Einmischens in das Private regte. Die männerpolitische Einbindung und Begründung, die eine thematisch breite öffentliche Diskussion hätte auslösen können, fehlte, die sozialstaatliche Notwendigkeit solcher Initiativen wurde damit nicht klar.

Eine öffentliche, an Rechte und Pflichten gebundene Vaterschaft und Männerrolle in der Familie könnte auch die Bedingungen partnerschaftlicher Kommunikation verbessern und die Grauzonen väterlicher Gewalt lichten. Natürlich dürften sich solche sozialstaatlichen Initiativen nicht nur auf die Familienpolitik beschränken, sondern müssten auch arbeits- und beschäftigungspolitisch angesetzt werden. Das „Bündnis für Arbeit", die Runde, in der Regierung und Tarifpartner zusammenkommen, sollte nicht nur über Arbeitszeitverkürzung und -umschichtung und die damit zusammenhängenden monetären Probleme verhandeln, sondern genauso die Fragen des sozialen Ausgleichs für entgangenen Arbeit thematisieren. Dass dieses nicht gelingt, hängt wohl mit der unheiligen Allianz, dem arbeitszentrierten und externalisierten männerbündlerischen Einverständnis von Unternehmer- und Gewerkschaftsführern zusammen, die sich die Welt außerhalb der tradierten Erwerbsarbeit und die sozialen Folgen ihrer Arbeitszeitpolitik derzeit nicht vorstellen können.

Konzerne sonnen sich in ihren medienwirksamen ‚sozialverträglichen' Arbeitszeit- und Vorruhestandsregelungen, mit denen rationalisierungsbedingte Massenentlassungen verhindert werden sollen. Im sozialen Alltag der Zwangsruheständler, über den man in den Zeitungen so gut wie nichts erfährt, tut sich oft eine andere Welt auf: Männer ‚im besten Alter' hängen rum, wissen mit ihrer ‚gewonnenen' Zeit nichts anzufangen, tyrannisieren ihre Wohnumgebung und ihre Familien, beschweren sich über die Kinder- und Jugendhäuser und schlittern in die Gefahr der Suchtabhängigkeit. Es gibt kein ausgewiesenes soziales Programm für die größer werdende Gruppe der durch Arbeitszeitverkürzung, -umschichtung und Vorruhestand freigesetzten Männer.

Hier ist die Wirtschaftspolitik wieder einmal der Sozialpolitik davongelaufen. Von der berufssoziologischen Diskussion über die *Lebensarbeit* - gesellschaftliche Arbeit ist danach nur zum Teil Berufsarbeit und genauso Familienarbeit, soziales Engagement, Bürgerarbeit oder biographische gesteuerte Weiterbildung - ist in der Praxis noch wenig zu spüren. Zwar gibt es in der Bundesrepublik inzwischen eine breite Diskussion um bürgerschaftliches Engagement als Ausgleich für entgangene und verkürzte Wochen- und Lebensarbeitszeit. Diese Diskussion wird aber eigenartig geschlechtslos und asymmetrisch geführt und ist immer noch zu sehr am traditionellen Ehrenamt orientiert. Wäre sie stärker geschlechtsspezifisch angelegt, dann würde deutlich, dass es eigener Anreize, Anerkennungen und Bildungsangebote für Männer bedarf, damit sie nicht ihr externalisiertes Arbeitsverständnis auch in die neuen Bereiche gesellschaftlicher Tätigkeit hineintragen.

Vor allem aber braucht die *Bildungspolitik* eine männerpolitische Initiative. Denn sie stellt in gewissem Sinne eine Brücke zwischen Familien- und Arbeitspolitik dar. Bildungspolitik und Schule ruhen sich immer noch auf dem „Jahrhundertwerk" der Koedukation aus. Dabei ist inzwischen längst deutlich geworden, dass die Koedukation - analog der Logik der Gleichstellungspolitik - ‚nur' die Chancengleichheit für Mädchen und Jungen im Zugang zur Schule und in der Absolvierung der schulischen Laufbahn geregelt hat. Die Koedukation hat die Geschlechterhierarchie zwar schulorganisatorisch, nicht aber sozial nivelliert. Spätestens nach dem Verlassen der Schule, im Wettbewerb um Ausbildungs- und Arbeitsplätze, entbrennt der Geschlechterkampf, den man durch die Schule überwunden glaubte. In diesem schulübergreifenden Kontext genügt es daher nicht, nur kompensatorische Jungenarbeit im Schulalltag betreiben zu wollen, vielmehr wäre ein bildungspolitischer Diskurs in Gang zu setzen mit dem Ziel, die Schule curricular so zu gestalten, dass exemplarische Erfahrungs- und Qualifikationsräume entwickelt und bewertet werden können, in denen Jungen soziale Rollen auch außerhalb der Welt traditioneller Erwerbsarbeit kennen lernen und entsprechende biographische Phantasie entwickeln können. Dieser könnte zum einen an den Diskurs um die sozialen Schlüsselqualifikationen angebunden werden (vgl. Klafki 1998). Darüber hinaus aber geht es hier um eine sozialpolitische Erweiterung des bildungspolitischen Verständnisses als Bezugsrahmen einer gesellschaftlichen Neuverortung der Schule. Diese Perspektive können wir wiederum im europäischen Vergleich (s.o.) finden.

Zum pädagogischen Gehalt der Bürgergesellschaft

In der Krise der Arbeitsgesellschaft, in der eine große Zahl von Menschen von Erwerbsarbeit freigesetzt wird, ist die Bürgergesellschaft zu einer zentralen Frage gesellschaftlicher Teilhabe geworden: Wie können Teilhaberechte außerhalb der Erwerbsarbeit und neben dem Staat gesichert werden, wo kann der Mensch entsprechende Kontexte finden, in denen er partizipierend die Ausgrenzung als sozial bedingte erfahren und bewältigen kann? Gegenwärtig werden - so U. Preuß (1990) - angesichts der sozialen Entbettung und Spaltung sowie der ökologischen Folgen der gesellschaftlichen Modernisierung neue Anforderungen an die Partizipation, aber auch an Ausbildung und Absicherung der Bürger als soziale und politische Entscheidungsträger und Mitgestalter gestellt.

Doch diese Herausforderung einer sozialen und partizipatorischen Aktivierung der Demokratie wird in den bisherigen kommunalen Bürgerstiftungen eher in ein ständisches Modell der Bürgerverantwortung gepresst: An der Spitze stehen die patrimonialen Sponsoren, dann kommt die Mittelgruppe der bildungsbürgerlichen Aktivisten, welche den Bürgergedanken in Projekten organisieren und pädagogisch transformieren sollen, und schließlich - unten - die Klienten der bürgerschaftlichen Projektarbeit, die sozial ‚Verantwortungslosen', um die man sich kümmern und die man zu einem Verhalten bringen muss, das sozial verträglich ist. Dieses Modell entspricht nicht dem grundlegenden demokratischen Anspruch einer sozialen Sicherung von Partizipationsstrukturen, sondern der Bürgerdiskurs ist hier asymmetrisch, weil er nur das bürgerschaftliche Handeln der Sponsoren und Aktivisten, nicht aber das der sozial Benachteiligten und Ausgegrenzten im Visier hat.

Insgesamt ist im öffentlichen Diskurs um die Bürgergesellschaft ohnehin ein programmatischer Charakter vorherrschend. Von einer Theorie der Bürgergesellschaft kann nicht gesprochen werden, und so sind die Konzepte auf theoretische Ableitungen und Transformationsleistungen von sozialphilosophischen, soziologischen, sozialpädagogischen, politischen sowie sozialhistorischen Traditionen und Theorien angewiesen. Im Mittelpunkt stehen dabei die Diskussionen um die ‚civil society' oder die Zivilgesellschaft und die amerikanische Kommunitarismusdebatte:

Die Wiederentdeckung der Zivilgesellschaft oder der ‚civil society' ist noch nicht besonders alt. „Die ersten Gebilde, auf die man den wiederentdeckten Begriff anwendete, waren die Gemeinwesen Osteuropas", erklärt Charles Taylor, um die Blicke umzulenken, die gerade im angelsächsischen Raum die civil society suchten:

> „Civil society war das, was diesen Ländern vorenthalten worden war und was sie zurückzugewinnen trachteten: ein Netz selbständiger, vom Staat unabhängiger Vereinigungen, die die Bürger in gemeinsam interessierenden Dingen miteinander verbanden und die durch ihre bloße Existenz oder Aktivität Auswirkungen auf die Politik haben konnten." (Taylor 1991, S. 52)

Unter dem Begriff ‚civil society' wurden hier alle außerstaatlichen Einrichtungen zusammengefasst, die die Voraussetzung bildeten, damit sich ein Widerstand der Bürger gegen die Parteibürokratie ausbilden konnte.

Die deutsche Diskussion scheint gerade ein doppelter Bezug, einerseits die Anknüpfung an die zivilgesellschaftlichen Bewegungen in Osteuropa, andererseits an die angelsächsischen Traditionen, beflügelt zu haben. Die Rede von der Zivilgesellschaft soll die bundesdeutsche Demokratie endgültig mit liberalistischen Ideen, besonders aus der angelsächsischen Tradition, versöhnen. Dabei wird meist übergangen, dass vor allem die amerikanischen Programmatiken auf dem dort überkommenen privatistischen Gesellschaftsmodell aufbauen. Auch die für Europa und Deutschland typische Vergesellschaftungsthematik von Entfremdung und Freisetzung ist den amerikanischen Modellen fremd, da diese nur vom naturrechtlich freien und autonomen Individuum ausgehen. Deshalb kann ein zivilgesellschaftlicher Diskurs bei uns nicht ohne eine entsprechende sozialpolitische Reflexivität auskommen.

Dies umso mehr, als der zweite Bezugspunkt, die Bürgerbewegungen, wie sie in den 1980er Jahren in den osteuropäischen Ländern entstanden sind, sozialpolitische Reflexivität nicht fördern kann, da hier lediglich das staatskritische und bürgernahe Bewegungspotenzial gesucht wurde. Seltener liest man zudem Hinweise auf lateinamerikanische Befreiungsbewegungen, wo der Begriff der Zivilgesellschaft in den 1970er Jahren noch mit deutlicher „klassenkämpferischer Tönung" gebraucht wurde, wie Tilman Evers herausstreicht: „Lateinamerikanische Intellektuelle gruben" den Begriff der Zivilgesellschaft „aus den Schriften Gramscis aus und verwandten ihn als Bündnisbegriff einer breiten bürgerlichen Opposition gegen die damaligen Militärdiktaturen" (T. Evers 1999, S. 2).

Die Kritik an einseitiger Staatsherrschaft und die Verbindung zu angelsächsischen Demokratietraditionen sind also die Eckpfeiler der Diskussionen um die Zivil- oder Bürgergesellschaft in Deutschland. Jenseits des Staates soll eine neue politische Verfasstheit der Gesellschaft geboren werden, in der die Bürger selbst das aktive regulierende Element sind. Helmut Willke beschreibt diese Entwicklungen für die Diskussionen um die Bürgergesellschaft folgendermaßen:

„In den achtziger Jahren ist ‚Bürgergesellschaft' erneut das Wort für den Gegenbegriff zu Staat gewesen - Staat verstanden als administrativer Komplex, als Kafkas Behörde; nicht verstanden als ein Rechtsystem mit polizeilicher Deckungsgewalt. Natürlich ist jede Bürgergesellschaft rechtlich verfasst. Sie bildet keinen Gegensatz zum Staat als Rechtssystem. Der genannte Gegensatz sollte die Aufmerksamkeit umlenken: weg von vertikalen Bürger-Staat-Beziehungen hin zu solchen horizontalen Beziehungen zwischen Bürgern, für die Autonomie charakteristisch ist." (Willke 1998, S. 34)

Entscheidend ist für die zivilgesellschaftliche Diskussion in Deutschland also das Verhältnis von Bürger und Staat, und so wurde schon früh in der Debatte darauf verwiesen, dass die Idee der Bürgergesellschaft auf unterschiedlichen Verhältnisbestimmungen von politischer und ziviler Sphäre beruht. Charles Talyor hat wohl als erster versucht, eine ideengeschichtliche Ordnung herzustellen, indem er zwei Varianten unterschied: erstens eine vor allem auf John Locke und Hegel zurückzuführende Begriffsbestimmung, in der die zivile Sphäre in der Form eines selbständigen Wirtschaftsbürgertums oder der weitergefassten ‚bürgerlichen Gesellschaft' jenseits oder vor der politischen Ordnung gedacht wird; und zweitens, im Gegensatz dazu, eine an Montesquieu und den antiken ‚polis'-Begriff anknüpfende Definition, in der die bürgerlichen, rechtlich gesicherten Organisations- und Verwaltungsformen selbst als politische Gestaltungsträger von Staat und Gesellschaft erscheinen. Der zweiten Auffassung gehören auch die - in den zivilgesellschaftlichen Diskussionen häufig hervorgehobenen - freiwilligen Assoziationen an, die von Tocqueville als maßgebliche politische Sphären der Demokratie angesehen wurden. Zu dieser ideengeschichtlichen Zweiteilung von Taylor kann noch eine dritte Verhältnisbestimmung hinzugefügt werden, die im Anschluss an Gramsci und die kritische Theorie, besonders der Habermasschen Prägung, die zivile Sphäre nicht nur in Distanz zum Staat, sondern auch zur Ökonomie setzt, die zivilen Gestaltungsräume im Gesamtbereich der öffentlichen Meinungsbildung sowie Alltagskultur und ihrer institutionalisierten Verfestigungen herrschaftskritisch hinterfragt und einklagt, da sie deren hegemoniale Funktion für den Staat und die Ökonomie erkennt.

Im Rahmen der Debatte um die Zivilgesellschaft treffen also politische Theorien und Vorschläge aufeinander, die eine zivilgesellschaftliche Öffnung oder gar Reformulierung der Demokratie fordern. Man kann das Verhältnis von Demokratie und Zivilgesellschaft - wie es in diesem Rahmen diskutiert wird - auf folgenden einfachen Nenner bringen: Nicht jede Demokratie ist eine Zivilgesellschaft, aber jede Zivilgesellschaft eine Demokratie. Soweit aber die Demokratie zivilgesellschaftlich oder bürgergesellschaftlich weiterentwickelt werden soll, müssen - in Anlehnung an Axel Honneth (1992) formuliert - folgende Punkte beachtet werden: Erstens muss gezeigt und demokratietheoretisch normativ legitimiert werden, wie innerhalb der parlamentarischen Demokratie die politische Teilhabe verstärkt werden kann. Dann gilt es zweitens, die soziokulturellen und motivationalen Ressourcen für eine weitere Demokratisierung darzulegen, und vor allem, drittens, einen machttheoretischen Realismus einzuführen, durch den schließlich eine sozioökonomische Überprüfung der Konzepte eingefordert wird. Legt man diesen Anfragekatalog zugrunde und sieht das weite Feld der Forderungen und sozialphilosophischen Traditionen in der zivilgesellschaftlichen Diskussion, so wird deutlich, dass die bürgergesellschaftlichen Programme erst einmal Programme sind, aber noch lange nicht von einer Theorie der Bürgergesellschaft gesprochen werden kann. Die Begriffe ‚civil society', Zivilgesellschaft oder Bürgergesellschaft bezeichnen also nur den Rahmen einer normativ aufgeladenen Debatte, in der auffällt, dass, obwohl über die politische Verfasstheit einer kapitalistischen Gesellschaft diskutiert wird, häufig nicht das Verhältnis des Bürgers zur Ökonomie im Mittelpunkt steht. So werden auch die Verhältnisbestimmungen von ziviler und politischer Sphäre weitgehend auf das Verhältnis des Bürgers zum Staat beschränkt und auch hier nicht konfliktdynamisch, sondern ergänzend oder eindimensional aus der voraussetzungsreichen Perspektive einer Vergesellschaftung des aktiven, ‚politischen' Bürgers betrachtet. Baute Willy Brandts Forderung: ‚Mehr Demokratie wagen!' vor dreißig Jahren auf eine Ausweitung der Mitbestimmung in den ökonomischen und sozialpolitischen Sphären, so soll die derzeitige Demokratisierung sich aus einem sozialmoralischen Reframing der privaten Lebensformen speisen.

Um diese Frage des sozialmoralischen Reframings und der Vergesellschaftungsformen des aktiven Bürgers genauer zu betrachten, sind nunmehr die Anleihen hinzuziehen, die aus dem sog. Kommunitarismus in die Debatte um die Bürgergesellschaft getragen werden. In erster Linie ist festzuhalten, dass die Debatte um den Kommunitarismus eine sozialphilosophische Auseinandersetzung ist, in der - wie Rainer Forst zeigt - nicht ein eigenes kommunitäres Gesellschaftsmodell oder eine eigene kommunitäre Strukturierung von Gesellschaft entworfen oder um diese gestritten wird. Es geht in den kommunitaristischen Theorien allein um eine Korrektur der liberalistischen Strukturierung von Gesellschaft oder genauer: von liberalistischen Sozialentwürfen, wie sie in den 70er Jahren in Amerika die Suche nach Gerechtigkeitsentwürfen im Kapitalismus bestimmten. Damit ist freilich nicht die Reduzierung des Liberalismus auf den Wirtschaftsliberalismus gemeint, sondern die liberal-egalitäre Theorie einer Verantwortungsgemeinschaft freier Bürger untereinander, wie sie insbesondere John Rawls (1975) entworfen hat.

Rainer Forst hat nun die Kritiken der Kommunitaristen an den liberalistischen Gerechtigkeitstheorien untersucht und systematisch auf vier Fragen bezogen, die den zentralen Positionen zugeordnet werden können und durch die die Grundtendenz der Kritiken deutlich wird:

„Diese Fragen betreffen erstens die Konstitution des Selbst, das heißt die Kritik des atomistischen Personenbegriffs der liberalen Theorie; zweitens den Vorrang individueller Rechte vor gemeinschaftlichen Konzeptionen des Guten, das heißt das Problem der ethischen Neutralität von Gerechtigkeitsprinzipien; drittens geht es um die Voraussetzungen und Bedingungen politischer Integration und Legitimation; und viertens schließlich um die Möglichkeit und Begründung einer universalistischen und formal-prozeduralistischen Gerechtigkeitstheorie." (Forst 1993, S. 182)

In der Bearbeitung der dritten Frage fasst Forst zusammen:

Die Kommunitaristen „bezweifeln, dass der Liberalismus die ethischen Gemeinsamkeiten, die unter Bürgern vorherrschen müssen, angemessen erklären kann - ja sie vermuten gar, dass er sie zerstört. (...) Gemeinsam ist allen Kritiken, dass liberale Gesellschaften unter einem Verlust an individueller und kollektiver Gemeinwohlorientierung leiden und dass dies, wie Tocqueville bemerkte, eine Gefahr für den Erhalt der Demokratie darstellt." (ebd., S. 197)

Die Kommunitaristen mahnen somit - grob vereinfacht gesagt - in den liberalistischen Sozialtheorien die Kontextgebundenheit der Identitäten und ethischen Grundlagen der Gesellschaft an. Sie streichen in ganz unterschiedlichen Modellen die Relation von Gebundenheit und subjektiver Verantwortungsübernahme heraus und verweisen auf die Sozialformen in der Gesellschaft, durch die erst die Identitäten, die in der liberalistisch-strukturierten Gesellschaft Träger der sozialen und gerechten Gestaltung von Gesellschaft sein sollen, konstituiert werden.

Es ist nun für unseren Zusammenhang nicht erforderlich, die unterschiedlichen Ansätze innerhalb des Kommunitarismus aufzuzeigen, sondern den sozialhistorischen Rahmen zu markieren, in dem die kommunitären Kritiken an den liberalistischen Gesellschaftsmodellen in Deutschland in die Debatten um die Bürgergesellschaft einbezogen wurden. Hier wurden die kommunitären Ansätze im Kontext der Bürgergesellschaft in erster Linie nicht direkt zur Korrektur liberalistischer Sozialentwürfe, sondern hauptsächlich in den öffentlichen Diskurs um die ‚Krise des Sozialstaats' und ihre gesellschaftlichen und individuellen Folgen platziert. Die Autonomie und das Ausgesetztsein der Einzelnen stehen hier gleichermaßen zu Debatte.

Mathias Junge hat aber kürzlich festgestellt, dass der Autonomiebegriff wie er gegenwärtig in den Individualisierungstheorien diskutiert wird, mehrheitlich die „Autonomie von Marktteilnehmern" meint, „die gebunden ist an die Fähigkeit, eigenständig seinen Nutzen zu kalkulieren und schwache Verbindungen zu anderen in Form von Kooperationsbeziehungen zur Sicherung des eigenen Nutzens aufzunehmen aufgrund der Einsicht in die wechselseitige arbeitsteilige Interdependenz" (Junge 1999, S. 116). Entsprechend stellte sich in kritischen Betrachtungen die Frage, wo denn in dieser individualisierten Gesellschaft, in der jeder zunehmend nur noch zum marktfixierten ‚Endverbraucher seiner selbst' (vgl. Sloterdyk 1993) zu werden schien, Solidarität verankert sei oder wo die Autonomie ihre soziale Konstituierung fände, die der moralischen Reflexion der moralisch herausgeforderten Individuen zugrunde liegen müssen. Man suchte und fand in den kommunitaristischen Theorien eine Begründung zur gemeinschafts- und wertbezogenen Einbindung des Menschen:

> „Autonomie bedeutet demnach im Ausgangsmodell der kommunitaristischen Sozialtheorie", schreibt darum auch Junge, „die historische und kulturelle Situierung in einer lokalen Tradition in das Selbst zu integrieren und die sich daraus ergebenden Forderungen durch aktive Verbundenheit mit der Tradition in der Lebenspraxis des Selbst zu realisieren." (Junge 1999, S. 115-116)

Dieser Hinweis auf die ‚Lebenspraxis des Selbst' und seine Suche nach Einbindung aus dieser Lebenspraxis heraus ermuntert uns, die gesellschaftliche Perspektive in unserem Paradigma der Spannung von Freisetzung und Bewältigung zu reformulieren. Denn eigentlich hat Mennicke die Kritik der Kommunitaristen bereits grundsätzlich formuliert. Mit ihm können wir sagen, dass die Vergesellschaftungsformen in der industriekapitalistischen Moderne den Menschen immer wieder freisetzen und eine aktive, selbstverantwortliche Beteiligung an der sozialen Lebenspraxis verlangen, wofür ihm jedoch die sozialen Voraussetzungen nicht gegeben sind und in Widersprüchen verhaftet bleiben. Die Forderung nach einer neuen gesellschaftlichen Dialektik von Gebundenheit und subjektiver Verantwortung wird damit auf die biographisierten Vergesellschaftungsformen individueller Lebensführung, wie sie sich in derzeitiger Krise der Arbeitsgesellschaft darstellen, verwiesen. Darum gilt es, diese Dialektik von Freiheit und Gebundenheit nicht neu in den Lebensalltag einzulassen, sondern aus den Bewältigungsformen heraus zu entwickeln. Auch ein pädagogischer Zugang zur Bürgergesellschaft kann damit nur über das Bewältigungshandeln der Menschen gefunden werden. „Prozesse der Zivilisierung", schreibt Peter Alheit entsprechend, „beginnen nach Gramsci immer dann, wenn sich Gruppen von sozialen Akteuren ihrerselbst und ihrer gesellschaftlichen Position bewusst werden" (Alheit 1994, S. 298).

Nimmt die Pädagogik diese Herausforderung der Zivil- oder Bürgergesellschaft an, dann hat sie zu fragen, wie sie diesen Bildungsprozess immer wieder auslösen, wie sie Strukturen schaffen kann, in denen sich Menschen ihrerselbst und ihrer gesellschaftlichen Position bewusster werden können. Dies schließt gleichzeitig mit ein, dass sie die unterschiedlichen gesellschaftlichen Interessen anerkennt und soziale Konflikte erträgt. Doch die Perspektive des Konflikts scheint nicht in eine Bürgergesellschaft zu passen, die in ihrer Entgegensetzung zum Sozialstaat von einem einheitlichen Gesamtinteresse der Bürger ausgeht und damit neue soziale Verdeckungen erzeugt. Hier hat sich die zivilgesellschaftliche Diskussion über das Verhältnis von politischer und ziviler Sphäre zur Sozialpolitik hin zu öffnen, um nach den sozialen Strukturen fragen zu können, die auch soziale Konflikte zulassen.

Damit steht nicht mehr die Frage im Mittelpunkt, wie der Mensch zum verantwortungsbewussten und mündigen Mitgestalter von Gesellschaft durch pädagogische Projekte gebildet werden kann, da die sozialen Verhältnisse ihn aus den sozialerzieherischen Beziehungen freisetzen, und auch nicht, wie die ‚historische und kulturelle Situierung in das Selbst integriert werden kann', sondern wie der Mensch alltäglich seine historische und kulturelle Situierung bewältigt, und warum er sich zurückzieht und abschottet, wie dies z.B. Bourdieu in der Studie *Das Elend der Welt* gezeigt hat (1997). Zu kurz greifen darum auch Vorschläge, die die Kontextgebundenheit durch zwischenmenschliche Vertragsstrukturen zu organisieren versuchen oder die Schule oder gar Familie verpflichten wollen, den jungen Menschen ein bürgergesellschaftliches Verantwortungs- und Konfliktbewusstsein zu lehren. In Anlehnung an Schaarschuch kann grundsätzlich eine rechtliche und soziale Sicherung der Menschen gefordert werden, deren Bewältigungshandeln einer marktwirtschaftlichen Verwertung oder den ordnungspolitischen Regulationsformen zuwiderläuft, die ihren Selbstwert in Spannung zur Hegemonialkultur leben (vgl. Schaarschuch 1996).

Der pädagogische Gehalt der Bürgergesellschaft oder einer so zu begreifenden Pädagogik des Sozialen (vgl. Kunstreich 1999) bemisst sich also zunächst einmal daran, wem sie subjektive Handlungsfähigkeit zugesteht und wem nicht. Aus dieser Perspektive könnten die pädagogischen Diskussionen um die Bürgergesellschaft auch an einem Subjektbegriff anknüpfen, wie ihn Sünker im Rahmen einer kritischen Alltagstheorie entwickelt hat:

„Subjektorientierung bedeutet dabei gerade nicht Individuumszentrierung - im Sinne einer Verlängerung der atomistischen Existenz der Einzelnen in die bürgerliche Gesellschaft -, sondern mit ihr wird die Vermittlung von Individuum und Gesellschaft thematisch. Diese Überlegung geht aus von dem Interesse, Menschen - durchaus in ihren unterschiedlichen Möglichkeiten - als Akteure in und gegen Strukturen/gesellschaftliche Verhältnisse zu betrachten." (Sünker 1992, S. 89)

Auf dieser subjektorientierten Grundlage kann die kommunitaristische Frage nach der Kontextgebundenheit der Identitäten sozioökonomisch über das Bewältigungshandeln neu gelesen und der institutionell verengte sozialstaatliche Partizipationsdiskurs geöffnet werden. Über diesen Weg kann im gleichen Zuge die bisher neofeudal geführte Rede von den ‚Kulturen bürgerschaftlichen Engagements' produktiv aufgenommen werden.

Evers und Nowotny zeigen in ihrer bereits mehrfach in diesem Buch erwähnten historisch-systematischen Untersuchung *Über den Umgang mit Unsicherheit* (1987), dass Partizipation offene soziale Aufforderungsstrukturen und damit korrespondierend soziale Entwicklungsperspektiven wie aktivierende Erwartungen voraussetzt, die die jetzige Soziallage zu verbessern versprechen. So konnte auch die Arbeiterbewegung ihre gesellschaftliche Modernisierungsdynamik nur entfalten, weil in ihr die gesellschaftliche Zuversicht aktiviert werden konnte, dass die gesellschaftlichen Strukturen nicht geschlossen seien und deshalb die Chance bestehe, durch das eigene Handeln die soziale Lage zu verbessern und dem Sozialreform-Diskurs eine typische Richtung zu geben.

Diese Vergesellschaftungsperspektive wird gegenwärtig wieder virulent zu einer Zeit, in der der ökonomisch-technologische Strukturwandel im globalisierten Kapitalismus die Fragmentierung sowie die Gefahr der Abkopplung des Menschen von den gesellschaftlichen Entwicklungen weitergetrieben hat, die Mitbestimmungsrechte in den Betrieben eingeschränkt werden sollen und an eine Demokratisierung in den transnationalen Konzernen nicht zu denken ist. Die Menschen werden den sozialen Desintegrationsprozessen in biographisierter Form ausgesetzt. Entsprechend wird nun der Partizipationsdiskurs bis in die Lebensläufe hinein verlängert, wird z.B. eine Lebensführungspolitik (Giddens 1997) gefordert (s.u.) oder der Blickwinkel auf neue Subpolitiken gerichtet, die im globalisierten Kapitalismus „wieder" erfunden werden müssen (vgl. Beck 1993). Dabei wird aber das alltägliche Bewältigungshandeln der Menschen kaum systematisch in die Betrachtungen integriert. Es scheint aber angesichts der sozialen Entbettungsprozesse umso deutlicher zu werden, dass Solidarität und Partizipation sich nur in der Verknüpfung von offenen Strukturen und erweiterten Bewältigungsperspektiven entwickeln können.

Denn im Versuch, ihren Lebensalltag zu bewältigen, ihre subjektive Handlungsfähigkeit wiederzuerlangen, suchen die Menschen neue sozialintegrative Bezüge. Diese erweiterte Bewältigungsdimension, so zeigen auch die Arbeiten von Evers und Nowotny sowie Wohlrab-Sahr (1993), ist so strukturiert, dass sozial gerichtete Aktivitäten aus der jeweiligen Bewältigungssituation entstehen, soweit diese auf einer sozialen Hintergrundsicherheit ‚des-einer-Lage-Gewachsenseins' (Gehlen) fußen. An diesem Punkt wird deutlich, dass die Frage nach dem pädagogischen Gehalt der Bürgergesellschaft deren sozialpolitische Substanz und Qualität hinterfragen und eine sozialpolitische Reflexivität annehmen muss:

„Die ‚Resozialisierung' des Sozialstaates durch die (Wieder)-Herstellung verantwortlicher Formen von Beteiligung und Engagement in seinen Kernbereichen ist eine Aufgabe, die über die Einrichtung sozialpolitischer Absicherungen von Engagement und die unternehmerische Suche nach Aktivitätsnischen weit hinausführt. Vermutlich bekommt ‚Bürgerarbeit' erst dann einen anerkannten Status, wenn sie sich auch als selbstverständlicher Bestandteil des Funktionierens zentraler gesellschaftlicher Institutionen etablieren kann." (Evers 1999, S. 64)

Die Schaffung von offenen Strukturen sowie die rechtliche und soziale Absicherung und Anerkennung von subjektiver Handlungsfähigkeit erfordert in diesem Sinne eine neue bürgergesellschaftlich begründete Diskussion über soziale Sicherheit, die diese als ‚kollektive Identität' und als Bestandteil der sozialen Aktivierung und der Erweiterung des Bewältigungshandelns hin zu sozial gerichteten Aktivitäten begreift. In dieser Form ist an die Diskussionen um eine aktivierende Sozialpolitik oder Infrastrukturpolitik anzuknüpfen (vgl. Heinze/Olk 1999).

Letztlich ist grundlegend zu berücksichtigen, dass die Solidarität in der Gesellschaft nicht von den Rändern her in die Krise geführt worden ist, wie der Verweis auf Sozialhilfebeträger, gewaltbereite Jugendliche sowie die ‚Obdachlosen' in den Fußgängerzonen der Großstädte, die als geschäftsschädigend erlebt werden, glauben machen will. Die Solidarität ist vielmehr von der Mitte der Gesellschaft her aufgebrochen worden. Hier wird - wie angedeutet - ein Bildungssystem angemahnt, das soziale Grenzen wieder kennen soll, und es wird die ‚Last' der Steuern beklagt, die benötigt werden, um Chancengleichheit im Bildungssystem herzustellen oder ein soziales Sicherungssystem zu finanzieren, durch das die sozialen Übergänge in der Gesellschaft elastisch gehalten und reguliert werden sollen. So geht die beklagte Polarisierung in der Gesellschaft eigentlich von jener neuen Mitte aus, die nunmehr neue-alte Hilfeformen wiederentdeckt und den Sozialstaat als Kontroll- und Gewährungsstaat wieder in Bewegung bringen will.

Ruhiger wird allerdings die Debatte, wenn eben nach der voraussetzungsreichen Infrastruktur gefragt wird, um einen derartigen Vergesellschaftungsprozess aktiver bürgerschaftlicher Solidarität zu flankieren. Zwar wird nicht selten das bürgerschaftliche Engagement in die angelsächsische Tradition der ‚Community social work' eingeordnet und bis zur Settlement-Bewegung zurückverfolgt, doch es wird dabei die kapitalismuskritische Konfliktperspektive ignoriert, die von Anbeginn die Durchsetzung der Community work begleitete - man erinnere sich nur der schwierigen Kämpfe von Jane Addams in Chicago (vgl. Eberhart 1995). ‚Found-raising' und ‚social-sponsoring' überdecken die Interessengegensätze nicht und bringen auch keine neue Befriedung zwischen ökonomischen und sozialen Interessen. Zudem wird andererseits kaum über die soziokulturellen und sozialpolitischen Einbindungen, Traditionen und Bedingungen sowie die soziale Zufriedenheit mit dem bürgerschaftlichen Engagement in diesen Ländern gesprochen. Fast absurd muss es für bürgerschaftlich ‚infizierte' Ohren klingen, dass gerade aus dem angelsächsischen Raum sehr kritische Stimmen über den Zustand der Solidarität in diesen Ländern zu vernehmen sind.

Gleichwohl ist auch aus unserer Perspektive der Sozialstaat im beschriebenen Sinn zu resozialisieren, die kritische Betrachtung der Hilfeformen im sozialstaatlichen Sicherungsgefüge zu stärken. Dabei ist gerade in einer zunehmend gespaltenen Gesellschaft zu fragen, wie die modernen Sicherungsformen und der Sozialstaat die Ausgrenzung und Spaltung selbst noch verstärken. So ist in einer Fortführung der Empowermentansätze durchaus auch an Büros für soziale und bürgerliche Rechte zu denken, in denen vor allem auch Flüchtlinge oder illegal beschäftigte Ausländer rechtlich und sozial beraten werden oder in denen Menschen über ihre Rechte in Institutionen, z.B. des Sozial- und Gesundheitswesens, aufgeklärt werden können.

Zugehörigkeit und Lebensbewältigung

Mit den Spaltungs- und Entbettungstendenzen in der globalisierten Gesellschaft sind die pädagogischen Einrichtungen in den Sog bisher so nicht gekannter sozialer Desintegration geraten. Der Zugehörigkeitsdiskurs ist deshalb vom Integrations- zum Abschottungsdiskurs mutiert. Dabei hat sich die Perspektive grundsätzlich gewandelt: Erziehung, Bildung und Qualifikation werden immer weniger als Medien verstanden, durch die geöffnete Partizipationsmöglichkeiten wahrgenommen und die Menschen ihre Zugehörigkeitsform zur Gesellschaft mitgestalten können, sondern sie werden zunehmend als Differenzkriterien gesehen, über die Zugänge zu Partizipationsmöglichkeiten erst gestattet werden. Frieda Heyting hat den ideologischen Überbau von Erziehung und Partizipation am Beispiel des ‚Einbürgerungsvertrages' für Asylbewerber in den Niederlanden aufgezeigt:

> „In den Niederlanden hat man z.B. für Ausländer, die Asyl beantragen, einen ‚Einbürgerungsvertrag' eingeführt. Darin ist genau umschrieben, welche Kompetenzen man zur Partizipation an der niederländischen Gesellschaft für wünschenswert hält. So muss man das Niederländische beherrschen, wissen, wie man (...) in den Niederlanden Weihnachten feiert usw. Wie im oben erwähnten Beispiel wird auch in diesem Fall die Vorenthaltung bestimmter Partizipationsrechte mit der Zuschreibung von Kompetenzmängeln auf diesen Gebieten verbunden, und auch hier wird der Erziehung die Aufgabe zugeschrieben, die Kompetenzlücken zu füllen. Asylbewerber sind verpflichtet, die speziell für diese Kategorie entwickelten Sonderausbildungsgänge zu besuchen, und erst anschließend erhalten sie das Recht, Sozialhilfe in Anspruch zu nehmen." (Heyting 1997, S. 157)

In Deutschland brauchen wir uns nur die Debatte um das Staatsangehörigkeitsrecht und die doppelte Staatsbürgerschaft in Erinnerung zu rufen, um zu erkennen, dass Heyting nicht nur über niederländische Vorstellungen berichtet. Doch auch in anderen Kontexten hat sich dieser Zusammenhang bereits in den unterschiedlichen Zugehörigkeitsdiskursen manifestiert. Im Kern geht es z.B. bei der Diskussion um die sog. ‚green card' darum, dass Qualifikation zum Kriterium für Zugehörigkeit gemacht wird. Die Bedingungen und Konjunkturen der nationalen Ökonomie bestimmen dabei über eine Qualifikationsformel die Zugehörigkeitsmöglichkeit.

Aber auch unterschwellig scheint sich dieser ökonomistische Zugehörigkeitsdiskurs durchzusetzen. So wird in sozialmoralischen Politikdiskursen ‚Zugehörigkeit' wieder verstärkt in traditionellen kulturellen Deutungsmustern sozialen Verantwortungsbewusstseins und persönlicher Identifikation definiert. Kaum gefragt wird dagegen nach den politischen und sozialen Rechten von Ausgegrenzten:

> „Eine oft konstatierte Eigenheit der deutschen Kultur hängt direkt damit zusammen. Die Kultur der Innerlichkeit, der Identifikation mit dem Ganzen, der positiven Bewertung des Staates hat ein bemerkenswertes Korrelat in einer (...) relativ schwach ausgeprägten gesellschaftlichen Kultur. Es gibt Probleme, gesellschaftliche Rituale auszuprägen. Regeln, Regelorientierung, *civilité* scheinen dem Wert der Innerlichkeit (...) zu widersprechen. Es gibt das Gefühl der ‚Äußerlichkeit' dieser Regeln. Die Logik dieses Regelwerks - gesellschaftlichen Verkehr zu ermöglichen und gleichzeitig innere Distanz, Fremdheit zu wahren (und zu bejahen) - widerspricht der Forderung der Identifikation. Vieles von der Hilflosigkeit im Kontakt mit dem Fremden hängt mit der schwach ausgeprägten *civilité* zusammen. Ein Kontakt, der gleich zu Beginn Aufrichtigkeit fordert, ist schlicht eine Überforderung. Wichtiger aber ist eine zweite Konsequenz: In einer Kultur, in der die Identifikation mit dem Ganzen als Voraussetzung für gesellschaftliche Partizipation gewertet wird, hat der Fremde von vornherein einen schwierigen Stand: Kann man demjenigen, der in einer anderen Kultur aufgewachsen ist, diese innere (und deshalb unsichtbare) Bejahung abnehmen? Identifiziert sich ‚der Fremde' vielleicht doch nur äußerlich, fühlt er sich wirklich dem Gemeinwesen verpflichtet?" (Schiffauer 1997, S. 47-48)

Anstatt gerade angesichts der Ausgrenzungsprozesse und der Fremdenfeindlichkeit an einer gesellschaftlichen Kultur zu arbeiten, die dem Migranten Sicherheiten gibt und sie oder ihn anerkennt, wird z.B. in der populistisch-bürgergesellschaftlichen Debatte über sog. ‚Kulturen bürgerschaftlichen Engagements' diskutiert und nicht um die rechtliche und soziale Sicherung von Migranten gestritten (s.o.). Es werden dabei insbesondere aus den privaten Lebensformen - vor allem den klassisch mittelschichttypischen deutschen Familienverhältnissen und -traditionen - sozialkulturelle Klimate herausgeschält, die ein bürgerschaftliches Engagement der Bürger befördern sollen. Bestimmte private Lebensformen werden als günstige Bildungsatmosphären für demokratisches Verhalten gedeutet. Diese privilegierten Privat-Kulturen gelten als sozialpädagogische Keimzellen der nationalen demokratischen Gesellschaft, als soziokultureller Maßstab der politischen Kultur und des Zugehörigkeitsbewusstseins. Zugehörigkeit wird auf diesem Weg an bestimmte kulturelle Lebensweisen und Erziehungs- und Bildungsvorstellungen gekoppelt. Demokratie wird damit von oben privatisiert sowie sozialmoralisch versäult und zu einer

Frage - wir kennen diese Tendenzen aus Amerika - des politisch korrekten privaten Alltagshandelns gemacht. Kulturell davon abweichende Lebensbewältigungsstrategien und Formen der sozialen Unterstützung sowie des privaten Zusammenlebens werden tendenziell aus dem Kanon des demokratieförderlichen Verhaltens ausgegrenzt. Demokratie wird damit nicht mehr als politisches Modell verstanden, in dem unterschiedliche Lebensweisen und Lebensbewältigungsstrategien politisch integriert und gesellschaftlich anerkannt werden, um sich in selbstbewusster gegenseitiger Auseinandersetzung der Verantwortung und Zugehörigkeit bewusst zu werden, die bisher verwehrt wurde. Demokratisches Alltagshandeln besteht dann allein darin, sich im Alltag nicht verbal rassistisch zu verhalten, den Kodex einzuhalten, nicht ‚Neger' zu sagen und diejenigen zu stigmatisieren, denen ausländerfeindliche Sprüche über die Lippen kommen. Die Schule dagegen kann sich darauf beschränken, im Unterricht sog. ‚interkulturelle Kompetenzen' zu vermitteln.

Hinter diesem Schleier - des wohlerzogenen Bürgerhandelns - wird nicht nur kaum mehr über die wirtschaftliche Unterstützung, z.B. von Ländern in Afrika, gesprochen, sondern es verschwindet auch die politische Thematisierung der systematischen sozialen Benachteiligung von Migranten in unserer Gesellschaft. Ein öffentlicher politischer Diskurs über Ausländerfeindlichkeit und Rassismus als typische Bewältigungs- und Vergesellschaftungsformen in der Krise der Arbeitsgesellschaft wird nicht geführt. Die fehlende Chancengleichheit von Migranten kann heute kaum mehr eine bürgerschaftliche oder bildungspolitische Offensive auslösen. Migranten haben vorerst zu beweisen, dass ihre Lebensformen und Verhaltensweisen dem bürgerschaftlichen Kodex entsprechen und dass sie nicht die teuersten ‚Kostgänger' des Sozialstaates sind. Gelobt wird der Migrant, der inzwischen ein Jura-Studium aufgenommen und sich in seinen Lebensformen kaum von einer sog. ‚einheimischen' Lebensweise unterscheidet. Darüber, dass einzelnen Migrantengruppen, die in unserer Gesellschaft leben, der Zugang zu den Erziehungs- und Bildungseinrichtungen ganz vorenthalten wird, lesen wir auch in den pädagogischen Fachdiskussionen wenig. Deutlich wird dies in der Kinder- und Jugendhilfe im Umgang mit minderjährigen Flüchtlingen (vgl. Rooß/Schröer 1999) und im Umgang mit sog. ‚Statuslosen', also Menschen ohne Aufenthaltsrechten.

Insgesamt führt dieser Zugehörigkeitsdiskurs die Pädagogik und Sozialpädagogik in eine nationalpolitische Enge. Im Globalisierungsdiskurs verschwimmende Zugehörigkeiten sollen über sozialmoralische Qualitätsstandards und ökonomisch verwertbare Wissensbestände national neu gefasst werden. Gleichzeitig entstehen neue brisante Lebenslagen im rechtsfreien Raum.

„Mit Hannah Arendt lässt sich zusammenfassend sagen, dass den statuslosen Menschen das grundlegende ‚Menschenrecht auf Rechte' fehlt. Die sozialpolitische Dimension und menschenrechtliche Brisanz ist den staatlichen Stellen längst bekannt: So haben bezirkliche Ausländerbeauftragte in Berlin darauf hingewiesen, dass bei Kindern von Eltern ohne Aufenthaltsstatus das

Grundrecht auf Bildung betroffen wird. Beratungsstellen machen darauf aufmerksam, dass Arbeitnehmer ohne Arbeitserlaubnis, die um ihren Lohn betrogen wurden, keine Möglichkeit sehen, ihre Ansprüche von Gerichten überprüfen zu lassen - obwohl ein Anspruch auf Lohn aus solchen ‚faktischen Arbeitsverhältnissen' besteht. Die Fachkommission Frauenhandel des Berliner Senats hat verdeutlicht, dass die repressiven Aufenthaltsbestimmungen zur Prostitution gezwungene Frauen nicht nur schutzlos machen, sondern auch die Ermittlungs- und Aufklärungsarbeit der Polizei erschweren." (Cyrus 1999, S. 163)

Für die Pädagogik wird der gegenwärtige Zugehörigkeitsdiskurs darum zum Problem, da die mit dem globalisierten Kapitalismus eng verbundene neue komplexe Migrationrealität stigmatisiert wird. Differenzierte Zugehörigkeitsformen, wie sie das Erziehungs- und Bildungssystem oder auch das soziale Sicherungssystem darstellen können, werden derzeit einerseits gegenüber der neuen komplexen Migrationrealität abgeschottet und stellen andererseits immer weniger elastische sozialintegrative Übergänge her. Die pädagogischen Einrichtungen werden damit zu Auffangbecken von Migranten, denen man die Zugehörigkeit nicht verwehren kann. Sie konservieren so das Ausgegrenztsein. Hat sich die Pädagogik bisher den Lebenslagen der Migranten gegenüber geöffnet, da sie, innerhalb des sozialintegrativen Grundmodells, eine Art Moratorium für den ethnischen Eigensinn im Übergang eröffnen wollte, so wird für sie der Blick auf die Lebenslagen jetzt zur Ordnungsfalle. Integrationshürden werden konstatiert oder es wird die Gewalt unter ausländischen Jugendlichen allein als Ordnungsproblem dargestellt. Letztlich müssen die Lebensverhältnisse von ‚statuslosen Menschen' unsichtbar bleiben.

Viele Pädagogen, die mit Migranten arbeiten, verlassen sich schon längst nicht mehr auf den Sozialstaat und die Sozialpolitik. Sie suchen eine eigene migrations- und sozialpolitische Verortung und lokale und überregionale Vernetzung. Gerade in der interkulturellen Pädagogik ist zu beobachten, wie der Wechsel vom Integrations- zum Abschottungsdiskurs die Pädagogen herausgefordert hat, sich in neue sozial- und gesellschaftspolitische Kontexte zu stellen und eine Politik der Bewältigung (s.u.) zu fordern. Zugehörigkeit, aus der Perspektive der Lebensbewältigung begriffen, soll aufzeigen, wie die Menschen in ihren Lebenslagen in eine Vielzahl von ambivalenten und widersprüchlichen Zugehörigkeiten gedrängt werden, und wie sie sich gleichzeitig eine Welt von eigenen Zugehörigkeiten geschaffen haben, um diese Konstellation bewältigen zu können. Marion Gemende schlägt in diesem Kontext vor, diese ‚interkulturellen Zwischenwelten' stärker in den Mittelpunkt der pädagogischen Analysen zu rücken:

„Interkulturelle Zwischenwelten sind eigenständige intermediäre und ambivalente Lebensräume, die sich Migranten in einem widerständigen Wechselspiel zwischen sich und ihrer Umwelt schaffen und die für sie unter den gegebenen Bedingungen ‚stimmig', mehr oder weniger zufriedenstellend sind.

Sie lassen sich nicht unvermittelt an den Polen ‚Aufnahmegesellschaft' oder ‚Herkunftsgesellschaft', ‚messen' in dem Sinne, dass sich Migranten z.B. von der Herkunftsgesellschaft weg zur Aufnahmegesellschaft hin entwickeln oder kulturellen und sozialen Elementen der Herkunftsgesellschaft unverändert verhaftet bleiben. Die Silbe ‚zwischen' soll nicht suggerieren, dass Migranten zwischen kulturellen und sozialen Mustern unterschiedlicher Gesellschaften ‚hängen bleiben', kulturlos leben. Interkulturelle Zwischenwelten beschreiben subjektive und soziale Wahrnehmungs- und Lebensformen von Migranten, in denen Elemente aus Norm- und Wertstrukturen von Herkunfts- und Aufnahmegesellschaften zu eigenständigen, zum Teil widersprüchlichen Mustern verknüpft werden. Das Adjektiv ‚interkulturell' erscheint zwar als Doppelung in Bezug auf die Silbe ‚zwischen', soll aber die Interaktionen des Migranten mit seinen sozialen Umwelten und die dadurch hervorgebrachten Verknüpfungen der zum Teil unterschiedlichen kulturellen und sozialen Handlungs- und Verhaltensmuster betonen. Es wird der Plural ‚interkulturelle Zwischenwelten' verwendet, ‚denn der Entwurf wird laufend ausgebaut, neu definiert, verändert, verfeinert und nimmt ständig eine neue Gestalt an. Seine Dynamik lebt davon, die (Kultur-)Spannungen auszugleichen und zu einem entspannt(er)en Selbst- und Weltbezug zu gelangen, ohne dabei jedoch ein Ende anvisieren zu können'. (...) Interkulturelle Zwischenwelten sind also dynamisch und können sich biographisch, individuell und auf unterschiedliche ethnische Gruppen bezogen voneinander unterscheiden." (Gemende 1999, S. 83-84)

In die gleiche Richtung zielen Ansätze, die das ‚ethnic business' (z.B. der Asia-Shop) als eine Normalität in der interkulturellen Lebenswirklichkeit unserer Gesellschaft beschreiben. Die Pädagogik sollte aus dieser Perspektive vor allem für eine rechtliche Sicherung eintreten und daran mitarbeiten, Möglichkeiten und Infrastrukturen zu erweitern, in denen Zugehörigkeiten und interkulturelle Zwischenwelten variabler gesucht und gelebt werden können. Zudem gilt es, niederschwellige Hilfen zur Lebensbewältigung für die Menschen anzubieten, die von den sozialen Sicherungssystemen und pädagogischen Einrichtungen ganz ausgegrenzt werden und deren rechtliche Unsicherheit ausgenutzt wird, um ihre Arbeitskraft und sie selbst in ihren Notlagen im alltäglichen Leben auszubeuten. In der Lebenslage vieler Migranten verdichten sich die Entbettungs- und Spaltungstendenzen fast prototypisch zu einem rigiden Ausgrenzungsmechanismus.

Die lokale Perspektive:
Zur sozialräumlichen Reflexivität der Pädagogik

Die sozialpolitische Reflexivität der Pädagogik bezieht sich immer wieder auf die allgemeinen Vergesellschaftungsmuster von Bildung und Erziehung und ihre Ambivalenzen im Kontext des neuen ökonomischen Drucks auf den Sozialstaat. Gegenmodelle zur Ökonomie der Bildung und des Lernens sind aber -

so haben wir angesichts der Gestaltungsschwäche des angeschlagenen Sozialstaats argumentiert - vor allem in regionalen und lokalen Kontexten zu initiieren. Die europäische Öffnung des entsprechenden Diskurses hat uns dafür Beispiele gebracht. Nun darf man allerdings nicht davon ausgehen, dass die lokale Ebene - vor allem der städtische Bereich, der sich ja nach traditioneller stadtsoziologischer Sichtweise mehr aus den Lebenswelten der Bürger konstituiert - weniger berührt ist von der Globalisierung als die gesellschaftlich-sozialstaatliche Sphäre. Giddens' Hypothese, dass die Globalisierung auch und zunehmend einen „Sog von unten" erzeugt (vgl. Giddens 1999), bedeutet ja nicht, dass hier ‚automatisch' sozialgestalterische lokale Gegenwelten entstehen, sondern verweist genauso auf das Aufbrechen antisozialer bis sozial destruktiver Tendenzen (Rassismus, nationalistische Bewegungen), die sich in entsprechenden Haltungen sozial ausgegrenzter oder kleinbürgerlich-verängstigter Bevölkerungsgruppen manifestieren.

Die neuere, auf die lokalen Wirkungen der Globalisierung ausgerichtete Stadtforschung weist in diesem Zusammenhang und mit empirischer Grundlage darauf hin, dass das ökonomistische und sozial spaltende Klima der Globalisierung nicht nur die Metropolen (global cities) und Großstädte in Europa und somit Deutschland erreicht hat, sondern auch in die Mittelstädte und regionalen Zentern hineinwirkt (Zimmermann 1996, Alisch/Dangschat 1993).

Das Bild von der ‚gespaltenen Stadt' ist inzwischen zur Chiffre für eine neue Ausrichtung der Stadtsoziologie auf die sozialräumlichen Folge- und Bewältigungsprobleme der Globalisierung geworden:

> „Es besteht die Gefahr, dass die Stadt als soziale Einheit zerbricht. Stadtkultur aber heißt: Vielfalt in der Einheit. Wenn Differenzen und Gegensätze nicht mehr verträglich sind, wenn ihre jeweiligen Pole an verschiedenen Orten separiert werden, dann bilden sich explosive Kräfte, die für die Kultur der Stadt lebensgefährlich sind. Anzeichen dafür haben wir am Anfang der neunziger Jahre erlebt, als die demographischen Entwicklungen und die Tendenzen in der Wohnraumversorgung in einem undurchsichtigen emotionalen Gemisch zu Fremdenfeindlichkeit mutierten und die Zuwanderer zur Ursache der Probleme erklärt wurden. Die wirtschaftliche und gesellschaftliche Fragmentierung der Städte macht es allerdings immer schwieriger, jenes soziale Subjekt zu erkennen, das Träger einer integrativen Stadtpolitik sein könnte. Die Nutzer der Stadt sind immer seltener auch Bewohner der Stadt, und die Bewohner der Stadt sind immer seltener auch die Eigentümer der Stadt." (Häußermann 1998, S. 173)

In einer differenzierten empirischen Studie zu entsprechenden Entwicklungen in Hamburg haben Berger und Schmalfeld (1999) gezeigt, wie sich die Stadt unter dem tatsächlichen oder vermeintlichen Druck der globalisierten Konkurrenz zur „Stadt als Unternehmen" entwickelt, zu einem Unternehmen, das sich am überregionalen und internationalen Wettbewerb des globalen Marktes ausrichtet. Damit unterwirft sich die Stadt auch in ihrer Politik Parametern, wie sie auch für die Wirtschaft und ihre Einzelunternehmen gelten. Solche Städte hoffen, dass sie durch diese wettbewerbs- und marktorientierte städtische Entwicklungspolitik ihre fiskalischen und sozialen Probleme lösen oder befrieden können. Die Stadt wird entsprechend unter Standortgesichtspunkten neu definiert und vermessen, um - im Standortwettbewerb mit anderen Städten - Betriebe der elektronischen und medialen Zukunftsindustrien ebenso zur Ansiedlung anzulocken wie Unternehmen des expandierenden Dienstleistungsbereichs. Dabei spielen nicht nur ‚harte' (Steuerermäßigungen, Subventionen, günstige Bau- und Verkehrserschließung, internationale Anbindungen), sondern vor allem auch ‚weiche' Standortfaktoren eine Rolle. Die Stadt soll attraktive Kultur- und Bildungsangebote und ein gehobenes Ambiente im Dienstleistungs-, Konsum- und Freizeitbereich vorweisen können. Vor allem aber soll sie nicht durch sichtbare soziale Konflikte und Probleme gezeichnet, sondern sozial befriedet sein. Die „Ästhetisierung" der Stadtbilder ist somit zu einem formellen oder informellen Hauptziel städtischer Standortpolitik geworden. Die standortrelevanten Innenbezirke der Großstädte müssen daher von allen Anzeichen und Symptomträgern sozialen Scheiterns und Armut gereinigt, die Räume für den Wettbewerb funktionalisiert, ökonomisch zugerichtet und für die gehobenen neuen Investitions-, Produktions- und Konsumniveaus gestylt werden.

Die Folge sind Verdrängungen, Ausgrenzungen von sozialen Gruppen, die den Randsegmenten der Arbeitsgesellschaft zugehören (Segregation), und Segmentierungen (Abschottungen), welche für die durchschnittliche Stadtbevölkerung die Zugangsschwellen in die Bezirke des gehobenen Konsums und der entsprechenden ‚events' erhöhen. Diese Segmentierung manifestiert sich auch in der global-symbolischen Architektur (vgl. MVRDV 1999), die lebensstilorientierte Leute anzieht, milieugebundene Bevölkerungsgruppen aber eher abschreckt.

Um zu verhindern, dass sich die sozialen Brennpunkte durch diese Standortpolitik nur nach außen verlagern und dort verschärfen, haben die Großstädter eine Politik der sozialen Befriedung eingeleitet (vgl. das Modellprogramm des Bundes: „Die soziale Stadt"), in der die sozialen Folgen der Globalisierung in den Städten gemildert werden sollen. Soziale Brennpunkte werden entstrukturiert und damit Ballungen von Armut und sozialer Benachteiligung verhindert. Mit einer flächendeckenden sozialen Dezentralisierungspolitik werden Investitionsvorhaben und Dienstleistungsprojekte auch in die sozial segregierten Gebiete integriert, um die Segregation zu stoppen und damit auch bei sozial bessergestellten Bürgern die Bereitschaft zur Ansiedlung wieder zu wecken. Beschäftigungs- und Netzwerkprogramme (z.B. Tauschringe) werden in den sozialen Brennpunkte initiiert, um den Teufelskreis von Arbeitslosigkeit, Armut und Obdachlosigkeit brechen zu können. In der Kritik des Modells der „sozialen Großstadt" wird allerdings geargwöhnt, dass diese soziale Befriedungspolitik mehr im Geiste des „Unternehmens Stadt" organisiert sei und es hier weniger um eine eigenständige sozialgestalterische Perspektive gehe, sondern um den unternehmerischen Standortfaktor ‚sozialer Frieden'.

Dies ist der stadtsoziologische Argumentationshintergrund, vor dem die lokale Bildungspolitik und die Pädagogik aufgefordert sind, eine entsprechende sozialräumliche Reflexivität zu entwickeln. Mit der These, dass die Mentalität der Globalisierung und ihre ökonomische Rationalität bis in die lokalen Sozialisationsräume vordringen, ist der Pädagogik eine Vorlage gegeben, die bildungs- und sozialpolitisch aufzunehmen sie bisher deutlich gezögert hat. Dabei ist es angesichts dieser Stadtanalyse offensichtlich, dass gefragt werden muss, ob die impliziten sozialräumlichen und stadtpolitischen Annahmen, die in lokalen Bildungs-, Erziehungs- und Ausbildungsprogrammen enthalten sind, überhaupt noch stimmen. So ist zu überprüfen:

- ob die sozialräumlichen Lernorte, die das Konzept des situativen Lernens z.B. im Kindergarten vorsieht, überhaupt noch verfügbar sind;
- ob die „Öffnung der Schule" hin zum Gemeinwesen inzwischen nicht vielfach ‚verbaut' ist, dass man also von einer „citta educativa" ausgeht, die so nicht mehr auffindbar ist;
- ob die standortorientierte sozialräumliche Dynamik (Konkurrenz, Segregation) nicht auch schon Bildungs- und Erziehungsinstitutionen erfasst hat.

Ein Beispiel: Die „Verhäuslichung der Kindheit", ein Phänomen das in den 1990er Jahren in der sozialwissenschaftlichen Kinderforschung breit thematisiert wurde, ist immer auch mit einer Zunahme des Medienkonsums und der Strukturierung des Alltags durch Medien (Fernsehen, Computerspiele etc.) verbunden (vgl. dazu im Überblick den 10. Jugendbericht 1998). Dadurch entwickeln sich - je nach familialer und sozialer Umgebung der Kinder - Aneignungsformen, die eher parasozial denn sozial-interaktiv strukturiert sind. Die Kinder können sich zwar mit den - aus Vermarktungsgründen meist stereotypen - medialen Mustern identifizieren, indem sie ihre eigenen Themen hineinlegen. Dennoch besteht die Gefahr eines verkürzten Aneignungsprozesses, der den Kindern die so wichtige Erfahrung der Selbsttätigkeit in der Begegnung mit und in der Veränderung sozialer Umwelt verwehrt. Für Kinder - so wird beklagt und gleichzeitig öffentlich gemahnt (vgl. die Plakate „Mehr Zeit für Kinder") - steht immer weniger Zeit und Raum zur Verfügung. Die öffentlichen Räume - Straßen, Plätze, Parks, Hofeinfahrten, Hinterhöfe - sind zunehmend ökonomisch funktionalisiert, Spielreservate und Kontaktnischen sind an die Stelle früherer Kindermilieus getreten. Die Individualisierung der Kindheit und die Rationalisierung des sozialräumlichen Kinderalltags bedingen einander. Kinderöffentlichkeiten müssen als ‚events' eigens hergestellt werden.

Der in der fachlichen Diskussion zum Kindergarten inzwischen verbreitete Situationsansatz geht aber implizit immer noch davon aus, dass städtische Orte jederzeit aufsuchbar und auf Kinder beziehbar sind. Inzwischen hat sich das „Unternehmen Stadt" aber soweit entwickelt, ist in den Dienstleistungen soweit rationalisiert, dass kaum noch Zeit besteht, Kindern den ihnen gemäßen Einblick, das situative Erlebnis von städtischen Orten und Aktivitäten zu gewähren. Kindergärten bleibt dann nicht anderes übrig, als Situationen simultan zu verhäuslichen oder zu mediatisieren. Die ‚gespaltene Stadt' lässt auch die Jugendlichen nicht ungeschoren. Auf der einen Seite weiß man von der Pädagogik her, wie wichtig territoriale Räume für die jugendliche Gleichaltrigenkultur sind, und die Bestrebungen der sozialräumlich orientierten Jugendarbeit haben immer darauf gezielt, die Balance zwischen sozialräumlicher Aneignung und sozial-territorialen Grenzverletzungen zu halten. Dabei orientierten sich die Pädagogen aber in ihren Raum- und Aneignungsmodellen eng an den Integrationsvorstellungen einer sich modernisierenden industriekapitalistischen Arbeitsgesellschaft. Es galt, in die moderne durchrationalisierte Industriestadt pädagogische ‚Spielräume' für den menschlichen und vor allem jugendlichen Eigen- und Gestaltungssinn (Treptow 1993) einzulassen, das Bildungsmoratorium sozialräumlich zu verwirklichen und den - in der Jugend vorherrschenden - subjekt- und körperbezogenen Tätigkeitssinn, der in der industriekapitalistischen Moderne ‚zubetoniert' wurde, in einem pädagogisches Entwicklungsmodell aufgehen zu lassen.

Wenn sich aber heute im globalisierten und gespaltenen Stadtbild Jugendliche aus den ihnen zugewiesen räumlichen Reservaten herauswagen, erscheinen sie in der ersten Stadt als Ordnungsproblem und Störenfriede, in der zweiten und dritten Stadt in der Definitionsmasse sozialer Brennpunkte. Das ‚Unternehmen Stadt' will jugendlich und innovativ sein, grenzt aber die Jugend - solange sie nicht in ‚events' einbezogen werden und als kulturelle Ressource dienen kann - aus. Das Freizeit- und Erlebnisverhalten der Jugendlichen wird thematisiert, ihr körperbezogener Tätigkeits- und Gestaltungssinn wird dabei kaum mehr auf die Gesetze der Arbeitsgesellschaft bezogen, sondern privatisiert. Die Rede vom Eigensinn ist verstummt. Es überrascht aus dieser Perspektive nicht, wenn die Schule - wie beschrieben - immer mehr unter sozialen Druck gerät und von den Kindern und Jugendlichen zum Sozialraum der Gleichaltrigenkultur umgewidmet wird.

Die Pädagogisierung der Sorge

Der überkommene Generationendiskurs der Pädagogik ist an die Diagnose der demographischen und sozialkulturellen ‚Verjugendlichung' der Gesellschaft gebunden. Er hatte seinen ersten Höhepunkt in den zwanziger Jahren des 20. Jahrhunderts, in denen geburtenstarke Jahrgänge die Jugendlichen-Population füllten. „Noch nie", schreibt Detlev Peukert in seinem Buch *Die Weimarer Republik*, „hatte es in Deutschland einen so hohen Anteil von Jugendlichen gegeben" (Peukert 1987, S. 20). Die Gesellschaft war gezwungen, pädagogische Räume zu öffnen, damit die sozialpädagogische Verlegenheit der industriekapitalistischen Moderne gegenüber der Jugend mediatisiert und sozialintegrativ umgeleitet werden konnte. Es kam zur Pädagogisierung des Generationenverhältnisses, und die Pädagogik entdeckte in dieser scheinbar eigenständigen Erziehungswirklichkeit jene pädagogische Autonomie, in der die Bildungsperspektive ihre Eigengesetzlichkeit entfalten könne. Diese gesellschaftliche Unbedarftheit des Generationenbegriffes wurde grundsätzlich zum Problem, als die Integrationsperspektive am Ende der zwanziger Jahre wegbrach und die Forderung nach einem jugendlichen Bildungsmoratorium vorbehaltlos in den neuen sozialideologischen Rahmen der „nationalistischen Schlagwort(e) vom ‚Volk ohne Raum'," (Peukert 1987, S. 20) überführt werden konnte.

Wir haben bei der Thematisierung der Jugendfrage bereits darauf hingewiesen, dass der aktuelle Generationsdiskurs, der auf die Entstrukturierung des Generationenverhältnisses und auf die neue ‚generationale Ordnung' in der Folge des demographischen (‚Veralterung' statt ‚Verjugendlichung') und sozialökonomischen Strukturwandels der Gesellschaft verweist, eher ein privater, denn ein gesellschaftlicher ist. Indem die Tendenz zur Generationenkonkurrenz in der sich verengenden Erwerbsarbeitsgesellschaft ausgeblendet wird, erscheint der erweiterte familiale Generationszusammenhalt als neue sozialintegrative Perspektive, die in Zeiten der Entstrukturierung sozialstaatlicher Sicherheiten sozialen Modellcharakter erlangen könnte: Diese Perspektive - so wird argumentiert - stelle sich gesellschaftlich umso vielversprechender, als die Neuordnung der Generationen nicht nur das Alter miteinbeziehe, sondern auch eine neue Gegenseitigkeit in das Generationenverhältnis bringe: Die Älteren lernten heute angesichts technologisch beschleunigter und sozial entbetteter Zeitverläufe genauso von den Jugendlichen, die Erfahrung des Alters würde wiederum als antizyklische Ressource von den emotionalen Halt und Bindung suchenden Jüngeren nachgefragt. Die traditionelle Erziehungs- und Bildungshierarchie der industriekapitalistischen Moderne sei abgebaut und die neue Figur der Sorge als Ausdruck der beziehungspolitischen Gegenseitigkeit trete im Kontrast und als Gegenwelt zur Konkurrenzgesellschaft hervor. Indem die überkommenen pädagogischen Begriffe der Bildung und Erziehung aus dem alten Generationenverhältnis der ersten Moderne hervorgegangen seien, könne - in einem neuen strukturell gewandelten Generationenverhältnis - der Sorgebegriff als pädagogischer Begriff der zweiten Moderne erkannt und eingeführt werden. Da er also das integrationale Generationenkriterium als pädagogische Grundfigur gesellschaftlich neu zu thematisieren imstande sei, könne er als zeitgemäßer pädagogischer Schlüsselbegriff gelten. In diesem Sinne will auch Jürgen Zinnecker die sorgenden Verhältnisse als ‚stellvertretende Inklusion' von Generationen" (Zinnecker 1997, S. 212) verstanden wissen:

„Pädagogik bezeichnet alle sorgenden Verhältnisse zwischen allen zu einer Zeit lebenden Generationen, seien diese nun dominant auf Bildung/Unterricht, Erziehung oder soziale Hilfe fokussiert. Konstitutiv für pädagogische Sorgeverhältnisse zwischen Generationen ist, dass dabei die eine Seite im Generationsverhältnis auf Zeit für die andere Seite eine stellvertretende Einbeziehung (Inklusion) in das gesellschaftliche System in Form eines Moratoriums übernimmt. (...) Die Pluralität der pädagogischen Verhältnisse zwischen den Generationen wird des weiteren durch den Hinweis auf den gesamten Lebensverlauf unterstrichen. Die Stoßrichtung ist die Auflösung der binären Codierung Kind-Erwachsener. Das kann am überzeugendsten dann geleistet werden, wenn, wie hier vorgeschlagen wird, die Verhältnisse zwischen verschiedenen - gleichzeitig lebenden - Generationen primär auf private Abstammungs- und Verwandtschaftsverhältnisse bezogen werden. Alters-Generationen (Alterskohorten) und verberuflichte, professionalisierte Generationen-Beziehungen sind dann als abgeleitete, sekundäre Formen von Generationsverhältnissen zu verstehen." (Zinnecker 1997, S. 201-203)

Nun ist der Begriff der Sorge ein schon früher immer wieder thematisierter humanwissenschaftlicher Topos. Wir erinnern in diesem Zusammenhang an den Sorgebegriff der Frauenbewegung und -forschung, an den „Alltag der Sorge" bei Karel Kosik oder die Kategorie der Selbstsorge bei Michel Foucault. Alle diese Begriffsdimensionen sind gesellschaftlich vermittelte Begriffe, welche die soziale Lage, das Ausgesetztsein und die Bewältigungsperspektive des Menschen in der sich von ihnen verselbständigenden Gesellschaft fassen und subjektive Betroffenheit von Gesellschaft zur Sprache bringen. Kosiks alltagsgefasster Sorgebegriff verweist auf die gesellschaftlichen Schatten, die sich über den Alltag ziehen und ihn zum zwanghaften Bewältigungsalltag des zugleich freien und unfreien Menschen im Kapitalismus werden lässt (vgl. Thiersch 1977; 1986). Foucaults Konstrukt der Selbstsorge zielt auf die Instanz, zu der die eigene individualistische Personalität angesichts der macht- und systemgetriebenen Klassifizierung des sozialen Menschen gedrängt wird (vgl. Foucault 1991). Der moderne Konsum ist dabei zu einem Medium der Selbstsorge geworden. Der Sorgediskurs der Frauenbewegungen des 20. Jahrhunderts schließlich - heute eingemündet in den Care-Diskurs der Geschlechterforschung - schließt vom existentiellen Angewiesensein der kapitalistischen Ökonomie auf die weibliche Haus- und Reproduktionsarbeit umgekehrt auf die gesellschaftsgestaltende, antikapitalistische Kraft der Sorge. Der Sinn der Güterproduktion liegt im Menschen und nicht im Gesetz des Marktes, sondern in der ‚Produktivkraft' Sorge (s.o. im historischen Teil).

Diese drei Definitionen gesellschaftsvermittelter Sorge sind an die Vergesellschaftungslogik der industriekapitalistischen Moderne gebunden. Sie sind angesichts des grundlegenden gesellschaftlichen Strukturwandels im digitalen Kapitalismus nicht mehr so ohne weiteres reaktivierbar. Sie bedürfen der Reformulierung über die Bewältigungsdimension: Sorge als spezifisches Segment der leibseelischen und sozialen Betroffenheit von Freisetzung und der daraus resultierenden Suche nach Handlungsfähigkeit als Zugehörigkeit.

Dem aus dem heutigen Wandel des Generationenverhältnisses abgeleiteten pädagogischen Begriff der Sorge fehlt diese gesellschaftliche Vermitteltheit genauso wie die Freisetzungsdimension. Es ist ein Begriff, der dem Entstrukturierungsparadigma der Theorie der „zweiten Moderne" und deren fatalen Hang zur individualistischen Verwischung des Unterschiedes von gesellschaftlichen und privaten Sphären (s.u. Politik der Bewältigung) folgt. Aus der Entstrukturierung des pädagogischen Generationenverhältnisses durch demographische (Ausdehnung und Aufwertung des Alters) und sozialstrukturelle Prozesse (Auflösung hierarchisch geschlossener Sozialeinheiten wie Familie und Jugend als einzigartige Kernbereiche) wird auf ein neues Generationenverhältnis und mithin auf eine neue pädagogische Bezugskategorie geschlossen. Dieser Sorgebegriff ist zwar vor dem Hintergrund gesellschaftlicher Wandlungsprozesse gefunden worden, aber er wird in eine Pädagogik hineingesetzt, die dem Entstrukturierungsparadigma verhaftet ist, die letztlich doch ihre Autonomievorstellung bewahren soll.

Die Gespaltenheit der sozialen Welt im digitalen Kapitalismus, so haben wir bisher argumentiert, kann man aber nicht länger mit dem Entstrukturierungsparadigma der Theorie der „zweiten Moderne" erfassen. Es kann die neuen gesellschaftlichen Bezüge der sozialen Einbettung und Spaltung und des Überflüssigwerdens von Menschen nicht begreifen, Ausgrenzungsprozesse zwar beschreiben, aber nur in jenem Mechanismus von Chance und Risiko erkennen, der trotz allem das Fortbestehen *einer* sozialen Welt suggeriert. Dass sich in unseren Gesellschaften gespaltene, nicht mehr im herkömmlichen Sinne sozial aufeinander beziehbare Welten ausbilden, kann im Entstrukturierungsparadigma nicht erkannt werden, vor allem aber nicht, dass dort, wo sie sich aufeinander beziehen, diese Bezüge gegenläufig bis paradox ausfallen. Hätten die Sorgetheoretiker der neuen pädagogischen Generationenforschung z.B. die entsprechenden Ergebnisse der interkulturellen und geschlechtsbezogenen Forschung zu Fremdenhass auf ihren Gegenstand bezogen, so hätten sie die ambivalente Bewältigungsdimension dieser generationalen Sorgeverhältnisse erkennen können:

- Ausländerfeindlichkeit als Folie der „Sorge um die eigene Familie" angesichts einer unübersichtlichen, ‚fremden' und deshalb bedrohlichen Welt des sozial entbetteten Kapitalismus, in der man für sich und die Seinen den rechten Ort nicht mehr findet;
- Familiale Gewalt, in der „Sorge um die Familie" steckt, die heillos überfordert ist; eine Sorge die - gepaart mit verwehrter Sehnsucht nach Liebe und Geborgenheit im Privaten - nur noch mit Gewalt ausdrückbar ist.

Man muss die Reihe der therapeutischen Befunde nicht verlängern, um zu erahnen, was sich zeigt, wenn man den Sorgebegriff von der Freisetzungs- und Bewältigungsdimension her aufschließt. Die Entbettungsdynamik des digitalen Kapitalismus setzt schließlich jenes Bedürfnis nach Aufeinander-Angewiesensein im Privaten frei, das in einer Gesellschaft, in der das soziale Aufeinander-Angewiesensein erodiert, öffentlich nicht mehr erfüllbar ist. So haben die neuen intergenerationalen Sorgeverhältnisse auch ihr hässliches Gesicht: die aggressive Reclanisierung der Gesellschaft, die immer neue Spaltungen hervorbringt und dem digitalen Kapitalismus die Stütze einer privatistischen Zitadellenkultur verschafft, in der seine Ausgrenzungs- und Obsoleszenzkategorien letztlich doch von den Menschen gedeckt werden.

Diese Kritik der Pädagogisierung des Sorgebegriffs soll seine rekonstruktiven und deskriptiven Qualitäten nicht denunzieren. Sie soll aber auch zeigen, dass ein so verstandener Sorgebegriff die Pädagogik in eine der vielen sozialen Fallen locken kann, die der digitale Kapitalismus inzwischen aufgestellt hat.

Erziehung, Bildung und Bewältigung

Durch all unsere bisherigen Argumentationen hat sich wie ein roter Faden der Schlüsselbegriff *Freisetzung* gezogen. Schlüsselkategorie deshalb, weil sich in ihr der pädagogische Zugang zur Arbeitsgesellschaft gleichermaßen formulieren lässt, wie sich darin ihr pädagogischer Aufforderungscharakter selbst ausdrückt. Die Arbeitsgesellschaft macht pädagogische Vorgaben, mit denen sich die Pädagogik auseinandersetzen muss, will sie gesellschaftlich reflexiv agieren können.

Wir haben auch gesehen, wie sich an der Freisetzungsthematik die Geister geschieden haben und heute noch scheiden. Man kann hier durchaus eine europäisch-sozialstaatliche und eine amerikanische Variante pädagogischer Interpretation einander gegenüberstellen. In der europäischen - vor allem auch deutschen - Version ist die Freisetzungsthematik seit Durkheim eng mit der Integrations- und Identitätsfrage verknüpft. Mennickes „Freisetzung wozu?" geht ebenso in diese Richtung wie die pädagogische Kulturkritik, die die Entwicklung zum ‚ganzen Menschen' gefährdet sah. Später, im 20. Jahrhundert, - bis heute - hat der Identitätsbegriff das Freisetzungsthema pädagogisch zu integrieren versucht. Gelungene Identitätsbalance als Erziehungsziel gilt seitdem als Ausweis dafür, dass es der Pädagogik möglich sein kann, gesellschaftliche Ambivalenzen im nun modernisierten Entwicklungsbegriff auszusteuern.

Die Identitätsillusion angesichts der tiefenpsychischen Verdrängungs- und Abspaltungsprozesse, aber auch die pädagogisch indifferenten Lebensformen der segmentierten Arbeitsgesellschaft (abstract worker, überflüssige Menschen) haben inzwischen auch der Pädagogik deutlich gemacht, dass sie das Verhältnis Mensch/Gesellschaft angesichts des Strukturwandels der Arbeitsgesellschaft neu aufschließen muss. Ausschlaggebend ist dabei vor allem auch die Erkenntnis, dass die herkömmliche Erwerbsarbeit längst nicht mehr für alle und selbstverständlich identitätsstiftend, sinngebend und sozial integrierend ist.

In dieser Situation erscheint heute die bisher weitgehend verpönte ‚amerikanische' Interpretationsvariante der arbeitsgesellschaftlichen Freisetzung in einem anderen Licht. Verpönt deshalb, weil sie in allem der uns gewohnten pädagogischen Sichtweise zuwiderlaufen zu scheint. Da Arbeit dort biographisch-instrumentell begriffen wird, stellt sich die Entfremdungsfrage ebenso wenig wie das pädagogische Identitäts- und Integrationsproblem. Das Zauberwort heißt vielmehr *Selbstbehauptung*. An Kafkas Amerika-Roman konnten wir demonstrieren, wie eine ‚Jugend ohne Moratorium' sich durchzusetzen hat, jenseits aller traditioneller Integrationsvorstellungen von Arbeit und Berufskarriere. Die pädagogische Kulturkritik an dieser - nach dem Ersten Weltkrieg in Deutschland so bezeichneten - ‚amerikanischen' Jugend sah indessen nur die ‚Selbstüberlassenheit' und ‚Gestaltlosigkeit' der neuen Jugend, ihre scheinbare soziale Bindungslosigkeit und ‚sinnlose' Gegenwarts- und Konsumorientierung. Dass in einer solchen individualistisch gebundenen Selbstbehauptung eine Bewältigungsleistung steckt, die gerade Jugendliche angesichts des industriegesellschaftlichen Strukturwandels erbringen müssen, wurde nicht erkannt.

Diese moratoriums- und integrationsfixierte Sichtweise hat sich in der deutschen Jugendpädagogik eigentlich bis heute gehalten. Der Hedonismus und Gegenwartsbezug der Jugend auf der einen Seite und die jugendkulturelle Affinität zu Risikoverhalten und Devianz auf der anderen Seite dominieren in deutschen Jugendstudien immer noch. Systematische Hinweise auf Bewältigungsleistungen, die hinter solchen Verhaltensmustern stehen (können), findet man - wie in der Shell-Studie *Jugend 2000* - nur zögerlich.

So ist es nicht verwunderlich, dass der Verweis auf die Bewältigungsperspektive in den 1970er und 1980er Jahren von Seiten jener Psychologen kam, die den Coping-Ansatz der amerikanischen Stressforschung rezipierten und in die Entwicklungspsychologie des Jugendalters (Oerter 1985) zu integrieren versuchten. Nicht das Bild des sozial abweichenden, konfliktbelasteten und deshalb präventiv und per Krisenintervention zu begleitenden Jugendlichen sollte im Mittelpunkt der Jugendforschung und Jugendpädagogik stehen, sondern das des Jugendlichen, der sich trotz aller Schwierigkeiten, Brüche und Risiken des modernen Jugendalters durchschlägt und biographisch über die Runden kommt. Diese Figur des ‚unvulnerable kid' lässt sich unschwer auf das uns inzwischen vertraute amerikanische Modell der Jugend ohne Moratorium, die sich früh selbst behaupten muss, zurückführen. Sicher hat sich gerade auch in den USA die pädagogische Wirklichkeit im Verlauf des 20. Jahrhunderts so entwickelt, dass die Entwicklungskonstellation der ‚Bildungsjugend' vorherrschend ist. Gleichzeitig gibt es aber noch wesentlich mehr Jugendliche als bei uns, die sich - sozial benachteiligt - von früh auf behaupten müssen. Wichtiger aber ist, dass im sozialen Denken der amerikanischen Gesellschaft diese Idee der Selbstbehauptung bis heute vor der Integrationsfrage steht. Was die amerikanische Gesellschaft eint, ist weniger eine vom einzelnen abgehobene kollektive Moral Durkheimscher Prägung, sondern die Vorstellung eines Amerika, das im von allen geteilten (Pionier-)Geist der individuellen Selbstbehauptung geeint ist.

Nun hat die amerikanische Entwicklungspsychologie das Paradigma der Invulnerabilität nicht bloß im Sinne des ‚irgendwie Durchkommens' formuliert: Nicht nur - so die entsprechende Argumentation -, dass der Einzelne sich selbst behaupten muss; in dieser Selbstbehauptung steckt auch eine Gestaltungsperspektive: Der Einzelne wird in der Linie von Selbstbehauptung und Bewältigung zum ‚Produzenten' seiner eigenen Biographie, die sich erfahrungsgemäß der gängigen gesellschaftlichen Normalbiographie angleicht, sich ihr aber nicht unbedingt nähern muss. Im US-amerikanischen Bürgerdiskurs wird sozial noch weitergehender und - letztlich klassisch liberalistisch - argumentiert: Es gebe eine unsichtbare Struktur in der demokratischen Marktgesellschaft, die dafür sorgt, dass sich der Einzelne nicht so ohne weiteres auf Kosten der Anderen entfalten kann, sondern deren personale Integrität er sozial respektieren muss. Das Soziale als das Gemeinsame entfalte sich also über einen unsichtbaren sozialen Marktmechanismus; hier ist nach wie vor der entscheidende Haken (s.o.).

Es macht dennoch keinen Sinn, die beiden pädagogischen Figuren - Selbstbehauptung versus Integration - gegeneinander auszuspielen. Die Armutsrisiken und das Gewalt- und Aggressionsklima in der US-Gesellschaft zeigen uns immer wieder, wie notwendig kollektive sozialintegrative Systeme sind, um sozialen Ausgleich und soziale Gegenseitigkeit abzusichern, sie gestaltbar und legitimierbar machen zu können. Gleichzeitig ist uns aber auch bewusst, dass ein einseitiger sozialstaatlicher Integrationsdiskurs nicht nur die individuellen Bewältigungspotenziale verkennt, sondern auch sozial abweichendes individuelles Bewältigungsverhalten vorschnell in die Schubladen von Dissozialität und Delinquenz steckt und - gerade bei Jugendlichen - wenig Gespür für biographisch angezeigte Umwege im Lebenslauf entwickeln kann.

Von daher bietet es sich an, die beiden scheinbar widersprüchlichen Paradigmen zueinander in Bezug zu setzen und die Synthese - Bewältigung in ihrer Ambivalenz - zum Ausgangspunkt pädagogischer Fragen und Strategien zu machen. So wird deutlich, dass im individuellen Bewältigungsverhalten ebenso Selbstbehauptung mit biographischer Perspektive und (nicht selten von der sozialen Normalität abweichendem) sozialem Integrationsanspruch steckt, dass es aber gleichzeitig auch gesellschaftliche Vorgaben sozial verträglicher und demokratisch-konsensueller Sozialintegration geben muss, damit der individuelle (meist verdeckte) sozialintegrative Anspruch, besser: die soziale Bedürftigkeit, in ein gesellschaftsfähiges Magnetfeld gelenkt werden kann.

Bewältigung

Im begrifflichen Konstrukt ‚Bewältigung' (auch: Lebensbewältigung) kann zum einen der gesellschaftliche Ort aufgeschlossen werden, an dem typische psychosoziale Probleme des ‚Ausgesetztseins' und der ‚Betroffenheit' für den modernen Menschen entstehen können. Zum zweiten können mit dem - nun subjektbezogenen - Bewältigungskonzept auch die Betroffenheiten und Befindlichkeiten der Klienten erkannt und ihr darauf bezogenes Verhalten (Bewältigungshandeln) verstanden werden.

In der gesellschaftlichen Perspektive ist der Begriff der Bewältigung eng mit dem Begriff der Freisetzung verknüpft. Damit ist gemeint, dass es historisch-gesellschaftliche Umbrüche gibt, die so einschneidende sozialstrukturelle Veränderungen mit sich bringen, dass die Menschen nicht mehr auf den gewohnten gesellschaftlichen Orientierungs- und Verständigungsmustern aufbauen können, wenn sie sich in den neuen Verhältnissen zurechtfinden wollen. Es kann also weniger auf bisher Erfahrenem aufbauend ‚gelernt' werden, sondern viele Menschen reagieren nach einem Muster, das seine eigene leibseelisch rückgebundene Logik hat. D.h., aus der Sicht und dem Erleben der Subjekte steht die Frage nach der *Handlungsfähigkeit* des

Menschen in solchen anomischen Strukturen im Vordergrund. Die entsprechende ‚Bewältigungsthese' lautet: Sozialstrukturelle Probleme sozialer Desintegration vermitteln sich in biographischen Integrations- und Integritätskrisen und entsprechenden kritischen Lebensereignissen. Lebensbewältigung bedeutet also in diesem Zusammenhang das Streben nach subjektiver Handlungsfähigkeit in kritischen Lebenssituationen, in denen das psychosoziale Gleichgewicht - Selbstwert und soziale Anerkennung - gefährdet ist. Lebenskonstellationen werden von den Subjekten dann als kritisch erlebt, wenn die bislang verfügbaren personalen und sozialen Ressourcen für die Bewältigung nicht mehr ausreichen (Filipp 1981). Deshalb ist dieses Streben nach Handlungsfähigkeit in der Regel nicht vornehmlich kognitiv-rational, sondern emotional und triebdynamisch strukturiert. Darin zeigt es Gesetzmäßigkeiten, die sich in Anlehnung an das aus der Stressforschung entstammende Coping-Konzept (vgl. Brüderl 1988) herausarbeiten lassen. Die Coping-Theorie geht von dem Befund aus, dass die Bewältigung von Stresszuständen bei Problembelastungen und kritischen Lebensereignissen so strukturiert ist, dass der Mensch aus somatisch aktivierten Antrieben heraus nach der Wiedererlangung eines homöostatischen (Gleichgewichts-) Zustandes um jeden Preis strebt. An diese Logik wird im sozialpädagogischen Bewältigungskonzept im Sinne des Strebens nach unbedingter sozialer Handlungsfähigkeit angeknüpft. Dabei wird - um die physiologisch/psychologische Begrenztheit des Konzepts (vgl. Kohli 1982) überwinden zu können - ein Bezugsrahmen entwickelt, in dem das Zusammenwirken von sozialstrukturellen und psychosozialen Einflussfaktoren thematisiert und strukturiert werden kann. Vier Grunddimensionen haben sich herauskristallisiert, an denen entlang die Bewältigungsproblematik in ihrer Komplexität aufgeschlossen und der pädagogischen Analyse zugeführt werden kann: die tiefenpsychisch eingelagerte Erfahrung des Selbstwertverlustes, die Erfahrung sozialer Orientierungslosigkeit und fehlenden sozialen Rückhalts und die handlungsorientierte Suche nach Formen sozialer Integration, in die das Bewältigungshandeln sozial eingebettet und in diesem Sinne normalisiert werden kann. In diesem Mehrebenen-Modell können unterschiedliche theoretische Konzepte (Theorien des Selbst, Anomietheorie, Alltagsparadigma, Konzepte zu Milieu und sozialer Unterstützung, sozialisationstheoretische Integritätskonzepte etc.) interdisziplinär aufeinander bezogen und miteinander verschränkt werden (vgl. dazu Böhnisch 1997).

Im Hinblick auf seine Anwendungsmöglichkeiten in den Bereichen von pädagogischer Diagnostik und Intervention hat das Bewältigungsparadigma den Vorzug, dass es eine Verbindung zwischen äußerem Sozialverhalten (Rollenverhalten) und dem Selbst als triebbewegter psychischer Instanz herzustellen vermag. So wird erst das Verstehen von Handlungen der Klienten möglich. Dabei ist der Begriff des „Triebes" nicht biologisch verengt zu sehen, sondern im Sinne sozial gerichteter Triebansprüche, die - beginnend in der frühen Kindheit - im Prozess der Sozialisation ihre psychosoziale Formung erfahren (Gottschalch 1991, Gruen 1992). Im Mittelpunkt des pädagogischen Interesses steht dabei die misslungene Balance zwischen psychischem Selbst und sozialer Umwelt, aus der heraus das ‚verwehrte Selbst' (sinngemäß nach Gruen) soziale Aufmerksamkeit in dissozialen bis sozial- oder selbstdestruktiven Aktionen sucht (Winnicott 1988).

Auch in der bildungs- und sozialpolitischen Anwendungsperspektive erweist das Konzept Lebensbewältigung seine integrierende Qualität, indem es personale Betroffenheiten und sozialstrukturelle Gegebenheiten - bei Berücksichtigung der je eigensinnigen Subjektanteile - aufeinander beziehen kann. Lebensbewältigung ist nicht nur strukturiert in psychosozialen Settings, sondern vor allem auch durch die soziale Lebenslage der Einzelnen maßgeblich beeinflusst. Das Konstrukt Lebenslage (Nahn-

> sen 1975) verweist auf die sozialökonomisch bestimmten Lebensverhältnisse als Ressourcen individueller Lebensgestaltung. Mit ihm können die jeweiligen Vergesellschaftungsformen auf die je individuell verfügbaren Muster der Bewältigung (strukturell) bezogen, individuelle Lebensbewältigung also an die gesellschaftliche Entwicklung rückgebunden werden. Die modernen Menschen haben sich aus den früher starren, klassengebundenen Lebenszusammenhängen gelöst. Sie bleiben dennoch an ihre Herkunft - nun habituell vermittelt (Bourdieu 1982) - rückgebunden, können aber in ihren individualisierten Lebensumständen Spielräume aufschließen und sie in ihrem biographischen Subjekthandeln für sich verändern.

Im Rekurs auf dieses Bewältigungsparadigma - als in sich ambivalentem Zusammenhang von Freisetzung, Selbstbehauptung und sozialer Integration - kann die Pädagogik die sozialpolitische Reflexivität entfalten, die sie aus ihrer sozialökonomischen Verlegenheit befreien kann. Dazu muss sie aber ihren Erziehungs- und Bildungsbegriff in ein entsprechendes Verhältnis zum Bewältigungsparadigma bringen können. Wie schwierig dies bisher war, lässt sich anhand der Entwicklungsgeschichte des Erziehungs- und Bildungsbegriffs nachzeichnen.

Der Erziehungsbegriff hat seine gegenwärtige Ausdeutung vor allem im pädagogischen Denken der frühen Neuzeit erfahren, einer Zeit, in der ein anzustrebendes Persönlichkeitsideal im Mittelpunkt stand. Der Begriff der Bildung dagegen beherrschte die Diskussionen des später 18. bis zum frühen 20. Jahrhunderts und stellte das Subjekt selbst in den Vordergrund. Im 20. Jahrhundert zeichnete sich dann immer mehr ab, dass es schwierig ist, Persönlichkeit und Subjekt aus dem Pädagogischen heraus zu konstituieren. Deshalb stand die Bildungsperspektive immer noch im Vordergrund der pädagogischen Programme, während die Bewältigungsdimension meist sekundär blieb und sich entsprechende paradigmatische und programmatische Ansätze - siehe Carl Mennicke - nicht durchsetzen konnten. Erst im letzten Drittel des 20. Jahrhunderts, als die Sozialisationstheorie und Sozialisationsforschung zu Hilfswissenschaften der Pädagogik wurden, konnte die Bewältigungsthematik wenigstens bildungstheoretisch in den pädagogischen Blick geraten.

Das Ausweichen über die Sozialisationstheorie war aber nur solange möglich, als die pädagogischen Institutionen ihren funktional gesicherten und so legitimierten Platz in der Gesellschaft hatten. Als diese institutionelle Sicherheit und Selbstverständlichkeit mit dem Strukturwandel der Arbeitsgesellschaft gefährdet war, musste auch die Frage akzeptiert werden, wie und ob unter den gesellschaftlichen Umständen die Pädagogik überhaupt noch glauben könne, erzieherische Persönlichkeitsideale und die Subjektperspektive durchsetzen zu können, wenn sich die gesellschaftliche Entwicklung diesen pädagogischen Forderungen gegenüber - um einen Begriff Mennickes zu gebrauchen - „gleichgültig" verhalte. Gleichzeitig - so die andere Seite der Argumentation - sei sie keine Pädagogik mehr, wenn sie sich nur als empirische Sozialisationswissenschaft verstünde.

Damit rückte und rückt die Frage in den Mittelpunkt, ob und wie sich die Pädagogik dem Menschen angesichts der Anforderungen und Bewältigungsprobleme, welche die Gesellschaft ihm zumutet, zuwenden kann. Können überhaupt noch Erziehungsideale und Subjektbegriffe, die so eng an eine aus der Vorstellung der pädagogischen Autonomie hervorgegangene Bildungs- und Erziehungsdiskussion gebunden sind, die pädagogischen Herausforderungen erfassen? Die Pädagogik des 20. Jahrhunderts war ja dadurch gekennzeichnet, dass sie sich von der pädagogischen Provinz abwenden und ihren Ort in der Gesellschaft suchen musste. Darauf hatten Siegfried Bernfeld und Carl Mennicke schon in den 1920er Jahren hingewiesen (s.o.). Sie blieben ungehört in einer Zeit, in der die reformpädagogische Sonne so hell schien, dass die gesellschaftlichen Schatten dem pädagogisch-optimistischen Blick entgehen mussten. Schließlich waren es - in den 1920er Jahren - die Jugendlichen selbst, welche ihre Lebens- und Bewältigungsprobleme, die sich vom ‚reinen Jugendleben' der reformpädagogischen Idee gnadenlos unterschieden, der Pädagogik immer wieder vorhielten. Viele Reformpädagogen hatten sich in ihrem autonomen pädagogischem Denken an der Institution Schule festgebissen und dabei übersehen, dass der Erziehungscharakter der Schule deshalb in den Hintergrund getreten war, weil die Schule in der modernen arbeitsteiligen Massengesellschaft zunehmend zu einer gesellschaftlichen Organisation geworden war.

Hier setzte schließlich die Sozialpädagogik ein, indem sie in ihrer Schulkritik bezweifelte (vgl. Niemeyer 1999), dass die Schule aus sich heraus Persönlichkeiten bilden kann, die sich dann auch entsprechend autonom gegenüber der Gesellschaft verhalten können. Natorp und Mennicke hatten damals schon dementsprechend die Aufforderung an die Pädagogik ausgesprochen, nicht nur die Lebensverhältnisse der Arbeiter und Jugendlichen ins Blickfeld aufzunehmen, sondern auch die Widersprüche wahrzunehmen, die sich dort entfalten, und zu fragen, welche Bildungsbewegungen sich aus den dortigen Bewältigungsaufgaben heraus ergeben. Mennicke hielt grundsätzlich fest, „dass überhaupt die wenigsten Menschen vom persönlichen Bewusstsein her ihr Leben gestalten, sondern dass die erdrückende Mehrzahl in durchgängiger Abhängigkeit von dem Zustand ihrer Umgebung steht" (Mennicke 1930, S. 311).

Diese Kritik einer bildungsautonomen Pädagogik ist durch Durkheims Erkenntnis, dass von der modernen arbeitsteiligen Gesellschaft selbst pädagogische Wirkungen (strukturell) ausgehen, zu ergänzen. Vielleicht würde Durkheim heute sagen: Die Pädagogik hat nicht oder nur unzureichend erkannt, dass die Gesellschaft in ihrer arbeitsteiligen Dynamik selbst Strukturen von Entwicklung und Integration freisetzt, die - obwohl die Pädagogik diese Begriffe für sich reklamiert - erst einmal sozial erklärt werden müssen und nicht so ohne weiteres pädagogisch beansprucht werden können. Dies macht bis heute die soziale Verlegenheit der Pädagogik aus, dass in der modernen Arbeitsgesellschaft ein pädagogisches Modell steckt, das man als solches nur sozial begreifen kann. Will also die heutige Pädagogik aus dieser Verlegenheit herauskommen, muss sie sich an einem dialektischen Modell orientieren: Das Pädagogische - als Vergesellschaftungsform und lebensweltliche Beziehung gleichermaßen - entwickelt sich in der Dialektik von menschlicher Integrität und systemischer Integration. Der Mensch soll sich so entwickeln können, dass er auf sich selbst aufbauen und so mit sich eins sein kann. Die Gesellschaft aber verlangt von ihm permanente Offenheit und Flexibilität, ist somit seinem Selbst gegenüber prinzipiell gleichgültig. Das dialektische Zusammenspiel ergibt sich daraus, dass der moderne Mensch in seiner persönlichen Entwicklung und Entfaltung auf gesellschaftliche Integration angewiesen ist, die arbeitsteilige Gesellschaft wiederum aber nur dann mit einem flexiblen, optionsoffenen und damit integrationsfähigen Menschen rechnen kann, wenn sie Räume zulässt, in denen er zu sich kommen und bei sich selbst sein kann.

Dieses pädagogische Prinzip der industriekapitalistischen Moderne ist in dem Maße brüchig geworden, in dem die globalisierte und rationalisierte Arbeitsgesellschaft nicht mehr massenhaft auf menschliche Arbeitskraft und damit auf Integrationsbereitschaft angewiesen ist (und gleichzeitig - im Modell des abstract worker - eine eigene Kultur abstrakter Integrität schafft und inszeniert). Die aktuellen Integrations- und Integritätsprobleme tangieren deshalb nur noch bedingt den digitalen Kapitalismus. Umso mehr ist die Pädagogik auf den Sozialstaat verwiesen. Da heute aber die Prosperität einer globalistisch orientierten Ökonomie mit der Krise des Sozialstaats einhergeht, ist das Pädagogische als Vergesellschaftungsform - vor dem Hintergrund dieser angelegten Dialektik - doppelt verunsichert. Aus diesen Überlegungen wird aber auch deutlich, wie eng die Pädagogik in ihrer gesellschaftlichen Wirksamkeit, aber auch in der Legitimationsfähigkeit (gegenüber den Menschen) an den Sozialstaat gebunden ist. Daraus folgt ebenfalls, dass die Pädagogik nicht nur auf den Strukturwandel der Arbeitsgesellschaft zu reagieren hat, sondern genauso zur Zukunft und zum Umbau des Sozialstaates eine Position finden muss.

In der Schule, und vor allem in der Lehrerschaft, ist bis heute die Illusion verbreitet, die Gesellschaft stelle heute immer noch - in institutioneller Analogie zu einem Jugendmoratorium - einen Raum bereit, in der junge Menschen zur Persönlichkeit erzogen werden könnten. Diese modernisierte Vorstellung von der pädagogischen Provinz setzt damit weiterhin so etwas wie eine gesellschaftliche Unbefangenheit der Jugend voraus. Das Zusammenspiel von pädagogischem Autonomie- und Moratoriumsdenken ist aber seit dem letzten Drittel des 20. Jahrhunderts nachhaltig gestört. Das Jugendmoratorium als sozialisatorische Voraussetzung einer gesellschaftlich abgeschirmten Schule löst sich zunehmend auf, je stärker soziale Bewältigungsprobleme in das Schulalter hineinreichen und sich die Unbekümmertheit jugendlichen Experimentierens mit sozialen Bewältigungsproblemen zu frühen biographischen Risiken vermischt. Die breite Diskussion um Gewalt in der Schule, wie sie in den 1990er Jahren geführt wurde, war symptomatisch für die Betroffenheit und Verlegenheit, die die Schulpädagogen überraschte.

Dieses soziale ‚Attentat' auf die Schule traf sie zu einer Zeit, als die moderne Schulpädagogik im Anschluss an die schulkritischen Diskurse der 1970er und 1980er Jahre geglaubt hatte, die Verbindung von Schule, Subjektentwicklung und Gesellschaft dadurch herstellen zu können, dass man ‚Erziehung' und ‚Bildung' in die neuen pädagogischen Schlüsselbegriffe von ‚Identität' und ‚Mündigkeit' einfädelt. Identitätsfindung galt als strukturierende Linie eines Bildungsprozesses, als dessen Ergebnis ein Bewusstsein von der Grenze zwischen dem Ich und der sozialen Welt herauskommen, in dem der Einzelne sich kritisch in Bezug zur Außenwelt setzen sollte. Diese so gedachte Balance ist heute von der neuen Vergesellschaftungsform der Flexibilisierung und ihren Mustern struktureller Pädagogik - wie wir sie z.B. im Bild des ‚abstract worker' beschrieben haben - gestört oder außer Kraft gesetzt. Hier setzt der Bewältigungsbegriff ein, mit dem erst einmal gefragt wird, in welchen sozialen Spannungen der Einzelne eigentlich steht. In der Bewältigungsperspektive versucht die Pädagogik eben nicht, der Gesellschaft etwas vorzumachen und sie aus der Sicht ihrer pädagogischen Ansprüche wahrzunehmen, sondern begibt sich in die Gesellschaft und sucht den Ort, an dem sie die Bewältigungsproblematik erkennen und aus ihr heraus pädagogisches Handeln formulieren kann. Der Begriff der ‚Autonomie' wird durch den Begriff der ‚Handlungsfähigkeit' abgelöst.

Man kann den Versuch der Pädagogik, im letzten Drittel des 20. Jahrhunderts den Bildungsbegriff in die Dimension von Identität und Mündigkeit zu fassen, als eigenen disziplinären Balanceversuch werten: die Autonomie der Pädagogik zu halten und gleichzeitig Anschluss an die Gesellschaft zu finden. Der ‚ganze Mensch' konnte nicht mehr einfach der Gesellschaft entgegengesetzt werden, sondern musste sich in der kritischen Identitätsbalance erst herausbilden. Mündigkeit galt dabei als das in die Person eingelassene kritische Verhältnis zur Gesellschaft, der sich der Mensch ja nicht entziehen kann. Diese Form der Identitätsbalance war schon in den räumlichen Bildungsvorstellungen jener Reformpädagogen zu Anfang des 20. Jahrhunderts angelegt, die - wie zum Beispiel Paul Geheeb - für ihre Reformschulen Standorte suchten, die außerhalb der industriellen Welt in der Natur lagen, aber wiederum so nahe an der Großstadt, dass diese jederzeit erreichbar war. Hierin manifestierte sich schon der Versuch einer Balance zwischen pädagogisch autonomem Bildungssubjekt und der Notwendigkeit gesellschaftlicher Integration. Die Sozialisationstheorie hat später diesem Bemühen eine paradigmatische Grundlage gegeben, die im modernen Sozialisationsbegriff ihren entsprechenden Ausdruck findet: ‚Sozialisation' bedeutet das Aufwachsen des Individuums in der Auseinandersetzung mit der dinglichen und sozialen Umwelt und mit sich selbst.

Indem wir den Bewältigungsbegriff auch als Kritik des pädagogischen Identitätsbegriffs gebrauchen, gehen wir davon aus, dass die impliziten Voraussetzungen für diese Balance nicht mehr gegeben sind. Denn das Identitätsparadigma setzt eine übersichtliche gesellschaftliche Welt voraus. Der Begriff der ‚Identität', wie er in Anlehnung an das Rollenmodell von Mead in der modernen Bildungsdiskussion gebraucht wurde, ist kognitiv strukturiert und reicht nicht an die Triebstrukturen der Persönlichkeit heran. Gleichzeitig ist in ihm, wenn man ihn gesellschaftlich betrachtet, die Vorstellung enthalten, dass lebensweltliche und systemische Prozesse miteinander vermittelbar seien. Mit der Tendenz zur Entkoppelung von System- und Sozialintegration ist auch diese Voraussetzung brüchig geworden. Indem sich das Systemische verselbständigt und dennoch auf den Menschen so zurückwirkt, dass er es nicht kognitiv begreifen, aber triebbedrängt und somatisch spüren kann, wurde das Gesellschaftliche so unübersichtlich wie auch die Wirkungen im Selbst irrational geworden sind. Das Bewältigungsparadigma kann diesen Zusammenhang aufschließen, da über diesen Zugang pädagogische Konstellationen herausgearbeitet werden können, die aus dem strukturellen Zusammenwirken von gesellschaftlicher Freisetzung mit tiefenstrukturellen Befindlichkeiten der Menschen selbst entstehen.

Während der klassische Bildungsbegriff die Diagnose um die Entfremdung mit dem Weg, aus ihr herauszukommen, zu vereinen versucht (s.o.), ist in der Vorstellung von Bewältigung dieser Anspruch von Befreiung und Heilung nicht mehr gegeben. Vielmehr geht es - nun auf einer anderen Ebene - darum, zu fragen, wie der Mensch überhaupt noch sich behaupten und sozial handeln kann, wenn er längst in diesen Entfremdungsapparat so eingebunden ist, dass er Entfremdung nicht mehr sozial erlebt, weil sie gleichsam von der sozialen Oberfläche weg in die tiefenpsychischen Bezirke abgeglitten ist. Die identitäts- und mündigkeitsorientierte Pädagogik ging durchaus noch davon aus, dass die entsprechende pädagogische Intervention von außen erfolgen muss. Mit dem Bewältigungsbegriff aber kann der Bildungsdiskurs (vgl. Sting 1999) neu belebt werden, indem sich pädagogische Interventionsvorstellungen auflösen und pädagogischen Kommunikationen weichen, in der sich das Selbst aufschließen kann und dadurch - in der entsprechenden Resonanz pädagogischer Arrangements - soziale Handlungsfähigkeit findet, aus der heraus es seine biographischen Entwicklungs- und Bildungsperspektiven auch an sich selbst zu gestalten in der Lage ist.

Politik der Bewältigung

Es ist schon verwunderlich, welchen Anklang das Konzept einer „Politik der Lebensführung" (in Anlehnung an Anthony Giddens) in der deutschen sozialwissenschaftlichen Diskussion gefunden hat. Wird hier doch ein Paradigma für die „zweite Moderne" propagiert, das aus den Anfängen der „ersten Moderne" stammt und in diesem gesellschaftlich-historischen Kontext seinen Sinn erhalten hat: In Analogie zur und Verschränkung mit einer industriegesellschaftlichen Entwicklung mit hoher Rationalität und Berechenbarkeit der Sozialprozesse und institutionellen Verfahren ordnet sich auch das Alltagsleben, eben die alltägliche Lebensführung, entsprechend. Max Weber (1964) wollte ja mit dem Begriff der Lebensführung gerade diese Rationalität und Eindeutigkeit, mit der das je eigene Leben durch die „Berufsidee" als sozialökonomische Grundlage der kapitalistischen Industriegesellschaft gekennzeichnet war, herausstellen.

Die gegenwärtige soziale Wirklichkeit im Übergang von der industriekapitalistischen Moderne zum digitalen Kapitalismus ist durch die Unberechenbarkeit der Sozialprozesse und die soziale Entbettung der Berufsidee gekennzeichnet. Soll aber ein soziologisches Paradigma einen Sinn haben, ist doch der historische Vergesellschaftungskontext, auf den es sich bezieht, und die Vergesellschaftungsthese, die in ihm steckt, ernst zu nehmen. Dies bestätigen auch ungewollt neuere soziologische Versuche der Rekonstruktion der Kategorie Lebensführung, aus denen deutlich wird, dass von dem Weberschen Begriff angesichts der heutigen pluralisierten, segmentierten und digitalisierten Verhältnisse nicht mehr viel an Erklärungsgehalt übrig bleibt (vgl. Hradil 1992).

Unter diesem kritischen Gesichtspunkt erscheint das Paradigma „Politik der Lebensführung" voluntaristisch und ohne signifikante sozialpolitisch-sozialstrukturelle Reflexivität. Relativ unvermittelt soll die Politik den Individualisierungs- und Biographisierungsprozessen folgen, die gesellschaftliche und institutionelle Rückbindung und Vermittlung ist dabei eher eindimensional. Diese Rückbindung kann auch mit den Diagnosen von der „zweiten Moderne" oder der „Spätmoderne" (Giddens) kaum mehr geleistet werden, da sie das soziale Problembewusstsein vornehmlich auf die Verregelung des sozialen Lebens durch die Moderne selbst richtet.

Vor diesem Hintergrund wird verständlich, warum die sozialpolitisch-sozialintegrativen Bezüge des Konzepts brüchig sind. So schwankt es zwischen der Beteuerung, dass es „keine Politik des persönlichen Bereichs ist" oder „jedenfalls nicht ausschließlich" (Giddens 1997, S. 132), und der Aufforderung, eine Politik zu schaffen, die „im Kontext der gesellschaftlichen Belange und Ziele" für die Individuen und Gruppen, die nun aus traditionellen Strukturen freigesetzt sind, Chancen eröffnet, an einer „Veranlassung des Geschehens" mitzuwirken, „anstatt dass ihnen die Dinge widerfahren" (ebd., S. 36).

Sozialpolitisch rückgebunden ist dieses voluntaristische Paradigma an die Vorstellung vom „aktivierenden Staat", der die Bürger nicht versorgt und bevormundet, sondern Rahmenbedingungen schafft, in denen aktive gesellschaftliche Gestaltung und Teilhabe „ermöglicht" (Giddens) werden kann. Natürlich müssten, argumentiert Ulrich Beck (1999), - da dieses Konzept dem Gebot der ökonomisch-technischen Flexibilisierung mehr folgt als dem der Sozialintegration - auch soziale Absicherungen und Rechte garantiert werden; diese dürfen aber wiederum nicht die Spielräume einengen, welche die Flexibilisierung eröffnet. Es müsse also eine neue Balance von Flexibilisierung und Absicherung gesucht werden.

Um diesen Punkt - eben, wie diese Balance möglich sein kann - dreht sich auch der sozialwissenschaftliche Streit um dieses Konzept des aktivierenden und ermöglichenden Sozialstaats (vgl. dazu Walther 2000). Die hier angesiedelten unterschiedlichen Versuche, Sicherungen gegen zwangsläufig zu befürchtende, massive soziale Deregulierungsprozesse einzubauen und Absicherung (als Institutionalisierung sozialer Rechte) und Deregulierung neu zu kombinieren (etwa Vobruba 1997), gleichen Novellierungsversuchen eines prominent gesetzten Paradigmas, das man nun relativierend umkreist, aber in seinem logischen Kern sich nicht zu erschüttern traut. Die Pädagogik in ihrer sozialpolitischen Unschuld oder Indifferenz schaut gebannt zu, anstatt zu merken, dass die hier gehandelten Balancen und Vereinbarkeiten letztlich von den Menschen und den sie biographisch begleitenden Institutionen (des Erziehungs- und Bildungswesens) hergestellt werden müssen.

Deshalb wollen wir nun über eine weiterführende Kritik des Konzepts der „Politik der Lebensführung" - angesichts der unzureichenden sozialpolitischen Reflexivität und der sozialstrukturellen und sozialisatorischen Eindimensionalität - zu einem Vorschlag kommen, der an unseren Bewältigungsbegriff anschließt: Statt des Konzepts „Politik der Lebensführung" werden wir die konzeptionelle Perspektive „Politik der Bewältigung" vorstellen und begründen.

Der Programmdiskussion um die Begriffe ‚Lebensführung' und ‚aktiver Staat' unterstellen wir nicht nur deshalb eine mangelnde sozialpolitische Reflexivität, weil sie den Sozialstaat implizit denunziert und die empirische Wirklichkeit des deutschen sozialen Sicherungssystems im Vergleich mit anderen europäischen Sozialsystemen ignoriert (vgl. Alber 1992), sondern weil sie nicht zwischen der institutionalisierten, staatlichen Sozialpolitik und dem Vergesellschaftungsprinzip des Sozialpolitischen unterscheidet, wie dies Heimann epochentypisch aufgeschlossen hat (s.o.). Dass dieses Prinzip inzwischen durch bürokratisch-selbstreferenzielle Überformungen und Verselbständigungen des Sozialstaats verdeckt ist, bedeutet nicht, dass es in seiner Logik nicht mehr wirkt bzw. uns die ökonomisch-politischen Wirkungszusammenhänge nicht mehr erschließen kann. Im Gegenteil: Die Kenntnis der Gesetzmäßigkeiten der ‚sozialen Theorie des Kapitalismus' verschafft uns immer noch einen analytischen Bezugsrahmen: In dem Maße, in dem der digitale Kapitalismus nicht mehr auf Massenarbeit wie bisher angewiesen ist, verkürzt sich die Dialektik von Arbeit und Kapital und damit auch die Wirkung des sozialpolitischen Prinzips. Die Modernisierung des Kapitalismus führt nicht automatisch zur sozialen Emanzipation und Autonomie tendenziell aller Menschen einer Gesellschaft, sondern - nach dem postmodernen Prinzip der segmentierten Arbeitsteilung - zur sozial erweiterten Freisetzung eines Teils und zur sozial regressiven Freisetzung des anderen Teils (der „nichtproduktiven" Gruppen) der Bevölkerung. Die Interdependenz von Modernisierung und Sozialintegration ist zunehmend aufgelöst. Das bedeutet aber auch, dass ökonomische Flexibilisierungsprozesse nicht mehr zwangsläufig die Spielräume der Menschen erhöhen. Bei denen, die nicht mithalten können, werden die Spielräume der Lebenslage eingeengt, übersteigen die Belastungen die Ressourcen und treiben sie in kritische Lebenskonstellationen. Aber auch bei jenen, die in den qualifizierten Arbeitsmarktsegmenten agieren, stellt sich nicht automatisch der beschworene Freiheitsraum ein, denn sie werden einseitig an den digitalen Arbeitstypus des ‚abstract worker' gebunden, gehen in der Sachlogik der digitalen Modernisierung auf und geraten in Gefahr, die Orientierung an der Integrität des anderen (vgl. Honneth 1992) zu verlieren und in einer sozial entbetteten Lebensführung (nach dem ökonomisch-hegemonialen Sozialtyp des ‚Share-holders') aufzugehen. Einseitig ökonomisch gesteuerte soziale Flexibilisierung, so hat Dietrich Lange (1999) dargelegt, verträgt sich nicht mehr mit der Perspektive der Solidarität. Diese ist im sozial entbetteten, digitalen Kapitalismus zum Fremdkörper und gleichzeitig zum „sachzwangsläufigen" Anachronismus geworden. Zur Schwächung der sozialen Integration kommt die Aushöhlung der kollektiven Moral hinzu.

Die zunehmende Entkoppelung von Systemintegration und Sozialintegration im digitalisierten Kapitalismus hat zudem dazu geführt, dass zwar viele Menschen sich freier von gesellschaftlichen Zwängen fühlen, aber - vor dem Hintergrund der Biographisierung - wenig überindividuelle Ressourcen haben, eigene sozialintegrative Aktivitäten zu entwickeln. Denn sie sind ja nicht so frei: Das ökonomische System ist zwar den Lebenswelten entrückt, für die meisten Menschen nicht mehr überblickbar, aber es wirkt massiv in diese hinein. Auch in der Gesellschaft der „Ichlinge" (Keupp 2000) braucht jeder bezahlte Arbeit, um sein Projekt des „eigenen Lebens" voranzubringen. Das aber verlangt wiederum Mithalten irgendwie und um jeden Preis, auch wenn man nicht sieht, wohin dieses Mithalten führt. Freiheit und Bedrohung werden so gleichermaßen gespürt, sind aber nicht mehr durch rationale Verfahren einfach auszubalancieren. Das sind typische emotionale Konstellationen, die in ihrer Ambivalenz Stress erzeugen. Stress erzeugt immer wieder und immer neu die Suche nach Handlungsfähigkeit, und dieser Bewältigungsdruck durchzieht die Lebenslage aller Menschen, seien sie nun auf der Gewinner- oder der Verliererseite des digitalen Kapitalismus. Deshalb ist das Bewältigungsparadigma signifikant für die Kennzeichnung der Lebenslagen heute. Es kann auch - je nach segmentierter Lebenslage - auf die Dimension des Gestaltungsspielraums hin differenziert werden: Wir unterscheiden dann zwischen *regressiven* (soziale Belastung überwiegt), *einfachen* (Reproduktion der Lebensverhältnisse ohne sozialintegrativen surplus) und *erweiterten* Bewältigungslagen (mit sozialintegrativem surplus und damit Ressourcen sozialer Gestaltung).

Das Bewältigungsparadigma - so ist es hergeleitet worden - verweist aber auch gleichzeitig auf die gesellschaftliche und gesellschaftspolitische Ebene. Der digitale Kapitalismus setzt mehr denn je Menschen in anomische Bewältigungskonstellationen frei. Sozialpolitik wiederum hat sich (aus der Logik ihrer Vergesellschaftung heraus) entwickelt, um diesen Bewältigungsdruck von den Einzelnen zu nehmen. Eine so verstandene sozialpolitische soziale Sicherung für alle (vgl. dazu Böhnisch/Arnold/Schröer 1999) ist die Voraussetzung für die Entwicklung kollektiver und damit sozialintegrativer Gestaltungsmotivationen der Individuen, vor allem bei denen, die in sozial benachteiligten Gesellschaftssegmenten leben. Aus diesem Verständnis der Hintergrundsicherung kann eine Sozialpolitik erwachsen, welche die Rahmenbedingungen für sozial aktivierende und sozialökonomisch innovative Aktivitäten („neue Arbeit') zu schaffen in der Lage ist.

Im Konzept einer „Politik der Bewältigung" lassen sich aber nicht nur die in der Programmatik der „Politik der Lebensführung" geforderten Perspektiven auf die gesellschaftliche Wirklichkeit und die Strukturlogik des digitalen Kapitalismus beziehen, entsprechend relativieren und gewichten. Es wird auch möglich, Bildungspolitik und Pädagogik nicht nur appellativ, sondern auch systemlogisch in Beziehung zur Sozialpolitik zu setzen, sie also sozialpolitisch zu transformieren. So wie über das Bewältigungsparadigma der Bildungsdiskurs sozial aufgeschlossen und rückgebunden werden kann, können das Bildungs- und Erziehungswesen sozialpolitisch vermittelt und Lehren und Lernen sozialpolitisch legitimiert werden.

Zur Notwendigkeit einer sozialpolitischen Reflexivität der Pädagogik

Dass Bildungs- und Sozialpolitik im 20. Jahrhundert in Deutschland so wenig aufeinander bezogen waren, hängt vor allem mit der Verselbständigung der Subsysteme Schule und Soziale Sicherung zusammen, auf die die beiden Politiken in der Regel institutionell ausgerichtet waren. Diese institutionelle Reduktion brachte es mit sich, dass die Schule es als selbstverständlich nahm, dass sie in eine sozialstaatlich verfasste Gesellschaft eingebettet ist, in der ein kalkulierbares Normalarbeitsverhältnis für alle erwart- und erreichbar war, an dem sich schulisches Lernen biographisch orientieren und in dieser Perspektive stabilisieren konnte. Die Schule war also nicht genötigt, weder diese soziale Zukunftssicherheit, noch den gesellschaftlich-sozialstaatlichen Hintergrund dafür von sich aus zu hinterfragen.

Mit der Krise des Sozialstaates sind aber auch Schule und Bildungspolitik in eine Drucksituation geraten, in der sie entsprechende sozialpolitische Reflexivität bräuchten, um ihren gesellschaftlichen Standort neu zu bestimmen. Nun wird zum Problem, dass sie diese Reflexivität unzureichend ausgebildet haben. So wird auch im Bildungsbereich angesichts der Krise des Sozialstaates meistens nur verkürzt fiskalisch argumentiert: Der Sozialstaat habe immer weniger Geld für die Schule, obwohl doch Bildung in der Wissens- und Informationsgesellschaft vordringlichste gesellschaftliche und öffentliche Aufgabe sei. Gleichzeitig wird - wie auch in diesem Buch immer wieder angeklungen ist - von der Pädagogik beklagt, dass die Balance zwischen pädagogischer Autonomie und ökonomischer Instrumentalisierung in der Bildung deutlich gestört sei.

Dass sich das sehr wohl zusammenreimt, wenn man es sozialpolitisch reflexiv angeht, ist bereits angesprochen worden: Löst man das Bildungssystem - gedankenexperimentell - aus seiner Selbstreferenzialität heraus und führt man die Sozialpolitik auf ihre historisch-gesellschaftliche Logik zurück, wird jene Wechselbeziehung von Bildungspolitik und Sozialpolitik deutlich, die zu thematisieren für die Bildungspolitik und die Pädagogik in Zukunft unerlässlich sein wird.

Für diesen Zusammenhang muss daran erinnert werden, dass Sozialstaat und Sozialpolitik mehr als nur funktionelle Institutionen sind, dass dahinter ein Vergesellschaftungsprinzip steckt, das die moderne industriekapitalistische Gesellschaft bis heute prägt: das ‚Sozialpolitische' als Resultat des industriegesellschaftlichen Konflikts zwischen Kapital und Arbeit, zwischen ökonomischer Marktlogik der Gesellschaft und ihrer sozialen Gestaltung vom Menschen her. Anknüpfend an Heimanns ‚Soziale Theorie des Kapitalismus' konnte gezeigt werden, dass der Industriekapitalismus im 19. und 20. Jahrhundert nur fortschreiten und damit seiner inneren Expansionslogik folgen konnte, wenn er gleichzeitig mit der Erhöhung der instrumentellen Qualifikation auch zuließ, dass sich die Lebensbedingungen der Arbeiter und ihrer Familien nachhaltig verbesserten. Zwar war die Verbesserung der Lebensverhältnisse vom kapitalistischen System selbst nicht intendiert, aber es bestand und besteht ein wechselseitiger Zusammenhang zwischen der Intensivierung des Humankapitals und der Verbesserung der gesamten sozialen Lebenslage. Dieser wurden sich die Individuen im Zuge der Modernisierung - Zusammenspiel von Auflösung traditioneller Sozialmilieus (Individualisierung) und Bildungsmobilisierung - selbst bewusst, indem sie Individualität und entsprechenden biographischen Lebenssinn anstrebten. Die ökonomisch induzierte Bildungsnotwendigkeit und der individuelle Bildungswille, der sich auf die *gesamte Lebenslage* bezieht, sind in diesem strukturellen Verhältnis miteinander verschränkt.

Daraus hat die Sozialpolitik bis heute ihre zweifache gesellschaftliche Aufgabe bezogen: Sie sichert nicht nur die soziale Reproduktion der Ökonomie qua Bildung, Ausbildung und Gewährung sozialer Sicherheit, sondern sie öffnet auch die gesellschaftlichen Räume, in denen sich die Bildungspolitik in der Balance zwischen ökonomischer Zurichtung auf der einen und biographischer Erfüllung und sozialer Integration der Menschen auf der anderen Seite entfalten kann. Bildung braucht also sozialen Gestaltungsraum und sozialpolitische Hintergrundsicherheit, um jene pädagogische Perspektive (relativ) autonom entwickeln zu können, die es ermöglicht, den Menschen in der Spannung von ökonomischer Funktionalisierung und sozial gewichtetem Eigenleben zu befähigen, selbstständig - in erweiterter Handlungsfähigkeit - seine Biographie zu gestalten.

Der sozialpolitische Begriff der *Lebenslage* ist dabei der zentrale gemeinsame Bezugspunkt von Sozialpolitik und Bildungspolitik, der kategoriale Kern sozialpolitischer Reflexivität der Pädagogik. Wie andere gesellschaftliche Begriffe hat auch dieser Begriff seine Bedeutung als gesellschaftlich-historisches Paradigma mit der Verfestigung eines linearen Modernisierungsdenkens, durch die auch andere gesellschaftliche Begriffe nivelliert wurden, eingebüßt. Der dialektische Gehalt ist weitgehend vergessen, und so wurde in den 1980er und 90er Jahren ‚Lebenslage' formal-deskriptiv nur noch als ‚Set' von Ressourcen und Belastungen des Individuums im gesellschaftlich kontextualisierten Lebenszusammenhang definiert. Damit war dem Begriff seine historisch-prozesshafte Logik genommen. Denn im Paradigma Lebenslage steckt die These vom signifikanten Zusammenhang zwischen industriekapitalistischer Modernisierung und der Entwicklung der individuellen Lebensbedingungen in der Spannung von ökonomischer Zurichtung und emanzipatorischer Eigenentwicklung des Menschen. Lebenslagen umfassen materielle, kulturelle und soziale Spielräume (durchaus im Sinne des Bourdieuschen Begriffes des sozialen und kulturellen Kapitals), in denen sich - so schon der Begründer des sozialpolitischen Lebenslagenbegriffs Gerhard Weisser (1956) - subjektiver Sinn auf der Grundlage relativer Handlungssicherheit entfalten kann. Ob der subjektiv-biographische Gestaltungssinn sich sozial regressiv oder sozial öffnend entwickelt, entscheidet sich nicht zuletzt dadurch, ob die Handlungssicherheit eingeengt oder erweitert ist. Dabei ist - eine These, die im sozialpolitischen Paradigma Lebenslage enthalten ist - für die Frage des eigenen biographischen Gestaltungsspielraumes nicht nur die ökonomische, sondern auch die sozialstaatliche Relation ausschlaggebend. Die Art der sozialpolitischen Akzeptanz entscheidet genauso darüber, wie ich in meiner Lebenslage Probleme bewältigen und Lebensperspektiven gestalten kann. Jugendliche, die früh soziale Probleme bewältigen müssen (z.B. Arbeitslosigkeit), werden aber vom Sozialstaat nur als Adressaten erzieherischer und berufsbildender Maßnahmen anerkannt und in sie eingepasst, nicht aber als vollgültige Gesellschaftsmitglieder, die soziale Rechte und Ansprüche haben, nach ihren biographischen Möglichkeiten Ausbildungsinitiativen zu entfalten. Sozialhilfeempfängern werden per hoheitlicher Definition eines Existenzminimums der Lebensführung Spielräume verwehrt, Migranten der soziale Rechtsstatus als Grundlage eigenverantwortlicher Lebensgestaltung verweigert.

Der Grad der sozialstaatlichen Akzeptanz sozialer Probleme und damit der Gestaltungsspielraum der Lebenslagen hängt so mittelbar mit dem Gestaltungsspielraum zusammen, den der Sozialstaat selbst hat. Die historische Erfahrung lehrt, dass, wenn der Sozialstaat in eine fiskalische Krise gerät, er fast nur noch ordnungspolitisch agiert und die Sozialinvestitionen entsprechend einschränkt. Die letzten hundert Jahre in Deutschland zeigen aber auch, dass der Sozialstaat dann gestaltungsfähig ist, wenn wirtschaftliche Prosperität, soziale Modernisierung und Demokratisierung in einer dynamischen Interdependenz stehen. Das war auch nach dem Ersten Weltkrieg so, als im Zuge der zweiten industriellen Modernisierung und der Demokratisierung der Staatsverfassung das Bildungssystem differenziert und in der Perspektive sozialer Chancengleichheit erweitert wurde. Dies konnte man dann in den 1970er Jahren in der Bundesrepublik in einem ähnlichen Zusammenspiel - nun aber auf höherem Modernisierungsniveau - beobachten. Beide Modernisierungsphasen ermöglichten also eigene Gestaltungsspielräume des Sozialstaates und entsprechend sozial und pädagogisch eigensinnige Bildungs- und Erziehungsmodelle, die nicht nur dem ökonomischen Kalkül folgen mussten.

In der jetzigen Phase des technologisch sich verselbständigenden digitalen Kapitalismus ist der Sozialstaat wieder in eine Krise geraten. Diese ist aber von ihrer Struktur und Logik nicht mehr mit den vorangegangen vergleichbar. Denn sie grassiert trotz eines hohen ökonomisch-technologischen Modernisierungsschubs. Die ökonomische Prosperität ‚verweigert' sich nicht nur fiskalisch dem Sozialstaat (Internationalisierung des Kapitaleinsatzes, Auslagern von Arbeit, Steuerflucht), sie belastet ihn auch zusätzlich (Freisetzung von Arbeit und damit strukturelle Massenarbeitslosigkeit durch Rationalisierung). So ist der Staat in eine prekäre Globalisierungs- und Nationalisierungsfalle geraten: Er muss der nationalen Ökonomie die Standortvorteile für den globalisierten Wettbewerb subventionieren und bekommt dafür von dieser von ihm gestützten und auch dadurch prosperierenden Wirtschaft weniger Steuern und immer mehr Arbeitslose zurück. Die Wirtschaft ist nicht mehr angewiesen auf Massenarbeit, der Staat hat aber als demokratischer Verfassungsstaat für alle Bürger zu sorgen.

Die Wirkung auf die Bildungsinvestitionen ist entsprechend gespalten. Die wettbewerbs- und standortfixierte Wirtschaft verlangt ökonomisch verwertbare Qualifikation zu Lasten der pädagogischen Balance und sozialen Chancengleichheit. Aber auch in den Lebenslagen der Individuen spiegelt sich diese Spaltung wider: Die selbstgestaltbaren Spielräume werden enger, der Druck zur utilitaristischen Lebens- und konkurrenten Sozialorientierung steigt, die sozialstaatliche Akzeptanz gegenüber der Notwendigkeit von Sozialinvestitionen für ökonomisch nicht verwertbare, entsprechend ‚unproduktive' Risiko- und Bewältigungskonstellationen sinkt. Angesichts dieser Ökonomisierung und Instrumentalisierung der Lebenslagen - unter Einschränkung des nichtökonomisch geprägten menschlichen Eigensinns - ist es nicht verwunderlich, dass Schüler - so die Klage vieler Lehrer und der Tenor entsprechender Untersuchungen - weniger Bildungsmotivation, dafür aber mehr strategische Durchkommens- und Überlebensenergien an den Tag legen (vgl. dazu auch Melzer/Sandfuchs 2001).

Wegen dieser deutlichen strukturellen Verquickung von Sozialpolitik und Bildungsbereich kann es sich die Pädagogik nicht länger leisten, die Sozialpolitik in selbstreferenzieller Borniertheit als ‚fachfremd' zu sehen und zu übersehen. Vielmehr zeigt die lebenslagenorientierte Analyse, dass nicht nur im Bereich der individuellen Lebensverhältnisse die Bildungs- und Erziehungsprobleme an die gesamte soziale Lebenslage rückgebunden sind, sondern dass auch in der gesellschaftlichen Sphäre die Bildungspolitik spezifisch mit der sozialstaatlichen Sozialpolitik verknüpft ist. Das müsste für die Pädagogik bedeuten, dass sie nicht nur diffus vor der einseitigen Ökonomisierung der Bildung warnt und eine ebenso diffuse soziale Beschwörungsprogrammatik dagegensetzt, sondern diese Zusammenhänge analytisch aufklärt und politisch-öffentlich thematisiert und für die Rückgewinnung sozialpolitischer Gestaltungsspielräume eintritt. Bildungspolitisches Engagement wird also in Zukunft wesentlich stärker als bisher sozialpolitisches Engagement sein müssen.

Literatur

Alber, J.: Der deutsche Sozialstaat im Licht international vergleichender Daten. In: Kölner Zeitschrift für Soziologie und Sozialpsychologie 2 (1992).

Alheit, P.: Die Ambivalenz von Bildung in modernen Gesellschaften: Strukturprinzip kumulativer Ungleichheit oder Potenzial biographischer Handlungsautonomie? In: Pädagogische Rundschau 47 (1993).

Alheit, P.: Zivile Kultur. Verlust und Wiederaneigung der Moderne. Frankfurt a.M./New York 1994.

Alisch, M./Dangschat, J. S.: Die solidarische Stadt. Darmstadt 1993.

Althoff, M./Kappel, S.: Geschlechterverhältnis und Kriminologie. In: Kriminologisches Journal. 5. Beiheft. Weinheim und München 1995.

Altmann, B.: Die leblose Gegenwart. In: Der Neue Merkur 1 (1914).

Andresen, S./Baader M.S.: Wege aus dem Jahrhundert des Kindes. Tradition und Utopie bei Ellen Key. Neuwied, Kriftel 1998.

Andresen, S.: „Die Kindheit im Sozialismus ist eine glückliche Kindheit." Vom Wandel des Kindheitskonzeptes in der DDR und seiner Bedeutung für sozialpädagogisches Denken. In: neue praxis 30 (2000).

Arnold, H.: Der Strukturwandel der Arbeitsgesellschaft und das sozialpolitische Mandat der Jugendberufshilfe. Dissertation. Technische Universität Dresden 2000.

Arnold, H./Schille J.: Praxishandbuch Drogenarbeit. Weinheim und München 2001.

Backes, G.M./Clemens, W.: Lebensphase Alter: Eine Einführung in die sozialwissenschaftliche Altersforschung. Weinheim und München 1998.

Barth, E.: Die Gliederung der Großstädte. In: Jahrbuch für Philosophie und Pädagogik 26 (1894).

Baumann, Z.: Das Unbehagen in der Postmoderne. Hamburg 1999.

Beck. U.: Risikogesellschaft. Auf dem Weg in eine andere Moderne. Frankfurt a.M. 1986.

Beck, U.: Die Erfindung des Politischen. Frankfurt a.M. 1993.

Beck, U.: Schöne Arbeitswelt. Vision: Weltbürgergesellschaft. Frankfurt a.M./ New York 1999.

Berger, O./Schmalfeld, A.: Stadtentwicklung in Hamburg zwischen ‚Unternehmen Hamburg' und ‚Sozialer Großstadtstrategie'. In: Dangschat, J. (Hg.): Modernisierte Stadt - Gespaltene Gesellschaft. Opladen 1999.

Bernfeld, S.: Sisyphos oder die Grenzen der Erziehung (1925). Frankfurt a.M. 1990.

Bernfeld, S.: Sämtliche Werke. Hg. von U. Herrmann. Weinheim und Basel 1991ff.

Bez-Mennicke, T.: Jugendbewegung und soziale Berufe. In: Blätter für religiösen Sozialismus 5 (1924).

Biermann, C. u.a.: Jungen und Männer in der Schule. In: Pädagogik 5/1999.

Blüher, H.: Die Rolle der Erotik in der männlichen Gesellschaft. Bd. II. Jena 1919.
Bly, R.: Eisenhans. München 1991.
Böhnisch, L.: Sozialpädagogik der Lebensalter. Weinheim und München 1997
Böhnisch, L: Abweichendes Verhalten. Weinheim und München 1999.
Böhnisch, L./Lenz, K. (Hg.): Familien. Weinheim und München 1997.
Böhnisch, L./Fritz, K./Seifert, T.: Wissenschaftliche Begleitung des AgAG-Programms. Münster 1997.
Böhnisch, L.: Grundbegriffe einer Jugendarbeit als Lebensort. In: Böhnisch, L./ Rudolph, M./Wolf, B. (Hg.): Lebensort Jugendarbeit. Weinheim und München 1998.
Böhnisch, L./Rudolph, M./Wolf, B. (Hg.): Lebensort Jugendarbeit. Weinheim und München 1998.
Böhnisch, L./Arnold, H./Schröer, W.: Sozialpolitik. Weinheim und München 1999.
Böhnisch, L.: Männlichkeiten und Geschlechterbeziehungen - einer männertheoretischer Durchgang. In: Brückner, M./Böhnisch, L. (Hg.): Geschlechterverhältnisse. Weinheim und München 2000.
Bois-Reymond, M. du: Der Verhandlungshaushalt im Modernisierungsprozess. In: Büchner, P. u.a.: Teeniewelten. Aufwachsen in drei europäischen Regionen. Opladen 1998.
Bourdieu, P.: Entwurf einer Theorie der Praxis auf der ethnologischen Grundlage der kabylinischen Gesellschaft. Frankfurt a.M. 1979.
Bourdieu, P.: Die feinen Unterschiede. Frankfurt a.M. 1982.
Bourdieu, P. u.a.: Das Elend der Welt. Konstanz 1997.
Bourdieu, P.: La domination masculine. Paris 1998.
Braun, K.-H./Krüger H.-H. u.a. (Hg.): Schule mit Zukunft. Bildungspolitische Empfehlungen und Expertisen der Enquete-Kommission des Landtages von Sachsen-Anhalt. Opladen 1998.
Braun, L.: Der Kampf um Arbeit in der bürgerlichen Frauenwelt. In: Archiv für soziale Gesetzgebung und Statistik 16 (1901).
Brown, P./Lauder, H.: Post-fordist Possibilities for Lifelong Learning. In: Walther, A./Stauber, B. (Hg.): Lebenslanges Lernen in Europa. Bd. I. Tübingen 1998.
Brückner, M.: Geschlechterverhältnisse im Spannungsfeld von Liebe, Fürsorge und Gewalt. In: Brückner, M./Böhnisch, L. (Hg.): Geschlechterverhältnisse. Weinheim und München 2000.
Brüderl. L. (Hg.): Theorien und Methoden der Bewältigungsforschung. Weinheim und München 1988.
Bründel, H./Hurrelmann, K.: Konkurrenz, Karriere, Kollaps. Stuttgart, Berlin, Köln 1999.
Bührle, C.: (Erzbischöfliches Ordinariat Berlin, Hg.): Rechtlos in Deutschland. Berlin 1997.
Büchner, P.: Generation und Generationenverhältnis. In: Krüger, H. H/Helsper, W. (Hg.): Einführung in die Grundfragen und Grundbegriffe der Erziehungswissenschaft. Opladen 1995.
Bundesministerium für Familie, Senioren, Frauen und Jugend (Hg.): 10. Jugendbericht. Bonn 1998.

Busse-Wilson, E.: Das moralische Dilemma in der modernen Mädchenerziehung. In: A. Schmidt-Beil (Hg.): Die Kultur der Frau. Berlin-Frohnau 1931.
Colla, H.E.: „In Rußland war ich ‚Faschist', in Deutschland bin ich der ‚Russe', eigentlich sollte ich hier nur ‚Deutscher' sein." In: Zeitschrift für Pädagogik. 39. Beiheft. Weinheim und Basel 1999.
Connell, R. W.: Gender and Power. Cambridge, Oxford 1987.
Connell, R. W.: Der gemachte Mann. Opladen 1999.
Cyrus, N.: Migrationssozialarbeit im rechtsfreien Raum. In: Widersprüche 19 (1999).
Dalin, P.: Schule auf dem Weg in das 21. Jahrhundert. Neuwied, Kriftel, Berlin 1997.
Dangschat, J.S.: Warum ziehen sich Gegensätze nicht an? Zu einer Mehrebenen-Theorie ethnischer und rassistischer Konflikte um den städtischen Raum. In: Heitmeyer, W./Dollase/R./Backes O.: Die Krise der Städte. Frankfurt a.M. 1998.
Dangschat, J. S. (Hg.): Modernisierte Stadt - Gespaltene Gesellschaft. Opladen 1999.
Dehn, G.: Großstadt und Religion. In: Blätter für religiösen Sozialismus 3 (1922).
Dehn, G.: Proletarische Jugend. Lebensgestaltung und Gedankenwelt der großstädtischen Proletarierjugend. Berlin 1929.
Diedrich, J./Tenorth, H.-E.: Theorie der Schule. Berlin 1997.
Diesel, E.: Die deutsche Wandlung. Das Bild eines Volkes. Berlin 1929.
Drößler, T.: Zwischen Offenheit und Halt. Einige Befunde neuerer Jugendstudien. In: Böhnisch, L./Rudolph, M./Wolf, B. (Hg.): Lebensort Jugendarbeit. Weinheim und München 1998.
Durkheim, E.: Education et sociologie. Hg. von P. Fauconnet. Paris 1922.
Durkheim, E.: L'éducation morale. Hg. von P. Faucomnet. Paris 1925.
Durkheim, E.: Der Selbstmord. Neuwied und Berlin 1973.
Durkheim, E.: Über soziale Arbeitsteilung. Frankfurt a.M. 1988.
Eberhart, C.: Jane Addams (1860-1935). Rheinfelden/Berlin 1995.
Ecarius, J.: Was will die jüngere mit der älteren Generation? Generationenbeziehungen und Generationenverhältnisse in der Erziehungswissenschaft. Opladen 1998.
Enzensberger, H. M.: Das digitale Evangelium. In: Der Spiegel 2/2000.
Erdheim, M.: Psychoanalyse und das Unbewusste in der Kultur. Frankfurt a.M. 1988.
Evans, K./Heinz, W. R.: Becoming Adults in England and Germany. London 1994.
Evers, A.: Lokale Beschäftigungspolitik und der Beitrag des 3. Sektors. In: Sachße, E./Tennstedt, T./Uhlendorff, U.: Kommunale Beschäftigungspolitik zwischen Sozialhilfe und Arbeitsmarkt. Kassel 1999.
Evers, A.: Verschiedene Konzeptualisierungen von Engagement. In: Kistler, E./Noll, H.-H./Priller, E.: Perspektiven gesellschaftlichen Zusammenhalts. Berlin 1999.
Evers, A./Nowotny, H.: Über den Umgang mit Unsicherheit. Die Entdeckung der Gestaltbarkeit von Gesellschaft. Frankfurt a.M. 1987.
Evers, T.: Zivilgesellschaft - Bürgergesellschaft: Ideengeschichtliche Irritationen eines Sympathiebegriffs. In: Sozial Extra 7-8/1999.

Feidel-Mertz, H.: Die „dritte Generation" der Frauenbewegung. Pädagoginnen und Sozialarbeiterinnen im Exil. In: Ariadne: Almanach des Archivs der deutschen Frauenbewegung. Schwerpunktthema: Exil - Emigration. 32/1997.

Feldkircher, M: Erziehungsziele in West- und Ostdeutschland. In: Braun, M./ Mohler, P. (Hg.): Blickpunkt Gesellschaft. Bd. 3. Einstellungen und Verhalten der Bundesbürger. Opladen 1994.

Filipp, S. H. (Hg.): Kritische Lebensereignisse. München 1981.

Ford, H.: Das große Heute und das größere Morgen. Leipzig 1926.

Forschungsgruppe Schulevaluation: Gewalt als soziales Problem in Schulen. Opladen 1998.

Forst, R.: Kommunitarismus und Liberalismus - Stationen einer Debatte. In: Honneth, A.: Kommunitarismus. Eine Debatte über die moralischen Grundlagen moderner Gesellschaften. Frankfurt a.M./New York 1993.

Foucault, M.: Sexualität und Wahrheit III. Frankfurt a.M. 1991.

Franzen-Hellersberg, L.: Die jugendliche Arbeiterin. Ihre Arbeitsweise und Lebensform. Tübingen 1932.

Funk, H.: Familie und Gewalt - Gewalt in Familien. In: Böhnisch, L./Lenz, K. (Hg.): Familien. Weinheim und München 1997.

Fullan, M.: Die Schule als lernendes Unternehmen. Stuttgart 1999.

Gedrath, V.: Gesellschaftliche Modernisierung und Sozialpädagogik. Bürgerliche Sozialreform im Vormärz. In: Beiträge zum 2. Fachtreffen: Historische Sozialpädagogik /Sozialarbeit. Dresden 2000.

Gehlenberg, H.: Was gibt es Neues in der betrieblichen Sozialarbeit? In: Sozialmagazin, 5/1996

Gemende, M.: Migranten in den neuen Bundesländern - Interkulturelle Zwischenwelten und Ethnizität als Ressource gegen politische Missachtung. In: Gemende, M./Schröer, W./Sting, S.: Zwischen den Kulturen. Weinheim und München 1999.

Gemende, M./Schröer, W./Sting, S.: Pädagogische und sozialpädagogische Zugänge zur Interkulturalität. In: Gemende, M./Schröer, W./Sting, S.: Zwischen den Kulturen. Weinheim und München 1999.

Geuter, U.: Homosexualität in der deutschen Jugendbewegung. Frankfurt a.M. 1994.

Giddens, A.: Leben in der posttraditionalen Gesellschaft. In: Beck, U./Giddens, A./Lash, S.: Reflexive Modernisierung. Frankfurt a.M. 1996.

Giddens, A.: Risiko, Vertrauen und Reflexivität. In: Beck, U./Giddens, A./Lash, S.: Reflexive Modernisierung. Frankfurt a.M. 1996.

Giddens, A.: Jenseits von Links und Rechts. Die Zukunft radikaler Demokratie. Frankfurt/a.M. 1997.

Giddens, A.: Der dritte Weg. Frankfurt a.M. 1999.

Giesecke, H.: Wozu ist die Schule da? In: Fauser, P. (Hg.): Wozu ist die Schule da? Seelze 1996.

Gilmore, D.: Mythos Mann. München und Zürich 1991.

Gizycki, v. L. (später Braun, L.): Zur Beurteilung der Frauenbewegung in England und Deutschland. In: Archiv für soziale Gesetzgebung und Statistik 8 (1895).

Gottschalch, W.: Soziologie des Selbst. Heidelberg 1991.

Gruen, A.: Der Verrat am Selbst. München 1992.

Gurlitt, L.: Erziehung zur Mannhaftigkeit. Prien 1906.
Habermas, J.: Legitimationsprobleme im Spätkapitalismus. Frankfurt a.M. 1973
Häußermann, H.: Zuwanderung und die Zukunft der Stadt. Neue ethnisch-kulturelle Konflikte durch die Entstehung einer neuen sozialen „underclass"? In: Heitmeyer, W./Dollase/R./Backes O.: Die Krise der Städte. Frankfurt a.M. 1998.
Hamburger, F.: Modernisierung, Migration und Ethnisierung. In: Gemende, M./Schröer, W./Sting, S.: Zwischen den Kulturen. Weinheim und München 1999.
Harris, J.R.: Ist Erziehung sinnlos. Reinbek b. Hamburg 2000.
Heidenreich, M.: Arbeit und Management in den westeuropäischen Kommunikationsgesellschaften. In: Hradil, S./Immerfall, S. (Hg.): Die westeuropäischen Gesellschaften im Vergleich. Opladen 1997.
Heimann, E.: Soziale Theorie des Kapitalismus (1929). Frankfurt a.M. 1980.
Heinze, R.G./Olk, T.: Vom Ehrenamt zum bürgerschaftlichen Engagement. In: Kistler, E./Noll, H.-H./Priller, E.: Perspektiven gesellschaftlichen Zusammenhalts. Berlin 1999.
Heitmeyer, W. (Hg.): Das Gewalt-Dilemma. Frankfurt a.m. 1994.
Hellekamps, S./Musolff, H.-U.: Die gerechte Schule: eine historisch-systematische Studie. Köln/Böhlau 1999.
Helmchen, J.: Was reformierte die Reformpädagogik? Unv. Manuskript TU Dresden 2000.
Henseler, J.: Wie das Soziale in die Pädagogik kam. Weinheim und München 2000.
Hetzer, H.: Kindheit und Armut. Leipzig 1929.
Heyting, F.: Die begriffliche Welt der Erziehung. Variationen über die Zugehörigkeit. In: Lenzen. D./Luhmann, N. (Hg.): Bildung und Weiterbildung im Erziehungssystem. Frankfurt a.M. 1997.
Hörster, R.: Das Problem des Anfangs in der Sozialerziehung. In: neue praxis 25 (1995).
Hoffmann-Nowotny, H.-J.: Soziologie des Fremdarbeiterproblems. Eine theoretische und empirische Analyse am Beispiel der Schweiz. Stuttgart 1973.
Hollstein, W.: Nicht Herrscher aber kräftig: Die Zukunft der Männer. Reinbek bei Hamburg 1991.
Hollstein. W.: Ende der Frauenpolitik - Zur unvollendete Emanzipation von Männern und Frauen. In: Aus Politik und Zeitgeschichte 42/1996.
Hollstein, W.: Männerdämmerung. Göttingen 1999.
Holtappels, H.G.: Ganztagsschule und Schulöffnung. Weinheim und München 1994.
Honig, M. S.: Verhäuslichte Gewalt. Frankfurt a.M. 1984.
Honig, M. S.: Wem gehört das Kind. Kindheit als generationale Ordnung. In: Liebau, E./Wulf, C. (Hg.): Generation. Weinheim 1996.
Honneth, A.: Kampf um Anerkennung. Zur moralischen Grammatik sozialer Konflikte. Frankfurt a.M. 1992.
Honneth, A.: Soziologie. Eine Kolumne; Konzeption der „civil society". In: Merkur 514/1992.
Hornstein, W.: Aufwachsen in Widersprüchen. Jugendsituation und Schule heute. München 1990.

Hradil, S.: „Lebensführung" im Umbruch. Zur Rekonstruktion einer soziologischen Kategorie. In: Abbruch und Aufbruch. Sozialwissenschaften im Transformationsprozeß. Hrsg. von M. Thomas. Berlin 1992.
Hurrelmann, K.: Lebensphase Jugend. Weinheim und München ^{5}1997.
Jahoda, M./Lazarsfeld,P./Zeisel, Z.: Die Arbeitslosen von Marienthal (1931). Franfurt a.M. 1975.
Jaletzke, C.: Psychoanalyse und Adoleszenz. Siegfried Bernfeld und seine Bedeutung für die Jugendforschung. In: Niemeyer, C./Schröer, W./Böhnisch, L. (Hg.): Grundlinien Historischer Sozialpädagogik. Weinheim und München 1997.
Jecker, M.: Hausfrau - Berufsfrau. In: A. Schmidt-Beil (Hg.): Die Kultur der Frau. Berlin-Frohnau 1931.
Jegelka, N.: Paul Natorp. Philosophie, Pädagogik, Politik. Würzburg 1992.
Jugend '97: Deutsche Shell AG (Hg.). Opladen 1997.
Jugend 2000: Deutsche Shell AG (Hg.). Opladen 2000.
Junge, M.: Die Spannung von Autonomie und Gebundenheit in der kommunitarischen Sozialtheorie und der Individualisierungstheorie. In: Leu, H.G./Krappmann, L.: Zwischen Autonomie und Verbundenheit. Frankfurt a.M. 1999.
Kade, S.: Altersbildung. Frankfurt a.M. 1994.
Kaufmann, F. X.: Generationenbeziehungen und Generationenverhältnisse im Wohlfahrtsstaat. In: Mansel, J./Rosental, G./Tölke, A. (Hg.): Generationenbeziehungen, Austausch und Tradierung. Opladen 1997.
Kawerau, S.: Soziologische Pädagogik. Leipzig 1921.
Kawerau, S.: Von der „Familie" zum Mutterwesen. In: Danziger, G./Kawerau, S.: Jugendnot. Leipzig 1922.
Keupp, H.: Eine Gesellschaft der Ichlinge? Hg. vom sozialpädagogischen Institut im SOS-Kinderdorf e.V.. München 2000.
Key, E.: Das Jahrhundert des Kindes. Berlin 1908.
Klafki, W.: Schlüsselqualifikationen/Allgemeinbildung - Konsequenzen für Schulstrukturen. In: Braun, K.-H./Krüger, H.-H. u.a. (Hg.): Schule mit Zukunft. Opladen 1998
Kocka, J./Offe, C. (Hg.): Geschichte und Zukunft der Arbeit. Frankfurt a.M./ New York 1999.
König, R.: Emile Durkheim. In: Käsler, D. (Hg.): Klassiker des soziologischen Denkens. München 1976.
König, R.: Emile Durkheim zur Diskussion. München 1978.
Kohli, M.: Antizipation, Bilanzierung, Irreversibilität. Dimensionen der Auseinandersetzung mit beruflichen Problemen im mittleren Erwachsenenalter. In: Zeitschrift für Sozialisationsforschung und Erziehungssoziologie 2/1982.
Koselleck, R.: Einleitung - Zur anthropologischen und semantischen Struktur der Bildung. In: Koselleck, R. (Hg.): Bildungsbürgertum im 19. Jahrhundert. Teil II. Bildungsgüter und Bildungswissen. Stuttgart 1990.
Kosik, K.: Die Dialektik des Konkreten. Frankfurt a.M. 1967.
Kremp, W.: In Deutschland liegt unser Amerika. Das sozialdemokratische Amerikabild von den Anfängen der SPD bis zur Weimarer Republik. Münster und Hamburg 1993.
Kuhlmann, C.: ‚Frauen helfen Frauen' - Der Beitrag der ersten deutschen Frauenbewegung (1880-1933) zur Entwicklung der privaten und öffentlichen

Wohlfahrtspflege. In: Beiträge zum 1. Fachtreffen: Historische Sozialpädagogik/Sozialarbeit. Dresden 1998.

Kunstreich, T.: Die soziale Frage am Ende des 20. Jahrhunderts. Von der Sozialpolitik zu einer Politik des Sozialen. In: Widersprüche 19 (1999).

Lange, D.: Solidarität - am Ende - Solidarität? Univ. Manuskript. Reutlingen 1999.

Lange, F.A.: Die Arbeiterfrage. Ihre Bedeutung für Gegenwart und Zukunft. Winterhur ^{5}1894.

Lassahn, R.: Tateinheiten bewegen den Geist. Bedeutung und Geschichte der Gemeinschaft als soziale Form bei Petersen. In: Rülcker, T./Kaßner, P.: Antimoderne als Fortschritt. Erziehungswissenschaftliche Theorie und pädagogische Praxis vor den Herausforderungen ihrer Zeit. Frankfurt a.M. u.a. 1992..

Lazarsfeld, P.F.: Jugend und Beruf. Jena 1931.

Lenz, H. J. (Hg.): Männliche Opfererfahrungen. Weinheim und München 2000.

Lenz, K./Rudolph, M./Sieckendieck, U. (Hg.): Die alternde Gesellschaft. Weinheim und München 1999.

Lenzen, D.: Kommunikation. In: Lenzen, D./Mollenhauer, K. (Hg.) Enzyklopädie Erziehungswissenschaften Bd. 1: Theorien und Grundbegriffe der Erziehung und Bildung. Stuttgart 1995.

Lenzen. D./Luhmann, N. (Hg.): Bildung und Weiterbildung im Erziehungssystem. Frankfurt a.M. 1997.

Liebau, E./Wulf, C. (Hg.): Generation. Weinheim 1996.

Liebau, E. (Hg.): Das Generationenverhältnis. Weinheim und München. 1997.

Liebau, E.: Allgemeinbildung als Laien- und Bürgerbildung. In: Liebau, E./Mack, W./Scheilke, C. (Hg.): Das Gymnasium. Weinheim und München 1997.

Lüders, E.: Die „Open-door" Bewegung. In: A. Schmidt-Beil (Hg.): Die Kultur der Frau. Berlin-Frohnau 1931.

Lüders, C.: Verstreute Pädagogik - Ein Versuch. In: Horn, K.-P./Wigger, L. (Hg.): Systematiken und Klassifikationen in der Erziehungswissenschaft. Weinheim 1994.

Lützeler, P.M.: Nomadentum und Arbeitslosigkeit. Identität in der Postmoderne. In: Merkur 52 (1998).

Luhmann, N./Schorr, K.E. (Hg.): Zwischen Technologie und Selbstreferenz. Fragen an die Pädagogik. Frankfurt a.M. 1982.

Mader, W. (Hg.): Altwerden in einer alternden Gesellschaft. Opladen 1995.

Mannheim, K.: Das Problem der Generationen. In: Mannheim, K.: Wissenssoziologie. Neuwied/Berlin 1970.

Marotzki, W.: Digitalisierte Biographien? Sozialisations- und bildungstheoretische Perspektiven virtueller Welten. In: Lenzen. D./Luhmann, N. (Hg.): Bildung und Weiterbildung im Erziehungssystem. Frankfurt a.M. 1997.

Maurer, S.: Teilhabe und (Selbst)-Begrenzung. Bürgerliche Frauen und Soziale Arbeit in Deutschland (1870 bis 1920): Vergesellschaftungsstrategien im lokalen Kräftefeld. In: Beiträge zum 1. Fachtreffen: Historische Sozialpädagogik/Sozialarbeit. Dresden 1998.

McLaren, Peter: Kritische Erziehungswissenschaft im Zeitalter der Globalisierung. In: Sünker, H./Krüger H.-H.: Kritische Erziehungswissenschaft am Neubeginn?! Frankfurt a.M. 1999.
Melzer W./Sandfuchs, U. (Hg.): Was Schule leistet. Weinheim und München 2001.
Mennicke, C.: Unser Weg. In: Blätter für religiösen Sozialismus 1 (1920).
Mennicke, C.: Sozialistische Lebensgestaltung. In: Sozialistische Lebensgestaltung 1 (1921a).
Mennicke, C.: Was heißt sozialistische Lebensgestaltung. In: Sozialistische Lebensgestaltung 1 (1921b).
Mennicke, C.: Der Stand der Debatte. In: Blätter für religiösen Sozialismus 2 (1921c).
Mennicke, C.: Sozialistische Erziehung. In: Sozialistische Lebensgestaltung 1 (1921d).
Mennicke, C.: Entgegnung. In: Blätter für religiösen Sozialismus 3 (1922).
Mennicke, C.: Das sozialpädagogische Problem in der gegenwärtigen Gesellschaft. In: Tillich, P. (Hg.): Kairos. Zur Geisterlage und Geisteswendung. Darmstadt 1926.
Mennicke, C.: Die sozialen Lebensformen als Erziehungsgemeinschaften. In: Nohl,H./Pallat, L. (Hg.): Handbuch der Pädagogik. Bd. II. Langensalza 1928.
Mennicke C.: Die sozialen Berufe. In: Gablentz v.d., O./Mennicke, C. (Hg.): Deutsche Berufskunde. Leipzig 1930.
Mennicke, C.: Sozialpsychologie. Hg. und bearbeitet von Hildegard Feidel-Mertz. Weinheim 1999.
Merton, R. K.: Sozialstruktur und Anomie. In: König, R./Sack, F. (Hg.). Kriminalsoziologie. Frankfurt a.M. 1968.
Meuser, M: Geschlecht und Männlichkeit. Opladen 1998.
Mørch, S./Mørch, M.: Misleading Trajectories. National Report Denmark. In: EGRIS (Hg.): Misleading Trajectories. Tübingen 2000.
Müller-Lyer, F.: Die Familie. München 1911.
Münsterberg, H.: Die Amerikaner. 2 Bde. Berlin 1904.
MVRDV: Metacity - Datatown. Rotterdam 1999.
Nahnsen, I.: Bemerkungen zum Begriff und zur Geschichte des Arbeitsschutzes. In: Osterland, M.: (Hg.): Arbeitssituation; Lebenslage und Konfliktpotenzial. Frankfurt a.M. 1975.
Nassehi, A.: Das stahlharte Gehäuse der Zugehörigkeit. In: Nassehi, A. (Hg.): Nation, Ethnie, Minderheit. Böhlau 1997.
Natorp, P.: Pestalozzis Ideen über Arbeiterbildung und soziale Frage. Heilbronn 1894.
Natorp, P.: Sozialpädagogik. Stuttgart 1899.
Natorp, P.: Pestalozzi unser Führer (1905). In: Gesammelte Abhandlungen zur Sozialpädagogik. Stuttgart ²1922.
Nave-Herz, R.: Die Rolle des Lehrers. Darmstadt 1977.
Neckel, S./Körber, K.: Last exit ethnicity? Zur politischen Konstruktion von Ethnizität in den USA und Deutschland. In: Hettlage, R./Deger, P./Wagner S. (Hg.): Kollektive Identität in Krisen. Opladen 1997.
Nefiodow, L. A.: Der sechste Kondratieff. Sankt Augustin 1996.

Negt, O.: Soziologische Phantasie und Exemplarisches Lernen. Frankfurt a.M. 1969.
Nestmann, F.: Förderung sozialer Netzwerke - eine Perspektive pädagogischer Handlungskompetenz? In: neue praxis 19 (1989).
Niemeyer, C.: Zur Systematik und Aktualität der Sozialpädagogik Natorps vor dem Hintergrund ihrer ideengeschichtlichen Einlagerung. In: Oelkers, J./ Schulz, K.W./Tenorth, H.-E. (Hg.): Neukantianismus. Weinheim 1989.
Niemeyer, C.: Klassiker der Sozialpädagogik. Einführung in die Theoriegeschichte einer Wissenschaft. Weinheim und München 1998.
Niemeyer, C.: Theorie und Praxis der Sozialpädagogik. Münster 1999.
Nohl, H.: Die Theorie der Bildung. In: Nohl, H./Pallat, L.: Handbuch der Pädagogik. Erster Band. Langensalza 1933.
Oerter, R.: Lebensbewältigung im Jugendalter. Weinheim 1985.
Offe, C.: „Sozialkapital". Begriffliche Probleme und Wirkungsweise. In: Kistler, E./ Noll, H.-H./ Priller, E.: Perspektiven gesellschaftlichen Zusammenhalts. Berlin 1999.
Olk. T.: Jugend und gesellschaftliche Differenzierung - Zur Entstrukturierung der Jugendphase. In: Zeitschrift für Pädagogik. 19. Beiheft. Weinheim und Basel 1985.
Ostner, I.: Wandel der Familienformen und soziale Sicherung der Frau oder: von der Status- zur Passagensicherung. In: Döring, D./Hauser R. (Hg.): Soziale Sicherheit in Gefahr. Frankfurt a.M. 1995.
Ott, U.: Amerika ist anders. Studien zum Amerika-Bild in deutschen Reiseberichten des 20. Jahrhunderts. Frankfurt a.M. u.a. 1991.
Petersen, P.: Allgemeine Erziehungswissenschaft (1924). Berlin 1962.
Petersen, P.: Sozialbiologische Problem der Berufsschule. In: ders., Zimmermann, W. (Hg.): Die Aufgaben des neuen Berufsschulwesen und die Berufsschulgemeinde im Lichte der Jugendkunde und sozialer Politik. Weimar 1925.
Petersen, P.: Eine freie allgemeine Volksschule nach den Grundsätzen Neuer Erziehung. 1. Band. Weimar 1930.
Perrot, M.: Zwischen Werkstatt und Fabrik: Die Arbeiterjugend. In: Levi, G./ Schmitt, J.-C.: Geschichte der Jugend. Frankfurt a.M. 1997.
Peukert, D.J.K.: Die Weimarer Republik. Frankfurt a.M. 1987.
Preuß, U.K.: Revolution, Fortschritt, Verfassung. Zu einem neuen Verfassungsverständnis. Berlin 1990.
Pries, L.: Transnationale Soziale Räume. In: Beck, U. (Hg.): Perspektiven der Weltgesellschaft. Frankfurt a.M. 1998.
Raffe, D. u.a.: OECD Thematik Review. The Transition from Initial Education to Working life. Edinburgh 1998.
Rawls, J.: Eine Theorie der Gerechtigkeit. Frankfurt a.M. 1975.
Rein, W: Schulbildung und Volkserziehung (1897). In: Rein, W.: Kunst, Politik, Pädagogik. 1. Teil. Langensalza 1914.
Remminger, S.-V./Wahl, K.: Gene und Sozialisation. Eine neue Runde in einem alten Streit. In: Sozialwissenschaftliche Literaturrundschau 22 (2000).
Rerrich, M.: Balanceakt Familie. Freiburg 1988.
Retter, H.: Die Erziehungsmetaphysik Petersens. In: Retter, H. (Hg.): Reformpädagogik zwischen Rekonstruktion, Kritik und Verständigung. Weinheim 1996.

Reuband, K.H.: Aushandeln statt Gehorsam. Erziehungsziele und Erziehungspraktiken in den alten und neuen Bundesländern im Wandel. In: Böhnisch, L./Lenz, K.: Familien. Weinheim und München 1997.
Reutlinger, C.: Unsichtbare Jugendliche. Unv. Manuskript. TU Dresden 2000.
Richter, I.: Die öffentliche Schule im Umbau des Sozialstaats. In: Zeitschrift für Pädagogik. 34. Beiheft. Weinheim und Basel 1996.
Rifkin, J.: „Die richtigen Antworten kommen aus Europa." Interview in ‚Der Tagesspiegel' vom 28.2.1999.
Rifkin, J.: Das biotechnische Zeitalter. Die Geschäfte mit der Genetik. München 2000.
Rifkin, J.: ACCESS. Das Verschwinden des Eigentums. Frankfurt a.M. 2000.
Riesman, D.: Die einsame Masse. Darmstadt, Berlin-Frohnau, Neuwied/Rh. 1956.
Roberts, K.: Youth and Employment in Modern Britain. Oxford 1995.
Röhrle, B./Sommer, B./Nestmann, F.: Netzwerkintervention. Tübingen 1998.
Rolff, H.-H.: Wandel durch Selbstorganisation. Weinheim und München 1993.
Rommelspacher, B.: Mitmenschlichkeit und Unterwerfung. Zur Ambivalenz der weiblichen Moral. Frankfurt a.M. 1992.
Rooß, B./Schröer, W.: „Unbegleitete minderjährige Flüchtlinge" - Ausgrenzungspolitik als Lebenswirklichkeit. In: Gemende, M./Schröer, W./Sting, S.: Zwischen den Kulturen. Weinheim und München 1999.
Rose, S.: Darwins gefährliche Erben. Biologie jenseits der egoistischen Gene. München 2000.
Rosenmayr, L.: Altern im Lebenslauf. Göttingen 1996.
Rowe, D.C.: Genetik und Sozialisation. Weinheim 1997.
Rühle, O.: Das proletarische Kind. München 1922.
Rühle, O.: Die Seele des proletarischen Kindes. Dresden 1925.
Rühle, O.: Kindliche Kriminalität. In: Lazarsfeld, S. (Hg.): Technik der Erziehung. Leipzig 1929.
Runder Tisch gegen Gewalt. Foren zum Extremismus. Sächsischer Landtag (Hg.) Dresden 2000.
Sachße, C.: Mütterlichkeit als Beruf. Frankfurt a.M. 1986.
Salomon, A.: Der soziale Frauenberuf. In: A. Schmidt-Beil (Hg.): Die Kultur der Frau. Berlin-Frohnau 1931.
Sander, E.: Common Culture und neues Generationenverhältnis. Dissertation. Technische Universität Dresden 1999.
Sassen, S.: Migranten, Siedler, Flüchtlinge. Von der Massenauswanderung zur Festung Europa. Frankfurt a.M. 1997.
Sassen, S.: Digitale Netzwerke und Macht. In: Brunkhorst, H./Kettner, M. (Hg.): Globalisierung und Demokratie. Frankfurt a.M. 2000.
Sauerborn, W.: Gegenverkehr in der Gleichstellungsfrage - Ansatzpunkte für eine Väterpolitik. In: Möller, K. (Hg.): Nur Macher und Macho? Weinheim und München 1997.
Schaarschuch, Andreas: Der Staat, der Markt, der Kunde und das Geld...? Öffnung und Demokratisierung - Alternativen zur Ökonomisierung sozialer Dienste. In: Flösser, G./Otto, H.-U.: Neue Steuerungsmodelle für die Jugendhilfe. Neuwied, Kriftel, Berlin 1996.
Schiffauer, W.: Fremde in der Stadt. Frankfurt a.M. 1997.

Schille, J.: Zu Einflüssen der Individualpsychologie auf die Sozialpädagogik zwischen 1914 und 1933. In: Niemeyer, C./Schröer, W./Böhnisch, L. (Hg.): Grundlinien Historischer Sozialpädagogik. Weinheim und München 1997.
Schille, J./Stecklina, G.: Otto Rühle. Dresden 1998.
Schmidt-Beil, A. (Hg.) : Die Kultur der Frau. Berlin-Frohnau 1931.
Schmidt, A.: Reisen in die Moderne. Der Amerika-Diskurs des deutschen Bürgertums vor dem Ersten Weltkrieg im europäischen Vergleich. Berlin 1997.
Schmidt, G.: Beschäftigungswunder Niederlande. In Leviathan 3/1997.
Schmoller, G.: Reform der Gewerbe-Ordnung. In: Verhandlungen der fünften Generalversammlung des Vereins für Socialpolitik. Leipzig 1878.
Schnetze, H. G./Slowey M.: International Perspectives on Lifelong Learning in Higher Education. London 2000.
Schröer, W.: Sozialpädagogik und die soziale Frage. Der Mensch im Zeitalter des Kapitalismus um 1900. Weinheim und München 1999.
Schweppe, C.: Soziale Altenarbeit. Weinheim 1996.
Sengenberger: Struktur und Funktionsweise von Arbeitsmärkten. Frankfurt a.M. 1987.
Sennett, R.: Verfall und Ende des öffentlichen Lebens. Die Tyrannei der Intimität. Frankfurt a.M. 1985.
Sennett, R.: Der flexible Mensch. Die Kultur des neuen Kapitalismus. Berlin 1998.
Sennett, R.: Interview: Freiheit statt Kapitalismus. In: Die Zeit 15/2000.
Simmel, G.: Die Gross-Städte und das Geistesleben (1903). In: Simmel, G.: Das Individuum und die Freiheit. Frankfurt a.M. 1993.
Simmel, G.: Philosophie der Mode (1907). In: Simmel, G.: Gesamtausgabe. Band 10. Frankfurt a.M. 1995.
Sloterdijk, P.: Im selben Boot. Versuch über Hyperpolitik. Frankfurt a.M. 1993.
Sombart, W.: Studien zur Entwicklungsgeschichte des italienischen Proletariats. In: Archiv für soziale Gesetzgebung und Statistik 6 (1893).
Sombart, W.: Studien zur Entwicklungsgeschichte des italienischen Proletariats. In: Archiv für soziale Gesetzgebung und Statistik 8 (1895).
Sombart, W.: Die gewerbliche Arbeit und ihre Organisation. In: Archiv für soziale Gesetzgebung und Statistik 14 (1899).
Sombart, W.: Der Stil des modernen Wirtschaftslebens. In: Archiv für soziale Gesetzgebung und Statistik 17 (1902).
Sombart, W.: Beruf und Besitz. In: Archiv für soziale Gesetzgebung und Statistik 18 (1903).
Sombart, W.: Studien zur Entwicklungsgeschichte des nordamerikanischen Proletariats. In: Archiv für Sozialwissenschaft und Sozialpolitik 21 (1905).
Spranger, E.: Psychologie des Jugendalters. Leipzig, Heidelberg 1924.
Stark, W.: Empowerment. Freiburg i.Brsg. 1996.
Stählin, W.: Fieber und Heil in der Jugendbewegung. Hannover 1923.
Sting, S.: Suchtprävention als Bildungsaufgabe. In: neue praxis 29 (1999).
Sünker, H.: Theoretische Elemente und Perspektiven der Sozialen Arbeit. In: Vahsen, F.G. (Hg.): Paradigmenwechsel in der Sozialpädagogik. Bielefeld 1992.
Suhrkamp, P.: Der Lehrer. In: Gablentz v.d., O./Mennicke, C. (Hg.): Deutsche Berufskunde. Leipzig 1930.

Taylor, C.: „Die Beschwörung der Civil Society." In: Michalski, K.: Europa und die Civil society. Stuttgart 1991.
Terhart, E. (Hg.): Perspektiven der Lehrerbildung in Deutschland. Abschlußbericht der von der Kultusministerkonferenz eingesetzten Kommission. Weinheim und Basel 2000.
Tews, H.P.: Neue und alte Aspekte des Strukturwandels des Alters. In: Naegele, G./Tews, H.P. (Hg.): Lebenslagen im Strukturwandel des Alters, Opladen 1993.
Thiersch, H.: Kritik und Handeln. Neuwied 1977.
Thiersch, H.: Alltagshandeln und Sozialpädagogik. In: Neue Praxis 1/1978.
Thiersch, H.: Die Erfahrung der Wirklichkeit. Weinheim und München 1986.
Thiersch, H./Wertheimer, J./Grunewald, K. (Hg.): ... und überall in den Köpfen und Fäusten. Auf der Suche nach den Ursachen und Konsequenzen von Gewalt. Darmstadt 1994.
Tönnies, F.: Buchbesprechung, Paul Natorp, Sozialpädagogik. In: Archiv für soziale Gesetzgebung und Statistik 14 (1899).
Tönnies, F.: Die Erweiterung der Zwangserziehung. In: Archiv für soziale Gesetzgebung und Statistik 15 (1900).
Treibel, A.: Migration in modernen Gesellschaften. Soziale Folgen von Einwanderung, Gastarbeit und Flucht. Weinheim und München ²1999.
Treptow, R.: Jugend als Bewegung und Gestaltung. Weinheim und München 1993.
Trotha, L. v. (Hg.): Soziologie der Gewalt. Beiheft der Kölner Zeitschrift für Soziologie und Sozialpsychologie 2000.
Uhlendorff, U.: Auf der Suche nach einem Verhältnis von Öffentlich und Privat. In: neue praxis 30 (2000).
Ulich, K.: Schule als Familienproblem. Frankfurt a.M. 1993.
Veelken, L.: Neues Lernen im Alter. Heidelberg 1990.
Vobruba, G.: Autonomiegewinne. Wien 1997.
Volz, R./Zulehner, P. M.: Männer im Aufbruch. Ostfildern 1998.
Wahl, K.: Familienbilder und Familienrealität. In: Böhnisch, L./Lenz, K. (Hg.): Familien. Weinheim und München 1997.
Wahl, K.: Kritik der soziologischen Vernunft. Sondierungen zu einer Tiefenpsychologie. Weilerswist 2000.
Walther, A.: Spielräume im Übergang in die Arbeit. Weinheim und München 2000.
Weber, H.: Die Berufsarbeit der Frau in der Wohlfahrtspflege. In: A. Schmidt-Beil (Hg.): Die Kultur der Frau. Berlin-Frohnau 1931.
Weisser, G.: Sozialpolitik. In: Aufgaben Deutscher Forschung. Bd. 1. Köln/Opladen 1956.
Weber, M.: Entwicklungstendenzen in der Lage der ostelbischen Landarbeiter, in: Archiv für soziale Gesetzgebung und Statistik 7 (1894).
Weber, M.: Die protestantische Ethik und der „Geist" des Kapitalismus. In: Archiv für soziale Gesetzgebung und Statistik 21 (1905).
Weber, M.: Asketischer Protestantismus und kapitalistischer Geist. In: Weber, M.: Soziologie, weltgeschichtliche Analysen, Politik. Stuttgart 1964.
Weißbuch der Schulreform. Hg. v. S. Kawerau. Berlin 1920.
Willmann, O.: Geschichte des Idealismus. Band 3. Der Idealismus der Neuzeit (1897). In: Willmann, O.: Sämtliche Werke. Bd. 10. Aalen 1973.

Willke, H.: Soziologische Aufklärung der Demokratietheorie. In: Brunkhorst, H. (Hg.): Demokratischer Experimentalismus. Frankfurt a.M. 1998.
Wimbauer, C.: Organisation. Geschlecht. Karriere. Opladen 2000.
Winkler, M.: Reflexive Pädagogik. In: Sünker, H./Krüger H.-H.: Kritische Erziehungswissenschaft am Neubeginn?! Frankfurt a.M. 1999.
Winnicott, D.W.: Aggression. Versagen der Umwelt und antisoziale Tendenz. Stuttgart 1988.
Witte, I.: Der Haushalt der heutigen Frau. In: A. Schmidt-Beil (Hg.): Die Kultur der Frau. Berlin-Frohnau 1931.
Wohlrab-Sahr, M.: Biographische Unsicherheiten. Opladen 1993.
Wolgast, H.: Ganze Menschen. Ein sozialpädagogischer Versuch. Leipzig 1913.
Zulehner, P. M./Volz, R.: Männer im Aufbruch. Ostfildern 1998.
Zimmermann, G. E.: Armut in der Großstadt. In: Schäfers, B./Wewers, G. (Hg.): Die Stadt in Deutschland. Opladen 1996.
Zinnecker, J.: Sorgende Beziehungen zwischen Generationen im Lebenslauf. In: Lenzen. D./Luhmann, N. (Hg.): Bildung und Weiterbildung im Erziehungssystem. Frankfurt a.M. 1997.
Zukunftsfragen der Freistaaten Bayern und Sachsen. Bonn 1996.